青海脱贫攻坚系列丛书

奋斗成就伟业

——青海脱贫攻坚实录

中共青海省委宣传部 编
青海省扶贫开发局

第 1 册

青海人民出版社

图书在版编目（CIP）数据

奋斗成就伟业：青海脱贫攻坚实录 / 中共青海省委
宣传部，青海省扶贫开发局编. -- 西宁：青海人民出版
社，2021.6
（青海脱贫攻坚系列丛书；5）
ISBN 978 - 7 - 225 - 06180 - 1

Ⅰ.①奋… Ⅱ.①中… ②青… Ⅲ.①扶贫－工作概
况－青海 Ⅳ.①F127.44

中国版本图书馆 CIP 数据核字（2021）第104738号

青海脱贫攻坚系列丛书

奋斗成就伟业

——青海脱贫攻坚实录

中共青海省委宣传部 青海省扶贫开发局 编

出 版 人 樊原成

出版发行 青海人民出版社有限责任公司
　　　　　西宁市五四西路71号 邮政编码：810023 电话：（0971）6143426（总编室）

发行热线 （0971）6143516/6137730

网　　址 http://www.qhrmcbs.com

印　　刷 青海新华民族印务有限公司

经　　销 新华书店

开　　本 710mm × 1020mm　1/16

印　　张 19.75

字　　数 300 千

版　　次 2021年10月第1版　2021年10月第1次印刷

书　　号 ISBN 978 - 7 - 225 - 06180 - 1

定　　价 268.00元（全五册）

《青海脱贫攻坚系列丛书》编辑委员会

主　任　马丰胜

副主任　王志明　李青川

编　委　蒲永彪　马金源　张广奇　马青军　李瀚章

《青海脱贫攻坚系列丛书》编辑部

主　任　樊原成

副主任　王绍玉　曹永虎　戴发旺

成　员　王风莲　李兵兵　梁建强

前　言

　　党的十八大以来，以习近平同志为核心的党中央把脱贫攻坚摆在治国理政突出位置，团结带领全党全国各族人民，采取了一系列具有原创性、独特性的重大举措，全面打响脱贫攻坚战。习近平总书记亲自指挥、亲自部署、亲自督战，作出一系列重要指示批示，为脱贫攻坚提供了根本遵循和科学指引。经过全党全国各族人民 8 年持续奋斗，我国脱贫攻坚战取得了全面胜利，现行标准下 9899 万农村贫困人口全部脱贫，832 个贫困县全部摘帽，12.8 万个贫困村全部出列，区域性整体贫困得到解决，完成了消除绝对贫困的艰巨任务，创造了又一个彪炳史册的人间奇迹！这是中国人民的伟大光荣，是中国共产党的伟大光荣，是中华民族的伟大光荣。脱贫攻坚取得举世瞩目的减贫成就，困扰中华民族几千年的绝对贫困问题得到历史性解决，书写了人类减贫史上的奇迹，为全面建成小康社会作出了重要贡献，为开启全面建设社会主义现代化国家新征程奠定了坚实基础。

　　青海作为祖国大家庭的一员，在以习近平同志为核心的党中央坚强领导下，以习近平新时代中国特色社会主义思想为指导，深入贯彻落实习近平总书记关于扶贫工作重要论述和"四个扎扎实实"重大要求，始终把脱贫攻坚作为首要政治任务和第一民生工程，按照"四年集中攻坚，一年巩固提升"总体思路，紧紧围绕"两不愁三保障"目标标准，以"1+8+10"政策体系为牵引，尽锐出战、攻坚克难，组织实施了青海历史上规模最大、力度最强、惠及人口最多的脱贫攻坚战。经过 8 年艰苦卓绝的奋战，现行标准下 42 个县全部摘帽，1622 个贫困村全部退出，53.9 万名贫困人口全部脱贫，书写了全面胜利浓墨重彩的青海篇章，具有里程碑意义。

把这场波澜壮阔的脱贫攻坚伟大实践伟大斗争中出台的一系列文件汇编起来，把一件件大事记录下来；把涌现出一批政治坚定、表现突出、贡献重大、精神感人的杰出典型，涌现出一批富有思想、凝聚智慧、汇集力量、迸发创新的典型做法，涌现出一批引领导向、围绕中心、鼓舞士气、凝心聚力的优秀新闻宣传稿件……把这场伟大斗争的每个细节的点点滴滴汇集起来，既是工作的需要，更是我们对党和人民，对历史的负责。这也是编辑出版这套《青海脱贫攻坚系列丛书》的初衷。编辑过程中，由于工作人员水平见识有限，难免挂一漏万，在此表示诚恳歉意。

目　录

鏖战高原著华章　/001

持续发力　精准监督　铁纪护航脱贫攻坚　/088

坚持党建引领　助力脱贫攻坚　/094

深入践行"四力"　忠诚记录"战贫"　/101

发挥统一战线优势　全面助力脱贫攻坚　/108

多措并举真扶贫　同心共筑脱贫路　/114

提高政治站位　精准综合施策　坚决打赢打好教育脱贫攻坚战　/121

科技扶贫勇担当　富了"脑袋"富"钱袋"　/128

充分发挥社会救助兜底脱贫作用　全面助力打赢脱贫攻坚战　/135

强化责任担当　凝聚财政力量　高质量完成脱贫攻坚战"青海答卷"　/141

攻坚克难　守正创新　挑起精准扶贫的人社担当　/148

住建力量战脱贫　雪域高原展新颜　/154

高质量推进"四好农村路"建设　奋力在脱贫攻坚与乡村振兴有效接续
　中当好先行　/161

安全水　暖人心　促民生　助扶贫　/168

农业致富　小康路宽　/174

电商扶贫路　浓浓商务情　/181

创新脱贫机制　文旅助力攻坚　/187

多措并举促健康　精准施策战贫困　/193

青山绿水中的脱贫攻坚　我们见证同行　/199

畅通金融血脉　助力精准脱贫　/206

集聚广电行业力量　助力打赢脱贫攻坚战　/212

西宁市：勠力同心战贫困　共建高原幸福城　/218

海东市：扶贫济困筑同心　砥砺奋进奔小康　/224

海西州：凝心聚力　攻坚克难　谱写脱贫攻坚新篇章　/231

海南州：雄关漫道真如铁　而今迈步从头越　/237

海北州：栉风沐雨扶贫路　乘风破浪新时代　/243

玉树州：拨动富民弦　奏响扶贫音　/249

果洛州：党建引领致富路　高原开遍格桑花　/254

黄南州：脱贫不是终点　幸福才是目标　/261

凝聚供销力量　决胜脱贫攻坚　/268

雪域高原上脱贫攻坚的税务力量　/274

架起信息网　铺好致富路　/281

用光明托起人民的幸福　/287

牢记金融为民初心　践行金融扶贫使命　/294

金融活水润高原　脱贫攻坚谱新篇　/300

鏖战高原著华章

党的十八大以来，以习近平同志为核心的党中央把脱贫攻坚摆在治国理政的突出位置，领导全党全国各族人民组织实施了人类历史上规模最大、力度最强、惠及人口最多的脱贫攻坚战。历经八年接续奋斗，党中央如期完成了新时代脱贫攻坚目标任务，现行标准下 9899 万农村贫困人口全部脱贫，832 个贫困县全部摘帽，12.8 万个贫困村全部出列，区域性整体贫困得到解决，完成了消除绝对贫困的艰巨任务，创造了又一个彪炳史册的人间奇迹！ 2021年 2 月 25 日，习近平总书记在全国脱贫攻坚总结表彰大会庄严宣告：经过全党全国各族人民共同努力，在迎来中国共产党成立一百周年的重要时刻，我国脱贫攻坚战取得了全面胜利，我国脱贫攻坚战取得了全面胜利。

其作始也简，其将毕也必巨。在党中央、国务院的坚强领导下，青海省委省政府始终把脱贫攻坚作为最大的政治责任、最大的民生工程和最大的发展机遇，团结带领全省各族人民尽锐出战、攻坚克难，脱贫攻坚取得全面胜利，困扰青海人民千百年的绝对贫困问题得到历史性解决，书写了青海发展史上的辉煌篇章。

一、青海省基本情况

青海省雄踞青藏高原，地处世界屋脊，被称地球"第三极"，因境内青海湖而得名。其主要有六个特点：一是面积大。全省总面积 72 万平方公里，占全国总面积的十三分之一，列新疆、西藏、内蒙古之后，居全国第 4 位，辖 2 市、6 州、45 县（市、区、行委）。二是人口少。2020 年底全省常住人口 607.82 万，人口密度为每平方公里 8 人，涉藏地区每平方公里仅有 3 人。三是民族多。

少数民族人口占 47.71%，世居少数民族主要有藏族、回族、土族、撒拉族和蒙古族，全国 10 个藏族自治州青海占了 6 个，是除西藏以外全国最大的藏族聚居区。四是生态好。是长江、黄河、澜沧江等江河的发源地及水源涵养区，素有"三江之源""中华水塔"之称，每年出境水量近 600 亿立方米，是国家重要的生态安全屏障。五是资源丰。已探明矿种 134 种，总价值约 105 万亿元。盐湖资源储量大，金属矿产、石油、天然气、页岩气储量丰富，光能、水能和风能潜力巨大。六是经济弱。2020 年全省地区生产总值 3005.92 亿元，地方一般公共预算收入 462.13 亿元，财政支出的 80% 主要依靠中央财政补助。

二、青海省贫困基本状况

2015 年，青海省精准识别 1622 个贫困村、52 万贫困人口。同时，按照全国明确的 14 个集中连片特困地区和国家扶贫开发重点县，除西宁市 4 个区以外，将六盘山和青海、四川、云南、甘肃四省涉藏地区两个片区内的青海省 42 个县（市、区、行委）全部纳入新时期脱贫攻坚主战场。青海省贫困状况呈现"三高、两低、一多"的特点。

"三高"：一是贫困发生率高。2015 年底全省贫困发生率 13.2%，高于全国 7.5 个百分点。贫困发生率最高的玉树市达 35.1%。二是特困群体占比高。全省共有特殊困难群体 6.4 万人，主要涉及重大疾病患者、重度残疾贫困人口、60 岁以上贫困孤寡老人、大龄未婚贫困青年和单亲家庭贫困人口等 5 类群体，占到全省贫困人口总数的 12.3%。三是少数民族贫困人口比例高。全省共有 6 个自治州、7 个自治县，自治面积占全省总面积的 98%，52 万贫困人口中少数民族人口占 71.8%。

"两低"：一是贫困群众收入低。2015 年底全省贫困人口人均纯收入为 2196 元，仅为当年全省农村居民人均纯收入 7933 元的 27.7%。贫困群众可支配收入构成中，经营性收入占比不到 33%，涉藏地区农牧民转移性收入占比达到 50% 以上。二是贫困人口文化程度低。贫困人口中，高中及以上文化程度仅占 1.8%，小学以下文化程度高达 55% 以上。

"一多"：致贫原因多。致贫因素复杂多样且相互叠加，其中，因病、因残的约占 28.9%，缺少发展资金的约占 27%，缺技术的约占 16.6%，缺劳力的约占 11.9%，自身发展动力不足约占 6.1%，其他约占 9.5%。

三、青海脱贫攻坚伟大成就

通过八年精准扶贫、五年脱贫攻坚,截至 2019 年底,全省 42 个贫困县(市、区、行委)、1622 个贫困村全部脱贫摘帽,实际减贫 53.9 万人,提前一年消除了绝对贫困和区域性整体贫困。脱贫攻坚不仅使贫困地区、贫困人口受益,而且带动了整个农牧区发展。

群众生活水平全面提升。贫困群众收入翻了两番多,从 2015 年的 2196 元增加到 2020 年的 10504 元,年均增长 36.8%。创造性开展控辍保学,适龄儿童入寺为僧、外出务工现象全面消除,从源头上阻断了贫困代际传递。通过异地办班,少数民族学生走出青海,开阔了视野,提高了学识,增强了中华民族认同感。千百年来危害群众生命安全和身体健康的包虫病得到根本遏制,农牧民群众健康素质大幅提升,获得感、幸福感、安全感得到全面提升。

农村牧区建设加快发展。贫困地区行政村道路硬化率、客车通达率双双达到 100%,大电网覆盖和离网光伏基本满足了贫困群众用电需求,住房和饮水安全问题彻底得到解决,行政村光纤宽带和广播电视综合人口覆盖率接近 100%,基础设施短板基本补齐,整体面貌发生根本性改变。

基层治理能力全面加强。通过精准扶贫精准脱贫,广大基层干部树立了精准理念、培养了精准能力、掌握了精准方法,实现了基层治理由粗放式向精细化的转变,锻炼培养了一支"永远不走的工作队"。村集体经济全面实现"破零",有效解决了村"两委"班子"无钱办事"的难题和困境。抓党建促脱贫系列举措的实施,进一步增强了各级党组织的战斗力、凝聚力,形成了党组织领导的自治、德治、法治相结合的乡村治理体系。

群众精神面貌焕然一新。通过在全国率先开展"精神脱贫",坚持"管肚子"和"管脑子"并重,农牧区长期以来禁杀惜售、薄养厚葬等顽固性问题得到有效治理,牧区"死不起"、农区"娶不起"的局面得到改观,信教群众宗教负担全面减轻,贫困群众主动脱贫增收的意识显著增强。

党群干群关系更加和谐。各级党委、政府在脱贫一线排民忧、解难题,政治领导力、思想引领力、群众组织力、社会号召力得到全面提升,广大第一书记和驻村干部扎根基层、面向群众,用心用情用力为老百姓办实事、解难题,广大群众从内心深处听党话、感党恩、跟党走,党在农村牧区的执政基础更加稳固。

乡村振兴基础有效夯实。各类扶贫政策、资金、人才、技术不断向贫困地区倾斜，全省农牧区多样化的资源优势汇聚成强大的产业优势、经济优势和发展优势，农业供给侧结构性改革不断深化，特色优势产业不断壮大，基础设施、公共服务、村容村貌不断改善，乡村治理水平不断提升，城乡差距不断缩小，为实施乡村振兴战略打下了坚实基础。

扶贫事业影响不断扩大。先后高标准承办四省政协六盘山片区精准扶贫交流推进会、六盘山片区脱贫攻坚部省协调推进会、全国特色手工业扶贫车间现场会、全国扶持人口较少民族脱贫攻坚奔小康工作经验交流会等一系列全国性大型会议，起到了展示青海、交流经验、推动工作的积极作用。深度攻坚、稳岗就业、光伏扶贫、控辍保学、精神脱贫、易地搬迁和后续扶持等项目举措，多次获得中央领导批示认可，成为在全国都叫得响、有特色的典型做法。

四、经验启示

五年攻坚历程，实践极为丰富，经验弥足珍贵。全省上下深刻体会到：

坚持党的领导是根本保证。办好中国的事情，关键在党。脱贫攻坚以来，全省上下始终坚持把习近平新时代中国特色社会主义思想作为打赢脱贫攻坚战的行动指南和不竭动力，自觉对标中央、紧跟核心，深化学思践悟，坚持知行合一，保证了各项工作始终沿着正确方向前进。脱贫攻坚伟大实践，再次充分证明：坚持党的绝对领导，各项事业就有了"领航者"，人民群众就有了"主心骨"，这也是我省脱贫攻坚取得决定性成就最根本的原因、最内在的逻辑。只要我们思想上充分信赖核心、政治上坚决维护核心、组织上自觉服从核心、感情上深刻认同核心，坚决贯彻落实中央决策部署，就一定能够战胜前进道路上的一切艰难险阻，就一定会从胜利走向新的胜利。

落实精准方略是基本要求。坚持精准是我们党实事求是路线在扶贫领域的生动体现，也是打赢脱贫攻坚战的方法论和生命线。脱贫攻坚以来，全省上下认真贯彻落实中央"五个一批""六个精准"要求，健全完善脱贫攻坚政策、责任、投入、动员、监督和考核等体系，坚持精准施策、靶向治疗，从严从细推动落实，保证了脱贫攻坚工作务实、过程扎实、结果真实。脱贫攻坚伟大实践，再次充分证明：只有坚持一切从实际出发，按照客观规律办事，讲实话、办实事、求实效，抓工作干事业才有底气和力度，才能取得实实在在的成效，经得起历史和人民的检验。

统筹各方力量是重要方法。构建全社会共同参与的大扶贫格局，是先富帮后富、实现区域协调发展的有效举措。脱贫攻坚以来，省委省政府全面构建专项扶贫、行业扶贫、援青扶贫、社会扶贫"四位一体"大扶贫格局，不断开创优势互补、长期合作、聚焦扶贫、合作共赢的支援帮扶新局面，有力助推了我省脱贫攻坚进程。脱贫攻坚伟大实践，再次充分证明：只有充分发挥各级党委统揽全局、协调各方的领导优势，统筹整合各方资源力量，坚持"一盘棋"谋划、"一张图"作战，在更高站位上思考谋划经济社会发展建设，通过推动区域协调发展、协同发展、共同发展，就一定能够实现共同富裕的目标。

群众广泛参与是力量源泉。人民不仅见证着、分享了国家发展的巨大成就，更参与着、推动了各项事业的全面发展。脱贫攻坚以来，省委省政府充分尊重贫困群众主体地位，坚持激励与约束并重，强化感恩教育，大力宣传自强不息、自力更生的脱贫典型，有效激发了贫困群众脱贫致富奔小康的热情和信心。脱贫攻坚伟大实践，再次充分证明：人民是历史的创造者，是决定党和国家前途命运的根本力量。只要我们始终坚持以人民为中心的发展理念，尊重人民群众主体地位，充分调动人民群众的积极性、主动性、创造性，撸起袖子实干苦干，就能不断推动我们党的伟大事业向前发展。

强化作风建设是有效支撑。脱贫攻坚以来，省委省政府高度重视扶贫领域作风建设，坚决防止和纠正扶贫领域官僚主义、形式主义，严肃惩治和预防扶贫领域违纪违法行为，打出了正风肃纪的铁拳，为脱贫攻坚决战决胜提供了坚强的纪律和作风保证。脱贫攻坚伟大实践，再次充分证明：只要我们强化问题导向，持续打好作风建设攻坚战和持久战，坚决防止和纠正"四风"问题，就能真正把各项工作落到实处、抓出实效，为实现中华民族伟大复兴的中国梦领航开路。

选优配强干部是关键所在。省委省政府主要领导率先垂范、一线指挥，坚持五级书记抓扶贫，持续加强扶贫力量建设，选准配强第一书记和驻村干部，注重奖优罚劣、提拔重用，保证了上下一心、政令畅通。脱贫攻坚伟大实践，再次充分证明：只要我们始终用使命引导干部、用事业凝聚干部、用奖惩激励干部，注重在基层一线培养，用重大任务历练，就一定能够培育出政治过硬、关注民生、素质全面、能打硬仗的优秀干部，保证党的各项事业始终沿着既定路线破浪前行。

五、感恩奋进　强力攻坚

青海省委省政府始终牢记习近平总书记的殷殷嘱托，始终牢记党中央、国务院的关心关怀，跟进学习习近平总书记等中央领导重要指示批示和讲话精神，自觉做到思想上认同、政治上看齐、行动上紧随，始终保持了高点谋划、高位推进、高效落实的强劲态势。

（一）始终坚持高位推进

青海省委省政府坚持把习近平总书记关于脱贫攻坚重要论述作为强大的思想武器，把中央决策部署作为推动工作的行动指南，坚定脱贫攻坚正确的政治方向。

1.提高政治站位，凝心聚力。带头抓思想武装，带头提高政治站位，始终以高度的政治自觉，传达学习习近平总书记的重要讲话精神。在学懂弄通的基础上，结合青海实际，先后制定《关于贯彻落实习近平总书记重要讲话精神全力打好精准脱贫攻坚战的意见》《关于贯彻落实习近平总书记"不获全胜决不收兵"重大要求的实施意见》等贯彻落实性文件，坚决扛起打赢脱贫攻坚战的政治责任。积极推动思想武装向基层和群众延伸，每年开展万名干部下基层宣讲中央和省委一号文件精神，组织开展党的十九大精神宣讲活动，引导各级领导干部学深悟透习近平总书记关于脱贫攻坚重要论述，引导各族群众在一件件实事中感受党中央和习近平总书记的深切关心关怀，把感恩之心、感激之情自觉转化为抓脱贫、促攻坚的强大动力。

2.强化部署抓落实，高效推进。脱贫攻坚五年来，省委省政府先后召开24次省委常委会、39次省政府专题会、29次省扶贫开发工作领导小组会，及时研究、压茬推进脱贫攻坚各项工作落实。书记、省长亲力亲为、靠前指挥，先后作出批示320余次，始终把脱贫攻坚抓在手里、扛在肩上。特别是省委十三届四次全会围绕建设"一优两高"新青海，把脱贫攻坚作为全面建成小康社会的底线任务和标志性指标进行部署强调，保持了高位推进、大抓落实的强劲态势。针对2020年决战脱贫攻坚、决胜全面小康的特殊形势，省委再次研究提出"一脱贫、两翻番、四实现"具体目标，统筹推进脱贫成果巩固与经济社会发展，保证了脱贫攻坚圆满顺利收官。

3.聚合多方力量，决战决胜。省人大积极发挥监督作用，将脱贫攻坚纳入监督工作计划,进行专题调研,开展专题询问。省政协围绕"精准扶贫等议题"开展了专题协商。各级扶贫部门充分发挥扶贫开发工作领导小组办公室职能,认真履职尽责,积极建言献策,统筹部门力量,督促推进落实。教育、卫生、水利、交通、电力、通信、金融等行业部门落实部门职责、全力攻坚克难;工会、共青团、妇联等群团组织积极参与、主动作为;解放军驻青部队、武警官兵勇担使命、扶贫帮困,共同谱写了高原脱贫的磅礴赞歌。

(二)建立脱贫制度体系

按照中央部署要求,青海省委省政府建立完善脱贫攻坚责任、政策、投入、动员、监督、考核等六大体系,为打赢脱贫攻坚战提供制度保障。

1.建立脱贫攻坚责任体系。严格落实"省负总责、市县抓落实"的工作机制,省州县三级全部建立扶贫开发工作领导小组,以"双组长"制推进脱贫攻坚各项工作落实。8名省委常委包市州战区督战、38名省级干部联点到县督导,经常深入调研、督促检查、现场解决问题。制定《脱贫攻坚责任制实施细则》,每年签订责任书,逐级压实脱贫攻坚责任。全面落实党政一把手第一责任和分管领导直接责任。全省形成了责任到人、上下贯通、横向到边、纵向到底的责任体系和五级书记抓扶贫的工作格局。

2.完善脱贫攻坚政策体系。2015年12月,省委省政府制定印发《关于打赢脱贫攻坚战提前实现整体脱贫的实施意见》,成为全省脱贫攻坚总的纲领性文件。结合全省实际,研究提出了"四年集中攻坚、一年巩固提升"的总体思路,制定形成"1+8+10"精准扶贫行动路径和"2+5+N"深度攻坚政策体系,省直相关部门配套出台281份政策文件,形成完善的脱贫攻坚政策体系。各级党委、政府全部构建了"1+N"脱贫攻坚政策体系,内容涉及产业扶贫、易地扶贫搬迁、劳务输出扶贫、交通扶贫、水利扶贫、教育扶贫、健康扶贫、金融扶贫、农村危房改造、土地增减挂钩、资产收益扶贫等,瞄准贫困人口,因地制宜,分类施策。

"1+8+10"精准扶贫行动路径。"1"即中共青海省委、青海省人民政府《关于打赢脱贫攻坚战提前实现整体脱贫的实施意见》;"8"即八个一批脱贫攻坚行动计划,分别是产业脱贫、易地搬迁脱贫、资产收益脱贫、转移就业脱贫、医疗保障和求助脱贫、教育脱贫、低保兜底脱贫、生态保护与服务脱贫攻坚行动计划;"10"即十个行业扶贫专项方案,分别是交通、水利、电力、医疗卫生、通信、文化惠民、金融、科技、电子商务和市场体系建设、农牧民危旧房改造扶贫专项方案。

"2+5+N"深度攻坚政策体系。"2",即省委办公厅、省政府办公厅《关于加快推进深度贫困地区脱贫攻坚实施方案》和省扶贫开发工作领导小组《青海省深度贫困地区脱贫攻坚三年行动方案（2018—2020年）》；"5",即5个有深度攻坚任务的市州同步制定《三年行动方案》；"N",即省直行业部门同步配套深度攻坚措施，包括《健康扶贫三年行动计划》《教育脱贫攻坚实施方案(2018—2020年)》《社会救助兜底脱贫专项行动实施方案》《金融扶贫规划(2018年—2020年)》等。

《关于打赢脱贫攻坚战三年行动计划的实施意见》。为认真贯彻全国打赢脱贫攻坚战三年行动电视电话会议精神，省委省政府结合全省实际，进一步细化目标任务和脱贫举措，制定出台《关于打赢脱贫攻坚战三年行动计划的实施意见》，从准确把握打赢脱贫攻坚战三年行动的总体要求、集中力量打赢深度贫困地区脱贫攻坚战、强化到村到户到人精准帮扶举措、加快补齐贫困地区基础设施短板、加强打赢脱贫攻坚战三年行动支撑保障、广泛动员引导社会力量参与脱贫攻坚、进一步夯实脱贫攻坚基础性工作、深入开展脱贫攻坚成果巩固提升工作、强化打赢脱贫攻坚战三年行动组织保障等九个方面，实化细化工作举措，确保具有较强的针对性和可操作性。

后续巩固扶持政策。为巩固脱贫成果、提升脱贫质量，实现稳定可持续脱贫，2017年，省委省政府在全国率先制定印发《关于加强后续扶持巩固脱贫成果的意见》，分别针对摘帽县、退出村、脱贫户提出了后续扶持政策。2019年，对照习近平总书记提出的"摘帽不摘责任、摘帽不摘政策、摘帽不摘帮扶、摘帽不摘监管"的重大要求，又在全国率先制定《关于巩固脱贫成果的实施意见》，保持市（州）和县级党政正职、第一书记和驻村干部、结对帮扶关系稳定，强力推进产业、就业、教育、健康、住房、基础设施、环境整治、低保救助、精神脱贫等"九大后续巩固行动"。

3.建立脱贫攻坚投入体系。坚持政府投入主体主导作用，建立省级财政每年20%以上投入增长机制。2016年以来，全省累计落实财政专项扶贫资金257.07亿元，其中：中央财政专项扶贫资金153.76亿元，占总投入的60%；省级财政专项扶贫资金72.77亿元、占总投入的28%，市（州）财政专项扶贫资金 8.13 亿元,占总投入的 3%;县(区、市)财政专项扶贫资金数 22.39 亿元,占总投入的 9%。充分发挥财政涉农资金统筹整合作用,累计整合财政涉农资金 706.05 亿,构建形成了权责匹配、相互协调、上下联动、步调一致的统筹整合长效机制。建立金融主办行制度,大力推广"双基联动"金融服务模式,累计落实扶贫小额信贷 40.51 亿元。

4. 强化社会动员体系。坚持自主脱贫与外部助力相结合,构建形成专项扶贫、行业扶贫、援青扶贫、东西部扶贫协作、社会扶贫"五位一体"大扶贫格局。按照新一轮东西部扶贫协作结对关系调整,与江苏省逐年签订协作协议,定期开展高层互访,不断拓展协作领域,提升帮扶质量。主动对接北京、上海、天津、江苏、浙江、山东等援青省市,将援青资金的 80% 用于民生领域,瞄准建档立卡贫困人口精准发力,提高对口支援实效。进一步加强中央单位定点扶贫工作,推动定点扶贫工作重心下沉,提高精准度和有效性。扎实开展"百企帮百村、百企联百户"精准扶贫行动,每年组织开展"10·17"扶贫日系列活动,并积极依托社会扶贫网,汇集社会帮扶强大合力。省委省政府每年对脱贫攻坚先进单位、先进集体和先进个人进行集中表彰,有效激发了全社会参与脱贫攻坚的积极性。

5. 建立脱贫攻坚监督体系。省委统战部和省扶贫开发工作领导小组办公室联合印发《关于支持民主党派省委开展脱贫攻坚民主监督工作实施意见》,聚焦监督重点、明确监督导向、创新监督方式。制定《脱贫攻坚督查巡查办法》,定期开展督查巡查工作,坚持双月通报、季度巡查、半年督查制度。五年来,省级层面共开展脱贫攻坚专项督查和暗访 27 次,下发督查通报 74 期,各市州、县(市、区)开展各类督查 3300 余次。各级扶贫部门加强与审计、财政等部门和媒体、社会等监督力量的全方位合作,综合运用各方面监督结果,加强对各地工作指导。设立 12317 扶贫监督举报电话,畅通群众反映问题渠道,接受全社会监督。

6. 建立脱贫攻坚考核体系。省委办公厅、省政府办公厅先后印发《贫困县脱贫攻坚绩效考核办法》《市(州)党委和政府脱贫攻坚目标责任考核办法》《党政军机关和企事业单位定点扶贫(驻村帮扶)工作考核暂行办法》《省直有关行业部门脱贫攻坚责任考核办法》等一系列考核制度规定,逐项规范细化考核程序和考核结果,实施最严格的考核。围绕减贫成效、精准识别、精准帮扶、扶贫资金使用管理等方面内容，将市（州）脱贫攻坚考核权重提高到 12%，县级考核权重提高到 70%，充分体现脱贫攻坚对贫困地区经济社会发展的统揽引领效能。充分发挥考核指挥棒作用，对综合排名靠前的地区，全省通报表扬并采取以奖代补的方式，给予财政专项扶贫资金奖励；对综合排序靠后或存在突出问题的地区，约谈直接分管领导和扶贫部门主要负责同志，树立了真抓实干、奖优罚劣的鲜明导向。

（三）着力解决根本性问题

青海省委省政府坚持在精准施策上出实招、在精准推进上下实功、在精准落地上见实效，着力解决"扶持谁""谁来扶""怎么扶""如何退"等根本性问题。

1. 坚持精准识别，解决好"扶持谁"的问题。一是精准识别贫困人口。2015 年，按照贫困人口收入和"两不愁、三保障"识别标准，采取一看房、二看粮、三看劳动力强不强、四看家中有没有读书郎、五看有没有病人躺在床的"五看法"，通过多轮次拉网排查、多部门数据比对，精准识别贫困人口 16 万户、52 万人，在全国率先实现低保政策和扶贫标准"两线合一"。二是精准识别贫困村。按照"一高一低一无"的标准，即贫困发生率明显高于全省贫困发生率高一倍以上，行政村全村农民人均纯收入明显低于全省平均水平 60%，行政村无集体经济收入。2015 年严格标准程序，在全省识别认定贫困村 1622 个，占到全省行政村总数的 39.1%。三是精准识别贫困县。青海是集中连片特殊困难区域和国家扶贫开发重点县全覆盖省份，涉藏六州属于四省涉藏地区和国定"三区三州"深度贫困地区之一，西宁、海东市除大通回族土族自治县和平安区外，全部属于六盘山集中连片特困地区，而大通县和平安区属于国家扶贫开发重点县。因此，2015 年精准识别时，将除西宁四区外的全省 42 个县（市、区、行委）全部认定为贫困县，纳入新时期脱贫攻坚主战场。

黄南藏族自治州采取"一标准、两个百、四查、五看、六不准"工作法。一标准：即以 2015 年底农村牧区常住居民人均可支配收入低于 2970 元的国家农村扶贫标准，家庭财产状况符合农村低保相关政策规定为基本依据。两个百：即识别准确率和群众满意率达到 100%。四查：一查政策宣传是否全覆盖。二查贫困户是否精准。三查精准识别程序、方法、步骤是否正确、规范、合理，特别是对贫困户的识别、评议程序及"两公示一公告"程序是否规范，落实是否到位。四查精准识别对象的各类建档立卡纸质信息档案材料是否完整规范，信息数据是否真实准确、完整。五看：一看房、二看粮、三看学生郎、四看技能强不强、五看有没有残疾重病躺在床。六不准：家庭年人均收入高于 2970 元的、家庭成员中有财政供养人员的、享受财政补助的、家庭购买 5 万元以上生活车辆的、村民会议或村民代表会议不通过的、村"两委"班子成员的不准纳入精准扶贫扶持对象范围。

河南蒙古族自治县优干宁镇 14 户牧民主动放弃贫困指标。2015 年在精准识别时，河南县优干宁镇智后茂村 14 户牧户主动让出贫困户指标，表示有党的惠民政策引领，有党和国家对牧区的关怀，通过自身努力完全有信心、有能力致富奔小康，在国家脱贫攻坚的关键期，各类资金支出需求不断增加，不愿意为国家增添负担。

2. 加强队伍建设，解决好"谁来扶"的问题。一是坚持党建引领。持续强化"三基"建设，创新开展"组织体系建设三年行动"，五年累计整顿软弱涣散基层党组织 882 个（贫困村党组织 345 个），调整不胜任不尽职村党组织书记 495 名，培养储备村级后备干部 2.4 万余人，打造了一支"永远不走的工作队"。二是培强专业力量。针对扶贫部门"小马拉大车"的实际，各级党委政府采取增加指数、抽调选派、挂职锻炼等方式，持续加强扶贫部门力量建设。截至 2020 年底，全省扶贫系统干部职工达到 1038 人，较 2015 年底增长91%。三是强化驻村选派。严格落实驻村选派工作制度，先后两批选派第一书记和驻村工作队员 1.49 万名，坚持实战化培训、精准化帮扶，基层攻坚力量得到全面加强。

3. 坚持精准施策，解决好"如何扶"的问题。全省积极构建"户有管理手册、村有作战挂图、乡有规范档案、县有数据平台、省有指挥中心"的精准扶贫管理格局。一是户有管理手册。全省统一印发《建档立卡贫困户精准管理手册》，详细填写家庭基本情况、致贫原因、帮扶责任人、帮扶计划、帮扶措施和收入监测等内容，做到一户一档，精准施策。二是村有作战挂图。贫困村统一制作脱贫攻坚领导机构图、贫困人口分布图、脱贫目标任务图、致贫原因分析图、精准帮扶措施图、脱贫攻坚组织保证图等"六张图"，明确目标任务和工作流程，实行挂图作战。三是乡有规范档案。制定印发《青海省精准扶贫档案管理办法实施细则》，在全面树立完善省州县三级脱贫攻坚档案的基础上，推进档案管理工作向乡村两级延伸，按年份、文件类别等详细分类，做好立卷、编目、归档工作，确保脱贫攻坚档案齐全完整、分类科学、排列有序、安全保管。四是县有数据平台。依托全国扶贫信息系统，加强县级相关行业部门之间数据整合，以动态监控为抓手，整合信息系统资源，建立数据日常交换比对机制，实行归口管理，各负其责、各司其职，构建形成简便实用、实时同步的脱贫攻坚动态监测体系。五是省有指挥中心。建立省级脱贫攻坚指挥中心，统筹整合扶贫开发信息系统、信息网站、视频系统、12317举报电话等信息资源，动态化统计、监测扶贫工作，形成互动、可视的图文报表、视频，为精准统筹脱贫攻坚提供依据。

4. 严格标准程序，解决好"怎么退"的问题。一是强化动态调整，确保退得准确。每年对建档立卡贫困人口和建档立卡之外符合扶贫标准的农户进行全面摸排，对识别不准的贫困人口按相关程序予以清退，将新增贫困人口和返贫人口按照程序纳入建档立卡扶持范围，做到应纳尽纳、应退尽退，确保脱贫攻坚目标对象准确。二是严格标准程度，确保退得真实。严格落实国家贫困退出机制，结合实际对贫困户、贫困村、贫困县退出标准进行细化量化，分别硬化6条退出刚性约束，规范退出程序，强化考核评估，做到脱真贫、真脱贫。三是做好后续扶持，确保退的无忧。按照"四年集中攻坚，一年巩固提升"总体思路，严格落实"四个不摘"重大要求，保持脱贫攻坚期内政策连续稳定，全面巩固深化脱贫攻坚成果，做到扶上马送一程，让贫困群众的日子越来越有底气。

贫困人口脱贫标准：（1）贫困户年人均可支配收入达到或超过脱贫标准；（2）有安全住房；（3）义务教育阶段学生无因贫辍学；（4）参加城乡居民基本医疗保险；（5）参加城乡居民基本养老保险；（6）有意愿的劳动力（含两后生）参加职业教育或技能培训。

贫困村退出标准：（1）贫困发生率低于3%；（2）有村级集体经济或贫困村村级互助发展资金；（3）农区有通行政村沥青（水泥）路，牧区有通行政村的沥青（水泥）或砂石路；（4）有安全饮用水；（5）有生产生活用电；（6）有标准化村卫生室和村级综合办公服务中心。

贫困县摘帽标准：（1）县级农牧民人均可支配收入达到当年全省农牧民

人均可支配收入 70% 以上；（2）贫困发生率低于 3%；（3）九年义务教育巩固率达到 93%；（4）城乡居民基本医疗保险参保率达到 98% 以上；（5）城乡居民基本养老保险参保率达到 95% 以上；（6）贫困村退出率达到 100%。

六、稳定增收　摆脱贫困

脱贫攻坚以来，青海省委省政府着眼贫困群众持续稳定增收，大力推进产业扶贫、就业扶贫、消费扶贫等项目实施，强化民政救助，贫困群众收入年均增幅达到 36.8%，政策性收入占比从 48.5% 下降到 34%，结构逐步趋向合理。

（一）产业增收

发展产业是脱贫攻坚的治本之策。2016 年以来，省委省政府按照"发展产业脱贫一批"的要求，依托高原资源禀赋，把产业扶贫作为脱贫攻坚主攻方向，构建了"县有扶贫产业园，村有集体经济收益、旅游扶贫项目、互助发展资金，户有稳定增收项目"的全方位、立体式扶贫产业发展新格局，走出了具有青海特色的产业扶贫之路。2017 年 7 月，农业农村部在我省组织召开了"产业扶贫暨农业援青现场观摩会"；2018 年 9 月，国务院扶贫办在我省组织召开了"全国特色手工业扶贫车间现场会"。

项目实施情况：

1. 县有扶贫产业园。按照"建园区、引龙头、扩基地、强基础"的发展思路，累计投入扶贫资金 11.92 亿元，在全省 8 个市（州）39 个县（区、市）全部建成扶贫产业园，年均资产收益 6488 万元，吸纳劳动力务工 4603 人、月平均工资 1788 元，辐射带动建档立卡脱贫户 37271 户、122988 人，人均年增收 1309 元。同时，扶持带动 481 个行政村增加村集体经济收入。

都兰国家现代农业产业园。都兰现代农业产业园位于我省海西蒙古族藏族自治州都兰县宗加镇，规划面积 25.47 万亩，区分生产、加工、物流、科研、种植示范、休闲观光、综合服务 7 个功能区，2017 年 9 月成功入围第二批国家级现代农业产业园创建名录。园区依托枸杞主导产业，引进培育新型经营主体 97 家，其中：国家级龙头企业 2 家、省级 5 家、州级 5 家。依托中国农业大学、国家农业信息化工程技术研究中心、中国科学院工程研究所等科研院所，加强"产学研"合作，累计投入科研经费 1476 万元，科技贡献率达 68%。"柴杞""宁杞"系列良种覆盖率达 100%，综合机械化率达到了

54.85%。绿色、有机枸杞种植面积达 8.5 万亩、7.21 万亩，认证比例、产品抽检合格率分别达 85%、100%。园区延伸发展采摘种植、加工生产、物流快递、餐饮住宿、观光旅游等多元业态，探索建立"园区＋龙头企业＋基地＋合作社＋农户"发展模式，完善联农带贫机制，带动劳动就业 3080 人，园内农牧民人均可支配收入达 1.63 万元，脱贫率达到了 100%。

天峻县扶贫产业园。天峻县统筹省级财政下达的扶贫产业园专项资金 1500 万和县级财政配套资金 2300 万元，实施建设了天峻县扶贫产业园交通物流园区建设项目，建设占地总面积为 66000 平方米。项目涵盖停车、洗车、住宿、餐饮、物流、仓储用房 3200 平方米，信息服务用房 860 平方米，停车位（大、中、小型客车及货车）396 个，并配套修建门卫房、围墙、绿化、给水、排水、供暖、供电等配套基础设施。产业园运行收益分配期以年为单位、将产业园全年资产净收益按照 2 ∶ 3 ∶ 5 比例分成。其中：年资产净收益的 20% 用于产业园运营管理收入和日常维护支出，30% 用于脱贫对象收益分红，50% 用于产业园在发展投资；分给脱贫对象的 30%，家庭当中有劳动能力并依托产业园（至少一名家庭成员）实现稳定就业的脱贫对象平均分配 20% 的收益分红资金，家庭仅有部分劳动能力的平均分配 30% 的收益分红资金、无劳动能力的脱贫对象平均分配 50% 的收益分红资金，切实解决无劳动能力脱贫对象稳定脱贫保障难题。

2. 村有集体经济收益、旅游扶贫项目和互助发展资金。

（1）村有集体经济收益。实施村级集体经济"破零"工程，全省累计投入资金 73.33 亿元，其中扶贫资金 69.19 亿元，占到 94.4%。支持 1622 个贫困村建立村级光伏电站，扶持 2358 个有贫困人口的非贫困村培育壮大村集体经济，抓好 826 个纳入中央财政扶持行政村的集体经济发展项目。截至 2020 年底，全省所有行政村集体经济全面实现"破零"，村集体经济收益累计 7.69 亿元，村均收益达到 18.57 万元，其中年收益 10 万元以上的村占比达到 51%。

（2）村有旅游扶贫项目。累计投入扶贫资金 7.89 亿元，在 168 个有旅游资源的行政村实施了乡村旅游扶贫项目，项目累计收益 2545 万元，吸纳脱贫人口务工 1743 人、月平均工资 1208 元，辐射带动脱贫户 10816 户、35805 人，人均增收 710 元，通过乡村旅游扶贫项目设立村内公益岗位 2522 名。

（3）村有互助发展资金。累计投入财政专项扶贫资金 9.52 亿元、整合资金 4295.22 万元，在 1837 个行政村建立互助资金协会，累计入会会员 228528 户、647648 人，累计借款 26.5 亿元，累计通过金融机构贷款 10.43 亿元。

旅游扶贫成为贫困群众增收"新极点"。按照"旅游发展带动扶贫开发，扶贫开发促进旅游发展"的思路，2016 年以来，全省累计投入扶贫资金 7.89 亿元，在 168 个有旅游资源的行政村实施了乡村旅游扶贫项目，年均项目收益 2545 万元，吸纳脱贫人口务工 1644 人，月平均工资 1208 元，辐射带动脱贫户 10816 户、35805 人，人均增收 710 元，通过乡村旅游扶贫项目设立村内公益岗位 2522 个，乡村旅游扶贫已成为贫困群众脱贫增收的"新极点"。先后制定《青海省乡村旅游扶贫项目实施意见（2016—2020 年）》《关于开展贫困村旅游扶贫试点工作的通知》《青海省乡村旅游富民工程建设规划》《青海省乡村旅游扶贫项目实施意见》等政策性文件，坚持以资源为依托，以市场为导向，以项目为抓手，加快发展"休闲度假、参与体验、生态观光"为主要内容的乡村旅游扶贫产业。在全省范围内创建了示范带动点，突出地域特色实行差异化发展，做到"一带一品牌、一镇一特色、一村一景区"。实施乡村旅游富民工程，启动乡村旅游"十百千万"计划；加大专业培训和项目扶持，助推贫困群众思想观念、生活习惯、生产方式转变；推动金融机构加大对乡村旅游和旅游扶贫项目的支持；组织贫困村负责人、旅游扶贫业务骨干和致富带头人参加全国性培训、赴乡村旅游发展好的地方进行观摩学习。海东市乐都区朵巴营村、互助土族自治县牙合村，海北藏族自治州门源回族自治县桥滩村，西宁市湟中区卡阳村、包勒村等一批具有本土特色的乡村旅游示范村纷纷走上了乡村旅游致富路。

互助资金成为贫困群众身边的"小银行"。青海作为经济欠发达省份，农牧民"地无余粮、手无余钱"的现象较为突出，缺资金是制约群众发展的重要瓶颈。精准施策要求，在积极推动金融扶贫的基础上，省财政一次性投入 8.1 亿元，按每村 50 万元标准，在全省 1622 个贫困村建立互助金组织，通过发放借款、撬动银行贷款等模式，为群众发展生产提供资金支持。截至 2020 年底，全省互助金组织扩大到 1837 个村（增加非贫困村 215 个），22.85 万户、64.76 万人加入互助资金协会，资金规模发展壮大到 9.94 亿元【市（州）、县级配套及每年度资金使用占用费滚动注入资金 1.84 亿元】，累计发放借款 26.5 亿元，撬动金融机构贷款 10.43 亿元。

3. 户有稳定增收项目。按照西宁和海东两市东部农业区人均 5400 元、涉藏六州人均 6400 元的扶持标准，累计投入扶贫资金 30.1 亿元，在充分尊重贫困群众发展愿望和自主选择项目基础上，采取"措施到户、资金到户、项目到户、效益到户"的精准扶持原则，支持全省有劳动能力的 46.94 万建档立卡贫困人口发展以种养业为主、小型加工和服务业为辅的到户产业项目。其中：种植业扶持 8789 户、29925 人，占扶持总人数的 6.4%；养殖业扶持 62207 户、227100 人，占扶持总人数的 48.4%；二三产业扶持 56360 户、212377 人，占扶持总人数的 45.2%。在扶持到户产业项目中采取资产收益方式扶持 60798 户、212377 人，占扶持总人数的 46.13%。截至 2020 年底，到户产业扶贫项目已全部纳入资产管理并确权到户到人，且都能持续发挥扶贫效益，种植业年人均增收 1363.66 元、养殖业年人均增收 1877.43 元、二三产业年人均增收 1235.31 元，通过资产收益方式实施的项目年人均增收 585.3 元。

主要做法：

1. 完善顶层设计，压实产业扶贫责任。为确保打好打赢产业脱贫攻坚战，一是制定出台了《青海省发展产业脱贫攻坚行动计划》和《青海省资产收益脱贫攻坚行动计划》，明确了产业发展总体路径，完善了贫困群众发展产业增收的自身发展和资产收益减贫带贫机制，进一步增强了贫困群众的"造血"功能。二是坚持常态化推进产业扶贫工作，省州县三级党委、政府强化责任、制度、工作落实，每两个月召开研究部署、每年开展产业扶贫大督查，自下而上摸清底数、分析研判问题、提出改进措施。三是建立健全监督体系，每年对产业扶贫项目资金使用，通过新闻媒体、网络、村级公示栏等方式公示公告，接受社会监督。每季度召开一次纪检监察联席会议，通报扶贫领域违纪违法案件和基层扶贫资金使用情况，强化内部监督。每年向省人大、省政协报告产业扶贫资金项目使用进展情况，自觉接受人大、政协问询和监督。

2. 加大资金投入，夯实产业扶贫基础。一是逐步提高产业扶贫资金投入力度，采取因素分配法，建立竞争性分配机制，把财政专项扶贫资金切块到县，将项目审批权全部下放到县，由各县结合实际精准实施产业发展项目。2016年以来，全省累计投入财政专项扶持资金 139.82 亿元用于产业发展，占全省财政扶贫资金总投入的 54.33%。二是为贫困户发展产业提供基准利率，精准扶贫主办银行实施免抵押、免担保的"530"小额信贷支持，并不断扩大扶贫贷款规模，按照基准利率贴息补助，持续扩大扶贫再贷款规模，支持贫困群众和各类经营主体发展特色产业。2016年以来，全省累计发放扶贫小额贷款40.51亿元，6万户贫困户得到贷款支持，获贷率41%。三是各行业部门管理的涉农资金、各项惠民政策和用于产业发展的项目资金，优先用于贫困村和贫困农牧户发展产业；积极引导龙头企业、专业合作社等各类新型经营主体捆绑资金用于产业发展；发达省市对口援青资金整合用于发展特色优势产业，形成专项扶贫资金、相关涉农资金和社会帮扶资金合力推进产业脱贫，加快构建贫困地区特色产业体系。

3. 精准选择项目，推进产业扶贫实施。一是按照"措施到户、资金到户、项目到户、效益到户"的精准扶持原则，采取"一村一策""一户一法"，以实施到户、扶持到人的方式，对有劳动能力和生产发展愿望的贫困人口重点扶持发展特色种养业。二是对有劳动能力、有发展愿望，但没有经营能力或产业选择较难的贫困人口，各地通过龙头企业、专业合作社等各类新型经营主体带动方式，将财政专项扶贫资金和其他涉农资金投入形成的资产折股量化给贫困村和贫困户，将土地、草场等生产资料折股量化到产业扶贫项目，通过资产收益实现增收。三是各地将精准扶持产业项目、旅游扶贫和扶贫产业园等扶贫项目有机结合起来，按照"以点带面、点面结合"的精准扶贫产业发展思路，加快二三产业融合发展，扩大规模、增强市场竞争力，加快推进区域经济发展，让贫困户更多分享产业发展带来的效益。

4. 强化支撑保障，凝聚产业发展合力。一是实施科技信息支撑、科技人才支撑、产业技术支撑、科技扶贫示范等四大行动，每年选派千名科技人员深入贫困地区生产一线开展科技扶贫技术服务，示范推广了一批农牧业新品种、新技术，转化了一批先进适用成果。二是充分发挥保险"社会稳定器"作用，防范和化解因灾致贫、因灾返贫，对政策性农牧业保险提质扩面增品，农业保险保障的农产品品种从试点之初的小麦、玉米、蚕豆等7个品种，增加到目前包括青稞、牦牛、藏系羊、中药材、小麦制种等青海特色农牧业产品在内的22个品种，基本覆盖了全省农、林、牧、渔各方面。三是根据全省产业扶贫规划和土地利用总体规划，积极调整出规模种养场区建设用地，引导规模种养合理选址。对建档立卡贫困村新建果蔬保鲜库、马铃薯贮藏窖、农机库、加工厂房、规模养殖场、设施生产基地、旅游观光设施用地优先予以保障，统筹规划、统一计划，简化审批程序，有效提高了项目建设效益。

5. 健全联结机制，带动群众稳定增收。先后出台《关于加强财政扶贫专项资金使用和项目指导意见》《关于进一步加强和规范产业扶贫项目资金意见》，规范资金使用和项目管理，建立产业扶贫项目库，做好资产管理和确权，全面落实县级主体责任和公示公告制度，保障了资金使用安全、项目益贫效益发挥。同时，健全产业扶贫带贫减贫机制，引导扶贫龙头企业、专业合作社、致富带头人等各类市场经营主体通过股份合作、订单生产、劳务务工、技术服务、承包租赁等利益联结方式，让贫困群众积极参与产业扶贫生产经营，多渠道稳定增加收入。

大力发展高原特色扶贫产业：

依托高原资源禀赋，大力发展牦牛、青稞、冷水鱼、枸杞、村级光伏、乡村旅游、民族手工艺等高原特色扶贫产业，促进农牧区经济健康发展，带动贫困群众持续稳定增收。

1. 牦牛产业。青海省素有"世界牦牛之都"的称号。牦牛分布于青藏高原海拔 3000 米以上地区，是中国唯一、世界独有的物种。据统计，全世界共有牦牛 1500 多万头，中国有 1400 万头，占世界牦牛总数 94%。其中青海存栏 490 多万头，年出栏 140 多万头，年产肉 16 万吨，占全国牦牛总数的 38%，是名副其实的世界牦牛之都。青藏高原天高地阔，生态纯净，青海牦牛人放天养，自由生长喝冰川雪水、吃冬虫夏草，据《吕氏春秋》记载"肉之美者，牦象之肉"。青海牦牛肉富含铁、镁等微量元素，其氨基酸含量超过了其他牛肉，被誉为牛肉之冠，因其味美可口、低脂肪、高蛋白而广受市场欢迎。随着市场经济的发展和产业扶贫的推进，已成为涉藏地区农牧民的脱贫致富牦牛。为推进青海牦牛产业发展，建设具有高原特色的青海现代牦牛产业体系，省委省政府先后出台了《关于加快牦牛产业发展的实施意见》《青海省牦牛和青稞产业发展三年行动计划（2018—2020 年）》等政策，全方位推进牦牛产业品牌打造。同时，省扶贫局筹措 2 亿元风险补偿金，撬动银行贷款 10 亿元专项用于牦牛、青稞产业发展。截至 2020 年底，我省从事牦牛良种扩繁、生态养殖、生产加工等相关企业 500 余家，其中国家级龙头企业 11 家，涌现出可可西里、西北骄、5369、夏华等一大批驰名商标、名牌产品，产品种类达到 200 多种。

　　按照"企业＋基地＋合作社＋农牧民"牦牛产业机制，拉动牦牛合作社1000多家，带动农牧户50余万户。探索出了一条由政府引导、企业带动、合作社参与、贫困户受益的牦牛产业扶贫机制。通过牦牛产业扶贫和消费扶贫的实施，及产销对接、网红带货、电商销售等举措，有效带动玉树、果洛、黄南、海南、海北等牦牛主产区3.2万建档立卡贫困户、10.7万人，依托消费扶贫"大礼包"三年销售牦牛15万头，人均增收4000元。

　　2. 青稞产业。青稞在青藏高原上有3500多年的种植历史，因其内外颖壳分离，籽粒裸露，又称裸大麦、元麦、米大麦。它是青藏高原的主粮，是青海农牧业的主导产业，是饲料加工业的主要原料，更是开发营养保健类产品的朝阳产业。经科学研究，青稞具有"三高两低"即高蛋白质、高纤维、高维生素、低糖、低脂肪的营养特点，并且含有丰富的膳食纤维和 β－葡聚糖等生命功能元素，具有提高人体免疫力、调节血糖、平衡血压等作用。2018年，青海青稞种植面积达到100万亩，占粮食作物的四分之一，产量16万吨，约占四省涉藏地区青稞总产量的20%以上，主要分布在海北、海南、海西等地区。截至2020年底，青海青稞加工量已占青稞总产量的三分之一，从事青稞生产加工的企业有18家，青稞商品化率达到83%以上，是全国青稞加工转化率最高的省份。涌现了可可西里、汉和、新绿康、高健、康健等一大批知名品牌，开发和加工的青稞产品涵盖酒水饮料、休闲乳制品、方便食品、营养保健品等品类，极大地满足了市场的健康消费需求。为全面推进青稞产业高质量发展，建立健全具有青海高原特色的青稞产业体系，助力脱贫攻坚。2018年，青海省人民政府出台了《青海省牦牛与青稞产业发展三年行动计划》，重点扶持青稞 β－葡聚糖、青稞 γ－氨基丁酸等系列高端产品加工企业，着力拓宽产业链，提升质量，构建从田间生产到精深加工的青稞全产业链条，提升青稞产业化发展水平。到2025年，青海青稞种植面积将达到150万亩，总产量30万吨，良种覆盖率98%，商品率85%，加工转化率70%，总产值40亿元，引领青稞产业高质量发展。通过消费扶贫，由龙头企业带动，大力开展青稞订单种植、订单收购，有效带动海南、海北、海西等青稞主产区4.3万建档立卡贫困人口脱贫增收，所收青稞精准对接消费扶贫"大礼包"，每公斤高于市场价0.5元收购，按亩产250公斤计算，每亩可为贫困户在原销售价基础上增加125元，按30万亩计算可增收3750万元，人均可实现年增收872元。

3. 藏羊产业。藏羊又称藏系羊，是我国三大原始绵羊品种之一，也是青藏高原的独有物种，青海是主要产区。青海藏羊肉属于典型的"高蛋白、低脂肪、优质安全"的动物性食品，其肉色鲜红，肉质细嫩，纤维致密，多汁性好，出肉率高，香味浓郁，是富含营养，口味鲜美的优良肉食和半野味的肉食品，富含镁、锰和维生素 E、维生素 K 等矿物质元素，具有很高的营养保健开发价值，对青海畜牧业发展和经济效益的提高有很大的推动作用。截至 2020 年底，我省从事藏羊养殖的农牧民有 120 余万人，其中建档立卡贫困户 9.86 万人，现养殖规模已达 1133.12 万只，占全国藏羊总数的 50%。全省年出栏藏羊 582.82 万只，出栏率达到 51.43%，藏羊肉年产 13.97 万吨，每年向省外销售约 4 万吨。

4. 冷水鱼产业。冷水鱼是鱼的一个种类，高于 20℃水温就不能存活，故称之为冷水性鱼类。青海地处地球第三极，被誉为"中华水塔"，拥有丰富而充足的冷水资源，水温常年在 3℃—21℃，水体洁净、水质优良，为冷水鱼养殖创造了得天独厚的条件，被国内外公认为养殖"三文鱼"（鲑鳟等）条件最好的地区之一，适宜集约化网箱养殖。鲑鳟鱼营养价值比一般淡水鱼要高，含有一般淡水鱼类所没有或很少有的 DHA 和 EPA，而胆固醇含量几乎为零，因而有助于健脑、预防心脏血管疾病，并能有效抵抗糖尿病等慢性病和某些类型的癌症，深受市场热捧。青海渔业水域资源总面积 1970 万亩，其中天然湖泊 1894 万亩，各型水库 75.4 万亩。我省冷水鱼养殖主要位于沿黄河流域龙羊峡至积石峡段电站水库 75 万亩的优质冷凉水体区域，依托黄河上游已建成的拉西瓦、龙羊峡、李家峡、公伯峡、积石峡等中大型梯级水电站库区水域。现有鲑鳟鱼网箱养殖场 28 家，网箱养殖面积达 32 万平方米，鲑鳟养殖产量 15000 多吨，加工产品形态主要有鲜活、冰鲜、冷冻、切片、烟熏制品等，约占全国鲑鳟产量的 30%，已成为国内最大的鲑鳟鱼网箱养殖生产基地，年产值 8.36 亿元，带动就业人口 5000 人，其中建档立卡贫困户 400 余人，人均月工资 3500 元。依托冷水鱼资源和消费扶贫，我省着力打造"蓝色粮仓"，瞄准北京、上海、广州、杭州、青岛等城市，重点解决沿黄河流域的海南藏族自治州、海东市三文鱼的生产加工和销售。

5. 枸杞产业。枸杞是茄科枸杞属多分枝灌木植物，果实称枸杞子，嫩叶称枸杞头。青海枸杞又名柴杞，鲜果玲珑别透，红艳欲滴，状似红宝石，色红粒大，果实卵圆形，籽少、肉厚，大小均匀，无碎果，无霉变，无杂质，品质优良。青海枸杞产区地处世界"四大超净区"之一的青藏高原腹地，主要分布在柴达木盆地的都兰、德令哈、格尔木、乌兰等县（市）。这里海拔高，日照时间长，太阳辐射强，昼夜温差大，降水量少，蒸发量大，属典型的大陆性气候。这些因素决定了果品品质、营养成分、功能活性物质的积累以及口感和外观等方面都优于其他省区。现代药理研究表明，枸杞具有保护神经、抗疲劳、抗氧化、抗衰老、调节机体免疫、保肝明目等功效。据中科院西北高原生物研究所测定，青海柴达木枸杞含多种维生素和人体所必需的 18 种氨基酸，其中有利于人体健康和智力开发的有机硒、锗、锌的含量较高，特别是在医用、保健功能中起关键作用的枸杞多糖高达 8.3%，显著高于宁夏、内蒙古、新疆等地，是中国最优质的枸杞之一。同时，柴达木分布的野生黑果枸杞，经测定含 17 种氨基酸，13 种微量元素。近年来，省委省政府提出"东部沙棘、西部枸杞、南部藏茶、河湟纯果"的林业产业发展思路，我省枸杞种植、加工、销售企业达到 293 家，涌现了"三江雪""诺木洪""雪山红""雪域圣烽"等一大批青海本土的枸杞品牌。逐步研发出枸杞浓缩汁、冻干枸杞、枸杞茶、枸杞籽油、枸杞籽油软胶囊等系列产品，让青海枸杞附加值和市场竞争力实现进一步提升。截至 2020 年底，全省枸杞种植面积 75 万亩，产量 13.8 万吨，产值 35.88 亿元，在海西、海南地区已成为脱贫致富的"主导产业"和"富民产业"。在消费扶贫推动下，通过订单收购、产销对接、网红带货等举措，带动枸杞种植户 5.9 万人，其中建档立卡贫困户 1.8 万人，年人均实现销售收入 7800 元。

6. 马铃薯、油菜产业。马铃薯是我省的特色作物，种植面积 135 万亩，产量 337.5 万吨，主要分布在西宁、海东等地区，是我省的第三大作物。全省马铃薯加工企业有 135 家，规模加工企业 5 家，年产马铃薯精淀粉、变性淀粉及粉条、粉丝等加工产品 20 万吨。已成为我省广大山区赖以生存和脱贫致富的一大支柱产业。青海马铃薯以薯大、均匀、耐贮藏、口感好、淀粉含量高而获得国内市场的好评，尤其是生产的马铃薯种薯，因退化慢、增产幅度大而闻名全国。青海马铃薯主产区覆盖建档立卡贫困户 6.1 万户，种植面积 3 万亩，年产量 7.5 万吨，除自食外，销量 5 万吨，销售额 7000 万元，户均增收 1148 元。

油菜，又叫油白菜，农艺学上将植物中种子含油的多个物种统称油菜。油菜是我省的主要经济作物、油料作物。青海所产油菜籽粒饱满、品质优，含油率达 38%—42%、制种产量是内地的 2—3 倍，菜籽油气味香醇，对人体有益的油酸及亚油酸含量居各种植物油之冠，富含多种人体必需营养素，每天食用可以有效降低冠心病发病率。我省是全国油菜最佳生态种植区，油菜单产居全国之首，主要分布在海北、西宁、海南等地。截至 2020 年底，全省油菜种植面积达到 215 万亩（优质"双低"杂交油菜种植面积 150 万亩），平均亩产 145 公斤，总产量达到 31 万吨，成为全国重要的杂交油菜制种基地，其中双低（低芥酸、低硫甙）优质油菜籽产量约 22 万吨。除满足省内需求外，每年有 20 万吨菜籽油销往全国各地。近年来，随着油菜籽产业扶贫政策的实施，逐步形成了江河源、弘大、大宋、汉尧等一批省级扶贫龙头企业。通过"龙头企业 + 合作社 + 种植户 + 贫困户"开展订单种植、订单收购，在全省种植双低油菜籽 150 万亩，其中建档立卡贫困户种植面积达 58.6 万亩，企业按每公斤油菜籽加价 2 元进行收购，总计为全省双低油菜籽种植户实现增收约 4.4 亿元，其中为建档立卡贫困户实现增收约 1.7 亿元。

7. 光伏扶贫产业。青海地处青藏高原腹地，平均海拔 4058.4 米，全年日照时间 2500—3650 小时，具有发展太阳能产业的独特资源优势。脱贫攻坚以来，青海坚持生态文明发展理念，把光伏扶贫纳入全省"五大特色扶贫产业"发展体系和"清洁能源示范省"建设布局，抢抓国家政策机遇，光伏扶贫项目装机规模达到 73.36 万千瓦，覆盖到全省 1622 个建档立卡贫困村和 99 个有建档立卡贫困人口的非贫困村，年发电产值预期 8.8 亿元，扶贫收益 5.7 亿元，带动 7.7 万户、28.3 万贫困人口，占全省贫困人口的 52.5%，成为质量最优、效益最佳、管理最好、成本最低的全国光伏扶贫"青海样板"。在建设选址上，有效利用戈壁荒漠、黑土滩和荒山荒坡，全部采取高支架农光互补、牧光互补模式，在降低运维成本的同时，提高了土地综合利用的叠加效应。海南州共和县塔拉滩光伏园区建设面积 609 平方公里，通过生态恢复，沙化土地成了可利用草场，羊群穿梭其中，被形象地称为"光伏羊"。在运行维护上，在全国率先建成光伏扶贫大数据集控平台，探索建立电站"无人值班、少人值守"运行模式，每个电站运维人数减少到两至三人，降低运维成本 40% 以上。在收益资金分配上，将 60% 作为村集体经济，主要用于产业发展、基础设施维修维护、农牧民教育培训、临时救助等方面；40% 作为扶持资金，扶持贫困人口、边缘人口增收，为持续巩固脱贫成果奠定了坚实基础。特别是针对 2020 年新冠肺炎疫情影响，将收益的80%调整用于公益性岗位开发，按每个贫困村设立5—8个标准，全省新增公益性岗位2.56万个，主要面向因疫情影响无法外出务工的贫困劳动力或弱劳力，岗位年收入不低于1万元。

8.民族手工艺产业。青海是多民族聚集区，传统民族手工制造业历史悠久、工艺独特，具有浓厚的民族风格和鲜明的地方特色，是民族文化的长期积累和沉淀。近年来，在我省一系列促进民族地区手工制造业发展的政策和措施支持下，全省各地区县已形成了各具特色的民族手工艺品生产区域。产品涵盖藏、蒙古、回、撒拉、土等民族服饰、鞋帽、民族家具、金银首饰、金银铜器、民族刀具、皮革用品、唐卡、绘画、石雕、刺绣、堆绣、皮绣、排灯、藏香、泥塑、弓箭、剪纸画等各类民族工艺品几百种。为充分发挥民族手工艺企业、农村合作社、非遗工坊（扶贫车间）、个体经营户、家庭作坊等示范、带动和辐射作用，加大技艺培训，加强创意研发，创造更多更好的优秀文化产品，多渠道助力全省脱贫攻坚，我省启动了民族手工艺品加工生产扶贫基地评选命名工作，首批命名的民族手工艺品加工生产扶贫基地111家，通过用工带动发展的方式，直接解决当地群众就业6800人，其中建档立卡户2126户、贫困户人数3443人，实现贫困人口年均增收1.2万元，有效促进了贫困群众增收和脱贫。在消费扶贫政策的带动下，全省民族手工制造业工厂600余家，销售收入11.3亿元，带动就业人口30万人，其中建档立卡贫困户3.1万人，人均年增收4200元，开创"手工艺品＋生产车间＋扶贫基地"的消费扶贫新模式。

村集体经济全面"破零"：

我省辖4146个行政村,2015年底集体经济"空壳村"占比高达97%,村"两委"班子"有心作为、无钱办事"问题十分突出。省委省政府把增强村集体经济实力作为促进农牧区长远发展的基础，立足欠发达地区实际，把发展壮大村集体经济作为建强村党组织和巩固脱贫成果的关键举措，加强政策扶持、加大资金投入、探索有效路径，高质量推进村集体经济"破零"工程。

截至2020年底,全省累计投入资金73.33亿元,其中扶贫资金69.19亿元,占到94.4%。全省4146个行政村集体经济收入全部实现"破零",3年累计收益7.69亿元,村均年收益18.57万元。其中,1622个贫困村年均收益33.24万元;2524个非贫困村年均收益5.01万元。一是协同有力的工作机制全面建立。坚持高起点谋划、高标准推进，全面建立"省级抓统筹、市州抓组织、县乡抓落实、村级抓实施"分级负责的工作机制，把责任落实贯穿各层级、融入各领域。省级层面成立由省长为组长，3 名副省级领导干部为副组长的村集体经济"破零"工程领导小组，下设综合协调、产业指导、资金支持三个专项工作组，制定有效政策、推广典型经验、加强督促检查；市州党委认真履行主体责任，制定发展规划，周密安排部署；县乡党委编制实施方案、科学合理调度、统筹整合资金、狠抓项目落地；村级党组织因地制宜编制行动计划，盘活资源资产，科学组织实施。同时，将发展村集体经济纳入地方党政领导班子和领导干部年度目标责任考核、基层党组织书记抓基层党建述职评议考核内容，压紧压实各级党委、政府推动村集体经济高质量发展的主体责任，形成一级抓一级、层层抓落实的工作格局。二是科学有效的扶持政策逐步完善。全省村集体经济"破零"工程领导小组先后组织调研 12 次，覆盖 8 个市州的37 个县（市区），召开领导小组会议 4 次，分析存在问题、研究对策措施，在产业布局、项目审批、税费减免、金融支持等方面持续加大扶持力度，相继制定出台《关于实施全省村集体经济"破零"工程的指导意见》《关于坚持和加强农村基层党组织领导扶持壮大村集体经济的实施方案》《关于推动村集体经济高质量发展的若干措施》等多个指导性文件，明确短期和长期目标任务。省级财政通过争取中央扶持、整合涉农和扶贫领域资金，累计投入 73.33 亿元支持村集体经济发展，村均投入达到 176 万元。领导小组各成员单位积极作为，根据实际发展需求连续出台《青海省发展村集体经济试点规划》《加强和规范产业扶贫项目资金管理的指导意见》《金融服务村集体经济"破零"工程的意见》等一系列配套政策和优惠措施，为推动村集体经济发展清理了障碍、铺平了道路。三是特色鲜明的发展模式愈发成熟。坚持因地制宜、因村施策，积极探索"破零"的有效方法路径，形成了"集体股份分红型、盘活集体资产型、利用集体资源型、推进土地经营型、兴办经济实体型、发展物业经济型、开展服务创收型"7 种村集体经济发展模式，走出了一条符合青海实际、地域特色鲜明、可持续发展的村集体经济振兴之路，先后涌现出了西宁市湟源县池汉村发展物业经济、海东市互助县卓扎滩村"变废为宝"发展生态旅游、海东市乐都区新庄村联合抱团发展乡村旅游、海南州共和县蒙古村兴办超市宾馆等经营实体、海北州海晏县新泉村搞活家政服务、黄南州泽库县发展有机畜牧业的"拉格日"模式、海西州推行村企联建"1+1"行动等一大批优秀典型，有效推动群众持续增收，为巩固脱贫攻坚成果孕育了活水源泉。

通过培育发展村集体经济，不仅提升了贫困地区发展能力，巩固拓展了脱贫成果；也有效解决了贫困地区村级"两委"班子"有心作为、无钱办事"的难题和窘境，增强了基层党组织凝聚力、号召力。同时，极大缩减了贫困村与非贫困村、贫困户与非贫困户之间"悬崖效应"，促进了社会和谐。

（二）就业增收

脱贫攻坚以来，青海省委省政府坚持以省内劳务协作为主，积极拓展跨省劳务协作，强化技能培训，形成了省内短线与省外长线相结合，组织输出与个人外出相结合，多层次、宽领域的劳务输出模式。

基本情况：

2016 年以来，我省依托雨露计划、新型职业农民培训、巾帼脱贫行动等工程，累计培训贫困群众 12.3 万人次，培训合格率达到 80% 以上，就业稳定率达到 60% 以上。2020 年，针对新冠肺炎疫情影响，省委省政府把保就业作为民生大计和"六保"首要任务，通过落实就业补助、鼓励企业吸纳就业、支持开展中介服务、发放返岗务工交通补贴、设置村级临时公益性岗位等举措，扩大就业规模，实现稳定增收。截至 2020 年底，全省贫困劳动力实现就业 17.8 万人，占贫困劳动力总人数的 62.5%，完成年度目标任务的 142.4%，7 月份到年底就业增长率稳居全国第一。按照国务院扶贫办"光伏扶贫项目收益 80% 用于公益性岗位开发"的要求，结合省情实际，年度新增公益性扶贫岗位 2.56 万个，完成预定目标的 113%。2020 年 11 月 19 日，国务院办公厅印发国务院第七次大督查通报，《青海省综合施策促进就业形势稳定向好》作为全国发现的 43 项典型经验做法予以通报表扬。

主要做法：

1. 完善制度办法，形成培训合力。研究制定《转移就业脱贫攻坚行动计划》和《推进劳务协作促进就业扶贫三年实施方案》，牵引指导全省就业培训工作。共青团、妇联、残联、人社、扶贫等部门强化工作联动、加强信息共享，合力推进脱贫攻坚就业培训工作。团省委结合"青春创业"扶贫行动，组织开展贫困地区创业致富带头人培训；省妇联结合"巾帼脱贫行动"，组织开展贫困家庭妇女实用技能培训；省农业农村厅组织开展新型职业农牧民培训，持续提升贫困地区农牧民生产技术；省人社厅组织开展青年农牧民培训、劳务经纪人培训和贫困地区农牧民就业培训，不断加大就业培训服务力度；省商务厅组织开展电商培训，培育壮大贫困地区农牧民电商经营队伍；省扶贫开发局借助"雨露计划"培训项目，对贫困群众开展针对性实用技能培训。各地充分发挥城乡劳动力技能培训统筹管理平台作用，积极整合部门之间培训资源，形成了部门联动、目标一致、分类实施、各有侧重的强大培训合力。

2. 加强培训管理，注重培训实效。一是摸清底数，掌握培训需求。各地扎实开展贫困人口就业情况摸底排查，精准锁定全省有劳动能力和培训需求、就业意愿的贫困群众。省人社部门统一建立《贫困家庭劳动力转移就业台账》，制定《农村贫困劳动力就业信息表》，实行统计月报制度，将贫困家庭劳动力转移就业情况及时录入金保工程信息系统和"农村贫困劳动力就业信息平台"，实行信息化动态监测，力求做到底数准确、情况清楚、去向掌握。二是灵活组织，提升培训质量。各地针对不同培训对象，建立培训档案，实施规范化管理。对于需求面广、参与群众多的培训项目，优先考虑、优先实施，统一组织开展培训；对于受众群体小、难以大规模办班组织的培训项目，采取政府购买服务的方式，委托院校、企业代为培训，坚决不搞拉人头、凑人数，有效提升了培训质量。三是对接需求，注重培训实效。各地在培训过程中，注重加强社会用工需求对接，不断提升培训就业成效。根据用人单位需求，组织开展"定向"和"订单式"培训，及时进行考核鉴定，办理职业资格证书，进一步提升了贫困群众就业竞争力。同时，严格落实贫困群众技能培训补助补贴和安置贫困群众就业企业各项优惠政策，让技能培训成为了贫困群众争相参与的"香饽饽"，让学有所成的贫困群众成了企业用人的"抢手货"。

3. 加强输出就业，实现稳定增收。坚持以省内劳务协作为主，积极拓展跨省劳务协作，形成了省内短线与省外长线相结合，组织输出与个人外出相结合，多层次、宽领域的劳务输出模式。一是发展"跨省域"劳务经济。各地积极对接省外用工需求，通过政府组织、亲戚帮带等方式，帮助贫困群众实现跨省就业，务工增收。仅 2020 年，依托东西部扶贫协作机遇，全省举办线上线下专场招聘会 20 余场次，1738 名贫困劳动力赴江苏等东部省份实现就业，3433 名贫困劳动力依托江苏在青企业实现就近就地就业。二是发展"跨地区"劳务经济。针对近年来个别地区用工需求增加或存在季节性用工需求的实际，持续加大省内跨地区就业转移力度。近年来，通过组织实施"海西枸杞采摘"，转移省内劳动力近 20 万余人次，其中贫困人口达到 6.1 万人次，人均收入 6700 元。三是发展"家门口"劳务经济。各地制定政策，积极引导当地企业、农民专业合作社等吸纳贫困劳动力就业，为贫困劳动力创造更多就地就近就业岗位。截至 2020 年底，全省共认定扶贫车间 248 个，吸纳劳动力 7364 名，其中贫困劳动力 2782 名，人均月平均工资 2943 元，最高达到 6 万元。同时，各地积极开发环境整治、治安管理等公益性扶贫岗位，安置建档立卡贫困群众 2000 人，年均增收 4200 元。

4. 强化就业指导，做好服务保障。各地认真组织开展"春风行动""就业援助月"等大型公共就业服务活动，为贫困群众提供就业信息、政策咨询、求职登记、就业指导和职业介绍等服务。一是政策上强化鼓励。为鼓励贫困劳动力参与脱贫攻坚技能培训，先后制定出台一系列优惠政策，明确了"对贫困劳动力通过有组织劳务输出到户籍所在县（区）以外就业的，一次性给予 1000 元的求职创业补贴"等硬性规定。各地在省级扶持支持的基础上，也相继出台了一些补助补贴政策，多措并举促进就业。二是力量上注重引导。各地建立劳务输出管理服务机构，持续强化劳务经纪人队伍建设，及时调研市场需求，提供劳务信息，提升劳务输出组织化程度。2016 年以来，全省已培育持证劳务经纪人 7000 余名，通过劳务经纪人直接或间接组织输出的人数，占全省转移就业总数的 60% 以上。三是服务上跟踪保障。各地持续加大就业指导力度，强化跟踪服务，不断提高就业稳定率。西宁市紧紧抓住南京市东西扶贫协作机遇，两市签订劳务协作框架协议，建立了 3 个扶贫劳务协作输出基地、5 个培训基地和 4 个输入基地。同时，在南京市建立扶贫劳务工作站，为在江苏务工的 500 多名西宁籍务工人员（含贫困人口 127 人）提供协调劳动关系、劳务服务和法律咨询等方面服务。

就业创业扶持项目：

1. 青春创业扶贫行动。为推进"大众创业、万众创新"的步伐，团省委、省扶贫开发局、中国邮储银行青海省分行共同开展了"青春创业扶贫行动"，对象选择上确定为年龄在 40 周岁 (含) 以下返乡创业大中专毕业生，农牧区"青海青年创业奖"获得者、创业致富带头人及"领头雁"、青年科技特派员、青年信用示范户、大学生"村官"等各类优秀农牧区创业人员给予优先考虑。

扶持方向上重点扶持种植、养殖、农畜产品加工、民族手工、民族（民俗、民间）文化、乡村旅游、生态环保、商贸服务、农牧区电商等与产业扶贫相关联的创业项目，并逐步向能够有效带动贫困群众增收的其他新型业态延伸。同时，确定中国邮储银行青海省分行负责提供青春创业扶贫行动项目小额贷款服务。结合实际需求，原则上按照每个大学生（团队）5万元至50万元的标准给予创业项目贷款扶持，自筹资金规模较大的创业项目可适当扩大担保贷款额度，贷款周期为1年至2年。根据申报项目的不同担保方式，采取3种不同利率放款，既降低了财政担保资金和银行信贷风险，又符合金融支持普惠面和青年需求。贷款利率采取直接补贴的方式，按照人民银行公布的同期贷款基准利率补贴给放贷银行。截至2020年底，全省累计安排抵押担保金6000万元，撬动银行贷款3.1亿元，发放青创贷款1040笔，直接受益的返乡大学生、退伍军人和青年个人以及创业团队成员共计2650人，辐射带动1800余户贫困户从事产业脱贫，户均增收3000元以上，有效带动8020名贫困人口和当地青年实现稳定就业。

2. 巾帼脱贫行动。省妇联组织开展创业创新"巾帼脱贫行动"，通过技能提升、创业创新、创优引领、爱心救助等多种形式推动计划实施，让贫困妇女自立自强，提高脱贫能力，靠自己的力量摆脱贫困。省妇联根据建档立卡的贫困妇女底数，针对贫困妇女现实需求，坚持实际实用实效的原则，开展种植养殖、烹饪、家政服务、手工制品、农村电商等培训项目，增强贫困妇女脱贫致富的本领。同时，将在贫困地区、贫困妇女中大力推动妇女手工制品业和家庭服务业的发展，培育扶持一批手工制品和家庭服务龙头企业，鼓励和扶持农牧区妇女领办的各类专业合作社，通过知识、技能和资金扶持，使广大贫困妇女在就近就地居家灵活就业和转移就业中实现脱贫，共享改革发展成果。

3. 短期技能培训。2016年以来，省扶贫开发局按照"应培尽培、能培尽培"原则，以就业为导向，以贫困劳动力培训意愿为基础，结合市场供需关系，采取政府购买服务的方式，由各类职业院校（含技工院校）、职业培训机构，开展为期3—6个月的短期技能培训，提高贫困劳动力职业技能实力和就业市场竞争力。培训涵盖轻工、机械加工（维修）、机械操作、矿产等5类、117个专业，2017年围绕促进快递、咨询服务等三产服务业发展又增加了快递员等 7 个专业。五年来，累计安排资金 1.21 亿元，培训有意愿的贫困劳动力 6.55 万人（次），培训后就业率达 60% 以上，户均劳务增收 3000 元以上。

4. 致富带头人培训。2015 年，国务院扶贫办印发了《关于组织实施扶贫创业致富带头人培训工程的通知》，将《雨露计划贫困村创业致富带头人培训闽甘、闽宁试点工作方案》工作经验在全国推广实施，并下达了 2015—2017 年扶贫创业致富带头人培训工程指导计划。同年，省扶贫开发局联合共青团省委印发了《关于开展贫困村致富带头人创业培训工作的实施意见》，采取 "1+x+y" 培训模式，即 1 次有针对性的创业培训 +x 种培训指导 +y 种后期扶持服务，对 45 岁以下，有强烈的创业愿望和带领群众脱贫致富责任心的村干部、合作组织负责人等和团组织培养的 "青年领头雁" 进行培训。2018 年，国务院扶贫办等 8 部委联合印发了《关于培育贫困村创业致富带头人的指导意见》，将培训变为培育，对致富带头人工作提出了更高要求。同年，省扶贫开发局联合科技、财政、人社、农牧、人行、银保监 7 部门下发了《关于印发 < 青海省贫困村创业致富带头人培育工作实施方案 > 的通知》，紧扣 "能力培训、孵化创业和带动增收" 关键环节，制定了县级、省级分级递进式培育的目标，2016—2020 年，累计安排资金 3722 万元，培育（训）带头人 8451 人，带动建档立卡贫困户近 4 万户，年户均增收 4000 元以上。并于 2020 年建立了青海省贫困村创业致富带头人省级实训基地，进一步强化了带头人的跟踪培育等工作。

七、易地搬迁　改变生活

为有效解决 "一方水土养不起一方人" 的问题，2016 年以来，青海省委省政府坚持以习近平新时代中国特色社会主义思想为指导，特别是习近平总书记 2016 年视察我省海东市互助县班彦新村时强调的 "易地扶贫搬迁不仅要改善人居条件，更要实现可持续发展" 重大要求为指引，深入贯彻落实党中央、国务院决策部署，扎实推进易地扶贫搬迁和后续扶持各项工作落实。2020 年 11 月初，国家发改委评估给予了 "青海省深入贯彻党中央、国务院脱贫攻坚决策部署，坚守搬迁初衷，严守政策底线，各项工作总体符合国家要求，'十三五' 易地扶贫搬迁取得决定性成效" 的评价。

（一）全省扶贫搬迁情况和主要特点

"十三五" 期间，我省在 8 个市（州）、38 个县（市、区）、266 个乡（镇）、

1249 个村实施易地扶贫搬迁项目，搬迁安置农牧民群众 5.2 万户、20 万人。其中，建档立卡贫困户 3.17 万户、11.89 万人，同步搬迁非贫困户 2.03 万户、8.11 万人。主要有以下特点：一是搬迁占比高。全省搬迁安置的 11.89 万建档立卡贫困群众，占全省 52 万贫困群众总数的 22.9%，与周边省份相比，我省搬迁安置比例最高。其中，玛多县占比全省最高，搬迁安置贫困群众 1541 户、4473 人，占到全县贫困人口总数的 89.2%。二是施工周期短。青海地处高原、气候严酷，项目建设施工期较短，特别是青南地区，每年土建施工期不到 5 个月，对全省易地扶贫搬迁项目建设提出了较高要求。三是项目差异大。既有东部农区建设用地选址的矛盾，也有涉藏地区六州后续扶持的问题；既有就近搬迁、投亲靠友的自主安置，也有跨乡镇、跨县域的集中搬迁；既有 1 人搬迁的独居户，也有 8 人以上的多人户，情况复杂、差异较大。四是投入成本高。涉藏六州特别是青南牧区建设材料需从西宁或省外采购，运输距离远，建安成本高。东部农区搬迁住房建安成本每平方米 1500—1700 元，涉藏地区建安成本每平方米 2500—2800 元，深度贫困地区如曲麻莱等县最高达到 3000 元以上，远远高于东部省份。五是配套任务重。我省贫困地区经济发展滞后，社会发育程度低，基础设施和公共服务短板缺项多、建设成本高、运维难度大，实现搬迁地区基础设施和基本公共服务达到全省平均水平难度较大。六是后续扶持难。多数搬迁地区产业结构单一，组织化、市场化、品牌化程度不高，搬迁群众增收渠道狭窄、收入结构不合理问题较为突出，抵御风险能力较弱，极易因病因学因灾再次返贫。加之部分搬迁群众脱贫增收主动性不强，搬迁后续扶持工作任重道远。

（二）易地扶贫搬迁任务全面完成

省委省政府把易地扶贫搬迁作为脱贫攻坚的"头号工程"和"标志性工程"，紧紧围绕"搬得出、稳得住、能致富"总目标，严标准、重质量、抢进度、抓落实，扎实推进易地扶贫搬迁各项工作，取得了决定性成效：一是建设任务提前完成。2019 年 10 月，我省"十三五"易地扶贫搬迁建设任务全面完成，共建设易地扶贫搬迁集中安置点 297 个，修建搬迁群众住房 5.2 万栋（套），20 万搬迁群众全部实现入住。二是基础设施跟进配套。行业部门累计投入基础设施和公共服务设施配套资金 14.3 亿元，修建饮水管道 1668 公里，建设各类井体 1.8 万个；架设输电线路 1762 公里，购置太阳能电源 2138 套；硬化村级道路 3440 公里；建设学校 36 所、幼儿园 55 所、村级卫生室 297 个，搬迁群众行路难、吃水难、用电难、上学难、就医难等问题得到及时解决，生产生活条件明显改善。三是搬迁群众稳定增收。各地坚持"挪穷窝"与"换穷业"并举，通过产业扶持、转移就业、低保兜底等举措，促进搬迁群众稳定增收。2019 年全省搬迁贫困群众人均可支配收入达到 9263 元。四是生活质量全面提升。农牧区群众通过易地扶贫搬迁走出大山，融入城镇，生产生活方式发生了根本转变，385 名大龄单身男性搬迁后娶妻生子，既住上了好房子，也过上了好日子，幸福感获得感进一步增强，家家张贴领袖画像，真心感谢党的好政策。

主要做法：

1. 对标中央、紧跟核心，牢牢把握易地搬迁正确方向。省委省政府认真贯彻落实党中央国务院脱贫攻坚重大决策部署，持续加压、高位推动，确保易地扶贫搬迁工作方向不偏、步调不乱、稳步推进。一是强化顶层构建。对照中央"五个一批"脱贫攻坚举措，研究制定我省《易地扶贫搬迁脱贫攻坚行动计划》，细化完善"十三五"易地扶贫搬迁《工作方案》和《搬迁规划》，跟进配套易地扶贫搬迁《项目管理办法》《成效考核实施办法》等 10 余项政策举措，做到了任务到县、计划到年、布局到点、落实到户，明确精准搬迁行动路径。结合全省精准识别工作，严格标准要求和组织程序，精准识别易地扶贫搬迁对象 5.2 万户、20 万人，强化动态调整，多轮次组织开展搬迁对象"回头看"，做到程序严、对象准、无遗漏，扣好了易地扶贫搬迁的"第一粒扣子"。二是压实搬迁责任。省委省政府主要领导亲自研究部署、亲自推进落实，围绕全省易地扶贫搬迁先后作出批示 40 余次；分管副省长靠前指挥、一线督导，协调解决实际困难。每年制定印发年度搬迁计划，将建设任务纳入脱贫攻坚"责任书"，逐级签字明责，层层传导压力。先后召开全省易地扶贫搬迁启动会、现场观摩会、问题整改部署会等会议，密集安排部署，压茬推进落实。严格落实脱贫攻坚明察暗访制度，先后 6 次组织开展全省易地扶贫搬迁专项检查、督查、巡查，对 8 个县下达风险预警通知，强化事前事中事后监管，倒逼各地真抓实干，坚持了真干事、干实事、看实绩的鲜明导向。三是加大资金投入。省上成立扶贫开发投资有限责任公司，省财政厅注资 19.5 亿元，发行地方政府债筹集资金 18.91 亿元，国家开发银行、中国农业发展银行注资 10 亿元，发放长期低息贷款 5.7 亿元，搭建了易地扶贫搬迁融资平台，加上中央预算内资金 11.89 亿元，省级财政资金 4.1 亿元，整合危房改造资金 4.2 亿元，"十三五"以来，全省实际落实易地扶贫搬迁专项资金达到 74.3 亿元，提供了充足的资金保障。启动实施"东部干旱山区整乡整村搬迁工程"，省财政额外安排 2.34 亿元，对 2018 年受地质灾害影响、未纳入"十三五"易地扶贫搬迁规划的深度贫困乡镇实施整体搬迁，解决了 2424 户、8003 人深度贫困群众住房安全问题。2018—2019 年省财政又安排 5.74 亿元统一解决各地搬迁项目前期费和征地费用，有效缓解了县级财政资金紧张的问题。

2. 严格标准、精准组织，有序推进搬迁项目落地落实。省委省政府始终将精准要义贯穿易地扶贫搬迁全过程，因地因户制宜，精准落地落实。一是坚持差异化补助。综合考虑农区与牧区之间的经济社会发展、住房建安成本、群众家庭收入等因素，制定建档立卡搬迁户差异化建房补助政策，原则上西宁、海东每人补助 3.5 万元，涉藏地区六州每人补助 4 万元，各县（市、区）根据建房实际成本予以补助，确保建档立卡搬迁户自筹资金不超过 1 万元。各地严格控制搬迁群众自筹资金额度，全省建档立卡搬迁户平均自筹资金 3100 元。部分深度贫困县建档立卡搬迁户实现"零自筹"。二是制定精细化标准。针对搬迁群众家庭人口数量差异，严格落实中央"人均住房建设面积不超过 25 平方米"要求，区分 1 人户、2 人户、3 到 5 人户、6 人户、7 人户、8 人及以上户 6 种类型，逐户排查建档，细化建房标准，做到了因户制宜、区别对待。三是坚持多元化实施。各地综合考虑搬迁群众个人意愿、后续发展和地方生态环境、人口承载等因素，坚持集中安置为主、自主搬迁为辅的搬迁安置模式，东部农区以县城安置为主，涉藏地区六州采取三分之一县城安置，三分之一在乡镇或交通沿线安置，三分之一在交通要道沿线安置的集中搬迁模式，把集中搬迁与后续发展相结合，立足长远，提升搬迁质量。全省有 10.1 万人安置到了城镇，占搬迁人口的 50.5%，占全省人口的 1.6%，有力助推了全省城镇化建设进程。四是严格标准化建设。项目实施过程中，各地认真落实项目法人、工程监理、合同管理和群众监督等制度，强化部门联动，确保工程质量。始终严把资金使用关，专账管理、封闭运行；严把招标采购关，全面比较，规范透明；严把档案资料关，做到资料齐全，精细管理；严把配套建设关，跟进保障，提升质量；严把竣工验收关，坚持标准，终身负责，做好完工一户、验收一户、兑现一户，确保搬迁群众住上"安全房""放心房"。同时，在确保质量的基础上，坚持特事特办、简化程序，确保搬迁群众能够及时入住。

3. 汇集合力、强化保障，跟进配套搬迁项目基础建设。省直行业部门紧紧围绕全省易地扶贫搬迁摸实情、出实招、开绿灯、破难题，全力支持配合，跟进服务保障。省纪委监委持续深化扶贫领域腐败和作风问题专项治理，严肃查处、及时通报违纪违规案件，为全省易地扶贫搬迁工作有序推进提供坚强的纪律和作风保证。省委组织部跟进抓好集中搬迁点村级组织服务用房建设，投入资金1520.8万元，配套建设29个集中安置点村委会用房12371平方米，选强配优基层干部，强化搬迁党建引领。省发改委主动加强与国家层面的沟通协调，全面反映全省易地扶贫搬迁中的实际困难，争取中央预算内资金11.89亿元。省财政厅安排省级财政资金14亿元，为全省易地扶贫搬迁全力提供资金保障，同时加大监管力度，确保资金安全运行。省交通运输厅在强化全省交通扶贫的基础上，安排专项资金1.92亿元，补助易地扶贫搬迁集中安置点190个，配套建设820.95公里硬化道路，做到了易地搬迁到哪里道路硬化到哪里。省自然资源厅专门印发《国土资源政策支持打赢脱贫攻坚战的若干措施》等一系列支持易地扶贫搬迁的政策性文件，给予国家扶贫开发重点县每县每年单列用地指标600亩，有效解决了安置用地落实难的问题。省人力资源社会保障厅及时制定印发了《关于进一步做好易地扶贫搬迁就业帮扶工作若干问题的通知》，明确了对易地扶贫搬迁建档立卡搬迁户培训的优惠政策。国网青海省电力公司投入资金4.01亿元，新增变电容量10.48万千伏安，架设线路737.554公里，稳定解决272个集中安置区、31384户搬迁人口新增用电问题。省水利厅、教育厅、住建厅、农业农村厅、生态环境厅、民政厅、卫健委、林草局、通信管理局等部门，全力支持配合，有效保障了全省易地扶贫搬迁项目顺利实施。

4. 着眼长远、综合施策，多元拓展搬迁群众增收渠道。省委省政府着眼"今天怎么搬，明天怎么办"，持续强化后续扶持，促进搬迁群众稳定增收。一是强化产业扶持。始终把发展产业作为促进搬迁群众稳定增收的治本之策，加大资金投入力度，实现了全省38个项目县扶贫产业园、761个有搬迁任务的贫困村互助发展资金和村级光伏扶贫项目、5.7万有劳动能力搬迁贫困人口到户产业扶持资金"四个全覆盖"，构建了到县、到村、到户多维产业扶贫体系，助力搬迁群众持续稳定增收。二是强化就业帮扶。持续抓好易地扶贫搬迁就业帮扶，从精准定位、拓宽渠道、加强培训、提升服务、兑现补贴等方面，明确政策举措，细化责任分工，帮助搬迁群众稳定就业，增收脱贫。2016 年以来，共培训建档立卡搬迁群众 4.66 万人次，稳定就业率在 60% 以上，建档立卡搬迁户年人均增收 3000 元以上；建设易地扶贫搬迁扶贫车间 18 个，提供就业岗位 2447 个，解决 1612 户建档立卡搬迁户稳定就业脱贫；全省 3.17 万搬迁建档立卡户中，有 2.1 万户每户有 1 人从事生态公益性管护、保洁保安等工作，户均年度增收最高达到 2.16 万元。三是强化低保兜底。充分发挥低保救助的兜底功能，逐年提高补助标准，将一般困难家庭、比较困难家庭、困难家庭年度补助水平由 2016 年每人 400 元、2016 元和 2500 元分别提高到了 2018 年 1800 元、3000 元和 3600 元。2019 年又将全省农村最低生活保障标准年人均提高 600 元，达到 4300 元，有条件的地区据实补差，为搬迁群众稳定脱贫系上了"保险绳"。

5. 强化管理，跟进服务，及时解决搬迁群众现实困难。省委省政府注重发挥基层党组织的领导核心作用，优化机构设置，跟进服务保障，扎实做好易地扶贫搬迁各安置点后续服务管理工作。一是强化党建引领。各地及时建立健全集中安置点党组织，及时配齐缺额干部，充实领导班子，保证组织不散、工作不断，提升党组织建设规范化水平。同步建好配齐村民小组、理事会等自治组织和共青团、妇联等群团组织，形成了以党组织为引领，自治组织、群团组织相融合的"网格化"管理服务模式。二是强化联动管理。结合安置点人员规模，配套建设党员活动室、调解室、日间护理中心、幼儿园、学校、卫生室和警务室等设施，强化综合治理，构建和谐社区。广泛开展"自强、诚信、感恩"教育，全方位宣传解读党中央的扶贫政策，让搬迁群众知晓恩从何来、惠在何处，持续激发内生动力。及时排查、调处、化解群众间的矛盾纠纷，严惩违法行为，引导群众热爱新村、建设新村、美化新村，构建了良好社会风气。三是强化综合服务。注重建好用好集中安置点综合服务中心，统筹做好搬迁群众就业创业、社会保障、民政救助、医疗教育、政策宣传等方面的公共服务，确保扶贫搬迁安置后续工作有人管有人抓。据统计，全省 297 个集中安置区中，由社区管理服务的有 139 个，由村委会管理服务的有 155 个，依托相邻村代管的有 3 个，全省易地扶贫搬迁集中安置区共安排管理服务工作人员 1462 人，平均每个安置区 4.92 人，确保了搬迁群众和集中安置区有人管、有人问，难事有人办，问题有人解决。在 179 个 50 户以上规模的集中搬迁安置点修建村史馆，达到了"存史、资政、为民、育人"的目的。

八、社会帮扶　凝聚合力

开展东西部扶贫协作、中央定点扶贫和对口支援，是党中央着眼打赢脱贫攻坚战、实现先富帮后富、最终实现共同富裕目标作出的大战略、大布局和大举措。脱贫攻坚以来，青海省委省政府坚持自主脱贫与外部助力相结合，全面统筹东西部扶贫协作、援青扶贫、中央定点扶贫、社会扶贫、国际农发基金项目等帮扶资源，助力全省打赢脱贫攻坚战。

（一）东西部扶贫协作

自 2016 年习近平总书记在银川主持召开东西部扶贫协作座谈会议以来，江苏、青海两省党委、政府认真贯彻落实习近平总书记重要讲话精神，按照党中央、国务院决策部署，不断拓宽产业、教育、就业、医疗等帮扶领域，多方位、多层次、多渠道进行交流合作，扎实深入开展东西部扶贫协作。

基本情况：

五年来，苏青两省及结对帮扶市县区之间不断加强联系合作，江苏省安排帮扶资金累计达 11.47 亿元，主要用于产业发展、稳岗就业、教育医疗、基础设施等领域，助力西宁、海东两市 9 县（区）、964 个贫困村、6.74 万户贫困户、23.93 万名贫困人口全部实现稳定脱贫，帮扶贫困人口覆盖率达 80% 以上，有力助推全省脱贫攻坚进程。

主要做法：

1. 强化组织领导，构建协作机制。一是建强领导机构。成立了以省委省政府主要领导为组长的支援帮扶合作交流工作领导小组，研究指导开展东西部扶贫协作，每年多次召开省委常委会、省政府常务会、省扶贫开发工作领导小组会安排部署重点工作，进一步明确任务，推动落实。二是明确年度任务。两省每年及时签订东西部扶贫协作协议书，制定印发《青海省东西部扶贫协作工作要点》，做到了工作目标明确，责任到人，落实到位，为开展好工作提供了有效的机制保障和指导方向。三是落实高层互访。2016 年 10 月以来，青海江苏两省加强交往交流交融，省级党政代表团进行考察交流 6 次，召开联席会议 7 次，着力推动苏青两省深度合作、共同发展。西宁、海东两市及所辖 9 个县（区）积极落实交流互机制访，党政主要领导及相关部门主要领导累计进行交流互访 219 次（西宁 103 次、海东 116 次），召开联席会议 65 次（西宁 24 次、海东 41 次），专题研究落实东西部扶贫协作，共同研究、共同部署、共同推动扶贫协作向纵深发展，做到了高规格、紧联系、解难题、务实效的交流互访。

2. 依托自然禀赋，加强产业合作。本着"青海所需、江苏所能"的原则，整合江苏优势资源，着力提升全省贫困地区、贫困人口"造血"功能。一是出台政策引进企业。综合考虑生态环境保护、自然环境恶劣、基础设施薄弱等诸多制约因素，积极为投资项目做好服务，制定出台《关于支持江苏省社会力量在青海投资兴业参与产业扶贫若干意见》，通过税费减免、项目支持、金融服务保障等具体措施，大力鼓励引导江苏企业项目落户青海。江苏省先后组织 400 余家东部企业到来青考察投资，已引进光伏、风电、农产品加工业等领域 26 家江苏企业落户西宁市和海东市，完成实际投资额约 6 亿元，带动近 4000 名贫困人口实现脱贫增收。二是大力发展旅游扶贫。有效结合发展村集体经济、美丽乡村建设等工作，精准施策，精准发力，大力发展乡村旅游扶贫项目，累计实施旅游扶贫项目 86 个（西宁 28 个、海东 58 个），帮助 100 个村实现集体经济"破零"（西宁 65 个、海东 35 个）。其中，帮扶打造的大通县边麻沟村被农业农村部推介为"2018 年中国美丽休闲村庄"，东至沟村被推选为"首届中国农民丰收节 100 个特色村庄"。三是利用平台拓宽渠道。借助"青洽会"、南京时尚消费品博览会等平台，大力宣传推介青海农牧优势特色产业、旅游扶贫、光伏扶贫等项目。2020 年，引进江苏省省属国有控股大型企业集团——江苏汇鸿国际集团股份有限公司，投资 1 亿元在西宁市设立青海汇鸿供应链有限公司。2019 年下半年，利用中国民营企业 500 强峰会东西部扶贫协作专场的时机，宣传介绍我省脱贫攻坚现状，推动我省民营企业与中国民营企业 500 强代表企业对话沟通，动员更多的优秀民营企业参与到青海脱贫攻坚和乡村振兴中来。

3. 加大资金投入，落实帮扶责任。2016 年以来，江苏省安排帮扶资金累计达 11.47 亿元，特别是 2020 年，在财政收入锐减的压力下，努力克服新冠肺炎疫情影响，持续加大东西部扶贫协作资金投入力度，落实帮扶资金 4.068 亿元，较上一年增加 21.3%。按照贫困人口基数及深度贫困乡镇分布等因素及时将帮扶资金分解到西宁市、海东市，并明确了帮扶资金的使用投向，累计实施近 417 个项目，涉及乡村旅游、产业扶贫、基础设施、助医助学助残、网络扶贫、贫困劳动力转移就业、贫困村卫生室改造等多个领域。同时，为加强东西部扶贫协作资金管理，江苏和青海分别建立健全有关东西部扶贫协作资金和项目管理的相关制度性文件，并及时开展东西部扶贫协作资金专项检查治理和财政专项扶贫资金及项目资产盘点工作，确保资金安全、规范管理使用。

4. 加强人才交流，推进智力帮扶。江苏坚持立足青海实际需求，每年有针对性地选派挂职干部和专业技术人才，为推动全省贫困地区经济社会发展和脱贫攻坚提供精准支援。截至 2020 年底，江苏省向青海省直机关、西宁和海东累计选派扶贫协作挂职干部 35 名（2020 年完成干部轮换 7 名），实现了西宁海东贫困县区全覆盖；向西宁、海东累计选派教师、医生、农业等专业技术人员 650 余名，为提升当地教育医疗和农技水平提供了有力支持。西宁和海东共向江苏选派挂职干部 101 人，专业技术人才交流达 1000 余人次。无锡海东两市升级交流层次，协商无锡市选派高层管理人才分别担任海东第二人民医院院长、市属中学校长。聘请无锡人才担任海东演艺集团团长帮助海东组建高标准演艺集团，提升海东旅游文化服务水平，成功举办"太湖情、湟水意"两地文艺交流演出，首部反映东西部扶贫协作背景的电影《乐都传奇》、中国土族大型歌舞剧《彩虹部落》在无锡成功上演，无锡电视台新春贺岁节目《五福临门走进海东》在两市电视台滚动播出，反响热烈。西宁和海东选派到南京和无锡挂职的党政干部、专业技术人才，在挂职过程中学到了东部的先进理念和先进的经验，有效推动全省的脱贫攻坚工作。

5. 深化劳务协作，提升脱贫能力。江苏、青海两省相关省直部门和结对市县积极完善劳务输出精准对接机制，建立 12 个扶贫劳务协作培训基地，加强职业技能培训，组织协调江苏企业在青海贫困地区招收劳务人员，支持引导江苏企业改善生产生活条件，使赴苏务工人员干得好、留得住、更安心。截至 2020 年底，西宁和海东结对县（区）近 1.5 万名贫困人口实现就业，其中赴江苏就业达 1430 人，就近就业 1.2 万人，赴东部其他地区就业 3531 人。累计举办春风行动等专场招聘会 50 多场，提供就业岗位超 4 万个，举办劳务协作培训班近 100 期，培训贫困人口近万名，有效提升了全省贫困人口劳动技能和就业概率。

6. 建立结对关系，共同携手奔小康。为深入开展携手奔小康，两省四地互动交流对接近 10000 余人次，西宁和海东两市 9 个县（区）、54 个乡镇、83 个深度贫困村、77 所学校、20 个医院分别与江苏省南京、无锡市的县（区）、乡镇、村、企业、社会组织、学校、医院结对。结对覆盖面进一步扩大，多层次、立体化协作格局基本形成，累计帮扶资金达 1.1 亿元，其中南京结对区计划外援助西宁三县（区）各类帮扶资金 5000 余万元，无锡结对区计划外援助海东六县（区）各类帮扶资金 6000 余万元。2020 年疫情期间，江苏先后为青海捐赠口罩 8.2 万只，定向用于教育部门疫情防控，为学校的疫情防控工作奉献爱心，充分体现了两省深厚的帮扶情谊。

7. 构建消费模式，推动消费扶贫。一是强化政策保障。先后制定出台《青海省开展消费扶贫促进精准脱贫的实施意见》《关于开展消费扶贫行动的通知》《关于切实做好采购贫困地区农副水产品有关工作的通知》《青海省消费扶贫助力决战决胜脱贫攻坚 2020 年行动方案》。江苏省制定印发《关于做好 2020 年预算单位采购贫困地区和经济薄弱地区农副产品工作的通知》《江苏省东西部消费扶贫协作工作方案》，有力指导开展东西部扶贫协作消费扶贫工作，提供了必要的政策保障。二是促进产品消费。苏青两省共同组织开展消费扶贫活动，累计销售额近 2.19 亿元，带动万余名贫困人口增收。通过组织参加江苏消博会、搭建万集大丰汇平台等展销会销售扶贫产品额达 800 余万元；在南京、无锡设立 11 个青海特色农副产品经营门店，累计销售额达 3500 万元；青海牧佳农畜产品有限公司、青海海沃商贸有限公司等西宁、海东龙头企业、经销大户在江苏开展产销合作，实现销售额近 5000 万元；苏宁易购、"云厨E 站"、南京众彩都设立了青海特产销售专柜，展销牦牛、青稞、枸杞、蜂蜜、菜籽油等特色农副产品，5 家拉面店开进无锡市机关食堂，累计线下销售额近 2000 万元；同时充分发挥"互联网+"作用，借助苏宁易购线上湟中馆、"多彩竹镇"电子商务、南京顺天商城、"伊麦加"电商城等通过线上销售，实现销售额达 4000 万元以上；通过江苏爱心企业和爱心人士采购购买扶贫产品，累计销售牛羊肉、陈醋、青稞酒、有机压榨菜籽油等 30 个系列、近百种扶贫产品收入达 6800 多万元。三是深化旅游扶贫。西宁市与南京途牛网合作的自驾游区域联盟成为全国典范，成功打造了"水韵江苏牵手大美青海""东游栖霞寺·西游塔尔寺"旅游品牌。海东市在无锡市设立"海东市旅游推介中心",组织旅游专列进海东,启动"万名无锡市民游海东"旅游扶贫活动,有效促进"东客西游"。每年吸引 10 多万江苏游客来青海观光旅游,2019 年全省江苏游客占比 30%,带动并呈逐年递增趋势。

8.广泛宣传动员,引导社会扶贫。2019 年国家扶贫日期间,为助力对口帮扶地区打赢脱贫攻坚战,江苏组织开展募捐活动,向我省捐赠 500 万元募集资金,用于脱贫攻坚工作。西宁市积极协调南京市广泛动员社会力量参与扶贫协作,引导社会力量向西宁三县(区)捐款捐物达 1800 余万元,在补齐奔小康短板、培育特色产业、开展文化走亲、推动"互联网 + 扶贫"、助医奖学、非遗文化产品开发、扶贫扶智等方面取得丰硕成果。海东市主动对接,无锡市人民团体、行业协会、爱心企业、慈善人士等纷纷伸出援助之手,捐款捐物累计 1438 万元,资助 1810 名农村学生完成学业。

(二)中央定点扶贫

开展中央定点扶贫是中国特色扶贫开发工作的重要组成部分,是加大对贫困地区发展扶持力度的重要举措,也是定点扶贫单位贴近基层、了解民情、培养干部、转变作风、密切党群干群关系的重要途径。脱贫攻坚以来,各中央定点扶贫单位始终坚持"输血"与"造血"并举,扶贫与扶智相结合的方式,拿出"真金白银",组织人力、财力、物力真帮真扶,凝心聚力助推青海精准扶贫工作。

基本情况:

为进一步加强新形势下中央单位定点扶贫工作,2017 年中共中央办公厅、国务院办公厅印发《关于进一步加强中央单位定点扶贫工作的指导意见》,明确光明日报、中国出版集团、国家税务总局等 13 家中央单位定点帮扶我省囊谦、泽库、平安、民和等 15 个贫困县(区)。2019 年下半年,为确保如期打赢脱贫攻坚战,新增中央音乐学院定点帮扶化隆回族自治县,使帮扶青海的中央定点扶贫单位达到了 14 家。

2016—2020 年,帮扶青海的 14 家中央定点扶贫单位累计投入帮扶资金近 8.9 亿元,其中,直接投入帮扶资金约 4.82 亿元,帮助引进项目资金约 4.09 亿元,主要实施了基础设施、特色种养殖、医疗卫生教育、电商扶贫、消费扶贫等各类帮扶项目近 300 余个,为受帮扶贫困地区确保了资金支持力度,并取得了良好的帮扶成效。累计选派挂职干部和第一书记60人，他们努力克服高寒气候，把定点帮扶贫困地区当家乡，把群众当亲人，发挥专业和管理特长，真抓实干，奋战在脱贫攻坚一线，为当地经济发展和贫困群众脱贫致富出主意、想办法，融入当地政府抓好各项援助工作的落实，保障了精准扶贫、精准脱贫成效。

主要成效：

1. 基础设施有效改善。严格按照"六个精准"要求，加强对资金使用的审核把关，确保每一分钱都花在"刀刃"上，每一个项目都让贫困群众受益。2016年以来，14家中央定点扶贫单位累计实施住房建设、道路硬化、人饮工程、农田水利、小城镇配套建设、农村电网改造等基础设施建设项目约100项，极大改善了全省受帮扶贫困地区的基础设施条件。国家税务总局在平安区和民和县实施乡村"亮化工程"，购置安装4000余套太阳能路灯；帮助易地搬迁新建安居设施，修建乡村公路以及人畜饮水工程，有效改善当地群众生产生活条件。光明日报2020年再投入33万元，为囊谦县多昌村建水塔1座和便民桥1座，解决100多户村民吃水难问题。中国信达投入390万元，实施七里店社区服务站和社区老年日间照料中心项目帮扶建设，为乐都区七里店易地扶贫搬迁群众提供一个舒适的生活环境，让贫困群众少跑路、办事易，服务了安置点1160余名老年人，实现了"老有所养、老有所依、老有所乐"。

2. 产业扶贫稳步推进。脱贫攻坚以来，14家中央定点扶贫单位始终致力于产业扶贫，促进地方经济发展和贫困群众脱贫，着力推动"输血"式扶贫向"造血"式扶贫转变。5年来，累计实施产业扶贫项目130余个。国家电网公司累计投入光伏扶贫资金1.25亿元，为玛多县捐建1座集中式、11座村级光伏扶贫电站，总装机容量14.4兆瓦，累计发电8164.62万千瓦时，发电收益2269.7万元，惠及建档立卡贫困户1721人，年人均可增收4472元。普天集团在达日县投入203万元实施龙才村荒土滩上援建燕麦饲草基地和高原温室蔬菜大棚，将黑土荒滩改造成绿茵草原，进行蔬菜种植，改善边远高原百姓吃菜难、蔬菜成本高等问题，改造成村集体经济发展的支柱产业，得到当地干部群众一致好评。中再集团总计投入3495万元，帮助循化县加快发展拉面产业，撬动引入超过1.5亿元银行贷款，并通过贴息激励和专业技术培训等措施，支持循化撒拉族自治县在全国的 7000 余家拉面店提档升级，不断增强产业"造血"能力。

3. 社会事业快速发展。14 家中央定点扶贫单位通过援建学校、补助贫困学生、修建乡村卫生院（室）、捐助教学和医疗设备等方式，有效改善了贫困地区的教育和医疗卫生条件，促进了贫困地区社会事业发展。5 年来，累计投入近 1.6 亿元实施教育健康扶贫方面的 70 余个项目。其中，教育扶贫投入近 1.13 亿元，健康扶贫投入近 0.5 亿元。国家能源集团 5 年内先后投入 2960 万元援建曲麻莱县民族中学、孤儿学校、曲麻莱县农牧民创业就业培训中心车辆维修实训基地等项目，专门开设"贫困户家庭学生就业绿色通道"，优先接收曲麻莱县贫困户大学毕业生，2018 年录用大学生 3 名，实现一人就业、全家脱贫。普天集团与达日县联合组织开展了提升贫困人口劳动技能的技术培训，包含家政服务、酒店服务、汽车驾驶、机械维修等内容，共计培训 490 名建档立卡贫困人员，通过专业技能的培训，实现了 50 余名待业人员转移就业，起到良好帮扶效果。国药集团投入近 0.2 亿元，在玉树藏族自治州治多县实施医疗卫生帮扶项目，捐赠高原救护车、高清 B 超、基因筛查仪等医疗设备，开展医院等级建设和医疗支援，成功帮助县妇保院晋级青南涉藏地区首家二级甲等妇幼保健院。

4. 消费扶贫实现共赢。中央定点扶贫单位以贫困地区农副产品销售平台为依托，坚持"线上 + 线下"的消费模式，采取单位采购和帮助销售的方式，积极采购全省贫困地区牦牛肉、藏系羊肉、青稞、枸杞、藜麦等农副产品。截至 2020 年底，采购额近 5.5 亿元。国家税务总局加强与我省税务系统沟通联系，将平安区绿色蔬菜基地纳入机关食堂长期采购点，联系京东、苏宁等电商平台，召开高原富硒农产品发布会，推进定点扶贫县农产品线上销售，扩大销售渠道。同时，充分利用税务系统报纸杂志、微信微博、公众号等加强特色富硒农产品品牌宣传。中国信达组织公司系统分子公司积极参与购买贫困地区农产品，利用电商平台打通销售渠道，对接"本来生活"等电商平台推广贫困地区农产品，帮助销售贫困地区农产品，帮助销售贫困地区农产品超 0.11 亿元。中央音乐学院打出"规划设计 + 人才实训 + 消费扶贫"组合拳，多维举措助力化隆产业提档升级，开展"我为扶贫做贡献"暨"四个一"主题活动，全校师生通过教育部"e 帮扶"平台选购贫困地区农产品累计 140

余万元。

（三）社会帮扶

脱贫攻坚以来，青海省委省政府积极统筹省内各类帮扶资源，动员社会组织、社会力量和志愿者队伍，引导广大党员和慈善爱心人士精准结对帮扶贫困群众，有序参与扶贫开发，坚决打赢脱贫攻坚战，为全面建成小康社会贡献社会力量。

1. 探索建立"一联双帮三治"帮扶机制。即建立省州县单位与三类村的固定结对关系，形成干部由结对单位选派，一线有干部、后方有靠山的"一联"工作机制；建立单位党组织结对共建帮村、党员干部结对认亲帮户的"双帮"工作机制；建立"治穷、治弱、治乱"并举，全方位全覆盖的"三治"机制。指导全省4500多个各级党政机关、企事业单位党组织与贫困村全覆盖结对共建，14.5万余名党员干部与15.92万户贫困户全覆盖结对认亲，给贫困户教技术、帮产业、送温暖，实现了党员群众心连心。探索在产业链上建立党组织，鼓励和支持党员领办创办农民合作社、家庭农场，全省贫困地区成立的9000多家专业合作组织中，由村"两委"班子成员领办的占19.8%。持续推广党员结对子、"党员中心户""党员爱心岗"等做法，组织有帮带能力的党员，每人至少结对帮扶1户建档立卡贫困户，1.77万名农牧民党员干部成为带动贫困群众发展致富的领路人。

2. "双百"精准扶贫行动扎实推进。积极响应全国"万企帮万村"精准扶贫行动号召，结合省情实际，省工商联、省扶贫开发局、省光彩会共同发起"百企帮百村、百企联百户"精准扶贫行动，行动以坚持精准扶贫、精准脱贫为基本方略，以签约结对、村企共建为主要形式，以产业、就业、技能、公益帮扶为主要内容，从全面覆盖到聚焦深度贫困地区的路径，组织鼓励引导广大民营企业多途径、多渠道、多举措具体参与，为全省打赢脱贫攻坚战做出了积极贡献。截至2020年底，全省参与"双百"精准扶贫行动的民营企业（商会）共有790家，帮扶贫困村1937个（其中，建档立卡贫困村1012个），帮扶贫困人口17.48的万人（其中，建档立卡贫困人口11.8万人），投入资金11.33亿元，（其中，产业扶贫投入7.432亿元、就业扶贫投入1.923亿元、技能帮扶投入0.165亿元、公益捐赠1.81亿元）。

3. 省直单位定点帮扶成效显著。2015年，按照国务院扶贫开发领导小组办公室等 9 部门《关于进一步完善定点扶贫工作的通知》要求，省委省政府确定 127 家省直党政军机关、企事业单位（2018 年机构改革后调整为 121 家，帮扶村数不变）定点扶贫 39 个县（市、区）、115 个乡（镇）的 439 个贫困村，共选派第一书记、驻村干部 1756 名。5 年来，省直各帮扶单位落实帮扶资金 3 亿元（含物资折价），帮助引进资金 7 亿元，在帮扶村中实施了特色养殖、规模种植、基础设施配套、公益性设施修建、技术培训、助学助医、智力扶持、党建帮扶、消费扶贫等项目，有力促进了贫困地区经济社会的发展。

4. "互联网 + 社会扶贫"工作成绩显著。各地各部门把中国社会扶贫网作为搭建社会资源进入扶贫领域的桥梁，通过开展培训、印发通知、督促检查等方式，有效搭建帮扶需求与社会资源的对接，广泛动员社会各方面力量参与扶贫开发，提高社会扶贫的精准度和公信力。截至 2020 年底，全省"中国社会扶贫网"爱心人士、管理员、贫困户累计注册共计 276046 户 / 人（其中，注册爱心人士 120815 人、管理员 4565 人、贫困户 150666 户），贫困户注册率达到 94.1%，发布物品需求 1922 条，资金需求 1679 条，物品对接成功率 9.59%，资金对接成功率 61.93%，累计获捐资金 649756 元。

5. 扎实开展"扶贫日"系列活动。2014 年以来，省委省政府积极响应国家号召，每年印发"10.17"扶贫日系列方案，先后在扶贫日期间开展了政策宣传、结对帮扶、脱贫光荣户表彰、消费扶贫、文艺汇演、募捐、义诊等活动，举办了定点扶贫成果展、精准扶贫摄影展、脱贫攻坚专题文艺晚会、刺绣大赛等，召开了脱贫攻坚表彰大会、脱贫攻坚理论研讨会、脱贫攻坚座谈会等。在历年扶贫日期间，全省累计募捐善款资金 3.7 亿元（含物资折价）；销售扶贫产品达 4.09 亿元，签订意向性销售协议 2.3 亿元；全省各级党政机关、企事业单位展出展板 4 万余块，悬挂横幅 3.5 万余条，发放宣传单、倡议书等 60 万余份，电子屏设备播放宣传标语 8000 余条，文艺演出 50 余场次，各级新闻媒体集中报道 2300 余篇（条），有效激发了社会帮扶合力。

省供销联社发挥行业优势做好定点扶贫。省供销联社定点帮扶湟源县和平乡曲布滩村，脱贫攻坚以来，在双方共同努力下，积极构建"1+3+N"产业发展格局，即供销社 + 村"两委"、专业合作社、社属企业 + 多个农户，把农户吸收到专业合作社里来，把社属企业带动基层专业合作社的作用发挥出来，把村两委的基石作用体现出来，由供销社统一带动发展。省社先后投入扶持资金 470 万元，用于该村产业脱贫，成立种植、养殖专业合作社。截至 2020 年底，种植合作社土地流转规模扩大达 2400 亩，实现年销售收入 210 万元，销售利润 57 万元。种植合作社累计为 21 户建档立卡户支付土地流转费 10.5 万元，分红 6.8 万元，为村民无偿提供了 20 吨价值 4 万元的蔬菜。牛羊养殖合作社 2018 年 10 月正式投入运行，流转草场 3000 亩，预计年销售收入 30 万元，销售利润 9 万元。同时，协助建档立卡户与省供销社企业青海恩泽农业技术有限公司签订资产收益项目资金使用协议书，将 12 户建档立卡户 37 人每人 5400 元共 19.98 万元的产业发展资金投入该企业，企业每年向 12 户贫困户按 10% 的资产收益发放红利，2018 年、2019 年分别向 12 户建档立卡户贫困户发放收益金共计 3.98 万元。

光彩事业助推"双百"行动见实效。充分发挥省工商联、省光彩会广泛联系民营企业的强大优势，围绕"两个健康"工作主题，组织开展"青海省光彩事业三江源行活动"，引导动员民营企业家弘扬光彩精神，扶贫济困，奉献爱心，承担社会责任。2020 年 10 月，由省委统战部、省工商联、省光彩会主办的"光彩事业三江源行"活动在玉树州玉树市举行，活动主要以聚焦对口帮扶、消费扶贫、公益捐赠、民企助力脱贫攻坚等内容开展，省光彩会理事、民营企业家及爱心人士共为玉树州捐款捐物折合人民币 175 万元，签订合作项目和意向性项目 32 个、总投资 16 亿元，为青海"三区三州"深度贫困地区全面打赢脱贫攻坚战贡献了民企力量。

（四）国际农发基金贷款青海省六盘山片区扶贫项目

国际农发基金贷款青海省六盘山片区扶贫项目，是经国务院常务会议同意、国家发改委批复的外资扶贫项目。2015 年以来，在省委省政府的高度重视和大力支持下，在发改、财政、水利、林业、农牧、扶贫、妇联和残联等领导小组成员部门密切配合和共同努力下，我们以发展"三农"和精准扶贫工作为指导，并在巩固青海六盘山片区脱贫攻坚工作减贫效果的基础上，有效地利用国际农发基金贷款圆满实施了青海省六盘山片区扶贫项目。项目从争取立项到组织实施，经过五年的建设，全面完成了建设任务，取得了明显的经济、社会和生态效益，得到了各级领导及项目区广大农民群众的高度赞扬，也得到了国际农发基金的高度好评。

基本情况：

国际农业发展基金贷款青海省六盘山片区扶贫项目建设内容分为四大类：一是应对气候变化的基础设施改造和综合土地资源管理；二是以市场为导向的农业活动；三是非农生计支持培训；四是项目管理。项目建设的主要目标是通过提高农业和畜牧业生产力，逐步增加贫困人口收入；通过与有实力的农民合作社和农业企业合作，为受益人推销农产品，加强贫困人口从事非农增收活动的能力。

项目总投资 81100.18 万元，其中，IFAD 贷款 31216.69 万元，占总投资的 38.49%；政府配套资金 30521.56 万元，占总投资的 37.63%；受益人自筹 11925.37 万元，占总投资的 14.70%；银行贷款 7436.56 万元，占总投资的 9.17%。其中，水利基础设施改造投资 21272.49 万元（含灌区基础设施改扩建 17655.68 万元和贫困村综合扶贫项目 3616.81 万元），占总投资的 26.23%；以市场为导向的农业投资 50228.73 万元（含经济作物种植投资 7523.84 万元、经济林果种植投资 10009.52 万元、畜牧养殖投资 24807.82 万元和增强市场准入投资 7887.55 万元），占总投资的 61.93%；非农生计支持项目投资 5621.86 万元，占总投资的 6.93%；项目管理投资 3886.76 万元，占总投资的 4.79%；截至 2020 年底，各县共结余资金 90.4 万元，占总投资的 0.11%。项目区涉及湟中、湟源、民和、乐都、互助、化隆、循化 7 县，约 12.8 万贫困户、共 46 万人受益。

项目实施情况：

青海省国际农发基金扶贫项目，自 2016 年正式启动实施以来，各地各部门领导高度重视，精心组织，科学管理，各项工作有序有效推进，项目实施总体进展顺利。各级各有关部门坚持从实际出发，以创新的思维和举措推进农发项目实施，截至 2020 年底，各项建设任务基本完成，项目目标已基本实现。

1. 应对气候变化的基础设施改造项目

应对气候变化的基础设施改造项目，主要实施湟中区云谷川灌区、湟源县南山灌区、民和县米拉沟灌区、互助县塘拉灌区配套及节水改造，通过新建和改造干支渠，配套渠系建筑物，改善灌溉条件，提高农业生产能力，增加农民收入，改善生产生活条件，促进当地经济社会发展。项目于 2016 年底正式开工建设，截至 2020 年底，完成干渠 34.779 公里，分干渠 50.55 公里，组建农民用水户协会 24 个，落实了相应办公地点和办公设备，并开展农民用水户协会培训共 4895 人次，已完成全部批复建设内容。

通过干渠改造，湟中区云谷川灌区渠道灌溉水利用系数从原来的 0.4 提高到 0.55，灌区总节水量约 216 万立方米，云谷川灌区新增灌溉耕地 2750 亩，新增林地 1000 余亩。灌区新增农产品生产能力 330.72 万公斤，其中小麦 44.52 万公斤、蚕豆 53 万公斤、油料 21.2 万公斤、马铃薯 212 万公斤，每年新增总产值 687.3 万元。湟源县干渠灌溉水利用系数由原来的 0.45 左右提高到 0.59 左右，年新增节水能力 263.95 万立方米。项目区涉及的 2.65 万亩农田得到适时灌溉，粮食增加产量 235.85 万公斤，油料增加产量 11.93 万公斤。互助县渠系水利用系数从原来的 0.35 提高到 0.6，可新增节水灌溉面积 1.28 万亩，通过渠道节水改造，增产粮食 275.39 万公斤，增加油料产量 33.04 万公斤，年增产值 784.4 万元。民和县灌溉水利用系数从原来的 0.55 左右提高到 0.73 左右，年可节约用水 126.5 万立方米。项目实施后，灌溉区粮食产量年新增 184.5 万公斤，新增产值 510.5 万元，经济效益显著。

随着灌区协会的组建和对协会成员的专业化培训，协会成员的管理能力及为民服务意识得到了极大的提升，灌区的农田灌溉服务质量得到显著提高。协会组织稳定、办公场所固定、办公设备齐备以及专业化、素质化的人才队伍建设，为灌区运行可持续发展提供了强有力的支撑和保障。用水户协会建成后，根据灌溉定额统一制定了灌区用水计划和调度计划，在合理配置水资源、优化运行调度的同时，延长了灌溉设施的使用寿命，减少了发生工程水毁的数量，降低了灌溉成本，缩短了灌溉周期，同时减少了农民的用水支出，减轻了灌区管理单位的运管负担，使水利工程发挥出了最佳效益，提升了水利工程的可持续发展能力。

2. 以市场为导向的农业生产活动

以市场为导向的农业生产项目活动结合项目区 7 个县（区）的自然资源环境，支持项目农户生产具有较高价值的特色作物。为了实现上述目标，综合考虑资源条件、受益农户需求、项目区农业系统、现有和潜在的市场需求，主要实施了经济作物种植项目（日光节能温室和露天经济作物）、经济林果项目、畜牧养殖项目、市场准入项目和基层推广服务项目。

项目共计新（改）建畜用暖棚 7695 栋，建成温室 438 栋，种植饲草 54804 亩，经济作物种植面积 40666 亩，创建品牌 50 个，完成示范种植 180 亩，完成林果经济林面积 15927 亩。通过项目实施，青海省国际农发基金六盘山片区农牧业基础设施得到显著改善，产业体系构建进程加快，服务体系进一步完善，农户收益显著提高，农牧业生产经营方式加快转变，更大程度地带动了六盘山片区农牧业发展，取得了良好的经济效益、社会效益和生态效益。

项目实施过程中，各地各部门依照农发基金扶贫项目的管理要求，严格履行招投标程序，对建设规模、投资及扶贫对象、合同协议、生产程序等进行公示、公告，严格按程序进行规范、合法管理项目，尤其对公司和合作社牵头实施项目，包括公司（合作社）基本情况、章程以及双方约定协议等全部备案归档。要求进一步规范项目申报、审查批复、落地实施的工作程序，确保项目设计科学，安排合理，质量保证，落实有序。严格按照既定审批方案，狠抓目标责任落实，认真组织项目实施。遵循真实、及时、公开的原则，将工程建设情况进行公示，接受群众和社会监督，对项目建设内容、资金使用不合理的，及时责令改正，既保证了资金安全、群众利益不受损失，又确保了项目建设资金合规使用和工程效率。

项目成效，一是脱贫致富效果显著。自 2016 年启动以来，经济作物种植、畜牧养殖项目均已产生不同程度效益。比如西宁市湟中区温棚种植青椒、西红柿、黄瓜长势良好，并已经开始采摘上市，棚均收益数万元。湟源县当归、黄芪等中草药种植，亩均收益 3000 元以上。海东市互助县通过实施畜牧养殖项目，养殖户均收入增加 1—3 万元不等，乐都区长里村种植的乐都辣椒户均收益 2 万多元，农户养殖积极性高涨。二是辐射带动作用明显。通过项目实施，充分调动了农户开展特色种植和养殖的积极性。湟源县近两年辐射带动周边三条沟村、石崖庄村、窑洞村众多农户参与当归、黄芪等特色种植；中草药种植已经在湟源、互助等县形成规模，为当地发展特色产业脱贫奠定了基础。三是特色产业选择准确。在海东市循化县、乐都区、民和县开展绵羊养殖，互助县开展生猪养殖，在化隆县易地扶贫搬迁的脑山地区开展肉鸡养殖，在湟中区、湟源县选择进行蔬菜和中草药种植，充分考虑了当地风土人情、自然气候条件和资源禀赋，进一步将资源优势转化为产业优势，为精准扶贫特色产业选择和产业发展探索了新思路。四是探索形成脱贫致富新模式。通过扶持合作社提高市场准入水平，鼓励和引导农户以土地等生产要素参社入股，合作社提供优先务工机会等方式建立健全利益连接机制，合作社向农户提供仔猪、羔羊，饲料和养殖技术培训，发挥桥梁作用协助农畜产品与市场对接等措施，初步形成新型经营主体带动农户发展致富的扶贫新模式。五是生态环境得到改善。设施畜牧业建设项目的实施，在一定程度上改变了畜牧业生产方式，改善了项目区的生产条件，使六盘山片区养殖业向生产规模化、经营商品化、管理科学化方向上迈进了一步，缓解了人畜争地、争粮的矛盾，当地的草原生态、植被等得到保护和恢复，有效促进了农业、畜牧业产业结构调整，达到了农畜联动、草畜结合的目的。六是扶贫政策深入人心。各地始终把国际农发基金项目理念和培训作为项目实施能否有效推进的基础和关键。在基础设施建设、品牌建设和市场开发方面加大资金投入，在宣传和培训过程中，以市场需求和政策宣传为导向，注重培训理念，创新培训方式，通过集中培训和分段培训的模式增强培训的实效性，实现了群众由原来的不想培训、不敢培训到现在想培训、主动申请培训的转变。农发基金项目扶贫理念得到持续推广，群众观念得到大幅改变，参与度不断提升。

3. 非农生计支持

该项目旨在增强农村妇女、农村青年和有经济能力的残疾人在就业和增收方面的技能，主要是帮助他们增强自信和尊严，增强技能、自我发展能力，并且改善他们的生活，组织开展手工艺品制作、家政服务、烹饪、经营管理等技能培训，进一步增强创业能力。五年来，共培训项目区妇女 2358 人、残疾人 920 人、农村青年 386 人，超额完成了项目培训任务，培训完成后近 70% 的技能培训人员实现了就业，40% 的创业培训人员实现了创业。非农生计培训项目的实施，为项目区妇女、残疾人和农村青年掌握一技之长、实现增收致富搭建了平台、提供了机会。参加培训的学员普遍认为，通过参加培训，不仅开阔了视野、学到了技能，而且还提升了生产经营理念，提高了自身价值和社会地位。

4. 项目管理

根据项目《融资协议》的要求，我省成立青海省国际农发基金扶贫项目领导小组，项目涉及县（区）成立项目领导小组，涉及村成立项目实施小组。项目实施过程中各级各部门加强规范管理，认真履行职责。通过采取有力措施加强农发项目监管，明确相关工作岗位职责，使项目管理工作程序、操作、管理规范化，全面推进项目实施；建立项目工作分工责任制，将项目管理纳入工作议事日程和考核责任范围，建立高效管理通道。制定制度，形成长效督查机制。项目实施期间，省项目办先后编制了《项目实施手册》《项目管理办法》《项目财务管理办法》《项目采购管理办法》《项目监测评价管理办法》《项目档案管理办法》《项目竣工验收办法》等制度，确保项目管理工作制度化、项目资金使用和回补规范化；项目实施督查工作坚持定期督查、重点督查和农发年度检查相结合的督查机制，及时发现项目实施中存在的问题，确保项目顺利实施。加强队伍建设，提高能力水平。项目在实施过程中特别注重队伍建设的发展，并把提高队伍能力水平作为一项长期的重要工作来抓，通过采取多元化的方式，狠抓项目管理人员的能力建设。坚持每年组织各县（市）开展财务、监评和知识管理培训，按年度计划组织各级项目办人员赴兄弟省开展考察学习，同时加强各县（市）间的交流，不定期组织县、乡、村项目人员及实施部门到项目做得好的县进行考察、交流，借鉴兄弟县的经验和做法，拓展思路。

项目总体成效：

2016年以来，青海农发项目实施和管理成效得到了国际农发基金组织的高度评价。2017年，国际农发基金总裁洪博先生、财政部原副部长史耀斌在视察青海项目期间，对项目的实施和管理给予了高度评价。国际农发基金2017年度项目检查团对全省项目进行的年度检查，再次给予了高度认可和评价，项目总体评价为比较满意，位居全国同类项目之首。认为青海省项目在领导重视、落实国内配套资金、项目实施管理、项目创新推动等方面工作成效显著。检查团已将我省的经验和做法向国内在建项目省区进行了推广。国际农发基金2018年度项目检查团对项目进行的中期评估和年度检查，对我省项目实施管理给予了高度认可和评价，认为我省项目在组织领导、资金落实、实施管理、项目创新等方面成效显著，部分项目在国内甚至国际处于优秀水平，总体居于国内在建项目领先地位。2019年3月14—15日，国际农发基金联合财政部在四川成都召开了年度国际农发基金中国项目工作会议，我省项目获得项目年度最佳表现奖。国际农发基金2020年度项目检查团认为：青海项目实现了总体目标，达到了有效减贫，增加收入的目标，是一个成功的项目。

五年来，各地在项目实施中总结出一些好的做法、呈现出一批亮点项目，青海脱贫攻坚形象得到了充分展现。湟中、湟源、民和、互助4地的水利项目严格履行外方前审程序，规范招标采购，项目得到国际农发基金批准后顺利实施，于2018年底，提前2年全面完成主体建设任务。2019年6月，在全球减贫案例有奖征集活动中，"青海省农发项目——民和县米拉沟灌区水利建设"荣获"全球减贫案例有奖征集多动最佳减贫案例"，并将收录进南南合作减贫知识分享网站。湟中区中藏药材种植项目关注项目农户权益保障、妇女群体参与，国际农发基金在亚洲官网上进行了专题报道。湟源、互助、民和县贫困村综合试点项目改善了生产、生活环境，提高了居民生活质量，实现了产业发展、农户增收的可持续发展道路，使试点贫困村探索成为乡村振兴的样板村；互助县在实施棚圈建设项目时，采取统一规划、统一建设、统一管理的方式，项目质量得到有效保证。

※民和县米拉沟灌区水利建设项目。民和县米拉沟灌区改造项目完成总投资4613.60万元。其中申请国际农发基金1930.80万元，政府配套资金2633.60万元，农户自筹49.20万元，包括节水改造和防洪治理两部分工程。项目实施后，改善灌溉面积15027亩，新增灌溉面积782亩，年增节水能力144.7万平方米，灌溉水利用系数提高到0.80左右，使灌区农作物得到适时灌溉，增加主要农产品产量，增加农民收入，使灌区人民生活水平进一步提高，项目实施后的年增产效益523.10万元。2019年10月16日，国际农业发展基金青海六盘山片区扶贫项目——民和县米拉沟灌区续建配套与节水改造工程荣获"全球减贫案例有奖征集活动"最佳减贫案例，并将收录进南南合作减贫知识分享网站——中外减贫案例库及在线分享平台。该活动由世界银行、联合国粮农组织、国际农业发展基金、联合国世界粮食计划署、亚洲开发银行、中国国际扶贫中心和中国互联网新闻中心联合发起，面向全球关心扶贫的组织和个人征集原创优秀减贫案例，旨在以案例为载体，推广分享国内外减贫成功实践。

九、聚焦重点 攻坚克难

青海省是东部农区属于六盘山集中连片特殊困难区域，涉藏六州属于四省涉藏地区，同时也是国定"三区三州"深度贫困地区之一，属于典型的贫中之贫、难中之难、艰中之艰。脱贫攻坚以来，青海省委省政府着眼贫困实际，坚持政策上支持、资金上照顾、资源上倾斜，尽锐出战，攻坚克难，全力打赢特殊类型地区攻坚战。

（一）青海六盘山片区脱贫攻坚

基本情况：

青海六盘山片区涉及西宁、海东两市 7 县（区），面积 1.7 万平方公里。2015 年经"两线合一"精准识别，片区共有 804 个贫困村，占片区行政村总数的 24.8%；总人口 192 万人，其中建档立卡贫困人口 5.9 万户、20.9 万人，贫困发生率为 15.2%，高出全省 2 个百分点，高出全国 9.5 个百分点。截至 2019 年底，片区 7 个贫困县（区）全部摘帽、804 个贫困村全部退出，实际减贫 25.1 万人，区域性整体贫困和绝对贫困问题得到历史性解决。

主要做法：

1. 坚持精准脱贫，完善顶层设计。一是制定《青海省六盘山片区区域发展与扶贫攻坚"十三五"实施规划》，明确了片区脱贫攻坚的行动路径。二是 2017 年，国家将我省涉藏六州纳入"三区三州"深度贫困范围，省委省政府综合考虑"三保障"方面存在的突出困难和问题、致贫原因、基础设施和公共服务条件、脱贫攻坚难易程度等因素，又将片区内的 25 个乡镇纳入深度贫困范围，既突出了脱贫攻坚的重点难点，体现了精准要求，又兼顾了六盘山片区贫困群众多、贫困程度深的实际。三是坚持"小财政大民生"理念，积极发挥脱贫攻坚聚合效应，各类扶贫资金向片区贫困县惠民项目倾斜，为现实"两不愁、三保障"目标任务，提供了有力的资金支撑。2016 年以来，累计投入中央和省级财政专项扶贫资金 74.91 亿元，其中，中央财政专项扶贫资金 51.23 亿元，占到 68.39%；省级财政专项扶贫资金 23.68 亿元，占到 31.61%。

2. 增强造血动力，实现稳定增收。一是产业发展强后劲。按照人均 5400 元标准，坚持"措施到户、资金到户、项目到户、效益到户"的精准扶持原则和"资金＋产业＋农户"工作机制，投入财政扶贫资金 10.02 亿元，扶持 17.71 万有劳动能力和发展意愿的建档立卡贫困人口发展到户产业项目，实现区内到户产业扶贫项目全覆盖。7 个片区县依托县域优势资源，按照"建园区、引龙头、扶产业、扩基地、增效益、带农户"的思路，投入资金 1.25 亿元，按每县安排不低于 1500 万元的引导资金，吸纳各类金融贷款、社会资金 1.06 亿元，分别建成了产业适度集中、辐射带动能力强的扶贫产业园，吸纳 1193

名建档立卡贫困群众入园务工，人均年收入达到万元以上。积极推进全省村集体经济"破零"工程，制定了《关于健全扶贫资金扶持村集体经济发展指导意见》，充分发挥光热资源优势、抢抓国家光伏扶贫政策机遇，采取村级联建模式，启动实施片区 7 县、804 个贫困村 224.9 兆瓦光伏扶贫项目。2020 年，所有贫困村光伏电站建成并网发电，村均年收益将达到 30 万元以上。在有贫困人口的非贫困村每村安排 100 万元产业发展引导资金，因地制宜发展村集体经济，实现片区 1191 个非贫困村全覆盖。积极培育扶贫产业新业态，发展电商扶贫、乡村旅游扶贫等新业态，湟中、互助、民和、循化四县入选国家电子商务进农村示范县，马铃薯、蜂蜜、马营陈醋等 20 余种农特产品，通过电商渠道销往全国 31 个大中城市，仅马铃薯交易量就达 1500 吨，并完成"工业品下乡"订单量 49 万单，交易额 7300 万元，农产品上行交易额突破 3100 万元。累计投入财政扶贫资金 1.58 亿元，实施了 46 个贫困村旅游扶贫项目，直接受益建档立卡贫困人口 4200 余户、1.2 万人。通过产业扶贫"政策组合拳"和"扶持效应叠加"，可直接带动片区 18.8 万贫困人口稳定增收脱贫。二是就业创业提素质。按照培训农民、转移农民、减少农民、富裕农民的思路，以实施"雨露计划"为平台，片区累计培训农民 9300 人次，促进农民转岗成为专业化工人，进一步加快了各族贫困群众脱贫致富奔小康进程。创新开展"青春创业扶贫行动"，降低授信条件和门槛，按照滚动放贷模式，为贫困创业青年提供金融信贷支持。截至 2020 年底，片区累计发放青春创业扶贫行动小额担保贷款 5142.4 万元，直接受益个人和团队成员 750 人，带动贫困群众 1444 人，带动贫困人口和青年就业 899 人。三是生态惠民谋共赢。紧紧抓住落实河湖长制、实施国土绿化三年提速行动的有利时机，在片区大力开发水利、林业、湿地生态公益性管护岗位，帮助贫困群众实现就地转岗、稳定增收。建立生态管护员持证上岗、签订管护责任书、逐级考核、一年一聘等制度，将管护补助与责任、考核与奖惩、工资报酬与绩效奖励相挂钩，切实提高管护成效。截至 2020 年底，片区累计新增贫困人口生态管护岗位 5369 个，贫困群众年均增收最高达到 2.16 万元

3. 提升发展水平，补齐民生短板。一是稳步推进易地扶贫搬迁。对"一方水土养活不了一方人"的地区，坚持把易地扶贫搬迁作为转变贫困群众生产生活方式的根本手段，全面完成片区 1.7 万户、6.3 万人搬迁任务，实现了

人口梯度转移、土地流转经营、产业集约发展。在做好"搬"的文章的同时，谋划好"办"的思路，同步配套建设项目区排水、道路、供电、通信网络、环卫等基础设施和教育、医疗等公共服务设施，并把后续产业培育作为先决条件，安排后续产业发展资金 3.2 亿元，将集中安置区更多地安排在交通沿线、旅游景区、产业园附近，为贫困群众发展脱贫产业提供便利、创造条件，保证每个搬迁村至少有一项扶贫产业、每户有一项增收项目，从根本上实现挪穷窝、换穷业、拔穷根目标，实现稳定脱贫。二是不断加强医疗扶贫保障。多轮次开展全省因病致贫返贫核查核实工作，精准锁定片区因病致贫返贫群众 2.32 万人。全额资助建档立卡贫困人口免费参保，全力筑牢基本医保、大病保险、补充保险、医疗救助"四道保障线"，确保贫困患者自付费用不超过10%。全面落实"六减十覆盖"惠民政策，将大病保险报销起付线由 5000 元降至 3000 元。加快推进村级标准化卫生室改造，选准配强村级卫生力量。扎实开展健康扶贫"三个一批"行动，全面推行贫困人口"健康扶贫保"商业补充保险、先诊疗后付费和一站式结算，让贫困群众享受最便捷、最直接的服务。三是大力阻断贫困代际传递。全面实行片区贫困家庭学生 15 年免费教育政策，优先安排贫困家庭大学生和中专生助学贷款，2017 年发放 0.39 亿元教育扶贫资助资金，8100 名贫困家庭学生应享尽享助学政策；稳步实施学前教育、义务教育"全面改薄"和高中建设项目，优化片区办学体系，改善办学条件；深入推进"控辍保学"工作，严格落实县级政府主体责任，片区 4130 名辍学生重返校园，7 个县义务教育巩固率均在 95% 以上；从 2016 年起，每年落实乡村教师生活补助 5000 余万元，制定乡村教师支持计划，每年选派300 余名省市（州）级学校教师到乡村支教，着力解决贫困地区教师"招不上、留不住、下不去"等难题，提升片区乡村教育质量，真正让贫困家庭子女既能上得起学，接受平等教育，也能上得好学，接受优质教育。四是着力补齐基础设施短板。统筹推进片区"四好农村路"建设，全面提升片区农村公路的建、管、养、运水平。截至 2020 年底，片区内公路总里程达 12542 公里，已实现所有贫困县通高速公路，乡镇、建制村、自然村、农户 100% 通硬化路。扎实做好中心村电网改造、贫困村电网改造、村村通动力电、易地扶贫搬迁供电配套等扶贫项目，片区大电网覆盖率达到 100%，群众基本生活用电及动力用电需求已全部得到满足，农网供电可靠性和电压合格率均在 99% 以上。全面实施农村饮水安全巩固提升工程，11.9 万贫困群众从中收益，喝上更加方便、稳定和安全的饮用水。以国家电信普遍服务试点项目建设为契机，加快片区光纤网络村村通工程，片区贫困村有线覆盖率达到 98%，无线覆盖率达到 99%。扎实推进广播电视户户通工程、西新工程等重点惠民工程，广播电视综合人口覆盖率达到 98.2%。

4. 凝聚脱贫合力，提升帮扶水平。把动员和凝聚全社会力量广泛参与作为脱贫攻坚的有力举措。2016 年以来，我们建立了定点帮扶、结对帮扶、驻村帮扶等工作机制，选派第一书记和扶贫驻村干部 2081 名，4.26 万名党员干部与 5.9 万贫困户结对认亲，5 家中央定点扶贫单位、1120 家省市县级定点扶贫单位与片区 804 个贫困村建立了帮扶对子，投入各类帮扶资金 5.2 亿元。扎实开展了"百企帮百村、百企联百户"精准帮扶行动，180 家民营企业（异地商会）与片区 260 个贫困村建立了结对帮扶关系，有力提升了贫困群众脱贫致富的能力和水平。

5. 聚焦深度贫困，全力攻坚克难。按照中央的决策部署，省委省政府认真分析致贫原因，精准确定深度贫困范围，将片区 4 个县的 25 个乡镇 405 个村列为深度贫困村，在政策设计上坚持把解决片区深度贫困问题作为脱贫攻坚的重中之重，省、州、县三级分别编制深度贫困地区三年行动方案，统筹做好进度安排、项目落地、资金使用、人力调配等工作。将年度新增资金的 70% 用于深度贫困地区，累计切块下达财政扶贫资金 8.21 亿元。各行业部门共落实特色产业、安全住房、教育扶贫等八个方面 166 个项目，总投入达 15.17 亿元。其中，无锡市 2018 年对海东市新增帮扶资金 1.27 亿元，用于集中开展深度困难乡镇贫困村卫生室建设和扶贫希望学校建设项目。投资 4.48 亿元资金，启动实施了乐都区芦花、马厂和民和县新民 3 个深度困难乡镇 2621 户、8653 人（其中建档立卡贫困户 237 户、772 人）的东部干旱山区易地扶贫搬迁项目，为深度贫困地区实施整乡整体搬迁探索了新路子。

（二）涉藏地区脱贫攻坚

基本情况：

青海涉藏六州是除西藏以外全国最大的藏族聚居区。2015 年通过"两线合一"精准识别，共有 33 个贫困县（市、区、行委），658 个贫困村，建档立卡贫困人口 9 万户、27 万人，贫困发生率 20.76%，高出全省 7.56 个百分点

（全省 13.2%），高出全国 15.06 个百分点（全国 5.7%）。青海涉藏地区既是脱贫攻坚重点区，又是生态主体功能区、自然灾害频发区、维护稳定敏感区，脱贫攻坚面临多重困难和压力。省委省政府认真贯彻落实历次西藏工作会议精神，把涉藏地区脱贫攻坚作为"头号民生工程"和"维稳基石工程"，举全省之力，强力攻坚，截至 2019 年底，涉藏地区 33 个贫困县（市）全部摘帽、658 个贫困村，退出净脱贫 27 万人，区域性贫困问题得到有效解决，为同步全面小康奠定了坚实基础。

主要做法：

1. 强化责任担当，压实攻坚责任。工作中，我们坚持规划引领、机制保障、资金支持"三到位"。一是制定了涉藏地区区域发展与扶贫攻坚"十三五"规划。二是坚持 8 名省委常委包片督战和 39 名省级领导持续联县帮扶督导机制、市县领导包县包乡镇、乡镇领导包村、第一书记和驻村工作队驻村结对帮扶、干部包户制度。三是严格市县两级党委和政府脱贫成效考核，将市州脱贫攻坚考核权重提高到 12%，县级脱贫攻坚考核权重提高到 70%。四是强化投入保障机制，每年省级财政用于扶贫资金保持 20% 以上的增幅。2016—2020 年，全省涉藏地区累计投入中央和省级财政扶贫资金 132.12 亿元，年均增长 23.87%。其中，中央财政扶贫资金 90.61 亿元，年均增幅 25.92%；省级财政专项扶贫资金 41.51 亿元，年均增幅 17.86%。

2. 着眼长远发展，夯实脱贫基础。着力增强贫困地区和贫困群众"造血"功能。一是培育壮大村集体经济。在全省涉藏六州累计投入 9.45 亿元，按每县安排不低于 1500 万元的产业引导资金，实现 30 个贫困县扶贫产业园全覆盖；累计投入资金 3.29 亿元，按照每个贫困村 50 万元的标准，实现 658 个贫困村村级互助发展资金全覆盖；投入资金 18.32 亿元，按照人均 6400 元的标准，实现 26.14 万有劳动能力的建档立卡贫困人口到户产业扶持全覆盖；按照每村 100 万元的标准安排村集体经济发展引导资金，实现 954 个有建档立卡贫困人口行政村全覆盖。二是创新发展产业扶贫。658 个贫困村实现村均 290 千瓦光伏扶贫全覆盖，2019 年 6 月底已全部建成和并网发电。因地制宜探索"联户制""股份制""大户制""代牧制"等生态畜牧业带贫模式，特别是通过合作社对种畜群、杂畜群、放生群的分类，不仅推进了标准化养殖，而且消除了群众禁宰惜售、不愿出栏的思想顾虑。三是把生态扶贫作为重要抓手。通过推广扶贫造林专业合作社、组织参与生态工程建设、安排公益性管护岗位等，带动 30% 以上的贫困人口增收致富。截至 2020 年底，涉藏六州共设置贫困人口生态管护岗位 4.3 万个，占贫困户的 44.4%，年均增收最高达到 2.16 万元。

3. 严格现行标准，注重脱贫质量。坚持现行扶贫标准不动摇，把攻坚重点放在"三保障"上。一是把易地扶贫搬迁作为"挪穷窝""换穷业""拔穷根"的重要工程来抓。"十三五"期间，涉藏六州累计完成易地扶贫搬迁安置 2.9 万户、10.5 万人（建档立卡贫困户 2.2 万户、7.7 万人，同步搬迁的非贫困户 0.7 万户、2.8 万人）。坚持搬迁与脱贫、安居与乐业"两个同步"，安排后续产业发展资金 5.8 亿元，用于发展产业扶贫、生态扶贫、转移就业。搬迁贫困群众中已有 81.4% 的农牧民依靠产业增收。二是把教育扶贫作为阻断贫困代际传递的治本之策。全面落实涉藏地区全部学生 15 年免费教育政策，提高助学补助标准，将接受中高等职业教育的贫困家庭子女补助标准从 3000 元提高到 5000 元，接受普通高等教育的补助标准从 6000 元提高到 10000 元，发放职业学历教育补助资金 4140 万元，10564 名贫困学生从中受益。对因入寺、早婚、务工等辍学的适龄儿童采取领导包片办法，依法强力劝返复学，1.7 万名辍学生重返校园。制定推普脱贫攻坚实施方案，有效解决了全省 3—6 岁学前教育阶段儿童不会说普通话的问题。三是把健康扶贫作为防止致贫返贫的重中之重。全面推进大病集中救治、慢病签约扩面提质、重病兜底保障、基层医疗卫生服务能力填平补齐等政策措施，将大病保险报销起付线由 5000 元降至 3000 元，全面推行贫困人口"健康扶贫保"商业补充保险、先诊疗后付费和一站式结算，涉藏六州贫困群众住院自费比例稳定控制在 10% 以内。

4. 抢抓政策机遇，凝聚攻坚合力。加强协调对接，形成强大合力。一是对口援青持续发力。对口支援青海涉藏地区的 6 个援青省市落实各类资金超过 100 亿元，实施项目 1626 个，培训各类人员近 7 万人次，选派援青干部 552 人。二是定点帮扶成效明显。14 家中央定点扶贫单位累计投入帮扶资金近 8.9 亿元，其中，直接投入帮扶资金约 4.82 亿元，帮助引进项目资金约 4.09 亿元，实施基础设施、特色种养殖、医疗卫生教育、电商扶贫、消费扶贫等各类帮扶项目近 300 余个。三是社会帮扶凝聚合力。1546 家定点扶贫单位与 1186 个"三类村"（贫困村、维稳村、后进村）结成帮扶对子，206 家民营企业与涉藏地区 389 个贫困村建立了结对帮扶关系。2016 年以来，累计落实各级各类社会帮扶资金 13.65 亿元。

（三）深度贫困地区脱贫攻坚

脱贫攻坚是一场硬仗，深度贫困地区脱贫攻坚是这场硬仗中的硬仗。自 2017 年党中央就打赢深度贫困地区脱贫攻坚战作出一系列重大部署以来，青海省委省政府以习近平新时代中国特色社会主义思想为指导，深入学习贯彻习近平总书记关于扶贫工作的重要论述，始终把攻克深度贫困堡垒作为全省脱贫攻坚的重中之重，如期实现深度贫困地区绝对贫困"清零"目标，为青海整体脱贫、全面小康奠定了坚实基础。

基本情况：

省委省政府把中央精神和青海实际有机统一起来，按照国务院扶贫办"控制规模、突出重点、缩小范围、体现精准"的要求，在全省审慎确定了 15 个深度贫困县、129 个深度困难乡镇（其中涉藏地区 104 个、东部干旱山区 25 个）、559 个贫困村和 24.1 万深度贫困人口。考虑到深度贫困地区贫困村相对集中连片，且贫困人口主要致贫原因相近、产业结构趋同、脱贫举措类似的实际，没有再向村一级延伸。

截至 2020 年底，全省累计投入深度贫困地区各类资金 346.38 亿元，完成计划投资额的 136.37%，深度攻坚涉及的 2339 个项目全部完成，完成计划项目的 113%。汪洋主席对此给予了"打硬仗就是要下这样的硬功夫"高度评价。2020 年 10 月份，国家深度攻坚评价组给予了"区域性整体贫困问题得到有效解决，探索出了具有青海特色的工作经验"的肯定。在全国"三区三州"涉及六省区评估结果中，青海排在前列。

主要做法：

1. 持续加大保障力度。坚持固根本、打基础、抓长远，不断加大倾斜支持力度，以有力的举措促进目标任务的实现。一是强化思想保障。深入学习领会习近平总书记在山西太原深度贫困地区脱贫攻坚座谈会上的重要讲话精神，深刻认识打赢深度贫困地区脱贫攻坚战的极端重要性、复杂性、艰巨性，不断强化责任担当，筑牢打赢深度贫困脱贫攻坚战的思想根基。二是强化组织保障。严格落实五级书记抓扶贫、省委常委包"战区"督战、县处级以上干部联点包片等制度，重点加强对深度贫困地区的帮扶指导。书记、省长亲力亲为、靠前指挥，深入深度贫困地区调研指导，集中解决突出问题，为各级干部树立了榜样。三是强化政策保障。按照中央深度攻坚部署,制定印发《关于加快推进深度贫困地区脱贫攻坚的实施方案》《青海省深度贫困地区脱贫攻坚三年行动方案（2018—2020年）》,5个有深度攻坚任务的市州同步制定《三年行动方案》,各行业部门先后配套出台了深度贫困地区行业配套攻坚方案,形成了符合青海实际的深度贫困地区"2+5+N"政策体系。四是强化制度保障。建立健全定期调度、联席会议、约谈问责、挂牌督导等制度,坚持每季度召开一次调度会,切实加强对深度攻坚工作的跟踪问效,确保抓有力度、落有成效。五是强化资金保障。将每年新增财政扶贫资金的70%、对口支援和东西部扶贫协作资金的80%统筹用于深度贫困地区脱贫攻坚,各行业惠民项目向深度贫困地区倾斜。2017年以来,累计向深度贫困地区切块下达财政专项扶贫资金115.37亿元,占全省财政扶贫资金总量的72%；落实行业扶贫资金197.54亿元,统筹整合涉农资金177.02亿元。引导金融资本向深度贫困地区倾斜,全省深度贫困地区累计发放扶贫小额信贷23.77亿元。六是强化人力保障。在调整加强贫困村驻村力量的基础上,又为688个有贫困人口的非贫困村增派了2064名第一书记和驻村工作队员,有效地发挥了"雁阵"效应。

2. 着力增强发展能力。坚持开发式扶贫方针,引导贫困群众靠勤劳双手创造美好生活,确保稳定可持续增收。一是大力发展扶贫产业。将财政专项扶贫资金的60%用于产业扶贫,构建到县、到村、到户扶贫产业体系,大力发展牦牛、青稞、光伏、乡村旅游、民族手工业等绿色扶贫产业,深度贫困地区13.57万有能力有意愿的贫困人口吃上了"产业饭"。全面完成村级光伏扶贫项目建设,深度贫困地区559个贫困村村均年收益达到33万元。依托草地生态畜牧业试验区建设,大力培育生态畜牧业专业合作社,打造了"拉格日""岗龙""哈西哇"模式等一批生态生产共赢发展典型,带动6.5万深度贫困人口增收。二是千方百计扩大就业。坚持提升技能与拓展渠道并举,持续加大就业帮扶力度,贫困劳动力就业收入比重逐年增加。累计建立就业示范基地90个,实施贫困劳动力技能培训2.49万人次,实现转移就业1.9万人次。新增生态公益性管护岗位4.99万个,其中安排深度贫困人口3.19万人,户均年增收2.16万元。通过建设扶贫车间、开发村级公益性扶贫岗位,安排贫困劳动力1.53万人就近就业,人均年增收1.5万元以上。三是培育壮大村集体经济。深入推进村集体经济"破零"工程,在贫困村实施光伏项目、村集体经济全面"破零"的基础上，对有贫困人口的非贫困村每村投入 100 万元扶持资金，因地制宜发展村级产业，全省所有行政村集体经济全面实现"破零"。四是深入开展消费扶贫行动。充分发挥定点帮扶、对口支援、东西部扶贫协作地区和单位的优势，广泛发动党政军机关、企事业单位参与购销活动，积极拓展扶贫产品营销渠道和市场空间，全省深度贫困地区 3 年完成销售 20 亿元，有力推动了产业增效、群众增收。

3. 全力解决突出问题。持续聚焦"三保障"、饮水安全以及基础设施和公共服务等方面存在的突出问题，抓重点、补短板、强弱项，农牧民群众上学难、看病难、行路难、用电难等一些老大难问题得到历史性解决。教育保障方面，深度贫困地区义务教育基础设施明显改善，师资队伍力量进一步加强，15 年教育资助政策全面落实，6400 余名涉藏地区学生实现省内外异地就学，1.7 万名辍学学生重返校园，义务教育巩固率达到 96.9%，农牧区因学致贫、因贫辍学的问题得到全面解决。医疗保障方面，基本医疗、大病保险、医疗救助三道"保障线"全面构建，贫困群众医疗保险参保率达到 100%，贫困人口住院自费比例稳定控制在 10% 以内，村级卫生室全面达标，地方病、高原病防治能力进一步提升，群众"看得起病"的保障水平明显增强。住房保障和饮水安全方面，全面完成深度贫困地区 2.2 万户易地扶贫搬迁和 4.4 万户危房改造任务，贫困户住房全部达标，累计解决 7 万贫困人口饮水安全问题，24.1 万深度贫困人口安全饮水保障水平进一步提升。基础设施方面，扎实推进"四好农村路"建设，贫困地区电网改造、光纤网络建设、广播电视村村通等工程，有条件的行政村道路硬化率、客车通达率、光纤宽带率均达到 100%，4G 无线网络覆盖率达到 98%，广播电视综合人口覆盖率达到 98.8%，贫困地区乡镇大电网覆盖率达到 97%。精神脱贫方面，坚持志智双扶，既管"肚子"，又管"脑子"，持续强化"精神脱贫"。建立健全村规民约，实行县域内农牧民婚丧嫁娶费用限高管控制度，通过组建合作社破解群众惜售禁宰的思想禁锢，乡风文明治理水平明显提升。

4. 持续巩固脱贫成果。始终把脱贫质量放在首位，坚持多措并举推进后续巩固工作，为坚决打赢精准脱贫攻坚战、实现乡村全面振兴奠定了坚实基础。一是注重提升脱贫质量。制定《关于巩固脱贫成果的实施意见》，深入实施"九大后续巩固行动"，促进脱贫群众稳定脱贫、长远发展。扎实开展"补针点睛"专项行动，围绕 16 个方面重点问题，从严从实补上短板、变强弱项，进一步提升了脱贫成色和质量。二是健全完善防贫举措。建立监测预警和动态帮扶机制，聚焦脱贫不稳定人口和边缘人口，深入开展"精准防贫保"试点，对因病、因灾、因残以及因重大事故等导致返贫致贫的农牧户，有针对性地及时提供帮扶，有效防止脱贫户返贫和边缘户掉队。推进扶贫政策、民政救助制度相衔接，健全低保渐退、"救急难"等制度，织密"保障网"。三是着力克服疫情影响。落实省政府应对疫情 27 条措施和 22 条补充措施，出台用工奖励、岗位补贴、到户产业补助、扶贫小额信贷延期还款等"一揽子"优惠政策，并通过提高互助资金借款额度、开发临时性公益岗位等措施，稳生产、稳就业、稳增收，努力降低疫情影响。截至 2020 年底，全省深度贫困地区 15 个贫困县扶贫产业园、59 家扶贫龙头企业、110 家扶贫车间全部复工复产，吸纳农村劳动力近 0.16 万人。

5. 广泛凝聚攻坚合力。中央定点扶贫单位，对口援青、东西部扶贫协作省市以高度的政治责任，把青海的脱贫攻坚作为分内之事，在资金帮扶、劳务协作、智力支持等方面给予了大力援助，在助力青海脱贫攻坚的同时，促进了全省经济社会各项事业发展。8 家中央定点扶贫单位累计落实帮扶资金 1.64 亿元，引进帮扶资金 1.26 亿元，实施项目 244 个，培训党政干部、技术人员 4000 余名。对口援青六省市累计落实帮扶资金 73.84 亿元，实施项目 1000 多个，选派党政干部和专业技术人才 453 名，帮助培训党政干部和专业技术人员 1.98 万人次。各援青省市讲政治、讲大局、作奉献，在原定帮扶计划的基础上，额外增加援助资金 3.77 亿元，进一步加大了帮扶力度。2020 年，对口援青六省市下达计划内帮扶资金 19.34 亿元，同比增长 10.5%。同时，北京、上海两市明确计划外再各追加 5000 万元。各地各部门把各方面的真情实意转化为感恩奋进的不懈动力，坚持花好每一分钱，实施好每一个项目，以工作实际成效回报党中央的特殊关怀和援助方的无私帮助。

十、强化保障 夯实基础

脱贫攻坚以来，青海省委省政府围绕脱贫攻坚目标任务，狠抓党建促脱贫、精神扶贫、纪律作风、扶贫宣传等工作，推动举措创新，强化问题整改，不断提高脱贫成色，为高质量打赢脱贫攻坚战提供重要保障。

（一）强化党建引领

党的领导是脱贫攻坚的根本优势和根本保障。党的十八大以来，我省围绕"抓党建促脱贫攻坚"，紧密联系省情实际，坚持整合组织资源、发挥组织担当优势、凝聚组织力量，为全面打赢脱贫攻坚战提供了坚强组织保障。

1.聚焦责任落实，健全工作机制，各级党组织切实担负起脱贫攻坚政治责任。建立分工明确、责任清晰、任务到人、考核到位的工作机制，推动各层级党组织把决战脱贫攻坚责任扛在肩上、抓在手上、落实在行动上。一是凝聚思想共识。我省高度重视抓党建促脱贫攻坚工作，省委书记王建军多次作出批示要求，省委常委会经常性学习习近平总书记关于抓党建促脱贫攻坚工作的一系列重要指示精神，制定出台《关于抓党建促脱贫攻坚工作的意见》，进一步明确分工，对抓党建促脱贫攻坚提出新的更高要求。省委组织部主动作为，多次召开全省抓党建促脱贫攻坚推进会，围绕主责主业指导各级组织部门狠抓各项任务落实，有力推动了各级党组织和广大党员干部把思想和行动进一步统一到中央和省委的决策部署上来，凝聚了打赢脱贫攻坚战的强大力量。二是压实主体责任。各级党委（党组）把抓党建促脱贫攻坚作为一项重要政治任务，纳入整体工作部署和党的建设总体规划，扎实抓好基层党建与脱贫攻坚"双推进"，使基层党建引领扶贫、服务扶贫、推动扶贫。

建立省市县乡村纵向到底、横向到边的全覆盖联述联评联考机制，把抓党建促脱贫攻坚纳入领导班子考核和市县乡党委书记抓基层党建工作述职评议考核重要内容，重点考核在抓党建促脱贫攻坚工作中各级基层党组织战斗堡垒作用和广大党员先锋模范作用发挥情况，形成了"五级书记抓脱贫、全体党员促攻坚"的良好局面。三是强化督导问效。建立"11710"督查机制，把抓党建促脱贫攻坚的各项工作任务分解到全年"11710"工作台账中，严格实行"一事一台账、一日一清查、一周一小结、一月一盘点、一年一归零"，全方位了解掌握抓党建促脱贫重点任务落实情况。注重加强对脱贫一线的调研、指导和检查，组织开展"下基层走千村、抓党建促脱贫"和百名组织部部长"下基层支部、过组织生活"活动，推动各级组织部门在一线掌握实情、在现场听取意见。充分运用省级考核信息管理系统"一网考"平台，实时对抓党建促脱贫攻坚工作进行跟踪，通过预警功能及时提醒整改任务和时限，倒逼各级领导班子和领导干部推进责任落实。强化结果运用，对抓党建促脱贫攻坚工作突出问题专项整改工作不及时的予以通报批评、约谈提醒，对整改工作不到位的严肃问责追责，确保各项工作要求落实到位。

2. 聚焦组织力提升，夯实组织基础，贫困村党组织建设质量全面提高。把打造坚强战斗堡垒作为抓党建促决战决胜脱贫攻坚的重中之重，强化组织体系建设，聚焦重点薄弱环节，着力夯实基层基础，有力推动贫困村党组织全面进步、全面过硬。一是基层党组织建设举措精准务实。对标新时代基层党建工作新命题和新要求，在持续抓"三基"建设（从 2014 年 7 月，省委部署开展加强基层组织、基层工作和基本能力建设）的基础上，开展"组织体系建设三年行动"，制定印发《中共青海省委关于开展"组织体系建设三年行动"的意见》，从健全基层组织、完善组织制度、建强骨干力量、强化党建引领、从严教育管理、强化组织保障 6 个方面，部署了 21 项重点任务、86 条具体措施，全力推动基层党建从要素建设向功能建设转变、从局部发力向整体提升转变。配套制定《关于贯彻落实〈中国共产党农村基层组织工作条例〉的若干措施》，聚焦农村基层党建的薄弱环节和突出问题，从强化政治建设、织密组织体系、基层社会治理、乡村改革发展、领导班子和干部队伍建设、党员队伍建设、加强领导和保障领导等方面，细化提出 28 条具体措施，不断补齐基层党组织服务脱贫攻坚工作短板，为如期打赢脱贫攻坚战提供坚强的组织保证。二是软弱涣散村党组织整顿扎实有效。始终坚持补短板、强弱项，把软弱涣散村党组织整顿作为重点，出台《关于整顿软弱涣散村党组织的指导意见》，列明软弱涣散村的 10 种具体情形，每年对村党组织进行"体检"，并按照"一村一策"方法，逐村深入分析，深挖问题症结，找准病灶病因，建立问题清单、整改清单、责任清单，明确整改措施和销号时间，常态化、长效化整顿软弱涣散村党组织，5 年来，累计整顿 882 个软弱涣散村党组织，其中，贫困村党组织 345 个，贫困村党组织带领党员群众脱贫攻坚能力进一步提升。持续开展党支部"堡垒指数"考评工作，对全省 1.9 万个基层党组织进行分类定级，有力促进先进支部巩固提高、中间支部提升晋级、后进支部整顿转化。三是基层基础保障水平实现新跨越。重视加强农村基层基础投入和保障，投资 9 亿多元在全省实施乡镇"八有"工程（有干部职工周转房、党员干部活动阵地、便民服务大厅、庭院绿化、生活服务设施、水暖厕、图书阅览室、体育锻炼场所），解决了乡镇干部后顾之忧，确保他们在脱贫攻坚战中安下心、干得好、打得赢。统筹组织、民政、财政、发改等部门资金 6 亿多元，全面实施村级活动场所建设达标升级工程，实现全省所有农牧民党员活动有阵地、服务群众有场所。完善村干部报酬动态增长机制，创新建立"基本报酬 +4 项补贴"的村"两委"成员年度报酬体系，将村"两委"主要负责人年度报酬平均提高到上年度当地农牧民人均可支配收入的 3.16 倍。提高正常离任村干部生活补助标准，在原有基础上实现了翻番，2020 年底达到每人每年 1120—1600 元，让村干部在岗有待遇、离任有保障。拓宽上升通道，组织从符合条件的优秀村党组织书记中定向考录乡镇公务员，每年一次、常态激励。探索采取考核聘用的方式招聘优秀村"两委"主要负责人进入事业单位工作，有效激发村干部投身脱贫攻坚战的积极性主动性创造性。健全党内关爱帮扶机制，对生活困难的村干部及时给予帮扶救助、疏导压力、打气鼓劲。

3. 坚持守正创新，破解管理难题，党员干部的作用有效发挥。通过完善村党组织书记队伍管理机制，创新党员队伍培养使用方式，切实激发了党员干部投身脱贫攻坚战的积极性、主动性、创造性。一是村党组织书记队伍建设更加规范。坚持调整、选派、培育并重，着力打造素质过硬、群众认可、储备优良的村党组织带头人队伍。制定出台《青海省各领域基层党组织书记能力指导标准（试行）》，为选拔素质高、能力强、作风好的村党组织书记提供参考依据和操作标准。制定出台《青海省村党组织书记县级备案管理办法（试行）》，建立"日常管理""经济保障""政治激励"三位一体的备案管理机制，从选、育、管、用、激励保障和监督等 7 个方面，明确备案管理的内容和方法路径，激励村党组织书记干事创业，有效解决"人难选、人难用、人难管"的突出问题。结合扫黑除恶专项斗争，扎实开展村"两委"换届"回头看"，对在任的村"两委"成员履职情况进行"政治体检"，累计调整不胜任不尽职的村党组织书记 495 名，培养储备村级后备干部 2.4 万余人。稳慎推进村"两委"主要负责人"一肩挑"，截至 2020 年 11 月底，全省 67% 的行政村实现"一肩挑"，确保了村党组织书记队伍始终坚强有力，贫困村党组织攻坚拔寨的战斗堡垒作用更加凸显。二是党员先锋模范作用不断彰显。以推进"两学一做"常态化制度化、"不忘初心、牢记使命"主题教育为抓手，不断加强党员思想政治教育和党性教育，推动广大党员在脱贫攻坚中争先锋、作贡献。优化党员队伍结构，实施农牧区青年人才入党培养计划，每年每个贫困村至少培养 3

名入党积极分子，发展 1 名合格党员，其中 35 岁以下年轻党员不低于总数的 70%。5 年来，全省共发展农牧民党员 16795 名，极大地为脱贫攻坚一线充实了战斗力量。探索建立"一联双帮三治"帮扶机制（建立省州县单位与三类村的固定结对关系，形成干部由结对单位选派，一线有干部、后方有靠山的"一联"工作机制；建立单位党组织结对共建帮村、党员干部结对认亲帮户的"双帮"工作机制；建立治穷、治弱、治乱并举，全方位全覆盖的"三治"机制）指导全省 4500 多个各级党政机关、企事业单位党组织与贫困村全覆盖结对共建，14.5 万余名党员干部与 15.92 万户贫困户全覆盖结对认亲，给贫困户交技术、帮产业、送温暖，实现了党员群众心连心。探索在产业链上建立党组织，鼓励和支持党员领办创办农民合作社、家庭农场，全省贫困地区成立的 9000 多家专业合作组织中，由村"两委"班子成员领办的占 19.8%。持续推广党员结对子、"党员中心户""党员爱心岗"等做法，组织有帮带能力的党员，每人至少结对帮扶 1 户建档立卡贫困户，1.77 万名农牧民党员干部成为带动贫困群众发展致富格的领路人。三是村干部攻坚克难本领全面提升。针对基层"村干部文化水平低、工作能力欠缺"突出问题，积极打造青海版的村党员干部培训教育体系。开展"党支部书记能力提升"工程、"万名村组织后备干部培训"工程，按照"省级示范、市州重点、县级普遍、乡镇兜底"的形式，每年对全省村党组织书记进行全覆盖轮训，示范带动各地对村级后备干部和致富带头人进行大规模、高质量、全覆盖培训。创新实施村（社区）干部学历素质提升工程，坚持"应上尽上、应培尽培"的原则，分批次、全覆盖对全省符合条件的村"两委"成员、后备干部进行行政管理、农业经济管理、工商企业管理、设施农业与装备 4 个专业的大专学历系统培养。同时，将教育层次范围延伸到中专，开设农村经济综合管理专业的中职学历教育，有力提升了村干部参与脱贫攻坚、做好群众工作的实战能力。《人民日报》以"村干部充电，变化看得见"为题，报道了全省实施村（社区）干部学历素质提升工程的做法。

4. 加大选派力度，持续严管厚爱，驻村干部干事创业激情高涨。紧盯驻村干部队伍建设短板，围绕贫困地区脱贫攻坚需求，持续加大择优选派力度，全面提高保障水平，着力强化干部攻坚能力，有效激励了驻村干部担当作为、干事创业。一是驻村帮扶力量不断优化。按照"选得准、下得去、待得住"的要求，累计选派第一书记和驻村工作队员 1.49 万名，全覆盖 2313 个建档立卡贫困村和深度贫困地区有贫困人口的行政村，确保每个村有 3 至 5 名驻村干部。在岗的 7030 名第一书记和驻村工作队员中，45 岁以下的 5344 名、占 76%，大专以上学历 6688 名、占 95%，从事的职业和所学专业涵盖行政管理、经济、农林、水利、交通、法律等多个领域，驻村干部整体文化素质合理，引领村级发展和脱贫致富的"知识动力"充足。《人民日报》以"7000 余名干部将驻村扶贫"为题报道了全省"坚持派需结合、因村组队、精准选派"的做法。认真落实"四个不摘"重大要求，出台《关于进一步加强第一书记和驻村工作队帮扶力量的十项措施》，注重有序调整，5 年来，累计调整第一书记和驻村工作队员 1145 名，保证了队伍总体稳定，确保工作不掉线、不断档。针对贫困程度深、帮扶力量弱的贫困村，着力优化驻村干部配备，招募 100 名"三支一扶"人员担任驻村工作队员，选派 200 名选调生担任村党组织副书记、村主任助理或驻村工作队员，并从省直单位和已脱贫摘帽地区抽调 50 名扶贫业务骨干到深度贫困地区帮扶指导工作，以更加精准的帮扶推动脱贫攻坚提质升级。二是激励保障措施不断完善。加大关爱力度，第一书记和驻村工作队员任职期间享受带薪休假政策、艰苦边远地区工资水平补差和乡镇工作岗位补助。规范生活补助标准，明确每人每天 60 元。提高驻村工作经费标准，出台《青海省驻村工作经费使用管理办法（试行）》，规定县级财政每年为每支扶贫驻村工作队的工作经费不低于 2 万元。印发《关于规范驻村干部办理人身意外伤害保险工作的通知》，将人均投保标准 900 元提高至 1400 元，确保驻村干部意外伤害疾病、意外伤害身故保障标准不低于 60 万元，住院费用补偿不低于 10 万元，切实为第一书记和驻村工作队员解除后顾之忧。树立在脱贫攻坚一线培养锻炼、考察识别、选拔任用干部的导向，5 年来，省市县三级共提拔使用第一书记和驻村工作队员 2016 人，占选派干部总数的 13.5%。注重发挥优秀驻村干部示范引领作用，连续 4 年在全省脱贫攻坚表彰大会上对优秀驻村干部进行表彰，先后有 260 余名第一书记和驻村工作队员获得全国、全省表彰奖励，在全省范围内掀起了对照标杆、学习标杆的良好氛围。摄制反映优秀第一书记先进事迹的专题片《我叫第一书记》《他叫第一书记》，编印《高原上的扶贫尖兵——青海优秀第一书记风采录》，选树李玉兰、何涛等一批优秀第一书记，通过新闻媒体专栏刊播、微信微博推送等方式，大力宣传驻村帮扶先进典型，激发正能量。三是教育管理监督持续跟进。

印发《关于聚焦打好脱贫攻坚战加强干部教育培训的实施方案》，坚持任前培训、集中培训和帮带相结合，省委组织部每年开展全省第一书记示范培训，市县开展全覆盖培训，5 年来，累计培训第一书记和驻村工作队员 4.62 万人次，进一步提升履职尽责、打赢脱贫攻坚战的能力。《人民日报》以"青海推动扶贫培训常态化"为题进行了报道。制定出台《第一书记和驻村工作队管理办法》，严格驻村时间和请销假制度，规范"年承诺、季报告"制度，确保每年有 200 天的时间吃住在村、全脱产工作，防止"两头跑""两头挂"。单列指标实施差异化考核，每年分别按 20% 的比例评定优秀等次，加强结果运用，对考核不称职、工作不尽责、能力不胜任、长期脱岗离岗的进行召回，5 年来，召回第一书记和驻村工作队员 87 人。同时，开展廉政警示教育，促使第一书记和驻村工作队员筑牢扎根脱贫攻坚一线的纪律意识、规矩意识。

创新探索"十化党建"夯实执政根基。脱贫攻坚以来，果洛藏族自治州玛沁县提出"十化党建"措施，探索以党建工作为统领，推进各项工作提质增效的工作新途径，取得了显著成效，为巩固脱贫攻坚成果、推进乡村振兴提供了可学习、可借鉴、可推广的经验做法。一是推进党建工作"制度化""规范化"。通过健全完善基层党建各项制度体系，推动基层党建工作精细、务实、高效。建立健全相关制度，坚持以制度落实促各项工作有序化、规范化开展。拉加镇赞根村支部书记关却深有体会地说："通过推行党建工作'制度化''规范化'，让自己真正明白懂得了村支书的工作干什么、怎么干的问题"。二是构建党建工作"地域化""通俗化"。针对牧区群众居住分散、服务半径大等问题，积极延伸党建工作触角，通过"马背宣传队""帐篷党支部"等形式，深入基层党员群众解决实际困难，打通联系服务党员群众"最后一公里"。全县在 35 个村挂牌成立"牧家育苗加油站"，43 个村（社区）设立了红旗广播站点，宣讲播放关于脱贫攻坚、扫黑除恶、乡村振兴等相关政策。三是力促党建工作"生产化""生活化"。积极发挥党建工作优势，在促进农牧业转型升级、服务生产经营、党员职能发挥上狠下功夫，使党组织成为促进经济增长转型升级的"红色"驱动。例如：玛沁县雪山乡整合阴柯河和阳柯河两个村 2018 年村集体经济发展资金 80 万元，投资成立果洛玛积雪山乳制品开发有限责任公司，开发销售牦牛奶雪糕、冰激凌等特色产品，增强村集体经济实力，帮助群众增收。四是推动党建工作"精准化""具体化"。以管理精准、任务具体、服务具体、考核精准为要求，针对不同地区和服务群体精准施策，深入推进党建工作精准发力。例如：县直机关、企事业单位党支部与 35 个村和 8 个社区党支部建立"双联"关系，通过"双联"支部，实现党内政治生活共过、为民服务办事共做、优势资源共享目标，以任务精准推动服务精准。五是彰显党建工作"时代化""实效化"。以党员群众喜闻乐见的形式深入宣传习近平新时代中国特色社会主义思想，让领袖思想和党的形象深入人心，以春风化雨的力量凝聚起广大党员群众爱国爱党爱领袖的普遍共识和强烈认同，自觉听党话、感党恩、跟党走。例如：通过"指尖上的党建"让党的路线方针政策及时"飞入寻常百姓家"，进一步深化了干部群众的鱼水深情，坚定了农牧民群众对党和领袖的情怀和信仰。

（二）强化思想脱贫

扶贫先扶志，这是习近平总书记开出的一剂扶贫良方。青海多民族聚居、多宗教并存，少数民族人口占全省总人口的 47.1%，少数民族群众基本全民信教。受宗教习俗和传统观念影响，农牧区薄养厚葬、禁宰惜售、高额彩礼等陈规陋习问题一直是制约贫困群众脱贫的重要因素。特别是东部农业区"一婚十年穷"、涉藏州县"死不起"的问题十分突出。

在脱贫攻坚实践中，省委省政府立足省情实际，深刻把握习近平总书记关于扶志扶智工作的重要论述和党中央、国务院精准扶贫、精准脱贫战略的重大要求，着力破解脱贫攻坚中制约贫困群众脱贫致富精神领域的瓶颈和短板，省委书记王建军创新提出、点题安排。2018 年，在全国率先开展以减轻信教群众负担、解决禁宰惜售、革除陈规陋习、加强扶志扶智、强化健康扶贫等五个方面为重点，确定大通县、乐都区、循化县、互助县等 13 个县（市、区）试点，2019 年 6 月、2020 年 8 月分别在海南州贵南县和海东市循化县分别召开全省精神脱贫工作现场推进会，制定实施《青海省精神脱贫工作方案》，明确了深化思想教育、加强扶志扶智、革除陈规陋习、依法管理宗教事务等四个方面的主要工作任务，在全省全方位、各领域、多层面推进以思想引导破除陈规陋习、减轻群众宗教人情负担、树立乡风文明等为主要内容的精神脱贫工作，着力解决群众思想贫困、素质贫困问题，实现了群众的自我革新，使"脱贫致富"成为时代主流和社会普遍共识。全省农牧民群众主动参与移风易俗，摒弃陈规陋习，乡风文明水平明显提升，农牧区彩礼普遍下降30%—60%，4700余名建档立卡贫困光棍汉娶上了媳妇，宗教消极影响逐步减弱，信教群众内生发展动力逐步增强。对于青海的精神脱贫工作，汪洋主席先后作出"青海的探索值得肯定，有些做法似可在适宜的地方推广""名正言顺，应逐步推广"等批示，给予充分肯定。

1. 思想引导固本培元，树立脱贫光荣鲜明导向。牢牢把握精神脱贫工作的根本在于解决贫困群众思想观念和思想认识问题这一关键，制定印发《青海省脱贫攻坚思想教育引导方案》，发挥基层双语干部、双语教师、驻村干部、退休党员干部、乡贤文化能人的作用，通过创建新时代文明实践中心、发放"明白卡""小喇叭"播报等形式，用广覆盖、接地气的理论政策宣讲来强化思想引领，把习近平新时代中国特色社会主义思想和党的扶贫理论政策送进了千家万户，引导群众明理感恩、自立自强，树立"幸福都是奋斗出来的"信念，树牢脱贫光荣意识，有效激发群众可持续发展内生动力。大力开展脱贫先进典型评选表彰宣传，2016年，全省1622个贫困村全部纳入"五星级文明户"创建范围；2018年，从省级层面建立3000元励志资金，在全省范围内开展脱贫光荣户评选推介活动。5年来，共评选"五星级文明户"70余万户，表彰"脱贫光荣户"5585户，结合"道德模范评选""最美青海人"等先进典型宣传，用最具有说服力、吸引力和影响力的脱贫致富先进典型现身说法，立标杆、树榜样，为培养和造就贫困群众直面困难、勇于迎难而上的信念和意志发挥了重要作用。

2. 移风易俗提振信心，建立精神扶贫长效机制。把移风易俗作为实施乡村振兴战略、巩固脱贫攻坚成果、深化基层治理创新、推进农村精神文明建设的重要抓手，推行婚事新办、丧事简办、喜事小办，有效转变了不良风气，树立了文明勤俭新风尚。全省各地通过制定实施《推动移风易俗树立文明乡风实施意见》《农村红白事标准参照指导意见》等指导性意见，对彩礼、酒席标准、婚嫁随礼、丧葬等费用限高管控，以改革和简化程序遏制攀比之风，群众经济负明显减少。充分发挥法治在移风易俗中的惩戒作用，结合扫黑除恶专项斗争，持续加大依法治理打击力度，有力遏制了农牧区赌博违法行为，彰显了法治权威，消除了影响群众精神脱贫的恶习恶俗，群众精力逐步转移到发展生产上。

3. 抓住关键领域攻坚，切实减轻宗教消极影响。青海信教群众多，宗教氛围浓厚，宗教与群众生产生活联系紧密。脱贫攻坚以来，各地充分发挥各宗教团体和教职人员的积极作用，开展"百僧联百户"、"百寺千讲"、宗教团体发放倡议书等活动，动员僧俗积极投入到脱贫攻坚决战中，帮助贫困群众解决生产生活方面存在的困难和问题。同时，全面治理乱建滥建宗教活动场所及宗教设施、乱搞摊派、禁宰惜售、举债朝觐、高额供奉、信巫不信医等违法行为和不良风气，鼓励引导宗教人士正面发声，倡导寺院简化和改革宗教活动及仪轨，完善寺规僧约，控制场次规模、严格建设审批等举措，引导信教群众发展生产，过好今生，信教群众负担明显减轻。针对少数宗教教职人员借宗教名义干预屠宰和出售牲畜、强制信教群众戒荤等问题，各地研究制定宗教教职人员干预群众生产生活问题的禁止性规定，将科学饮食知识纳入宗教人士培训内容，组织宗教界代表人士正面教育、示范引导信教群众科学饮食、健康饮食，群众"禁宰惜售"观念有了明显转变。

4.强化文化建设，丰富贫困群众精神生活。坚持以文化人、以文育人，打造农村文化生活高地。脱贫攻坚以来，累计投入4.13亿元，通过新建、改造提升、功能资源整合等方式建设近3000个村级综合文化服务中心，夯实基层公共文化服务基础。累计投入2700万元，在循化、大通、贵德等9个县开展宣传文化示范县建设，探索构建基层公共文化服务体系。利用公共文化设施，组织文艺演出、书画展览、科学讲座、技能培训等活动，帮助贫困群众开阔眼界、提升技能。每年组织开展"文化进万家""文艺轻骑兵巡演"、民间社火展演等文化活动1000余场，有效满足群众节日文化需求。围绕全面建成小康社会开展主题文艺创作，推出歌曲《再出发》《圆梦小康》，小说《我的草原星光璀璨》，诗歌《大地上的抒情图像》，秦腔《攻坚》等一批优秀文艺作品，用形式多样、健康向上的文艺作品滋养群众。把贫困地区和贫困人口纳入全民阅读活动重点关注对象，针对不同群体需求，每年精选近百万元优质图书，免费赠送到农村、社区、校园、家庭、寺院，为决战决胜全面小康注入精神动力。

（三）强化纪律作风建设

打赢脱贫攻坚战，离不开严格的纪律作风保证。近年来，省委省政府深化拓展群众身边腐败和作风问题整治，以深度贫困地区为重点，紧盯扶贫项目资金管理风险隐患，高度关注影响产业扶贫、对口帮扶以及扶贫工程推进等问题，坚决纠治扶贫领域形式主义、官僚主义和弄虚作假等突出问题，严厉惩治在扶贫项目中贪污侵占、虚报冒领、截留挪用、优亲厚友等违纪违法行为，为打赢脱贫攻坚战提供坚强纪律作风保证，确保了脱贫攻坚工作务实、过程扎实、结果真实，经得起历史和实践的检验。

基本情况：

2016年以来，全省上下先后组织开展了扶贫领域腐败和作风问题专项治理、整治和预防扶贫领域职务犯罪、不担当不作为、作风建设年等活动，从严查处扶贫领域违纪违法问题，全省受理和处置扶贫领域问题线索3014件，立案849件，党纪政务处分1701人，组织处理1421人，移送司法机关75人。对脱贫攻坚排名靠后或存在突出问题的县进行省级约谈，累计约谈14个县，32名市州领导和县主要负责同志。开展基层减负，严格控制会议、发文、报表数量和各种评比检查，较2016年全省性会议减少30%，全省综合性检查减少50%，填报表格减少37.7%。

强化扶贫领域监督执纪问责：

我省各级纪检监察机关上下联动、同向发力、一体推进，持续深入开展专项治理，充分发挥了监督保障执行、促进完善发展作用，扶贫领域腐败和作风问题得到根本遏制，为全省打赢脱贫攻坚战提供了坚强保障。

1. 创新工作方法，压实"三个"责任

压实主体责任。一是协助党委落实全面从严治党主体责任。中央脱贫攻坚专项巡视"回头看"和成效考核反馈问题后，针对问题相对集中的省直单位，省纪委监委主要领导集中约谈5家部门党组书记，指出问题，提出要求；对问题突出的10个县区，省纪委监委向5个市州纪委监委下发提醒函，要求督促落实整改责任。深入8个市州20个县市区调研督导，督促市州、县市区党委抓好中央专项巡视"回头看"和成效考核反馈问题整改，推动措施到位、责任到位、整改到位。二是向市州委书记交办扶贫领域重大疑难复杂问题。在2018年探索贫困县县委书记领办扶贫领域重点问题线索的基础上，2019年拓展到市州委书记领题解决扶贫领域疑难复杂问题。2020年，省纪委监委分别向各市州委书记交办易地扶贫搬迁、扶贫产业等方面8个疑难复杂问题。各市州委书记十分重视，亲自部署，亲自协调，抓好问题整改。近三年来，全省8个市州委书记领办问题18个、39名县市区委书记领办问题线索148件。既强化了脱贫攻坚主体责任，又解决了一批扶贫领域突出问题。三是紧盯党中央、省委重大决策部署落实情况强化跟进监督。省纪委监委认真审核各市州党委中央脱贫攻坚专项巡视及"回头看"反馈问题整改方案，对于认领问题不全面、举一反三不到位、整改措施结合实际不够等问题，全部重新"回炉"，要求进一步实化细化整改措施。各市州、县市区纪委监委结合本地实际，对 17 个摘帽县脱贫退出专项评估和"补针点睛"专项行动开展监督，确保脱贫工作务实、过程扎实、结果真实；紧盯"四不摘"政策落实情况，督促现有帮扶政策保持总体稳定，巩固好脱贫成果，切实提高脱贫质量和成色。全省各级纪委常委会研究部署专项治理工作 350 余次，主要负责同志听取汇报、协调解决扶贫领域突出问题 430 余次，领导班子成员调研督导 1100 余次，全力推进专项治理工作。

压实监管责任。一是强化扶贫资金、项目管理风险隐患等监督。省纪委监委督促 16 家省直部门梳理扶贫资金、项目管理存在的问题和风险隐患，研判后确定了 19 个问题和 22 个风险隐患，印发各市州纪委监委有针对性开展监督检查，推动扶贫资金使用、项目管理规范化制度化；督促省财政厅等七部门开展惠民惠农"一卡通"专项治理工作，责成主管部门查纠整改问题，推动建立"一卡通"管理制度，形成长效机制；会同省发改、扶贫部门深入6 个市州 9 个县市区对援青扶贫项目资金开展监督检查，对发现的问题均现场反馈，并移交责任单位整改，确保项目落到实处，资金使用安全，切实发挥效益。二是开展联合监督检查。省纪委监委会同省委组织部、省扶贫开发局建立日常监督联动机制，分 2 次各组成 8 个组，围绕主体责任、监督责任、监管责任，对 8 个市州和 25 家相关单位集中监督检查，现场反馈问题，提出工作要求，限期整改到位。2020 年 6 月，再次会同省委组织部、省扶贫开发局，对中央专项巡视"回头看"和成效考核反馈的 19 个点名道姓问题整改情况开展"点穴式"监督检查，推动高质量整改到位。三是持续督促移送问题线索。在与省直扶贫职能部门建立每月移送问题线索工作机制的基础上，印发《省直扶贫职能部门移送扶贫领域问题线索工作指南》，明确了 13 个方面移送情形以及移送程序和要求，并与审计监督协作配合，建立融会贯通机制。先后 3 次通报移送情况，并开展调研督导。全省各级扶贫职能部门共移送问题线索95 件，进一步压实了扶贫职能部门监管责任。

压实监督责任。一是开展内部督查及建立周调度月通报机制。省纪委监委将纪检监察机关履行脱贫攻坚监督保障职责和中央专项巡视"回头看"反馈问题整改情况列为内部督查的重要内容，2020 年对 2 个市州纪委监委、3 个县区纪委监委以及 4 家派驻纪检监察组进行了全面检查和督导，反馈问题 20 个。省纪委监委扶贫领域腐败和作风问题专项治理办公室每周跟进调度问题线索处置进展情况。各市州纪委监委、省纪委监委派驻纪检监察组、机关相关部室每月定期报告工作进展情况，扶贫领域专项治理办公室一月一总结、一月一通报。在决战决胜脱贫攻坚的 2020 年印发工作通报 7 期，点明问题，分析原因，提出要求，压紧压实纪检监察机关监督责任，以过硬的作风为脱贫攻坚提供坚强保障。二是开展巡视巡察监督。省州县三级巡视巡察将脱贫攻坚特别是中央专项巡视"回头看"和成效考核反馈问题整改列为重点内容，在省委第七轮巡视西宁市、门源县和省人社厅、省住建厅、省医保局期间开展"点穴式"巡视监督。在此基础上，省纪委监委会同省委组织部、省扶贫开发局组成联合工作组，深入 6 个市州 14 个县市区 26 个乡镇 30 个村社 8 所学校开展监督检查，针对检查发现问题，提出意见建议 22 条，推动问题整改质量巩固提升。三是加强派驻监督。省纪委监委将专项治理列为派驻机构年度目标考核内容，各派驻机构以"四不摘"政策落实、问题线索移送、中央专项巡视"回头看"和成效考核、省委巡视、审计等反馈问题整改为重点，持续加大对被监督单位履行脱贫攻坚职责的监督力度。驻省教育厅纪检监察组督促省教育厅强化质量控辍，对 3647 名劝返学生进行集中再学习再培训，巩固控辍保学成果，并加强对劝返学生教育质量的跟踪问效。驻省农业农村厅纪检监察组联合省农业农村厅相关部门对省农牧业项目管理中心、畜牧总站等监督检查，现场反馈问题，提出意见建议 16 条。驻省应急厅纪检监察组深入化隆县甘都镇上四合生村、下四合生村等 8 个行政村，入户抽查饮水安全情况，及时向省水利厅党组提出意见建议。

2. 紧盯案件查办，着力提升监督执纪能力

一是多渠道发现问题。建立"信、访、网、电、微"五位一体举报网络，并深入基层、深入群众零距离了解问题，蹲点检查深挖问题，巡视巡察、异地交叉检查等方式全方位查找问题、督促解决问题。2018 年 8 月，省纪委监委集中 40 天时间对 5 个市州 14 个贫困县蹲点调研，发现问题 137 个，提出整改意见 101 条，移交问题线索 8 件。二是指导统筹基层力量。省纪委监委

指导市州、县市区纪委监委积极探索统筹基层纪检监察力量，有效缓解了基层纪检监察工作力量分散、人员不足等问题。全省各地探索县乡纪律审查协作片区、县乡一体化管理等新机制得到中央政治局常委、中央纪委书记赵乐际的充分肯定，并做出批示。全省各级纪检监察机关按照批示精神，在探索中不断总结创新，进一步推动县乡统筹工作力量，加强基层办案工作，提升办案质量。三是加大查处力度。各级纪检监察机关对扶贫领域问题线索坚持优先研判、优先处置、从严从快查处，实行问题线索直查直办、提级领办、跟踪督办、限时办结、乡案县审和复查复核等工作机制确保质量，并对处置扶贫领域问题线索较少的县市区纪委监委进行跟踪督促和重点督导。如中央脱贫攻坚专项巡视移交的"贵德县 2016 至 2017 年未按规定发放贫困户危房改造补助问题"，牵头组织省住建、财政、扶贫部门，集中力量快速调查核实，仅用 22 天就查清了主要问题，依规依纪对 15 名责任人予以问责。四是减存量遏增量成效显著。在 2016 年、2017 年、2018 年三年扶贫领域问题线索持续上升的情况下，2019 年扶贫领域问题线索首次大幅度下降，与 2018 年相比受理和处置扶贫领域问题线索、立案、处理人数分别下降 34.40%、48.41%、36.37%。2020 年与 2019 年同期相比受理和处置扶贫领域问题线索、立案、处理人数分别下降 52.43%、60.11%、61.31%。2020 年 4 月，省纪委监委深入排查 2018 年以来全省纪检监察机关受理和处置的扶贫领域腐败和作风问题线索，对未办结的 103 件问题线索实行挂牌督办，2020 年 9 月底前实现全部"清零"。五是开展抽查复核和案件质量专项评查。省州两级纪检监察机关共抽查复核"查否"件 315 件，占"查否"件的 31.22%；案件质量评查 384 件，占立案件的 73%。及时发现和纠正存在的问题，有力地提升了问题线索处置和办理质量。六是处分决定执行情况监督检查。各级纪检监察机关对扶贫领域案件党纪政务处分决定执行情况开展"拉网式"监督检查，体现执纪"力度"，确保对象覆盖到位、责任追究到位、问题整改到位，累计检查处分决定执行情况 920 余人。

3. 强化政治担当，抓好巡视整改

2018 年 10 月至 11 月、2019 年 12 月至 2020 年 1 月，中央第一巡视组对我省先后开展了脱贫攻坚专项巡视及"回头看"，共反馈了涉及纪检监察机关的两个方面 5 个问题。省纪委常委会迅速学习领会中央巡视组反馈意见，建立三张清单，共研究制定 52 项具体整改措施，并及时听取整改情况汇报，适时开展内部督查,倒逼责任落实。各市州、县市区纪委监委按照部署要求,结合实际制定具体措施,形成了省州县上下联动、同向发力、一体推进的工作格局,反馈的问题均整改完成。对于中央巡视组移交信访件办理工作,省纪委监委高度重视,建立问题线索台账,及时跟踪督办,指导各级纪检监察机关严查快结。通过采取提级领办、直查直办、个案指导、审核把关、抽查复核等措施,坚持问题不解决不放过、原因不查清不放过、定性量纪不准确不放过,防止执纪问责偏松偏软,确保了问题线索办理质量。中央巡视组先后移交的 148 件信访举报件,已全部办结,查实 92 件,立案 48 件,党纪政务处分 130 人,组织处理 99 人。

4. 深化以案促改,做好"后半篇文章"

一是加大警示教育力度。2016 年以来,省纪委监委每年至少召开一次全省领导干部警示教育大会,通报党员领导干部违纪违法典型案件。2020 年4 月,省纪委监委协助省委制定《关于加强党风廉政警示教育工作的指导意见》,推动警示教育制度化常态化。各级纪检监察机关继续用好扶贫领域违纪违法典型案例,注重运用"同类通报、同级通报"的办法,用身边事教育身边人,不断增强执纪问责的政治效果、纪法效果和社会效果。5 年来,全省纪检监察机关通报曝光典型案例 376 批 690 起 2247 人。省纪委监委聚焦脱贫攻坚,加大宣传力度,选用扶贫领域典型案例,组织拍摄《护航脱贫攻坚》《群众利益无小事》警示教育片,教育各级党员干部知敬畏、明底线,护航脱贫攻坚,决胜脱贫攻坚。配合中央纪委国家监委新闻传播中心,在《中国纪检监察报》刊发《高原平地抓民生》等 7 篇稿件,并在该中心播出 2 部"三区三州县纪委书记访谈录",以及 "一分钟连线 @ 班玛:6000 万扶贫滞留资金怎么样了?""一分钟连线 @ 泽库:探访 3700 米的商业步行街"等 10 部微视频,以扶贫领域典型案例,引导广大党员干部从中汲取深刻教训,强化警示教育效果。二是用好纪检监察建议书。各级纪检监察机关针对监督检查、巡视巡察和审查调查等渠道发现的个性问题与共性问题,举一反三,形成整改意见,及时向相关单位送达纪检监察建议书。各级纪委监委累计下发纪检监察建议书、督办通知等 700 余份,推动整改问题 1000 余个、建立健全制度机制 100余项,持续巩固专项治理成果,不敢腐、不能腐、不想腐一体推进。如在查办化隆县易地扶贫搬迁项目贪腐案中,注重查找案件背后存在的普遍性问题,针对该县违规违法用地和欠缴土地出让金等问题，向省委省政府主要负责同志报告情况，同时向原省国土资源厅发出《监察建议书》，责成对化隆县违规违法用地问题依法查纠、通报，并对全省土地管理问题进行清理整顿。三是开展受处分人员回访活动。对扶贫领域受到党纪政务处分人员，按照权限开展回访教育，及时向党委（党组）报告情况，体现执纪"温度"，鼓励干部积极干事创业，重整行装再出发，累计回访教育受处分人员 845 人。

（四）强化扶贫领域作风建设

1. 压实作风建设责任。按照国务院扶贫开发领导小组关于开展"作风建设年"要求，成立了由分管副省长任组长，省纪委监委、省委组织部、省委宣传部、省扶贫开发局等单位负责同志任副组长的全省扶贫领域作风问题专项治理领导小组，制定印发《关于开展扶贫领域作风问题专项治理的实施方案》和《关于 2018—2020 年开展扶贫领域腐败和作风问题专项治理工作方案》。在省纪委监委和省扶贫开发局分别设立办公室，加强统筹协调，强化监督指导，全力推进专项治理各项工作落实。各地及相关部门也相应成立了专项治理领导小组及办公室，形成了主要领导负直接责任，分管领导具体抓，一级抓一级，层层抓落实的工作格局。

2. 注重督导整改实效。为督促各地有序推进专项治理工作，省纪委监委对全省 15 个深度贫困县扶贫领域腐败和作风问题专项治理开展调研督导，针对督导调研中发现的问题和难点，制定印发《关于强化扶贫领域作风问题专项治理工作举措的意见》。各地各部门对照专项治理工作实施方案中提出的"四个意识"不强、责任落实不到位、工作措施落实不精准、资金使用管理不规范、工作作风不扎实等 6 个方面 40 条问题，采取走访调研、群众评议、畅通举报渠道、召开分析讨论会等多种形式，深入查摆，全面梳理，形成了分析检查报告和整改方案，全省共查找梳理出作风问题 522 条，按照"清单制 + 责任制"的工作模式，制定整改方案，列出责任清单，明确整改措施，全力推进整改落实工作。

3. 积极减轻基层负担。制定印发了《青海省扶贫开发局克服形式主义基层负担八条措施的通知》，从省级层面对督查检查、填表报数、发文办会等工作进行整合，切实减轻基层负担。从 2018 年开始，省扶贫开发工作领导小组将市（州）县党委政府脱贫攻坚成效考核、年度计划摘帽县核查和贫困退出省级抽验 3 项工作合并，统一整合为年度脱贫攻坚工作成效考核，努力减轻基层负担。明确了"贫困村填报表册只保留精准扶贫手册、贫困户明白卡两种，且每年只填报 1 次"的要求，对于各地重复填写的报表、手册坚决予以清除。对于可发可不发的文件坚决不予印发，发扬"短实新"文风，政策性文件原则上不超过 10 页。对于全省性扶贫领域会议，尽量缩小参会人员范围，不搞扩大化。同时，对于能够采取视频形式召开的会议，全部以电视电话会议的形式召开。

（五）强化扶贫宣传

脱贫攻坚以来，省委省政府充分利用各类宣传阵地，坚持上下联动、多措并举，围绕脱贫攻坚伟大历程、重大成就、成功经验和重点典型，组织专题报道 70 余次，2016—2020 年，在各级各类媒体上刊登（播）扶贫稿件56579 篇（次）。持续在 1622 个贫困村打造文化阵地，用"沾泥土""冒热气""带露珠"的宣传报道，唱响脱贫攻坚主旋律，为夺取脱贫攻坚全面胜利提供了有力的思想保证、精神动力、舆论支撑和文化基础。

1. 强化理论武装和政策宣传。我省以党委（组）中心组学习为龙头，抓住党员领导干部这个关键多数，把习近平总书记关于脱贫攻坚重要讲话精神作为理论学习的重要内容，强化指导督促，推动各级党组织广泛开展专题辅导、学习研讨，以上带下、示范引领，在学懂、弄通、做实上下功夫，引领广大党员干部把学习成效转变为推进脱贫攻坚的坚定信心和思路举措。围绕脱贫攻坚工作，组织面向基层、面向群众的宣传宣讲。省级主要媒体开设《在习近平新时代中国特色社会主义思想指引下——新时代新作为新篇章》《温暖的回响》《牢记嘱托看变化》《总书记视察青海四年来》等专栏，推出系列言论、报道，深入宣传习近平总书记关于扶贫开发重要论述，宣传省委省政府贯彻落实总书记系列重要论述精神的决策部署，宣传各地各部门学习贯彻习近平总书记系列重要论述的生动实践。组织中央和省委双"1 号"文件宣讲活动，2016 年以来，全省 7 万余名干部深入田间地头，宣讲习近平总书记重要讲话精神和党的各项惠农、富农、强农政策，编印《习近平总书记关于扶贫开发论述摘编》《脱贫攻坚政策百问》等藏汉双语读物 38 万册，不断推动理论学习向基层延伸。

2. 做好正面宣传和舆论引导。坚持把脱贫攻坚宣传作为事关社会和谐稳定、事关争取人心、事关民生福祉的重要举措，精心谋划、统筹部署，把正确舆论导向贯穿到脱贫攻坚新闻舆论宣传的各个领域，各个环节。脱贫攻坚以来，一是制定印发30余次脱贫攻坚专题宣传报道《方案》《安排》等，召开50余次新闻策划会、协调会、专题会，引导各级各类媒体把握正确导向，持续推出深度报道。二是各媒体在加大宣传力度、保持宣传热度、拓展宣传深度上下功夫，集成资源、集聚优势、各展所长，精心策划报道选题和栏目设置，形成了中央、省级、地方三级媒体齐头并进，报纸、杂志、网络、电视、广播百花齐放的立体宣传模式。5年来，青海日报、青海广播电视台、青海新闻网等省主要媒体共刊发稿件1.5万多篇，网络新媒体刊发稿件2.8万多篇。三是组织中央媒体和省垣媒体开展了"六盘山片区脱贫攻坚集中采访活动""四十年看青海"和"走向我们的小康"大型主题采访等活动，最贴近百姓、贴近生活的方式，讲述生动、鲜活、充满正能量的百姓故事，生动体现群众的获得感和幸福安全感。四是举办"青海省脱贫攻坚成就展"，围绕"扶持谁""谁来扶""怎么扶""如何退"开辟16个板块，全面展现脱贫攻坚"青海实践"的伟大历程，取得的伟大成果。

3. 深化社会宣传和思想引导。坚持把做好脱贫攻坚社会宣传作为重点任务，把工作做到基层、做到广大群众心坎上，汇聚起众志成城脱贫攻坚的强大力量。一是着力营造浓厚氛围。各地结合群众的思想实际，精心编写制作通俗易懂的脱贫攻坚政策光盘、宣传画、宣传单、口袋书等各类宣传资料，面向广大群众广泛发放。在各级各类媒体推出扶贫公益广告，在城市街道和交通要道电子显示屏、广告牌等张贴宣传标语，充分利用贫困村宣传栏、文化墙、黑板报、农村广播开展宣传，营造了全社会关心关注脱贫攻坚的浓厚氛围，起到了鼓舞人心、凝聚力量的重要作用。二是坚持以文化人。运用群众喜闻乐见的花儿、贤孝、歌舞等文艺形式，依托乡镇综合文化站、村（村区）综合文化中心、农牧家书屋等基层文化阵地，紧紧抓住民族民间传统节庆、群众集会等重要时机开展宣传，广泛吸引群众参与，让党的惠民政策直抵人心。三是强化文明创建。针对贫困地区农牧民群众因婚丧嫁娶致贫，"娶不起、死不起"的现象，着力推动移风易俗，大力倡导文明生活观念，全省1622个贫困村全部纳入"五星级文明户"创建范围，5年来评选"五星级文明户"70余万户，有力发挥了引领作用。四是强化典型引领。深入挖掘互助县班彦村、湟中卡阳村、泽库县拉格日村等一批在脱贫攻坚中涌现出来的先进典型和亮点做法，在省内媒体持续开展集中宣传报道，充分展示贫困群众决战贫困、决胜小康的良好精神风貌。结合"道德模范评选""最美青海人"评选表彰等活动，推出了一批通过自身努力实现脱贫的群众典型，用最具有说服力、吸引力和影响力的脱贫致富先进典型现身说法，立标杆、树榜样，为培养和造就贫困群众直面困难、勇于迎难而上的信念和意志发挥了重要作用。

4.实施重点文化惠民工程。坚持文化引领，实施文化惠民项目，着力在提升贫困地区文化服务助推脱贫攻坚上用心用情用力。一是提升文化服务。2015年以来，省委宣传部争取中央宣传部支持，在137个村实施了"百县万村"综合文化服务中心示范工程，在1567个村实施了贫困地区村综合文化服务中心覆盖工程，按照农区"10个一"、牧区"8+2"的标准，建设融多种功能于一体的综合性文化服务中心，满足群众精神文化需求。二是实施乡村影视工程。力实施农村公益电影放映工程，落实中央财政资金389万元，对全省1622个村开展电影放映工作，保证每个贫困村每月放映一场公益电视，受到群众广泛欢迎。落实中央财政资金4.18亿元实施广播电视无线数字化覆盖工程，为全省384座广播电视台站配备数字化发射设备，将原有的广播电视模拟信号向数字信号升级，基本覆盖全省所有贫困村，为群众提供了优质的广播电视节目。三是做好广告精准扶贫。大力实施"广告精准扶贫"项目，在央视多个频道推出了青海牦牛肉、藏系羊肉、藜麦、高原菜籽油、囊谦旅游5个产品广告，省级主要媒体、省内外重点网站和社交媒体平台同步重点推荐，拉近了青海特色产品与网友之间的距离，使青海一批优质农牧产品借助央视广告平台，走向全国、走向世界，极大提高了知名度和影响力，有力带动了贫困地区特色产业发展，加快了贫困地区群众脱贫致富步伐。

十一、巩固提升　长远发展

打赢脱贫攻坚这场硬仗，巩固成果、防止返贫是重要举措。脱贫攻坚以来，青海省委省政府认真落实"四个不摘"重大要求，把后续巩固与脱贫攻坚同谋划、同部署、同落实、同考核，扎实开展脱贫攻坚普查和"补针点睛"专项行动，补短板、强弱项、抓落实、重成效，确保后续巩固工作有力有序推进。

（一）精心组织脱贫攻坚普查

开展脱贫攻坚普查是全面检验脱贫攻坚成效、促进高质量脱贫的重要基础工作，为党中央宣布打赢脱贫攻坚战、全面建成小康社会提供重要数据支撑。省委省政府按照党中央、国务院部署要求，坚持把脱贫攻坚普查作为年度政治任务强力推进。2020 年 7 月 18 日到 8 月 10 日，全面完成了 42 个贫困县、3990 个行政村、14.55 万农牧户、53.9 万人的普查现场登记工作。2021 年 2 月 25 日，国家统计局、国家脱贫攻坚普查领导小组办公室发布《国家脱贫攻坚普查公报》，报告表明，普查各项指标已高标准完成，各地高质量完成了国家脱贫攻坚普查工作任务。

1. 高位推动抓普查。一是加强组织领导。按照国家脱贫普查办的要求，我省成立了脱贫攻坚普查领导小组，领导小组由 18 个部门组成，由青海调查总队、省扶贫开发局牵头组建省脱贫攻坚普查领导小组办公室。制定《关于认真做好全省脱贫攻坚普查准备工作的通知》，市、县、乡三级普查机构于 5 月底全面组建到位。全省共组建 416 个普查机构，形成了统一指挥、上下贯通、有效衔接、顺畅快捷的普查工作组织体系。二是科学制定方案细则。根据国家相关文件精神，紧密结合省情实际，制定了《青海省脱贫攻坚普查实施方案》及各项工作实施细则。各级普查机构也因地制宜，相应制定了普查组织服务保障方案和风险防控应急预案等，对脱贫攻坚普查工作做出部署安排，确保了全省脱贫攻坚普查组织实施有力、推动落实有序。三是适度低调宣传动员。坚持"低调适度"总基调，严格把握保密与宣传范围，组织和指导各级普查办以建档立卡户为主要对象，多形式、多维度做好普查宣传工作。密切监测舆情热点，严格按照脱贫攻坚普查舆情监测工作要求，结合工作进程，同步做好日常网站、微博、微信等敏感信息监测工作，营造了导向正确，风清气正的网络环境。按照国家统一模板印发 18 万份汉、藏、蒙古语多文字的致调查户的《一封信》。积极收集整理普查工作文字材料和影像资料，并作为宝贵普查资料整理归档。深入挖掘先进人物和先进事迹，在普查内部"工作群"转发，积极宣传典型，弘扬正能量，助力脱贫普查，为推进普查工作创造良好的舆论氛围。

2. 试点先行抓普查。2020 年 3 月，根据国家脱贫普查办部署要求，我省制定《脱贫攻坚普查综合试点实施方案》，在综合考虑贫困程度、地理位置、民族特色、易地扶贫搬迁等因素的基础上，确定民和、海晏和河南 3 县为我省综合试点县，对其中 6 个乡镇、12 个行政村的 451 户建档立卡贫困户进行全面调查，在涉及试点的各市（州）普查机构协调下，抽选64名人员组成3个普查工作组，规范执行普查方案，历时5天完成现场登记和数据审核验收工作，访问成功率达100%。通过综合试点较好地检验了组织模式、实施方案和数据处理软件，精准发现了存在的问题，培养和锻炼了普查人员实战能力，为全面普查积累了经验、探索了方法、提供了借鉴。同时，在试点先行的基础上，6月下旬，按照《普查实施方案》和清查摸底工作细则要求，各级普查机构遵循在地调查原则，精心组织、明确责任，采取实地走访入户的方式，扎实开展清查摸底，做到了村不漏户、户不漏人。为有效控制清查摸底数据质量、把握工作节奏、保证数据审核验收进度，我省组织力量，实施省、市、县三级联动，加大清查摸底数据审核验收，逐级反馈查询核实清单，切实确保摸底表填写基本情况清、各类信息准、分布状况明。于6月底前通过国家验收，圆满完成清查摸底工作任务，为正式普查打好了底稿底册。

3. 强化保障抓普查。一是足额落实普查经费。按照国家脱贫攻坚普查经费测算编制要求，省委省政府结合农牧区特点，合理精细测算工作量，实事求是编制全省普查经费预算方案，经与财政厅多次沟通会商，普查经费得到足额落实。全省共落实普查经费9100万元，其中省级1100万元，市级500万元，县级7500万元。同时，各级普查办集中办公场所得到很好落实，办公设备充分保障，网络环境安全可靠，各类普查物资依据需求配备齐全，所有普查人员购买了人身意外伤害保险。二是从严选调普查人员。根据全省42个贫困县所涉及的贫困村和贫困户数量，充分研判各地区域面积、工作强度、交通条件等因素，与省委组织部协商后共同印发《关于做好脱贫攻坚普查人员选调及管理的通知》，各级普查机构按照"本地回避、互不交叉"原则，抽调政治强、业务精、作风硬、组织协调能力好的人员组建普查队伍。全省共抽选正式上岗普查人员3823名，其中普查员2794名，普查指导员737名，数据审核验收员207名，普查工作组组长、副组长85名，同时按10%的比例，配备后备普查人员380名。另外，根据现场调查需要，抽选确定普查引导员4428名，为全省普查工作顺利开展加强了队伍力量。三是扎实开展业务培训。按照省负总责、市县级具体负责的原则，我省制定培训方案，精选师资力量，制作课件教材，于6月上旬，认真组织开展了市（州）级普查机构师资力量培训。6月中旬起，积极指导全省各级普查机构开展分级分类培训，各市（州）普查机构因地制宜，优化措施，采取集中培训、分批轮训、实战模拟等方式，让参与脱贫攻坚普查工作的每一位普查人员，全面理解掌握了普查业务知识和工作要求，着力做到"六个熟知"，即：熟知普查方案、熟知调查方式、熟知处理程序、熟知法纪要求、熟知扶贫政策、熟知基层实际，确保普查人员去之能战，战之必胜。全省导入平台的应参考普查人员 3823 名，考试通过率为99.5%，对未通过考试的人员坚决做到了禁止上岗，重新从替补人员中选定补位，保证了普查队伍较高的整体业务素质。

4. 严格标准抓普查。一是尽锐迎战现场登记。2020 年 7 月 18—19 日，全省组建的 39 个异地普查工作组进驻被普查县，完成工作对接，接受扶贫政策、扶贫项目、民风民俗及方言释义等情况培训，并组成 1305 个普查小组，集中精力开展现场登记。各普查组严明工作纪律要求，明确工作重点难点，画出路线图，制定任务书，倒排时间表，压茬推进现场登记工作。8 月 4—7 日，国家统计局党组成员、副局长盛来运赴我省督导调研脱贫攻坚普查工作，深入海北州门源县、祁连县建档立卡户家中走访调研，督促指导现场登记工作，亲切看望慰问普查人员，极大地鼓舞了普查员士气，激发了斗志。全省广大普查员历时 20 天的苦干实干，于 8 月 10 日，如期完成了普查现场登记填报任务，按时上报了普查数据。这期间，我省设立全省脱贫攻坚普查疑难问题咨询热线，安排普查业务精、综合素质高的人员 24 小时不间断开通电话，全天候为普查现场登记工作提供咨询服务。二是集中精力审核验收。8 月 11 日—30 日，数据集中审核验收阶段，在国家脱贫普查办数据审核验收组的精心指导下，我省制定审核验收工作方案，细化普查数据与行政记录数据对比工作计划，形成省、市、县三级数据审核验收联动机制，切实发挥数据审核验收组专班作用，集中精力、加班加点，严细核验普查数据，做到边审核边反馈，即核对即改正，并加强与相关行业部门的联系沟通，认真开展数据对比分析，较好确保了普查数据的准确性、完整性和真实性，按时完成普查数据审核验收任务，向国家脱贫普查办上报了脱贫攻坚普查数据对比工作报告。三是积极接受质量抽查。9 月初，国家脱贫攻坚普查事后质量抽查组一行 15 人来我省开展了脱贫攻坚普查事后质量抽查工作，抽取我省海东市互助县、海南州兴海县、玉树州囊谦县等 3 县，实地对普查登记工作规范性和普查主要指标数据质量进行了走访抽查，现场填写了《国家脱贫攻坚普查事后质量抽查表》。抽查组历时

8 天，圆满完成抽查任务，实际走访 270 户，访问率 100%。

（二）扎实开展"补针点睛"专项行动

2020 年 4 至 10 月，我省集中开展了"补针点睛"专项行动，向全面建成小康社会发起最后冲刺。活动按照"补短板、强弱项，点要害、再加强"的要求，紧紧围绕"三保障"、基础设施、产业就业、成果巩固、基础工作和长效机制等 6 个方面 16 项内容，结合中央专项巡视"回头看"和国家成效考核反馈的问题，分别制定行动方案，精准对账，逐项销号，取得了明显成效。

1. 教育住房医疗"三保障"方面。教育部门通过加强重要时间节点摸排工作，对义务教育学生报到、劝返学生重点人群返校持续开展入学动态监测，对疑似失辍学学生二次劝返，及时跟进解决疑似辍学、劝返学生"回流"等问题。省教育厅制定义务教育控辍保学单独编班课程基本标准，组织全省 2019 年已毕（结）业的 3647 名学生返回学校再学习再培训。全省控辍保学成效得到巩固，义务教育巩固率达到 96.9%，各学段教育资助政策全面落实，农牧区因学致贫、因贫辍学问题基本得到解决。住建部门按照《全省农牧民危旧房改造巩固提升工作方案》和《2020 年农牧民危旧房改造巩固提升行动分片督办工作方案》，对 4 类重点对象、一般户住房安全状况和新增户危房改造工作进一步查漏补缺，8 个市州逐村逐户开展危旧房改造"回头看"大排查，针对住房档案资料不完善、内容不准确、填写不规范等问题，全面开展安全住房档案资料完善和信息核实录入工作。全省住房安全保障水平全面得到巩固提升，建档立卡贫困户等 4 类重点对象住房全部达标。卫健和医保部门持续推进健康扶贫"三个一批"行动，开展基本医疗有保障巩固提升核查，及时解决个别村卫生室标准化建设不高、贫困患者"先住院后结算"落实不够到位、家庭医生签约履约工作迟缓等问题。全省基本医保、大病保险、医疗救助"三重保障"全面构建，贫困人口住院自费比例稳定控制在 10% 以内，大病救治率达到 100%，慢病签约实现应签尽签，村级卫生室全面达标，农村公共卫生保障能力明显增强。

2. 基础设施建设方面。水利部门进一步压实"三个责任"，落实"三项制度"，全面细致开展摸底排查，德令哈、乌兰、都兰、天峻、贵德、兴海、尖扎 7 个市县的 20 个村饮水工程因老化失修、灾害损毁影响供水问题全部解决。全省已建成农村牧区集中式供水工程 2326 处、分散式饮水安全工程 38900 处，季节性缺水、水利设施运维等瓶颈得到有效解决，饮水工程效益持久发挥。交通运输部门全力推进扶贫项目建设，西宁、海西、海南、黄南等市州 20 个项目全部开复工，通乡镇、通农村公路病害路段得到及时整治和养护，农村公路建管养运主体责任落实到位，"两通"成果进一步巩固。发改和电力部门有序推进重点工程建设，251 项电网建设工程全部复工，复工率 100%；2020 年深度贫困地区电网改造升级项目已全部完成。贫困地区饮水难、出行难、用电难等问题得到根本解决。

3. 产业就业方面。产业方面：全面落实牦牛青稞三年行动方案，持续做大做强"五大特色扶贫产业"，青海夏华和"五三六九" 2 个牦牛产业示范园、青海高原牦牛博物馆及贵南县、祁连县承建的 2 个牦牛文化主题公园全面开工建设，可可西里生物工程、新绿康食品、高健生物科技和大宋丰通粮食 4 条年运营 2 万吨以上青稞食品加工生产线完成建设并投入生产。民族手工艺品加工生产基地规模日益壮大，乡村旅游较快发展，电子商务进农村持续推进，通过电商扶贫、消费扶贫促进群众增收。重大生态工程对贫困劳动力的吸纳力度加大，4.99 万脱贫群众生态公益性管护岗位总体稳定。瞄准 3.17 万户、11.89 万建档立卡搬迁群众"稳得住、有就业、逐步能致富"的目标，投入 7240 万元实施易地扶贫搬迁后续发展产业项目，开发各类就业岗位，建档立卡搬迁户就业率达到 92.7%。贫困地区村集体经济得到稳步发展，全省 1622 个贫困村实现光伏扶贫收益平均在 30 万元以上，1866 个有贫困人口的非贫困村集体收益平均在 5 万元以上，4146 个行政村集体经济全部实现"破零"。全省贫困地区经济活力和发展后劲显著增强，建档立卡贫困人口 90% 以上得到产业扶贫支持，收入稳定增加。就业方面：将就业扶贫与落实"六稳"，推进"六保"决策同部署、同落实。制定《关于应对新冠肺炎疫情进一步做好就业扶贫工作的通知》《关于支持受疫情影响贫困劳动力就业及发展到户产业保收入的政策措施》等政策文件，健全完善了就业扶贫政策体系。积极开展"春风行动暨就业援助月""百日千万网络招聘"等线上线下服务活动，在疫情期间加强"点对点"劳务输转，组织包括贫困劳动力在内的 12.78 万名农民工返岗复工，其中省内 9.09 万人、省外 3.69 万人，为 2017 名农民工提供包车运输和专机包座等服务。截至 2020 年底，实现已脱贫贫困劳动力转移就业 17.8 万人。全省组织贫困劳动力开展技能培训 14418 人次，其中人社部门组织培训 7218

人次,扶贫部门组织培训7200人次,实现有培训需求的贫困劳动力培训全覆盖,提升了贫困劳动力职业技能水平和就业创业能力,转移就业率达到60%以上。

4. 贫困监测方面。省扶贫开发领导小组制定《关于建立防止返贫监测和帮扶机制的实施意见》,加强动态监测预警,制定130多项建档立卡数据监测规范,细化"两不愁、三保障"数据分析颗粒度,精准监测到户到人,强化精准帮扶,采取针对性措施,实现精准防贫全覆盖,有效防止返贫。省民政厅制发《2020年青海社会救助脱贫攻坚兜底保障行动实施方案》,充分发挥农村低保、特困供养、临时救助的制度优势,重点关注困难老年人、困境儿童、重病、重残等特殊困难群体,全方位保障困难群众基本生活。新纳入农村低保对象19631户、44263人,为7.1万农村困难群众发放临时救助7951万元。不断加大政策创制力度,制定下发《青海省城乡低收入贫困家庭认定办法》《进一步提升分散供养对象服务水平的通知》《青海省城乡支出型贫困家庭认定办法》《青海省关于改革完善社会救助制度的实施意见》等文件。持续调整提高城乡低保、特困供养和临时救助标准,2020年我省城乡低保标准分别达到640元/月和4800元/年,特困供养基本生活、护理标准分别达到11520元/年和340元/月、510元/月、850元/月,临时救助上线达到3.84万元,有效保障了全省困难群体的基本生活。省残联加大贫困残疾人救助力度,下达2047万元开展助学补贴、托养照护、技能培训、精准康复等工作,完善残疾人就业创业扶持政策。

5. 扶贫基础工作方面。全省扶贫系统集中开展数据清洗工作,订正、校对、整改异常数据近60万条,基础数据更加准确、完整,为科学预警提供了真实准确的数据保障。利用全国扶贫开发信息系统,及时纳入新发生的返贫致贫人口和脱贫户、边缘户,做到"账实相符""账账相符"。脱贫攻坚中央专项巡视"回头看"和成效考核反馈问题整改工作,通过开展集中整治、抓好巩固提升,39个问题全部整改完成,脱贫攻坚的质量和成色有效提升。

(三)全面做好脱贫后续巩固工作

省委省政府认真贯彻习近平总书记"巩固拓展脱贫攻坚成果"的重要指示,综合施策,注重质量,确保脱贫成果能稳定、可持续,为坚决打赢精准脱贫攻坚战、实施乡村振兴战略奠定了坚实基础。

1. 制定实施意见,完善后续巩固顶层设计。根据习近平总书记"摘帽不摘责任、摘帽不摘政策、摘帽不摘帮扶、摘帽不摘监管"重大要求，我省在全国率先制定《关于巩固脱贫成果的实施意见》，全面压实省、州、县、乡、村五级脱贫攻坚后续巩固责任，健全完善资金投入、分类实施、督查巡查、成效考核等制度机制，形成了任务分解、倒查追究的完整链条。强力推进产业扶贫、培训就业、义务教育、健康卫生、住房安全、基础设施、环境整治、低保救助、精神脱贫等"九大后续巩固行动"，逐项细化目标任务和办法举措，着力增强脱贫地区和脱贫群众后续发展能力。严格落实市（州）和县级党政主要领导、扶贫干部、第一书记和驻村干部保持稳定政策，对表现优秀的，提职不换岗，保证了后续巩固工作连续稳定。认真组织贫困动态监测，将脱贫群众特别是收入略高于建档立卡贫困人口的边缘群众纳入监测范围，坚持返贫即入、脱贫即出，严格标准程序开展针对性帮扶。

2. 强化产业就业，抓住后续巩固发展根本。始终把发展产业和促进就业作为脱贫后续巩固的根本，2016 年以来，将中央和省级财政专项扶贫资金的 64% 用于产业和就业扶贫，促进贫困群众持续稳定增收。全面构建到县、到村、到户多维产业扶贫体系，扶持全省有劳动能力的建档立卡贫困户 126735 户、469402 人。按照应训尽训的原则，持续做好贫困群众短期实用技能培训工作，全省累计培训贫困群众 12.3 万人次，70% 的受训人员找到了就业门路，稳定就业率达到 60% 以上。安排 4.99 万贫困群众从事生态公益性管护工作，占全省建档立卡贫困户的 31.2%，年均报酬 2.16 万元，在一个战场上同时打赢了脱贫攻坚与生态保护两场攻坚战。

3. 培育集体经济，实现后续巩固均衡发展。把培育壮大村级集体经济作为解决村"两委"无钱办事，消除贫困户与非贫困户、贫困村与非贫困村之间"悬崖效应"的有效抓手，针对全省 4146 个行政村中，村集体经济空壳村占比高达 94% 的实际，制定印发《关于实施全省村集体经济"破零"工程的指导意见》《关于健全扶贫资金扶持村集体经济发展的指导意见》，全省累计投入资金 73.33 亿元，其中扶贫资金 69.19 亿元，占到 94.4%。截至 2020 年底，全省 4146 个行政村集体经济收入全部实现"破零"。制定出台《关于做好全省光伏扶贫项目收益管理使用工作的指导意见》和《关于进一步加强和规范产业扶贫项目资金管理的指导意见》，细化明确村集体经济项目收益使用范围，主要用于村内公益性岗位报酬、困难群众生活补贴、村内小型公益设施建设、能力建设和扩大再生产等方面。

4. 注重制度衔接，强化后续巩固兜底保障。充分发挥低保救助在脱贫攻坚中的兜底保障作用，在全国率先开展低保标准与扶贫标准"两线合一"，健全完善低保救助政策体系，逐年提高低保救助标准，并且均高于当年脱贫退出标准。实行低保救助互补制度，将达到 4000 元脱贫退出标准、但低于低保救助标准的脱贫不稳定群众，及时纳入民政救助体系，帮助巩固脱贫成果，实现稳定脱贫。实行农牧区低保渐退制度，纳入农村低保的脱贫户人均收入超过当地低保标准后，列入渐退范围，脱贫攻坚期内给予不少于 1 年的渐退期，实现稳定脱贫后再退出低保范围。建立健全"救急难"制度，贫困地区农牧民群众突发性、紧迫性、临时性生活困难，最高可获得 2 万元的临时救助，进一步提升了脱贫救助的维度和力度。

5. 聚焦民生保障，保持后续巩固长效管理。持续强化后续管理，确保各类民生项目建得成、管得好、长受益。通过产业扶持、转移就业、低保兜底等举措，促进易地扶贫搬迁群众稳定增收，实现了所有搬迁户有稳定增收渠道、2.9 万户有劳动能力的搬迁贫困户每户至少一人稳定就业的目标。制定印发《关于进一步做好控辍保学工作，确保"进得来、留得住、学得好"的若干措施》，常抓常治，保持长效。持续推进健康扶贫"三个一批"行动，贫困群众医疗保险参保率达到 100%，住院政策内报销比例达到 90% 以上。严格落实农村饮水安全"三个责任""三项制度"和农牧区公路"路长负责制"，加大供电网络、通讯广播的值班值守、定期巡查、隐患排查力度，基础设施建、运、管水平进一步得到提升。

6. 开展消费扶贫，拓展后续巩固增收渠道。把消费扶贫作为"发展生产脱贫一批"政策的有效延伸，着眼拓展贫困地区特色农畜产品销售渠道，制定印发《关于开展消费扶贫促进精准脱贫的实施意见》和《青海省消费扶贫三年行动方案 (2020—2022 年)》，坚持线上线下同步推进，帮助脱贫群众走稳增收道路，巩固脱贫成果。先后认定扶贫企业 224 家、扶贫产品 1500 余种，总价值 175 亿元。持续推进"三专一平台"建设，深入开展电商扶贫，配套完善仓储保鲜、冷链物流等基础设施，通过线上线下相结合的方式，持续加大贫困地区农畜产品销售。2020 年，全省各类扶贫产品销售额达到 33.5 亿元。

7. 强化保险救助，筑牢后续巩固防贫堤坝。积极对接太平洋保险公司，按照"政保联办、群体参保、基金管理、阳光操作"的模式，在西宁、海东等地开展"精准防贫保"试点，针对建档立卡贫困户、处于贫困边缘的低收入户和因病、因灾影响到"两不愁、三保障"的农牧区群众，只设条件，不定对象，建立健全近贫预警、骤贫处置、脱贫保稳的精准防贫机制，分类细化救助举措，进一步筑牢了防止返贫的"堤坝"。截至2020年底，"防贫保""脱贫保"等保险业务覆盖全省6个市州、16个县，为临贫易贫人群提供兜底保障。

8. 强化精神脱贫，激发后续巩固内生动力。持续深化感恩教育，通过新旧对比，进一步增强脱贫群众对"好日子是怎么来的，是谁带来的"理解认识，自觉听党话、感党恩、跟党走。建立3000万省级励志资金，每年开展脱贫光荣户集中表彰，发布脱贫光荣榜，有效激发了农牧区群众苦干实干、增收致富的内生动力。制定印发《关于开展扶贫扶志行动的实施意见》，通过榜样示范带动、完善村规民约、加强道德教化、减轻宗教负担、严格奖惩激励等措施，防止脱贫地区薄养厚葬、高额彩礼、相互攀比、禁杀惜售等问题反复。实施城乡文化结对帮扶，开展文化下乡活动，进一步推进了优秀文艺作品向贫困地区基层一线传播，为脱贫后续巩固提升提供了坚强的思想保证、强大的精神动力、丰润的道德滋养和良好的文化条件。

持续发力　精准监督
铁纪护航脱贫攻坚

　　党的十八大以来，以习近平同志为核心的党中央把脱贫攻坚摆到治国理政的重要位置，作为全面建成小康社会的底线任务和标志性指标，打响了力度空前的脱贫攻坚战。青海省纪检监察机关坚决贯彻落实党中央关于打赢脱贫攻坚战的重大决策部署，自觉增强"四个意识"、坚定"四个自信"、做到"两个维护"，把脱贫攻坚监督作为重要政治任务，充分发挥了监督保障执行、促进完善发展作用，从2018年开始在全省部署开展了为期三年的扶贫领域腐败和作风问题专项治理，推动脱贫攻坚各项政策措施落地见效，为如期打赢全省脱贫攻坚战提供坚强保障。

　　创新工作方法，压实"三个"责任

　　压实主体责任。一是协助党委落实全面从严治党主体责任。中央脱贫攻坚专项巡视"回头看"和成效考核反馈问题后，针对问题相对集中的省直单位，省纪委监委主要领导集中约谈5家部门党组书记，指出问题，提出要求；对问题突出的10个县区，省纪委监委向5个市州纪委监委下发提醒函，要求督促落实整改责任。深入8个市州、20个县市区调研督导，督促市州、县市区党委抓好中央专项巡视"回头看"和成效考核反馈问题整改，推动措施到位、责任到位、整改到位。二是向市州委书记交办扶贫领域重大疑难复杂问题。在2018年探索贫困县县委书记领办扶贫领域重点问题线索的基础上，2019年拓展到市州委书记领题解决扶贫领域疑难复杂问题。2020年，省纪委监委分别向各市州委书记交办易地扶贫搬迁、扶贫产业等方面8个疑难复杂问题。各市州委书记十分重视，亲自部署，亲自协调，抓好问题整改。近三年来，全省 8 个市州委书记领办问题 18 个、39 名县市区委书记领办问题线索 148 件。既强化了脱贫攻坚主体责任，又解决了一批扶贫领域突出问题。三是紧盯党中央、省委重大决策部署落实情况，强化跟进监督。省纪委监委认真审核各市州党委中央脱贫攻坚专项巡视及"回头看"反馈问题整改方案，对于认领问题不全面、举一反三不到位、整改措施结合实际不够等问题，全部重新"回炉"，要求进一步实化细化整改措施。各市州、县市区纪委监委结合本地实际，对 17 个摘帽县脱贫退出专项评估和"补针点睛"专项行动开展监督，确保脱贫工作务实、过程扎实、结果真实；紧盯"四不摘"政策落实情况，督促现有帮扶政策保持总体稳定，巩固好脱贫成果，切实提高脱贫质量和成色。全省各级纪委常委会研究部署专项治理工作 350 余次，主要负责同志听取汇报、协调解决扶贫领域突出问题 430 余次，领导班子成员调研督导 1100 余次，全力推进专项治理工作。

压实监管责任。一是强化扶贫资金、项目管理风险隐患等监督。省纪委监委督促 16 家省直部门梳理扶贫资金、项目管理存在的问题和风险隐患，研判后确定了 19 个问题和 22 个风险隐患，印发各市州纪委监委有针对性开展监督检查，推动扶贫资金使用、项目管理规范化制度化；督促省财政厅等七部门开展惠民惠农"一卡通"专项治理工作，责成主管部门查纠整改问题，推动建立"一卡通"管理制度，形成长效机制；会同省发改、扶贫部门深入 6 个市州、9 个县市区对援青扶贫项目资金开展监督检查，对发现的问题均现场反馈，并移交责任单位整改，确保项目落到实处，资金使用安全，切实发挥效益。二是开展联合监督检查。省纪委监委会同省委组织部、省扶贫开发局建立日常监督联动机制，分 2 次各组成 8 个组，围绕主体责任、监督责任、监管责任，对 8 个市州和 25 家相关单位集中监督检查，现场反馈问题，提出工作要求，限期整改到位。2020 年 6 月，再次会同省委组织部、省扶贫开发局，对中央专项巡视"回头看"和成效考核反馈的 19 个点名道姓问题整改情况开展"点穴式"监督检查，推动高质量整改到位。三是持续督促移送问题线索。在与省直扶贫职能部门建立每月移送问题线索工作机制的基础上，印发《省直扶贫职能部门移送扶贫领域问题线索工作指南》，明确了 13 个方面移送情形以及移送程序和要求，并与审计监督协作配合，建立融会贯通机制。先后 3 次通报移送情况，并开展调研督导。全省各级扶贫职能部门共移送问题线索

95 件，进一步压实了扶贫职能部门监管责任。

压实监督责任。一是开展内部督查及建立周调度月通报机制。省纪委监委将纪检监察机关履行脱贫攻坚监督保障职责和中央专项巡视"回头看"反馈问题整改情况列为内部督查的重要内容，2020 年对 2 个市州纪委监委、3 个县区纪委监委以及 4 家派驻纪检监察组进行了全面检查和督导，反馈问题 20 个。省纪委监委扶贫领域腐败和作风问题专项治理办公室每周跟进调度问题线索处置进展情况。各市州纪委监委、省纪委监委派驻纪检监察组、机关相关部室每月定期报告工作进展情况，扶贫领域专项治理办公室一月一总结、一月一通报。在决战决胜脱贫攻坚的 2020 年印发工作通报 7 期，点明问题，分析原因，提出要求，压紧压实纪检监察机关监督责任，以过硬的作风为脱贫攻坚提供坚强保障。二是开展巡视巡察监督。省、州、县三级巡视巡察将脱贫攻坚特别是中央专项巡视"回头看"和成效考核反馈问题整改列为重点内容，在省委第七轮巡视西宁市、门源县和省人社厅、省住建厅、省医保局期间开展"点穴式"巡视监督。在此基础上，省纪委监委会同省委组织部、省扶贫开发局组成联合工作组，深入 6 个市州、14 个县市区、26 个乡镇、30 个村社、8 所学校开展监督检查，针对检查发现问题，提出意见建议 22 条，推动问题整改质量巩固提升。三是加强派驻监督。省纪委监委将专项治理列为派驻机构年度目标考核内容，各派驻机构以"四不摘"政策落实、问题线索移送、中央专项巡视"回头看"和成效考核、省委巡视、审计等反馈问题整改为重点，持续加大对被监督单位履行脱贫攻坚职责的监督力度。驻省教育厅纪检监察组督促省教育厅强化质量控辍，对 3647 名劝返学生进行集中再学习再培训，巩固控辍保学成果，并加强对劝返学生教育质量的跟踪问效。驻省农业农村厅纪检监察组联合省农业农村厅相关部门对省农牧业项目管理中心、畜牧总站等监督检查，现场反馈问题，提出意见建议 16 条。驻省应急厅纪检监察组深入化隆县甘都镇上四合生村、下四合生村等 8 个行政村，入户抽查饮水安全情况，及时向省水利厅党组提出意见建议。

紧盯案件查办，着力提升监督执纪能力

一是多渠道发现问题。建立"信、访、网、电、微"五位一体举报网络，并深入基层、深入群众零距离了解问题，蹲点检查深挖问题，巡视巡察、异地交叉检查等方式全方位查找问题、督促解决问题。2018 年 8 月，省纪委监委集中 40 天时间对 5 个市州的 14 个贫困县蹲点调研，发现问题 137 个，提出整改意见 101 条，移交问题线索 8 件。二是指导统筹基层力量。省纪委监委指导市州、县市区纪委监委积极探索统筹基层纪检监察力量，有效缓解了基层纪检监察工作力量分散、人员不足等问题。全省各地探索县乡纪律审查协作片区、县乡一体化管理等新机制得到中央政治局常委、中央纪委书记赵乐际同志的充分肯定，并做出批示。全省各级纪检监察机关按照批示精神，在探索中不断总结创新，进一步推动县乡统筹工作力量，加强基层办案工作，提升办案质量。三是加大查处力度。各级纪检监察机关对扶贫领域问题线索坚持优先研判、优先处置、从严从快查处，实行问题线索直查直办、提级领办、跟踪督办、限时办结、乡案县审和复查复核等工作机制确保质量，并对处置扶贫领域问题线索较少的县市区纪委监委进行跟踪督促和重点督导。如中央脱贫攻坚专项巡视移交的"贵德县 2016 至 2017 年未按规定发放贫困户危房改造补助问题"，牵头组织省住建、财政、扶贫部门，集中力量快速调查核实，仅用 22 天就查清了主要问题，依规依纪对 15 名责任人予以问责。四是减存量遏增量成效显著。在 2016 年、2017 年、2018 年三年扶贫领域问题线索持续上升的情况下，2019 年扶贫领域问题线索首次大幅度下降，与 2018 年相比受理和处置扶贫领域问题线索、立案、处理人数分别下降 34.40%、48.41%、36.37%。2020 年与 2019 年同期相比受理和处置扶贫领域问题线索、立案、处理人数分别下降 52.43%、60.11%、61.31%。2020 年 4 月，省纪委监委深入排查 2018 年以来全省纪检监察机关受理和处置的扶贫领域腐败和作风问题线索，对未办结的 103 件问题线索实行挂牌督办，2020 年 9 月底前实现全部"清零"。五是开展抽查复核和案件质量专项评查。省、州两级纪检监察机关共抽查复核"查否"件 315 件，占"查否"件的 31.22%；案件质量评查 384 件，占立案件的 73%。及时发现和纠正存在的问题，有力地提升了问题线索处置和办理质量。六是处分决定执行情况监督检查。各级纪检监察机关对扶贫领域案件党纪政务处分决定执行情况开展"拉网式"监督检查，体现执纪"力度"，确保对象覆盖到位、责任追究到位、问题整改到位，累计检查处分决定执行情况 920 余人。

强化政治担当，抓好巡视整改

2018 年 10 月至 11 月、2019 年 12 月至 2020 年 1 月，中央第一巡视组对我省先后开展了脱贫攻坚专项巡视及"回头看"，共反馈了涉及纪检监察机关的两个方面 5 个问题。省纪委常委会迅速学习领会中央巡视组反馈意见，建立三张清单，共研究制定 52 项具体整改措施，并及时听取整改情况汇报，适时开展内部督查，倒逼责任落实。各市州、县市区纪委监委按照部署要求，结合实际制定具体措施，形成了省、州、县上下联动、同向发力、一体推进的工作格局，反馈的问题均整改完成。对于中央巡视组移交信访件办理工作，省纪委监委高度重视，建立问题线索台账，及时跟踪督办，指导各级纪检监察机关严查快结。通过采取提级领办、直查直办、个案指导、审核把关、抽查复核等措施，坚持问题不解决不放过、原因不查清不放过、定性量纪不准确不放过，防止执纪问责偏松偏软，确保了问题线索办理质量。中央巡视组先后移交的 148 件信访举报件，已全部办结，查实 92 件，立案 48 件，党纪政务处分 130 人，组织处理 99 人。

深化以案促改，做好"后半篇文章"

一是加大警示教育力度。2016 年以来，省纪委监委每年至少召开一次全省领导干部警示教育大会，通报党员领导干部违纪违法典型案件。2020 年 4 月，省纪委监委协助省委制定《关于加强党风廉政警示教育工作的指导意见》，推动警示教育制度化常态化。各级纪检监察机关继续用好扶贫领域违纪违法典型案例，注重运用"同类通报、同级通报"的办法，用身边事教育身边人，不断增强执纪问责的政治效果、纪法效果和社会效果。五年来，全省纪检监察机关通报曝光典型案例 376 批、690 起、2247 人。省纪委监委聚焦脱贫攻坚，加大宣传力度，选用扶贫领域典型案例，组织拍摄《护航脱贫攻坚》《群众利益无小事》警示教育片，教育各级党员干部知敬畏、明底线，护航脱贫攻坚，决胜脱贫攻坚。配合中央纪委国家监委新闻传播中心，在《中国纪检监察报》刊发《高原平地抓民生》等 7 篇稿件，并在该中心播出 2 部"三区三州县纪委书记访谈录"，以及"一分钟连线 @ 班玛：6000 万扶贫滞留资金怎么样了？""一分钟连线 @ 泽库:探访 3700 米的商业步行街"等 10 部微视频，以扶贫领域典型案例，引导广大党员干部从中汲取深刻教训，强化警示教育效果。二是用好纪检监察建议书。各级纪检监察机关针对监督检查、巡视巡察和审查调查等渠道发现的个性问题与共性问题，举一反三，形成整改意见，及时向相关单位送达纪检监察建议书。各级纪委监委累计下发纪检监察建议书、督办通知等 700 余份，推动整改问题 1000 余个，建立健全制度机制 100 余项，持续巩固专项治理成果，不敢腐、不能腐、不想腐一体推进。如在查办化隆县易地扶贫搬迁项目贪腐案中，注重查找案件背后存在的普遍性问题，针对该县违规违法用地和欠缴土地出让金等问题，向省委省政府主要负责同志报告情况，同时向原省国土资源厅发出《监察建议书》，责成对化隆县违规违法用地问题依法查纠、通报，并对全省土地管理问题进行清理整顿。三是开展受处分人员回访活动。对扶贫领域受到党纪政务处分人员，按照权限开展回访教育，及时向党委（党组）报告情况，体现执纪"温度"，鼓励干部积极干事创业，重整行装再出发，累计回访教育受处分人员 845 人。

从全省纪检监察机关扶贫领域腐败和作风问题专项治理成效评估情况来看，86.38% 的群众认为扶贫领域存在的问题得到了有效整治；87.18% 的群众对扶贫领域腐败和作风问题专项治理工作表示满意。通过三年专项治理，扶贫领域腐败问题得到有效遏制，基层"微腐败"得到有力整治，党委主体责任和部门监管意识明显加强，人民群众获得感、满意度显著提升。

省纪委监委在实践中探索总结出四条需要长期坚持和完善的经验体会。一是始终突出政治站位这个首要前提。在脱贫攻坚监督中，纪检监察机关必须坚持深学细悟习近平新时代中国特色社会主义思想，特别是习近平总书记关于扶贫工作的重要论述，才能从中寻方向、找定位、明重点、求方法，为打赢脱贫攻坚战提供监督保障。二是始终坚守人民至上这个根本立场。江山就是人民，人民就是江山。纪检监察机关必须坚持人民至上，紧盯政策、项目、资金到人到户的"最后一公里"，推动解决群众"急难愁盼"问题，才能切实增强群众的获得感、幸福感、安全感。三是始终抓住强化监督这个关键举措。谁敢动群众的"奶酪"，就要让谁付出代价。纪检监察机关只有牢牢聚焦监督这个主要职责，坚持不懈正风反腐，才能切实维护好贫困群众的切身利益。四是始终坚持统筹推进这个科学方法。在脱贫攻坚这个伟大事业中，只要始终坚持党的全面领导，各部门统筹协调、合力攻坚，就没有打不赢的硬仗。

坚持党建引领　助力脱贫攻坚

习近平总书记指出，"抓好党建促脱贫攻坚，是贫困地区脱贫致富的重要经验"，并强调"要把夯实农村基层党组织同脱贫攻坚有机结合起来，真正把基层党组织建设成带领群众脱贫致富的坚强战斗堡垒"。中央作出打赢脱贫攻坚战部署以来，在省委省政府的坚强领导下，全省各级组织部门把抓党建促脱贫攻坚作为践行组织路线服务政治路线的具体实践，结合省情实际集中攻坚，从建强支部、创新机制、淬炼队伍、派强干部、强化保障入手，绵绵用力、久久为功，圆满完成了决战决胜脱贫攻坚的"时代答卷"，为全省 42 个贫困县摘帽、1622 个贫困村出列、53.9 万贫困人口脱贫提供了坚强组织保证。

加强组织建设，锻造脱贫攻坚的战斗堡垒

治国安邦，重在基层；管党治党，重在基础。全省各级组织部门坚持把加强基层组织建设作为打赢脱贫攻坚战的关键，以提升基层党组织组织力为重点，突出政治功能，打造决战决胜脱贫攻坚的坚强战斗堡垒。一是提出系统化工作思路。出台《中共青海省委关于开展"组织体系建设三年行动"的意见》，从健全基层组织、完善组织制度、建强骨干力量、强化党建引领、从严教育管理、强化组织保障 6 个方面细化措施，推动基层党组织全面进步。研究制定《关于贯彻落实＜中国共产党农村基层组织工作条例＞的若干措施》，提出了提升村党组织建设质量 9 个方面的 28 条务实措施，全面提升村党组织建设质量。二是选优配强村党组织书记。研究出台《青海省村党组织书记县级备案管理办法》，建立"日常管理""经济保障""政治激励"三位一体的备案管理机制，从选、育、管、用等 7 个方面，明确了备案管理的内容和方法路径。抓住

2021 年村级换届的有利契机，坚持好中选优，优中选强，2021 年村党组织书记平均年龄 45.35 岁，较上届降低 4.03 岁，高中以上学历的占 38.3%，较上届提高 12 个百分点；1106 名高校毕业生、4397 名致富带富能手、2229 名外出经商务工人员、589 名退伍军人进入村"两委"，班子结构得到优化、整体功能得到增强。探索从优秀村（社区）"两委"主要负责人中考核聘用 21 名事业单位工作人员，树立了"付出有回报、干好有发展、扎根有保障"的用人导向，激励更多优秀人才扎根在基层一线。三是整顿软弱涣散村党组织。建立健全软弱涣散村党组织排查、整顿、验收长效机制，制定印发《关于整顿软弱涣散村党组织的指导意见》，明确软弱涣散 10 种具体情形，强化政策指导。结合"不忘初心、牢记使命"主题教育，聚焦"村干部受过刑事处罚、存在'村霸'和涉黑涉恶等问题、黑恶势力干扰侵蚀、宗教势力渗透蔓延、信访矛盾突出、村党组织书记不胜任不尽职"5 种情形，建立"问题、任务、责任"3 张清单，对软弱涣散村党组织进行"拉网式"排查，全面落实县级领导联村、乡镇领导包村、第一书记驻村、机关单位结对"四个一"要求，逐村深入分析，深挖问题症结，找准病灶病因，"一村一策"进行整改。脱贫攻坚战以来，累计整顿软弱涣散村党组织 882 个（其中，贫困村党组织 345 个），村党组织攻坚能力得到提升。海西蒙古族藏族自治州严格落实"精准认定、精准分析、精准整顿"要求，细化 3 类 17 条软弱涣散认定标准，构建市县委常委会牵头抓、组织部门协调抓、乡镇党委具体抓、村级党组织直接抓的责任链条，规范州、县、乡"三级四核查"评估退出流程，确保整顿一个、提升一个、巩固一个。四是提升基层基础保障水平。实施乡镇"八有"工程，利用 3 年时间，投资 9 亿元，在全省 366 个乡镇推进基层政权"八有"工程建设，让乡镇干部住得下身、安得下心、干得成事。黄南州大力实施"抓乡促村"工程，推进乡镇"六化建设"、强化村级组织"六个基本"，不断提升基层党建工作质量。按照农区不少于 300 平方米、牧区不少于 200 平方米的要求，在 87 个村高标准建设村级综合办公服务中心，实现全省无办公活动场所村全面"清零"。完善村干部报酬动态增长机制，建立村干部"基础报酬 +4 项补贴"报酬体系，村"两委"主要负责人的年度报酬实现"四连涨"，达到当地农村居民人均纯收入的 3.16 倍，最高达 6.7 万元，同时进一步提高老村干部生活补助标准，扩大补助范围，使村干部工作有待遇、卸任有保障。

建强党员队伍，培育脱贫攻坚的高原先锋

村看村，户看户，群众看党员，党员看干部，党员素质的高低，致富能力的大小，对群众影响很大。省委始终高度重视发挥农牧民党员的带头致富、带领群众脱贫致富的作用，创新工作方式、丰富活动载体，引导广大农牧民党员在脱贫攻坚中当先锋、作贡献。一是增强党员责任意识。深入开展"万场党课万人讲，人人争当主讲人""一名党员一面旗""晒成绩、亮承诺、作表率"活动。脱贫攻坚工作开展以来，全省各级党组织共开展各类党课学习50万余场（次）、党员志愿服务10万余次，评选优秀党员7326名，不断加强党员思想政治教育和党性教育，推动党员在脱贫攻坚重大任务和困难考验面前，能够冲得上、顶得住，真正发挥党员先锋模范作用。二是提高党员致富本领。组织开展"党支部书记能力提升"和"万名村组织后备干部培训"工程，依托省委党校、青海农村干部学院、"一县一基地一县一特色"党员教育基地，每年对全省村党组织书记进行全覆盖轮训，对全省符合条件的3200余名村"两委"成员、后备干部开展大专和中职学历素质培养，有力提升了村干部参与脱贫攻坚、做好群众工作的实战能力。《人民日报》以《村干部充电，变化看得见》为题，报道了青海实施村（社区）干部学历素质提升工程的做法。积极为群众帮资金、教技术、传信息、找门路，采取"党员＋公司＋贫困户"形式，积极吸纳贫困户就业，为贫困群众提供就业岗位。海北州组织推选产业大户、致富能手、返乡大学生担任村"两委"负责人，不断输入新鲜血液，提升了村党组织带头致富能力。三是推动党员结对帮扶。探索在产业链上建立党组织，鼓励和支持党员领办创办农民合作社、家庭农场，全省贫困地区成立的900多家专业合作组织中，由村"两委"班子成员领办的占39.8%。采取"党员＋公司＋贫困户"形式，倡导服务业、建筑业、民族手工业等领域的"能人"党员，积极吸纳贫困户就业，为贫困群众提供就业岗位。推广党员结对子、"党员中心户"、"党员爱心岗"等做法，组织有帮带能力的党员，结对帮扶建档立卡贫困户，1.7万余名农牧民党员干部成为带动贫困群众发展致富的领路人。果洛藏族自治州实施"党员脱贫示范户"创建工作，筛选100户示范户，以"确定一户，制定一策，带动一片"的工作方法，带头发展养殖业、加工业，发挥党员带领群众致富的示范效应。

派强驻村干部，打造脱贫攻坚的尖兵铁军

打赢脱贫攻坚战，关键在干部。全省各级组织部门主动进位、积极作为，把"最能打硬仗的人"派到脱贫攻坚一线，在管理、保障等关键环节上想办法、谋实策，激励广大驻村干部融入基层、奋战前沿，心无旁骛干事业，主动作为促脱贫。一是精准配对选干部。坚持素质过硬、能力过硬、作风过硬的标准，注重选派勇于担当、敢于负责，熟悉农村工作的优秀年轻干部到脱贫攻坚最前沿建功立业。2015年以来，全省先后选派两批1.49万名第一书记和工作队员扎根深度贫困村推动脱贫攻坚。统筹考虑贫困村脱贫难度与选派单位综合实力、村里主要矛盾与选派单位职能、第一书记个人专长等因素，把懂"双语"和熟悉民族宗教政策的干部选派到民族村，努力实现村情实际和干部特长"精准配对"。二是创新培训育干部。坚持任前培训、集中培训和帮带交流相结合，定期举办第一书记示范培训班，严格落实第一书记和驻村工作队员每年参加不少于4天业务培训的要求，各地采取现场观摩、集中授课和经验交流等方式，不断提高精准扶贫精准脱贫实战能力和服务群众水平。坚持"第一书记讲给第一书记听"，从全省挑选多名成绩突出的优秀第一书记，采取报告会、巡回指导等方式，与广大第一书记和驻村工作队员分享脱贫攻坚经验，明确方向措施，进一步增强做好脱贫攻坚的信心。三是严管厚爱用干部。制定出台《进一步加强第一书记和扶贫（驻村）干部激励关怀的十条措施》《第一书记和驻村工作队管理办法》等一系列激励保障管理政策，落实专门工作经费、生活补助，按规定为驻村干部办理人身意外伤害保险，切实为驻村干部解除后顾之忧，激励广大驻村干部集中精力干事业、一心一意谋发展。严格落实考勤管理制度，确保驻村干部每年有200天时间吃住在村、全脱产工作。树立在脱贫攻坚一线培养锻炼、考察识别、选拔任用干部的鲜明导向，仅2020年，省、市、县三级共提拔使用驻村干部898人，为担当者担当，让有为者有位。玉树州坚持把脱贫攻坚实绩作为选拔任用干部的重要依据，通过加强日常管理、落实服务保障、强化识别考察等形式，大力在脱贫攻坚一线识别、关爱和选任干部，努力提升干部队伍攻坚克难、服务群众的能力，不断增强干部队伍综合素质。注重发挥优秀驻村干部示范引领作用，省委省政府先后表彰了100余名优秀第一书记和驻村干部。充分利用《焦点访谈》《青海日报》等省内外媒体多角度宣传推荐驻村干部，进一步激发驻村干部打赢脱贫攻坚战的热情

和干劲。

创新帮扶机制，凝聚脱贫攻坚的工作合力

让贫困人口和贫困地区同全国一道进入全面小康社会是我们党的庄严承诺。为此，省委立足省情实际，立体谋划"一联双帮三治"机制，引导全省各级党组织和广大党员干部深入践行党的群众路线，全方位开展"结对认亲"活动，多领域、多层次开展帮扶工作，努力将贫困户"扶上马"再"送一程"，为我省全面打赢脱贫攻坚战汇聚工作合力。一是健全一线有干部、后方有靠山的"一联"制度。搭建机关企事业单位与贫困村的固定结对关系，建立各级领导干部联点帮扶机制，全省39名省级领导分别联系39个县（市、区），276名市（州）级领导分别联系39个县的221个乡镇，1223名县（处）级干部分别联系1206个贫困村，实行责任、项目、资金、人才"多重捆绑"，明确了人物图，划定了时间表，列出了措施单，为各个贫困村的脱贫攻坚提供了强大的力量支撑。二是落实派出单位党组织结对共建帮村、党员干部结对认亲帮户的"双帮"制度。全省4500多个各级党政机关、企事业单位党组织与联点村全覆盖建立结对帮扶共建关系，14.5万余名在职干部职工与15.92万户贫困户全覆盖结对认亲，给贫困户教技术、帮产业、送温暖，实现了党员群众心连心，建立起脱贫攻坚最广泛最坚实的前沿战线。海南藏族自治州同德县深入开展"结对认亲"活动，坚持"三个讲透""五个必到"和"六个帮送"，通过强化思想关心、精神鼓舞、物质帮助、技能支持等举措，推动帮扶工作走深走实，确保"全面小康路上一个也不掉队"。三是建立治穷、治弱、治乱并举的"三治"工作机制。脱贫攻坚中，坚持系统思考，深度推进，把精准扶贫、建强班子、维护稳定统筹起来，阻断因弱致贫、因穷致乱、因乱返贫的恶性循环，实现了穷村谋发展、弱村抓整顿、维稳重点村促和谐的目标。

发展集体经济，夯实脱贫攻坚的产业基础

脱贫底气强不强，要看产业旺不旺。发展壮大村集体经济，是实现贫困村从"输血"向"造血"转变，增强贫困人口自我发展能力，提高脱贫攻坚质量的有效抓手。全省各级组织部门坚持扶贫、扶志、扶智相结合，注重培育困难群众脱贫致富的造血功能，把发展壮大村集体经济作为推动农村改革发展、打赢脱贫攻坚战、实施乡村振兴战略的有效举措，立足欠发达地区实际，加强政策支持、加大资金投入、培育典型示范，推动全省4149个行政村集体

经济全面"破零"，其中年收益达到 5 万元以上的占比达到 75.9%，村党组织自我保障、村民群众自我发展的能力不断增强。一是加强组织领导。省委办公厅、省政府办公厅印发《关于实施全省村集体经济"破零"工程的指导意见》，省、市（州）、县（市、区）逐级成立领导小组，全面建立"省级抓统筹、市州抓组织、县乡抓落实、村级抓实施"的分级负责工作机制。省委组织部把发展村集体经济纳入地方党政领导班子和领导干部年度目标责任考核内容，压实市县、乡党委政府的主体责任，形成一级抓一级、层层抓落实的工作格局。西宁市将坚持"书记抓、抓书记"，市委主要同志亲自谋划，提出工作要求，并将发展壮大村集体经济纳入县、乡、村党组织书记抓基层党建述职评议考核内容，压实责任，凝聚合力。二是强化政策支持。设立全省村集体经济发展基金，由省财政连续 3 年、每年安排 1 亿元专项资金，引导统筹涉农资金形成合力，撬动信贷资金，探索市场化运行的基金＋银行＋担保＋基层党组织＋新型经营主体的"1＋4"模式，破解村集体经济发展难题。找准普惠金融在脱贫攻坚中的突破口和发力点，大力实施"双基联动"，累计发放贷款逾180 多亿，惠及 60 余万农牧民群众。省委组织部会同省财政厅、省农业农村厅、省扶贫开发局印发《青海省村集体经济收益经费补贴暂行办法》，领导小组印发《关于推动村集体经济高质量发展的若干措施的通知》，各成员单位结合职能出台了一系列配套政策，为高质量推动村集体经济提供政策保障。三是注重典型引路。积极争取中央财政将我省列入村集体经济发展重点支持省份，2019 年以来共争取中央扶持资金 6 亿元，按照每村 50 万元标准支持 1239 个基础条件好、经济效益高、发展潜力大的行政村发展集体经济，为高质量推动村集体经济发展，发挥典型示范和辐射带动作用。结合脱贫攻坚大力宣传"破零"典型经验，拍摄宣传片《党建引领攻坚"破零"》，编印宣传画册《党建引领促发展　集体经济结硕果——青海省村集体经济"破零"成果集锦》，为村集体经济发展树立了鲜明的舆论导向。四是多元发展产业。按照"一乡一业、一村一品"的发展思路，结合农牧区产权制度改革，统筹整合村集体经济产业发展要素，因地制宜培育农村特色优势产业，探索出了集体股份分红型、盘活集体资产型等多种"破零"模式，构建起了村集体经济多渠道、多类型、多元化发展新格局。海东市互助土族自治县威远镇卓扎滩村深入践行"绿水青山就是金山银山"理念，挖掘自然资源，积极打造具有民族风情的生态旅游景区，走出了一条汇聚生态旅游、民俗体验、餐饮服务一体的村集体发展模式，2020 年村集体经济收益达 1000 万元。

下一步，我们将深入贯彻落实习近平总书记关于巩固拓展脱贫攻坚成果同乡村振兴有效衔接重要指示精神，深入贯彻中央《关于抓党建促乡村振兴的若干意见》，全面落实新时代党的建设总要求和新时代党的组织路线，牢固树立新发展理念，落实高质量发展要求，总结运用抓党建促脱贫的攻坚经验，深入推进抓党建促乡村振兴，不断夯实乡村振兴组织力量，为谱写新时代青海发展的新篇章奠定坚实的组织基础。

深入践行"四力"　　忠诚记录"战贫"

　　2020 年 5 月，青海日报记者咸文静在甘德县采访了一位第一书记。紧紧抓住"扶贫干部"这个切入点，咸文静对采访对象进行了全面的了解，最终呈现《"向下"扎根，"向上"成长》这一稿件。全文没有一个字直说这个第一书记有多么好，但字里行间却让人感受到这个扶贫干部的用心用情，朴实的语言和简洁凝练的写作文风，将一个驻村第一书记的故事娓娓道来，一个一心为民的基层干部形象就这样跃然纸上。

　　不断增强"四力"，走进火热生活、走进群众心坎、走进扶贫第一线，这是我省新闻工作者在打响的这场脱贫攻坚战役中生动讲好扶贫故事、传播好扶贫声音的一个缩影。

　　党的十八以来，青海以前所未有的力度和规模推进脱贫攻坚，交出了一份亮丽的脱贫攻坚青海答卷。"十三五"收官之年，青海 42 个贫困县（市、区、行委）、1622 个贫困村、53.9 万贫困人口全部脱贫退出，绝对贫困和区域性整体贫困问题得到历史性解决，贫困群众人均可支配收入达到 10504 元，年均增长 36.8%，"两不愁、三保障"全面实现，脱贫攻坚取得决定性胜利。

　　新闻记录时代、书写历史，宣传鼓舞人心、凝聚力量。做好脱贫攻坚这一人类减贫史上的伟大壮举的宣传报道和舆论引导是所有宣传思想文化战线工作者义不容辞的光荣使命。脱贫攻坚战打响以来，我省宣传文化系统始终将做好脱贫攻坚宣传报道作为重中之重，坚持理论、舆论先行，文化、文明并举，网上、网下同频，内宣、外宣合奏，扎实做好脱贫攻坚宣传报道和舆论引导。广大新闻工作者更是"一马当先"，积极践行"四力"，用质朴的语言、生动的笔触、温暖的画面，生动讲好扶贫故事、传播好扶贫声音，为决战脱贫攻坚、决胜全面小康提供了有力思想保证、良好舆论氛围和强大精神动力。

汇聚脱贫攻坚"向心力"，做好理论政策宣传

伟大事业孕育伟大精神，伟大精神引领伟大事业。

党的十八大以来，习近平总书记站在中华民族伟大复兴和人类减贫事业的历史高度，精心谋划精准脱贫工作并躬身践行。我省新闻媒体切实增强"四个意识"、坚定"四个自信"、做到"两个维护"，创新宣传思路，加强报道策划，主动设置议题，持续推出精品力作，生动展示习近平总书记"以人民为中心"的执政理念和深厚的人民情怀，全面阐释党中央坚持人民至上、以人为本，把贫困群众和全国各族人民一起迈向小康社会、一起过上好日子作为脱贫攻坚的出发点和落脚点，不断深化习近平总书记扶贫重要讲话精神宣传报道，生动展现以习近平同志为核心的党中央坚决打赢脱贫攻坚战、确保脱贫攻坚任务如期全面完成的使命担当和坚定决心，树立党员干部的主心骨，汇聚脱贫攻坚"向心力"。

省委理论学习中心组每次召开扶贫专题学习会，集中学习习近平总书记关于扶贫工作系列重要讲话，邀请中国扶贫发展中心等专家学者做专题辅导报告的宣传报道，成为党报、党台、党网消息的重要内容。从省委讲师团围绕总书记重要论述设置专题课程，选派省级理论宣讲专家赴各地各部门开展脱贫攻坚专题宣讲，到全省各地各部门先后组织8万多名干部深入县乡村，召开各类宣讲活动4.5万场次，受众达400多万人次，社会宣传广泛、教育动员深入，切实达到了统一思想认识、推动贯彻落实的目的。

2016年8月22日至24日，习近平总书记在视察青海期间，提出了"四个扎扎实实"的重大要求，为我们继续前进指明了新方向、拓展了新视野、带来了新机遇。

牢记嘱托，砥砺前行。青海日报、青海广播电视台、青海新闻网等省主要媒体精心策划《在习近平新时代中国特色社会主义思想指引下——新时代新作为新篇章》《温暖的回响》《牢记嘱托看变化》《总书记视察青海四年来》等专栏，走进总书记考察过的长江源村、班彦村、青海盐湖工业股份有限公司等进行回访，采写了《"像石榴籽那样紧紧抱在一起"》《挪穷窝　换穷业摘穷帽》《青海打造循环利用"镁锂钾园"》等重要稿件，并推出《长江源村

的幸福日子》《你好，新班彦》等一批传播力强的融媒体报道。

从 2017 年到 2019 年，青海广播电视台记者雷婷婷每年都会去一次班彦村进行采访。"2017 年，我们对村里印象最深的是整洁的村道和崭新的住房；2018 年，我们报道了村里的盘绣园，绣艺精湛的土族阿姑们在家门口实现了就业；2019 年，我们看到村民们发展起农家乐、酩馏酒、生态园等特色产业，真正开启新型农民生活。我深切感受到，脱贫攻坚取得全面胜利，得益于党的坚强有力领导，得益于党的为民造福初心。"雷婷婷说。

弘扬脱贫攻坚"正能量"，做好措施成效宣传

坚决打赢脱贫攻坚战是党和政府工作的主题主线，更是全省新闻工作者履职尽责、展现作为的广阔舞台。牢记"党和人民的喉舌"使命职责和主流媒体的政治担当，以高度的社会责任感和光荣的时代使命感，把脱贫攻坚这项重大的主题报道宣传任务提升到一个重要的认识高度，我省新闻工作者积极践行脚力、眼力、脑力、笔力，以真情实感、灵活多变、喜闻乐见的形式，多形式多角度深入宣传青海落实脱贫攻坚部署的务实举措和显著成效，不断掀起报道热潮，弘扬了脱贫攻坚"正能量"。

在重大主题宣传报道中，省内各媒体聚焦"万名干部下乡"，开设《万名干部下乡·一线传真》《万名干部下乡·蹲点调研》等专栏。围绕中央第六次、第七次西藏工作座谈会和省委涉藏工作会议精神宣传，开设《践行新时代党的治藏方略 不断开创涉藏工作新局面》《今日青海·涉藏地区新貌》等专栏。成立 20 多个报道组进行"走向我们的小康生活"重大主题采访报道，推出《走向我们的小康生活》专栏专题，刊发报道 1000 多条。充分做好对口援青宣传报道，先后推出《向祖国致敬 为援青礼赞》《援青十年沪青情》《共饮一江水 助力奔小康》《苏青携手 共赴小康》等专栏专题 60 多个，播发重要报道 6000 多篇。

同时，中央媒体、中央驻青媒体、青海日报、青海广播电视台及青海新闻网等省垣媒体发挥各自特色，在不同时期根据自身主阵地宣传需要，组织了一系列高质量的报道——

中央媒体开展了"直播黄河""媒体记者、专家青海调研行"等重大主题采访、直播活动，我省脱贫攻坚经验、亮点、成就在中央媒体重要版面时段上不断闪现。

青海日报组织开展"走进东部贫困村""关注六盘山片区脱贫攻坚主战场""我和我的祖国——和谐涉藏地区行""决战决胜全面'清零'——贫困地区调研行""黄河故事——让黄河成为造福人民的幸福河"等采访活动，深入基层讲好青海脱贫攻坚故事。开设《决战决胜脱贫攻坚》专题，通过消息、通讯、言论、组图、图表等多种方式，全方位宣传打赢脱贫攻坚战的青海历程、青海成就、青海经验。推出《扶贫印记》栏目，每月刊发图片报道，展示青海高原决战决胜脱贫攻坚的巨大变化和坚定步履。推出《脱贫攻坚成就巡礼》，以每个县一个整版的篇幅进行系统、深入报道。

青海广播电视台主要新闻节目推出《脱贫攻坚·一线故事》《扶贫印记|玉树边镇纪行》等专栏专题60多个，播发重要报道6000多篇。《大美青海》《江源扫描》《375直播室》《新闻透析》等专题节目共播发《脱贫致富路上"筑梦人"》《澜沧江畔的脱贫梦》等专题报道440多期。聚焦基层一线，共推出《文旅融合看河湟》《行走千里祁连》《河湟藏乡行》《脱贫攻坚在高原》等系列报道、连续报道、特写、访谈等280多部、1900多集。青海新闻网开设"青海扶贫"频道，集中宣传精准扶贫政策，报道扶贫工作动态，从产业扶贫、行业扶贫、驻村扶贫、扶贫工程等多角度，通过多种方式对我省脱贫攻坚成绩做法进行网上宣传。

"每年3月到10月，我基本都在下乡采访。我没有具体统计写过多少稿子，但每年至少有一百多篇的扶贫报道。"原青海日报社记者孙海玲自2015年脱贫攻坚战打响以来，就主要负责扶贫领域的报道，同事们给她起了个亲切的外号叫"孙扶贫"。五年多的时间里，孙海玲的笔触基本触及了我省扶贫领域的所有角落。"在路上心里才会有方向，在基层心里才会有群众，在现场心里才会有感动，用心用情用力才能写出打动人心的好文章。"孙海玲说。

增强脱贫攻坚"凝聚力"，做好先进典型宣传

火车跑得快，全靠车头带。在脱贫致富的道路上，涌现出许多的先进典型。发现典型，树立榜样，做活做亮做热脱贫攻坚中涌现出的先进典型报道，凝聚起社会各方力量，成为媒体宣传的一项主要工作。据统计，在这场脱贫攻坚战中，我省培养储备村级后备干部2.4万余人，打造了一支"永远不走的工作队"。先后两批选派第一书记和驻村工作队员1.49万名，基层治理力量得到全面加强。广大党员干部扎根一线、奉献有为，涌现出了一大批讲政治、重实干、善攻坚的先进典型。

结合国家和我省历年脱贫攻坚表彰对象，青海日报、省广电台、青海新闻网等省主要媒体及所在市州县媒体深入挖掘脱贫一线事迹，持续报道，充分发挥典型示范带动效应。开设《脱贫攻坚·榜样力量》《脱贫攻坚带头人》等 20 多个专栏专题，播发稿件报道 2400 多条，《乡村纪事——第一书记》等专题节目 80 余期。

2015 年 10 月，李玉兰被民和县农牧局选派到隆治乡桥头村就任"第一书记"。面对村中缺产业、缺项目、基础设施薄弱、土地撂荒严重的现象，她迎难而上，引项目、筹资金，带领村里发展产业、带领村民学习手艺，把全部的身心和余热都奉献扶贫事业，成了全村人致富奔小康的"主心骨"。在 2021 年 2 月 25 日召开的全国脱贫攻坚总结表彰大会上，李玉兰被授予脱贫攻坚先进个人荣誉。

在多次采访过她的青海日报记者陈晨印象中，李玉兰是一个很给人力量的人。"玉兰花代表着人们对美好事物和美好生活的向往追求，花如其名，名如其人。李玉兰就像盛开在桥头村的一朵玉兰花，在她身上，我看到了一个扶贫干部的为民初心。她自己本身就是一个很有力量的人，她也把这种力量传递给了更多人，让大家在脱贫的路上更有干劲和希望。"陈晨说。

除了勇担使命的扶贫干部，在脱贫攻坚的大浪潮中，也涌现出许多致富带头人，他们不光做到自己富，还带动辐射贫困户一起致富，这些人也成了媒体宣传报道的主要对象。果洛藏族自治州甘德县江千乡的旦正积极发展合作社，带领贫困户干事创业，是当地草原上有名的致富带头人。"我采访旦正时他正带着人打扫德马高速大武隧道的建筑垃圾，他是个特别积极向上的人，有想法、有干劲，通过自己的双手致富并带领其他贫困户脱贫。"青海日报驻果洛记者站记者李兴发说。

随着传统媒体和新兴媒体深入融合的不断加强，我省脱贫攻坚报道宣传顺应全媒传播新格局发展的需要，积极运用新技术新平台，加强创意策划，扩大传播效果。青海日报在《走向我们的小康生活》专题报道中，跳出以往报道的"惯性思维"，充分利用视频、动漫、H5 等表现形式进行宣传报道。"老百姓通过镜头讲述自己脱贫的故事，更有传播力、公信力和感染力，我们能真切感受到他们发自内心的脱贫喜悦。"青海日报新媒体传播中心记者三盘俄日说。

激发脱贫攻坚"内生力",突出扶志扶智宣传

贫困群众既是脱贫攻坚的对象,更是脱贫致富的主体。治贫先治愚,扶贫必扶智。贯彻落实习近平总书记"脱贫致富贵在立志,只要有志气、有信心,就没有迈不过去的坎"重要讲话精神,我省新闻媒体将报道主题聚焦在贫困主体的自觉行动上,深入推进文化扶贫工作。

通过报道文化惠民工程、"三下乡"活动、开设《扶贫先扶智 输血变造血》等专栏、推出《扶心扶志扶智 增强内生动力拔穷根》等多组系列报道、适度曝光"贫困懒汉"反面典型等方式,将扶贫与扶志、扶智结合起来,生动宣传自立自强、劳动致富的普通群众,激发贫困地区和贫困群众"我要富"的内生动力,引导贫困群众树立"宁愿苦干、不愿苦熬"的观念,克服"等靠要"思想,推出一系列讲述贫困群众脱贫经历和创业致富的故事报道。

近年来,海东市陆续出台关于推动移风易俗树立文明乡风的意见,青海广播电视台记者韩孟娜对移风易俗报道有独属于自己的体会。韩孟娜说:"2020年,我在海东市循化县查汗都斯乡红光村采访时,一对新人严格按照新出台的移风易俗相关政策举办了婚礼,这个婚礼没有豪华婚车,没有高价茶水,但同样热闹喜庆。我们拍摄时,婚礼热闹的场面包括后面群众悉心听取移风易俗推进宣讲的画面都让我感触很深,我感受到脱贫攻坚行动真的是落在了实处,落在了细节,扶贫先扶人心,政策的落实从源头改变了每一个人。"

脱贫攻坚战场的节节胜利也给文艺创作带来丰富的素材和创作话题,我省文艺工作者深入扶贫一线采访采风,策划推出电影《攻坚》,电视剧《生命树》,广播剧《我去北京看升旗》,纪录片《远方是故乡》《我们的小康故事》,秦腔《攻坚》,民族歌剧《青绣》,歌曲《再出发》《圆梦小康》,小说《我的草原星光璀璨》,诗歌《大地上的抒情图像》,快板《懒汉脱贫》等一大批优秀文艺作品,《决胜时刻——青海脱贫攻坚一线纪事》《高原上的扶贫尖兵——青海优秀第一书记风采录》《为青海好支书点赞——全省村党支部书记脱贫攻坚风采录》等重要图书,组织开展征文比赛、公益电影放映等活动,为决战决胜脱贫攻坚注入强大精神动力。

纵观五年的脱贫攻坚宣传报道,我省新闻媒体在讲好脱贫故事、盘点扶贫成绩的同时,也勇毅承担社会责任,直面扶贫工作中产生的问题,发挥舆论监督的力量,确保扶贫政策执行不打折扣、脱贫成效经得起检验;着眼于

发现和解决问题，利用新闻媒体的社会监测和组织动员功能，积极探讨建立反贫困长效机制，开展建设性监督。

征途漫漫，唯有奋斗！今后，我们将在已有经验的基础上不断加强宣传创新，持续做好巩固脱贫攻坚成果同乡村振兴有效衔接的宣传报道工作。

发挥统一战线优势　全面助力脱贫攻坚

省委统战部联点扶贫村峰堆乡上一村位于青海省海东市乐都区南山地区，距区政府所在地 25 公里，属于典型脑山地区。全村有 3 个村民小组，169 户 559 人。2015 年精准识别贫困户 57 户 173 人。2017 年底上一村退出贫困序列，建档立卡户全部脱贫。建档立卡户人均收入从 2015 年的 7851 元，增长到 2020 年 12560 元，比 2015 年增加 4709 元，增长 60%。近年来，省委统战部驻村工作队坚持思想先行、广聚资源，通过深入宣传教育和各类帮扶施策，逐渐根除了贫困群众的思想"沉疴"，在全村营造了良好的脱贫攻坚氛围，为激发贫困户内生动力，自力更生走上脱贫致富之路，起到了良好的助推作用。

精准施策，全方位多角度助脱贫

结对共建，党建引领促脱贫。省委统战部围绕抓党建促脱贫的工作主线，制定《省委统战部抓党建促脱贫攻坚工作的实施意见》，确定上一村为省委统战部"党员联点帮扶基地"，部机关党委与村党支部签订了《党支部结对共建协议》，明确了 5 项共建帮扶内容和 4 项共建帮扶责任义务。自联点帮扶以来，部机关干部职工先后有 500 余人（次）深入上一村走访慰问结对认亲户，累计送去帮扶金 8 万余元，帮扶实物累计近 20 万元。

扶持产业，扩大群众增收渠道。5 年来，省委统战部累计为全村 162 户群众协调发放价值 44.17 万元的 221 吨"下寨 65""青薯 9 号"种薯和 218 吨土豆专用复合肥，提高土豆品质及产量，并不断加大对上一村致富带头人的扶持力度，将上一村合瑞顺洋芋良种种植专业合作社列入"全省非公有制经济发展专项扶持资金"奖励补助对象。"这几年，村民们收到了免费的洋芋、油菜种子和化肥，得到不少实惠，大家心里高兴得很。"村民辛元平说。

"村里外出务工的基本都是青壮年，在省内其他城市，"老村支书张双存说道："第一书记王玉成帮助村民协调就业渠道，在西宁打工的人一个月收入4000多元。"熊增祥家中孩子尚幼，无法外出务工，在省委统战部的协调下他当上了村里的护林员，年收入逾一万元，家里还养猪、种12亩洋芋，收入渠道更多元，"除了干农活，其他的也都自己学着干，有了省委统战部的帮扶，我靠着自己一点点摸索，一点点积累经验，学到了更多东西，也有了好几份收入，日子越过越好。"

争取项目，村容村貌明显改善。积极协调省交通厅立项水峰（水磨湾——峰堆）公路，目前已落实项目资金5029万元，正在加紧施工建设中。协调180万元资金完成村级综合广场、文化广场及附属设施建设，投入60万元新建村级综合服务中心和10间村集体经济铺面。另外，还筹措121万余元扶持资金助力上一村精准脱贫。截至目前，累计落实资金7000余万元，实施了村级综合服务中心、文化广场、村容村貌整治、村庄道路拓宽、优质种薯和富硒羊肚菌种植、捐资助学、义诊、文化下乡等项目（活动）30余个。

"随着硬化、亮化工程的实施，原先坑坑洼洼、下雨天踩满脚泥的土路变成了平整干净的水泥路，破旧的土墙变成牢固结实的砖墙，夜晚路灯照亮了家门口，老人们在广场上有说有笑，工作晚归的年轻人回家也看得清路了。"村支部书记、村主任、致富带头人郭占福说。"娃娃们放学了，还能在村口小广场打乒乓球、打篮球，有了休闲放松、锻炼身体的器材设施，生活比过去有意思多了。"村民辛元平乐呵呵地说。

发挥优势，扶智励志作用明显。省委统战部依托统一战线资源优势，集智聚力、精准发力，开展有序"输血"、系统"造血"和用心"扶智励志"，先后60余次组织民主党派、企业商会、专家学者、爱心人士赴上一村开展调研帮扶活动，捐资捐物达80余万元。通过省委统战部"同心工程""雅居乐"奖教助学金和社会爱心人士资助渠道，共向全村大中专院校、高中学生发放助学金31.29万元。

25岁的熊增旭顺利考上研究生，"每年，省委统战部都会组织青海企业资助村里的大学生，我多次受到'雅居乐'教助学金资助，付完大学学费后还有剩余当作生活费，"回顾自己的求学路，熊增旭心怀感谢："去年，母亲生病急需动手术，省委统战部驻村工作队和乡上的领导为我家申请最低生活补助。"不仅如此，现在父亲在外务工，家中还有光伏发电产业收入。荣增玉是村里的会计，她的孩子经王玉成书记联系顺利进入技术学校，"孩子学的烹饪，政府提供助学金，毕业还帮忙联系工作；我养羊每年都会有经销商来收购，家中收入不愁。"她说。

在第一书记王玉成看来，从前村民对孩子的教育不太重视，"经过几年的精准扶贫扶志扶智工作，村民的思想观念明显改变了，几年来村里出了不少大学生。"

同时，针对部分群众收入渠道单一、缺技术怕风险、缺乏创业信心、后劲不足等问题，结合农村生产生活时间节点和集体活动，由村两委、驻村工作队负责，利用群众会、黑板报、入户宣传等形式，开展经常性的宣传教育，鼓励和动员群众发展特色种植业、养殖业。不断广拓渠道、广聚资源，通过开展各类培训、扶持就业创业等方式促进群众增收，挖掘村民潜能、增强村民信心。

村民任莲香的丈夫几年前去世，家中两个孩子正在读小学，生活困难重重，为帮助她解决生活上的困难，省委统战部驻村工作队为她争取到固定捐款，每月定期获捐1200元；同时，还为她争取到乡上的公益性岗位，"认真踏实工作，年收入超过12000元，干满三年，还能续签，"她说自己还要同时照顾家里的三亩地，抽空定期去参加烹饪、刺绣培训班，"培训不仅培养爱好，还能精进手艺，到了夏季旅游旺季时，在自己的'农家乐'做饭，做一些当地特色的家常菜，客人们喜欢吃，一天的收入有七八百元。"

在危房改造项目落实中，村民辛元平的房子经过改造，"变身"为宽敞舒适、砖木结构的新家。每天，他从家里骑摩托车，不用五分钟就到达合作社羊肚菌大棚，开始跟随技术人员认真学习种植技术，"过几天，马上要新种一茬，大概八月中旬出菇，"辛元平介绍，上一村的羊肚菌从2018年开始在合作社种植，主要销往沿海地区，"价格卖得特别好，一年收入有3万多元。"他高兴地说。

"以前，我们没见过羊肚菌，省委统战部邀请技术人员到我们村，我才开始在合作社学习种植技术，"辛元平感叹，"种地种了这么多年，我才知道，只有了解掌握了科学的种植方法和技术，才能提高产量，挣更多收入，多亏有了国家的好政策和省委统战部请来的技术专家，技术专家耐心讲解种植羊肚菌的知识，在大棚里'手把手'地教会我们。"

说起三位省委统战部的驻村第一书记，辛元平打开了话匣子："肖庆书记帮着村委会搬了'新家'；何长沅书记到田间地头指导技术，帮助我们联系销路，给村里修建基础设施；王玉成书记来了以后，从省农林科学院为村里争取了'青薯9号'—'青薯10号'种薯授权，我们开始种植'青薯9号''青薯10号'，村上马铃薯产品进入多元化阶段，成功筹办了海东市第一届洋芋花海艺术节，让我们这个原本不知名的小山村登上了报纸和电视新闻，他还多方争取项目资金5000多万修建水峰（水磨湾——峰堆）公路，造福全乡村民。书记们经常鼓励我们靠自己的双手勤劳致富。"

转变思路，发展壮大特色致富产业

上一村耕地面积基本为山地，马铃薯种植为该村主要经济收入。为帮助上一村脱贫致富，青海省委统战部凝聚力量、精准施策，改变该村传统商品薯的单一种植思路，确立了"两化战略"：即种薯基地规模化、商品薯种植单一化。推动成立上一村合瑞顺洋芋良种种植专业合作社，确立合作社理事长郭占福为致富带头人，挂"农业农村部国家马铃薯产业技术体系岗位专家示范基地"牌子，在省农林科学院专家的帮助下帮助老百姓打开思路，从传统农业转向合作式的、机械化的、科学化的种植。

近几年，通过"合作社+农户"的经营模式，峰堆乡上一村、上二村、上阳洼村共有101户农户通过以马铃薯标准化种植为基础，以土地流转为方式加入了郭占福的合作社（贫困户占80%），农户每亩地每年不仅能收入200元承包费，并且合作社生产时雇佣当地农户及本村、邻村农户开展生产，每人每天平均收入劳务费80元左右；村民种植的马铃薯也由合作社集中收购，解决了马铃薯种植户的后顾之忧。到2020年合瑞顺洋芋良种种植专业合作社种植约2000亩左右的马铃薯种薯，吸收长、短期务工群众200余人，发放劳务费140余万元，不仅带动了本村群众脱贫致富，还辐射带动了周边村社群众增收。

为丰富马铃薯种薯品种，驻村第一书记王玉成多次赴省农林科学院沟通协调，为合作社争取到"青薯10号""青薯9号"特许种植授权，进一步拓宽了合作社和农户的增收渠道。目前，随着青海马铃薯品牌的不断提升，东西部协作消费扶贫力度加大，上一村马铃薯已成功打开内蒙古、云南、宁夏等地的市场。2019 年合作社马铃薯销往无锡 200 吨，每吨售价比当地市场上高出 400 元，巩固提升了峰堆乡马铃薯的销售水平。

"村民种植的红皮洋芋，是青海省农林科学院研究培育的'青薯 10 号''青薯 9 号'马铃薯种薯，淀粉含量高、口感好、价格高，高产、抗病、抗旱。"村支部书记、村主任、致富带头人郭占福介绍，目前上一村共有 1300 多亩地，种植马铃薯、油菜、青稞、羊肚菌等经济作物，"到了洋芋收获的季节，几十辆大卡车从村口往外拉，一车能运 30 吨，那是村民们最开心的时刻。"

如今上一村合作社的农产品一改传统自给自足的方式，远销沿海地区，"过去种洋芋就是为了自己吃、亩产低，现在洋芋能卖出去赚钱，尤其种子，比商品薯的价格还高，发往省内外。在省委统战部干部的大力支持和专家团队的帮扶下，我们的洋芋蛋蛋变成金蛋蛋，不仅销往省内学校、企业、单位的食堂，大型超市，还打开了全国市场，上一村走出了'量身打造'的种植产业发展之路。"郭占福感叹。

大胆创新，探索脱贫致富新模式

近年来，上一村在实施好"八个一批"项目的同时，按照"发展特色产业、支持主导产业、确保增收项目"的总思路，于 2017 年实施了户用分布式光伏发电项目，全村所有建档立卡户均安装了光伏板，产业发展资金 93.42 万元，总装机容量 103.8 千瓦，农户受益期限 20 年以上。根据近两年运行情况，建档立卡户户均收益达 2339 元，有了长期稳定的收入来源。

与此同时，上一村还紧抓乡村振兴试点机遇，以七色党建为引领，以壮大传统产业为方向，探索"旅游 + 农业生态"模式，以东西部协作项目及承办海东市首届"洋芋花海艺术节"为契机，大胆引进无锡涂鸦创作团队，对上一村道路沿线和群众外墙进行涂鸦创作和大色块喷涂，成功打造了全省首个"多彩村庄"，改善了基础设施条件，促进了一二三产业融合。2019 年 8 月 15—17 日，上一村成功举办"海东市首届洋芋花海艺术节"，无锡市惠山镇、青海威思顿薯业集团分别与上一村马铃薯种植带头人意向签订了马铃薯销售订单；共计接待游客 7.3 万余名，实现收入 580 万元。"洋芋花海艺术节"以全省首个涂鸦文化村、海东市首届洋芋花海艺术节的成绩，增强了上一村特色种薯、商品薯的宣传，增加了订单签约规模，实现了产业发展与群众增收有效衔接，让群众在马铃薯种植业中不断增加收益。现在的上一村村庄环境优美、文化氛围浓厚，已成为新晋乡村旅游村和网红打卡村。

如今，每年七八月间，上一村洋芋花开成海，沿着蜿蜒水泥路上山，两侧皆是色彩艳丽的田园风格涂鸦作品，吸引众多省内外游客前来观赏，花海旁打造出了木栈道，种植100亩向日葵、波斯菊等多品种观赏花。不少村民开起农家乐、摆起小吃摊，不仅能够享受补贴，还可转租获取租金收入。"趁着洋芋花海节举办时的游客数量多，省委统战部为村里59户精准识别贫困户都派发了小吃摊位，旅游季每天收入可观。"致富带头人郭占福说。

"上一村现在有将近二十家农家院接待点，"62岁的老村支书张双存说，"自打省委统战部帮扶以来，村里的变化很大，王玉成书记给不少年轻人推荐了就业渠道，让他们走出山区看看，不止这些，像我们这样上了岁数的老年人，不方便外出打工，却没想到在自己家门口就能吃上'旅游饭'，还加入合作社，种植的四五亩洋芋，年收入可达五六千元。"

驻村第一书记王玉成说，村里专门为洋芋花海景点铺设了硬化路，方便游人上山观景，连片的马铃薯田间，沙路交错互通，盛夏绿意涌动，纯白的洋芋花点缀其中，覆盖了从前荒凉的黄土坡，俯瞰山下，错落有致的农舍"身披"五颜六色的涂鸦，"今年，我们还要继续在山上种植出一片'统战林'，让目光所及皆是风景。"

通过一系列脱贫攻坚有力举措，促进了村"两委"班子作用的发挥，村民精神面貌明显转变，村容村貌明显改善，群众收入明显增加，广大群众感受到了党的惠农政策的红利，感受到了省委统战部的深切关怀，感受到了各民主党派的深情厚谊，感受到了脱贫工作队的工作成效，获得感和幸福感明显增加，满意度和满意率明显提高，群众赶上了新时代，过上了好日子，致富奔小康的信心和劲头更足了。

多措并举真扶贫　同心共筑脱贫路

党的十八大以来，省发展改革委深入学习领会习近平关于扶贫工作的重要论述和系列重要讲话精神，树牢"四个意识"，坚定"四个自信"，做到"两个维护"，坚决贯彻落实党中央、国务院和省委省政府各项决策部署，始终把脱贫攻坚作为首要政治任务，坚持精准扶贫、精准脱贫基本方略，坚持扶贫开发与经济发展相互促进，与贫困地区高质量发展紧密结合，与生态保护、社会保障、对口帮扶等有效衔接，通过规划引领、政策支持、资金扶持等方式，聚焦靶心，压实责任，精准施策，狠抓落实，全力推动承担的脱贫攻坚各项任务完成。

坚持高站位推动，全面压实工作责任

省发展改革委认真履行省扶贫开发工作领导小组成员单位职责，将脱贫攻坚工作持续纳入重要议事日程，始终把脱贫攻坚放在心上、抓在手上，每两月至少召开一次会议听取脱贫攻坚工作汇报，研究安排具体工作。结合"两学一做"学习教育、"不忘初心、牢记使命"主题教育，采取党组会议传达学习、党组中心组集中学习、各支部学习讨论等形式，深入学习习近平总书记关于扶贫工作的重要论述，教育引导各级干部从决战决胜全面小康、实现第一个百年奋斗目标的高度，充分认清精准打赢脱贫攻坚战的政治意义和现实意义，以高度的政治责任感和历史使命感，推动党中央、国务院和省委省政府各项决策部署落地落实。

为切实加强党组对脱贫攻坚工作的组织领导，省发展改革委先后成立了委脱贫攻坚工作领导小组、脱贫攻坚问题整改工作领导小组等专门工作机构，明确职责任务分工，全面形成党组负总责、"一把手"亲自抓、处室抓落实的管理体制，定期召开会议研究部署工作，进一步压实工作责任，扎实推进绝对贫困"清零"行动住房安全保障、乡村电网基础设施建设、提高扶贫资金绩效、中央巡视反馈问题整改等各项工作。

历任省发展改革委党组书记及成员始终坚持以上率下，经常深入脱贫攻坚一线调研督导，主动赴联系的深度困难乡（镇）、贫困村开展大调研大排查。聚焦深度贫困地区脱贫攻坚重点突出问题，找原因、查"病灶"、开"药方"，推动精准帮扶措施落实落地。通过走访慰问贫困户，了解家庭困难及致贫原因，特别是就业、收入、教育、医疗、低保等措施落实情况，与户主攀谈交流脱贫致富的愿景和想法，征询对扶贫帮扶工作的意见建议，鼓励他们增强生活信心，通过自身努力和各方面帮扶，早日过上幸福美好的生活；在田间地头，细致查看中药材长势，询问生长周期、产量和销售价格，并强调一定要做好种植成本收益测算和后期市场营销工作，加快推广药材种植等因地制宜的产业扶贫项目。

强化顶层设计，发挥规划引领作用

2016 年，全国新时期易地扶贫搬迁这一脱贫攻坚的"头号工程"和标志性工程正式启动。为确保这一难度最大、投入最多的专项扶贫工程顺利推进，省发展改革委在深入调查摸底、广泛征求意见、积极汇报衔接的基础上，及时制定并修编《青海省"十三五"易地扶贫搬迁规划》，科学合理确定搬迁规模，安置住房建设面积标准，人均建房补助标准等重点内容，同时兼顾确需同步搬迁的非贫困人口，努力实现应搬尽搬。针对部分贫困地区的特殊困难和实际，组织编制了《青海省六盘山片区区域发展与扶贫攻坚"十三五"实施规划》《青海省涉藏地区区域发展与扶贫攻坚"十三五"实施规划》，对我省两个集中连片特殊困难地区区域发展与脱贫攻坚作了统筹安排。组织编制了《青海省乡村旅游富民工程建设规划》，筛选符合条件的 243 个村实施旅游扶贫项目，给予重点支持，并以拓宽贫困群众产业增收渠道为目的，编制《青海省"十三五"光伏扶贫规划》《青海省生态扶贫实施方案》等，让生态保护与脱贫攻坚实现"耦合"。

海东市互助土族自治县班彦村五、六社 129 户 484 人过去一直生活在山高路远、干旱偏僻的大山沟里，行路难、吃水难、上学难、就医难、务工难、娶妻难的"六难"问题，严重影响着群众生产生活。2016 年 4 月，班彦村易地扶贫搬迁项目正式实施。经过不懈努力，2017 年 3 月完成了整体搬迁，并在各行业各部门的大力支持下，农民群众的生产生活条件得到明显改善。如今，走进班彦村，平整的道路，错落有致的院落，富有现代气息的成行的路灯，黄蓝相间的红砖围墙，崭新的村级综合服务中心和文化广场，几代人梦寐以求的愿望变成了现实。村民吕志发自豪地说："依靠党的好政策，我们也像城里人一样住上了新房子、烧上了天然气、睡上了电热炕、喝上了自来水、用上了卫生厕所，还有了村集体产业，生活越来越好了。"

一路筚路蓝缕、一路春华秋实。经过广大干部群众和各级各部门的共同努力，截至 2019 年 10 月，《青海省"十三五"易地扶贫搬迁规划》确定的搬迁任务提前一年多全面完成，8 个市（州）、22 个县（市、区）、266 个乡（镇）、1249 个村的 4.8 万户、18 万人搬迁安置农牧户（其中建档立卡贫困户 3.17 万户、11.89 万人）全面搬迁入住，完成了"挪穷窝""换穷业""拔穷根"，实现了脱贫，开启了新生活。

在决战决胜脱贫攻坚座谈会上，习近平总书记强调，现在搬得出的问题基本解决了，下一步的重点是稳得住、有就业、逐步能致富。围绕这一要求，省发展改革委高度重视建档立卡搬迁群众后续产业就业，统筹谋划"今天怎么搬，明天怎么办"，协同推进"挪穷窝"与"换穷业"并举，搬迁与脱贫同步，实现了有劳动能力的建档立卡搬迁户 2.82 万户每户至少有 1 人有业可就的目标。作为"造血"产业，累计争取光伏扶贫指标 733.6 兆瓦，带动 7.7 万户 28.3 万贫困人口增收，打造了全国质量最优、管理最好、效益最佳、成本最低的光伏扶贫"青海典范"。

班彦村引进的光伏扶贫项目，总投资 1600 万元，年发电量约 300 万度，每年班彦村贫困户分配收益 28.5 万元，户均可增收 2500 元，持续收益 20 年。开餐馆、开超市、盘绣、养猪……青海班彦新村里的产业一片红火，找对路子，迈开步子，增收的路越来越宽，大家伙儿的底气更足了。2017 年，全村人均可支配收入为 7309 元，顺利实现脱贫摘帽，2019 年，人均可支配收入达到 10574 元。

加大资金投入，补齐贫困地区发展短板

习近平总书记多次强调，"小康不小康，关键看老乡""没有农村的小康，

特别是没有贫困地区的小康，就没有全面建成小康社会"。如何补齐全面建成小康社会这块最大的短板，让所有贫困人口不愁吃、不愁穿，义务教育、基本医疗、住房安全得到有效保障，是打赢脱贫攻坚战的一道必答时代考题。省发展改革委立足青海发展实际和脱贫攻坚需求，紧紧围绕"两不愁、三保障"，紧抓国家对贫困地区、涉藏地区加大支持力度的政策机遇，积极争取国家资金投入，加快补齐贫困地区短板。

争取落实易地扶贫搬迁中央预算内资金 11.89 亿元，会同省扶贫开发局持续加强易地扶贫搬迁项目督查排查，扎实推动我省易地扶贫搬迁工作，确保全面完成"十三五"目标任务，确保打赢易地扶贫搬迁这场硬仗。

争取落实中央以工代赈资金 11.17 亿元，建设农村中小型基础设施项目 228 个，发放劳务报酬共 3.47 亿元。通过项目实施，有效改善全省农村牧区基础设施条件，并由地方组织发动贫困群众参与项目建设，贫困群众通过投工投劳获得劳务报酬，直接增加了收入，逐步从"等、靠、要"的思想中脱离出来，走上自力更生脱贫致富的道路。全省"三区三州"深度贫困地区农村居民人均可支配收入逐年上涨，2018 年"三区三州"深度贫困地区农村居民人均可支配收入 10386 元，较 2015 年农村居民人均可支配收入 7776 元有了较大增幅，为贫困群众提供了短期提高工资性收入就地就近的务工机会。

补齐交通基础设施短板。先后完成格敦、格库及青藏铁路格拉段扩能改造等项目，西宁至成都铁路项目开工建设，基本形成全省"1268"铁路大通道格局。全省高速(含一级)公路可达 4040 公里,公路通车总里程达 8.5 万公里，所有县级行政区通二级公路，实现所有市州、30 个县级行政区通高速。累计争取中央预算内投资 9.52 亿元，安排农村扶贫公路建设项目 57 项，建设总里程 1248.5 公里。同时，果洛机场、祁连机场和格尔木机场改扩建工程建成投运，开展了共和、黄南等运输机场前期工作，形成了"一主六辅"机场运营格局。

落实对口援青资金 84.85 亿元（其中脱贫攻坚投入 21 亿元），实施各类援青项目 1100 多项，惠及贫困人口 45 万人，有效支持了贫困地区居民住房、农牧区基础设施、社会事业、特色产业、生态建设、基层政权建设、人才培训等领域发展。持续加大就业支援力度，累计开展就业培训 34000 余人次，提供就业岗位 28800 多个，达成就业意向性协议 2700 余份。通过产业发展、消费扶贫、就业培训、转移就业等方式累计解决 2.8 万人就业，实现"一人就业,全家脱贫"。

落实农口中央预算内投资 158.91 亿元 (其中水利资金 85.52 亿元、林业资金 60.52 亿元、农牧业资金 11.87 亿元、气象资金 1 亿元),主要支持了中小河流治理、农村牧区饮水安全巩固提升、坡耕地水土流失综合治理、三江源生态保护和建设二期、天然林资源保护、重点防护林工程、种养业循环一体化、规模化大型沼气、油料生产基地建设、农村人居环境整治等工程建设,有力提升了我省农牧业发展能力。

落实社会口中央预算内投资 89.14 亿元 (教育 22.67 亿元、卫生 29.98 亿元、就业 1.14 亿元、文化旅游 24.7 亿元、民政 5.7 亿元、体育 4.95 亿元),实施了教育现代化推进、全民健康保障、社会服务兜底、文化旅游提升、公共体育普及五大公共服务工程,持续推动社会领域公共服务补短板、强弱项、提质量,进一步改善贫困地区社会事业基础设施条件,保证全体人民在共建共享发展中有更多获得感。

义不容辞,扎实抓好定点帮扶

省发展改革委定点帮扶村有 6 个,分布于海东市、玉树藏族自治州 (海东市化隆回族自治县雄先乡电岗村、沙索麻村、其大吉村、巴麻塘村,化隆县二塘乡格许村,玉树州称多县拉布乡兰达村)。虽然分布在不同的地域,但都有一个相似之处,6 个扶贫村都是以藏族为主的村落,总人口 804 户 3108 人,建档立卡贫困户就有 229 户 784 人。

省发展改革委始终把定点扶贫作为义不容辞的政治责任,认真贯彻落实中央、省委定点扶贫决策部署,认真安排并落实结对认亲帮扶工作,及时对全委定点扶贫结对帮扶对象、第一书记和驻村工作队人员进行调整,进一步加强定点扶贫工作力量,制定印发《关于进一步加强第一书记和驻村工作队帮扶力量的六项措施》以及"村有特色"和"一户一策、因人施策"的帮扶计划和贫困户脱贫计划,形成完整的任务书、时间表和施工图。省发展改革委驻村干部秉持着"群众工作无小事","做好小事成大事"的原则,用解决贫困户的一个一个"小问题"来办好脱贫攻坚这项"大事业",并协调各方力量加大对 6 个定点帮扶村的资金投入力度。

注重发挥部门专业优势,先后编制了化隆县 5 村脱贫攻坚规划、称多县兰达村扶贫开发规划以及《称多县拉布乡兰达村乡村旅游扶贫建设规划》《化隆县雄先乡巴麻塘村乡村旅游扶贫建设方案》，在规划引导、项目建设、资金投入、结对帮扶等方面精准发力、精准施策。脱贫攻坚期间，先后下拨项目建设资金 1.04 亿元，助力 6 个帮扶村实施了道路硬化、蓄水池、排洪渠、危房改造、人畜饮水、中草药种植、光伏电站扶贫等一批基础设施配套建设项目以及产业扶贫项目，有力推动了帮扶村经济发展。

　　海东市化隆县格许村是纯脑山村，有 3 个社共 111 户 493 人，贫困户 13 户 46 人，属藏汉混居村。海拔 3200 米左右，干旱少雨，气候寒冷，农作物产量不高，村民们靠天吃饭，生活贫困，是全县重点贫困村。由于村里贫困，村内的各项基础设施非常差。通过几年的定点帮扶，格许村基础设施建设总投入达 1400 余万元，新建了村级综合服务中心办公楼、文化广场、篮球场、文化室，在全村安装太阳能路灯 130 盏，实施危旧改造 34 户，对村道主线两旁的农户土墙进行改造 73 户，对村内巷道道路硬化 4 公里等。公路通车的那天，村里举办了隆重的庆祝会，村民们自发表演了文艺节目，表达了他们对党的惠民政策的感谢和扶贫政策的感恩。在庆祝现场，村民沈严红激动地说："原来这是条很窄的土路，人走都费劲，更别说开车了。现在这条通村公路修得又宽又好，一路通到家门口，我们出行方便多了。"

　　截至 2019 年底，省发展改革委定点帮扶的 6 个贫困村均已通过各级检查验收，实现脱贫退出，可谓是迎来翻天覆地的时代之变。如今，一大批基础设施、民生工程项目实施取得的成果让老百姓看在眼里、美在心里，这不仅改变的是村容村貌，群众的满意度不断提升，获得感和幸福感不断增强，由心而生奔向幸福生活的精神头也更加十足。

新起点再出发，持续巩固脱贫成果

　　习近平总书记在全国脱贫攻坚总结表彰大会上庄严宣告：现行标准下农村贫困人口全部脱贫，贫困县全部摘帽，贫困村全部出列，区域性整体贫困得到解决，完成了消除绝对贫困的艰巨任务，创造了又一个彪炳史册的人间奇迹！同时指出，脱贫摘帽不是终点，而是新生活、新奋斗的起点。下一步，省发展改革委将按照党中央、国务院决策部署和省委省政府工作要求，以强烈的政治责任感和历史使命感，切实发挥好部门职能作用，坚决做好巩固拓展脱贫攻坚成果同乡村振兴有效衔接各项工作，围绕立足新发展阶段、贯彻新发展理念、构建新发展格局面临的新形势、提出的新要求，持续巩固易地扶贫搬迁和定点帮扶工作成果，保持帮扶政策、资金投入、帮扶力量总体稳定，进一步发挥以工代赈政策作用，为全省乡村振兴贡献发改力量。

提高政治站位　精准综合施策
坚决打赢打好教育脱贫攻坚战

8 年间，全国 832 个贫困县全部摘帽，现行标准下近 1 亿农村贫困人口全部脱贫。终于在 2020 年，困扰中华民族千百年的绝对贫困问题画上了句号。全国人民在我们党的领导下完成了这项具有划时代意义的伟业。历史是忠实的记录者，它默默地为这场伟大的脱贫攻坚战书写了精彩注脚。在这幅波澜壮阔、举世瞩目的战贫篇章中，"教育"二字熠熠发光。

党的十八大以来，我们紧紧扭住教育这个脱贫致富的根本之策，强调再穷不能穷教育、再苦不能苦孩子。8 年来，教育为帮助无数家庭战胜贫困、改变命运，迎来美好生活，为阻断贫困代际传递、全面建成小康社会作出了历史性贡献。

"发展教育脱贫一批"是党中央的重大决策部署，是阻断贫困代际传递的根本之策。党的十八大以来，全省教育系统认真学习贯彻习近平新时代中国特色社会主义思想和党的十八大、十九大精神，全面落实党中央和国务院关于脱贫攻坚的战略部署，按照教育部和省委省政府关于全面打赢教育脱贫攻坚战的总体安排，把教育脱贫攻坚作为最大的政治责任、最大的民生工程、最大的发展机遇，坚持"治贫先治愚，扶贫先扶智"，充分发挥教育扶贫的基础性、先导性作用，聚焦目标任务，完善政策措施，加大攻坚力度、落实力度和督导力度，提升教育对脱贫攻坚的服务能力。

政策体系更加完善

突出"义务教育有保障"目标，坚守教育脱贫底线，强化政策举措，层层压实责任，形成了与国家教育脱贫攻坚战略部署相衔接、与各地脱贫攻坚落实举措相协调的教育扶贫制度框架。聚焦贫困村、贫困户和贫困家庭学生最突出的困难和问题，从学位保障、教学保障、资助保障等出发，进一步细化政策措施，形成配套衔接的政策体系。

深入贯彻落实中央和省关于教育脱贫攻坚工作的各项决策部署，及时制定相关配套措施，健全完善推动落实机制，有效促进各项工作落实落地。在《青海省"十三五"教育改革和发展规划》中，单独设"实施教育脱贫行动计划"一章，明确教育脱贫攻坚重点任务。先后制定出台《青海省教育脱贫攻坚行动计划》《青海省推进教育脱贫攻坚实施方案》《青海省深度贫困地区教育脱贫攻坚实施方案（2018—2020年）》《关于解决建档立卡贫困家庭适龄子女义务教育有保障突出问题实施方案》《青海省教育脱贫攻坚"清零"实施方案》《关于巩固提升教育脱贫成果"补针点睛"专项行动方案》。

兜底保障更加牢靠

义务教育有保障是"两不愁三保障"的底线目标之一，影响着脱贫攻坚的成效和全面小康的底色。守土要有责，守土务尽责，守土必负责。行走在控辍保学的路上，千千万万的教育系统干部、校长、教师们以"踏遍千山万水、走进千家万户、想尽千方百计、说尽千言万语"的精神奔忙着，为"义务教育有保障"工作上紧一道道保险阀。

把促进教育公平作为促进社会公平的重要基石，不断完善教育资助政策，全省构建了从学前教育到高等教育地域全覆盖、阶段相衔接的教育资助体系，确保各级学校的学生不因家庭贫困而失学。2016年起，面向6州全体学生和西宁海东贫困家庭学生实施15年教育资助政策，每年80余万名学生受益。目前，义务教育除保留校服费、伙食费外，不再收取任何费用。认真落实国家助学金和生源地贷款等贫困大学生资助政策，形成以政府为主，各行业部门、社会组织、企业捐助和个人捐款等多种资助方式组合的大学生资助体系。农村义务教育学生营养改善计划全面覆盖贫困地区，每年近40万名学生受益。

多日杰拉夫旦的家庭是建档立卡贫困户，"当时我辍学在家，祁连乡镇府的叔叔阿姨们好几次来动员我去上学，我想还是读书吧，要不然我会没有工作、没有前途，我想走出去，看看外面的世界！想继续读书，考高中、考大学！"学校为多日杰拉夫旦同学安排好了一切，给他开辟了"绿色通道"，第一时间给他办理入学手续，在校所有费用包括生活费、校服费、床单被套费全部免费。经过一段时间的努力，目前的多日杰拉夫旦同学正在慢慢适应学校生活，他在课堂上认真听课，也交到了自己的许多好朋友！所有人都关心关注着他，希望他能用知识改变命运，朝着梦想的彼岸前行。

紧紧围绕义务教育有保障总体目标，利用3年多的时间，全面深入开展控辍保学专项行动，建立户籍信息、建档立卡贫困人口信息与学籍信息比对机制，对疑似失学、辍学的适龄儿童少年逐一摸排劝返，实行实时监测，坚决防控新增辍学，实现动态清零。全省各地因地制宜、分类施策，加强教育教学保障，妥善安置劝返学生，强化劝返学生教育质量跟踪问效，全面提升义务教育质量。2018年，全省义务教育巩固率达到96.85%，提前实现国家规定的规划目标，中央政治局委员、国务院副总理孙春兰同志作出批示，肯定鼓励我省"控辍保学"工作。2019年5月，教育部在我省召开全国"控辍保学"暨农村学校建设工作现场推进会，推广我省"控辍保学"工作经验。

办学条件显著改善

从西宁前往果洛，一路上感受最多的就是一个个急弯和一座座大山。当车终于跨过最后一个弯道，城镇点缀着草原，草原拥抱着城镇，眼前豁然开朗，便来到了果洛藏族自治州玛沁县。问及当地的干部群众草原上最美的地方在哪里？他们会一口回答：在学校，因为最漂亮的建筑是学校；最优美的环境在学校；最一流的基础设施在学校；最高处飘扬的国旗也在学校。以玛沁县第二民族小学为例，"过去土院子，土房子，里面坐着土孩子。以前的玛沁县第二民族小学全部都是土坯房。冬天窗户用塑料布遮挡，外面大风呼啸，里面师生瑟瑟发抖。坑坑洼洼的地面，需要捡石头垫桌凳维持平稳。劣质墨汁涂刷而成的木制黑板，粉笔书写后，没多久又要再次刷黑才能用。"说起学校以前的样子，2001年进校的加羊措老师满是感慨。

脱贫攻坚以来，全省教育系统坚持"兜底线、保基本"导向，突出贫困地区，聚焦薄弱学校，有针对性地解决大班额、D级危房、教学资源短缺等突出问题，统筹实施学前教育三期行动计划、义务教育"全面改薄"工程、"能力提升"工程、高中阶段教育普及攻坚计划、现代职业教育提升计划、教育现代化推进工程等一批教育民生工程，面向全省贫困地区累计投入教育建设项目资金129亿元，建设校舍面积320万平方米。农牧区学校的校容校貌大为改观，办学条件得到显著提升，实现贫困地区学前教育资源全覆盖，有力推动义务教育均衡发展，持续扩大高中阶段办学资源，农牧区学生"有学上、上好学"得到有效保障。

同时，高校招生政策向贫困地区倾斜，累计安排省内高职精准扶贫招生计划12155名，本科扶贫、涉藏地区、生态三个专项招生计划2950名。同时，省属高校承担教育部下达的农村和贫困地区专项计划2023名。支持贫困家庭高校毕业生就业，建立精准帮扶台账，开展技能培训和重点推荐，举办全省高校毕业生困难群体就业专场招聘会，2020年贫困家庭学生就业签约率达到93.28%，高于全省平均水平。

均衡发展促进教育公平

"教育为公，以达天下为公。"教育公平是社会公平的基石，更是实现社会公平的重要途径。

"十三五"期间，制定了《关于统筹推进县域内城乡义务教育一体化改革发展的实施意见》《义务教育学校消除大班额专项规划》，实现城乡教师编制、经费保障、学校建设、教育装备城乡四统一。制定《青海省义务教育均衡复查监测办法》《青海省县域义务教育优质均衡发展督导评估实施方案》，构建义务教育均衡发展的长效机制，城乡、区域、校际差距不断缩小。"两免一补"资金和生均公用经费补助资金随学生流动可携带，与当地学生享有同等的教育惠民政策。

2020年9月，经国家教育督导检查，全省所有的县（市、区、行委）均达到国家评估认定标准，全面实现义务教育基本均衡，教育发展更加公平。

逐步扩大涉藏地区省内外异地办班规模，创新省内异地办学模式。"十三五"以来，我省先后在辽宁、湖北、北京、上海、天津、浙江、江苏、山东、四川、重庆、江西、内蒙古等12个省市的27所学校举办青海异地普通高中班（中职班），同时，相继在省内东部地区建成三江源民族中学、玉树海东中学、西宁果洛中学等学校，面向民族地区招生，为少数民族学生成长成才创造便利条件。2020年秋季，共向省内外输送六州高中（中职）学生2900余名，省内外异地办学办班规模达到1.19万人。2019年，辽宁盘锦市高级中学异地办班学生185人参考，本科上线人数146人，本科上线率78.91%。俄金曲培同学以 630 分的成绩获全省藏文文科状元，才仁东周同学以 587 分的成绩获全省藏文理科状元。江苏省南京市江宁高级中学 84 名学生参考，本科上线率100%。

教师队伍水平逐步提升

把教师队伍建设作为提高教育质量的关键环节和核心任务，努力建设一支面向贫困地区下得去留得住教得好的教师队伍。2016 年起，全面实行乡村教师生活补助制度，全省 2.1 万名乡村教师受益。实行特殊职称评审政策，实现即评即聘，有效稳定了乡村教师队伍。调整特岗教师政策，实现当年招聘、当年纳编，解决教师流失现象突出的问题。实施省内公费定向师范生培养，按照"州来州去""县来县去"的原则，培养紧缺学科专业教师，从源头上提升贫困地区中小学教师培养质量。

"虽然支教工作结束了，但我的心始终牵挂着青南和那里的孩子们。回到原岗位，孩子们时常会出现在我眼前，支教已经成为人生中的重要部分，我也在支教中成长了很多。"说话的是西宁市湟川中学的历史老师段浩。

2015 年 9 月，他第一次来到玉树，"因为是民族地区，很多孩子的普通话不太好，对学科知识的理解有些困难，需要一次又一次、一遍又一遍不断重复讲解。"段浩说。

在玉树的每一天，段浩都被大量的工作包围着，但他每天还是会写工作笔记，不仅是给自己留个纪念，也是希望能够给以后的老师们留点资料。

深化青南地区教育对口支援，每年从省内东部地区选派 500 名支教教师，帮助青南地区加强教育内涵建设。加大国培、省培工作力度，全面加强和改进教师培训工作，实施昆仑领航计划、骨干成长计划和能力提升计划，推进教师培训"百千万"工程，着力提高贫困地区教师队伍水平。

从芳华到华发，从湖畔到雪原，从物质保障到精神关怀，教育系统努力为贫困地区培养着一支支"特别能战斗、特别能吃苦、特别能奉献"的生力军。收入提高了，规模壮大了，结构改善了，素质增强了。数以万计的乡村教师，默默坚守、无私奉献，用爱为山区孩子们点燃梦想、点亮人生。

智力支持夯实"造血"基础

幸福生活是奋斗出来的，越奋斗越幸福。教育是最持久、有效的扶贫，扶教育之贫，更要靠教育脱贫，在发展职业教育助力脱贫攻坚上得到了最生动的体现。

"我上学时，就尝试着在网上出售青海特产了。"毕业于海南州职业技术学校的藏族小伙儿索南拉旦说。他把自己所学的电子商务专业发挥得淋漓尽致，短短几年，他的网店已小有名气，和外界畅通的交流使自己的生活也与世代以放牧为生的父辈们有了根本的改变。而改变索南拉旦命运的就是青海省实施的职业教育"圆梦行动计划"。

深化产教融合、校企合作，与华为、比亚迪等国内知名企业签订人才培养战略协议，与1300多家企业签订实习或就业协议，职业教育吸引力和服务能力进一步增强。面向未升学的初高中毕业生、农牧民、退役军人、残疾人、转岗人员、下岗失业人员等群体开展技能培训。实施职业教育"圆梦行动计划"，统筹协调24所国家示范和重点中等职业学校，选择就业较好的107个专业，累计招收建档立卡贫困家庭子女2700余人。

职业教育敞开大门，让一批又一批贫困学子"进得去、上得起、学得好"，既增长了知识、技能，又增添了自立自强的信心勇气，激发了奋发向上的精气神，为阻断贫困代际传递、拔除"穷根"注入了持久的动力。

服务产业升级和稳定就业，充分挖掘高校办学空间，积极探索招生新模式，单列"面向退役军人"计划和"面向下岗失业人员、农民工、新型职业农民"计划，拓宽职业教育人才多样化成长渠道，助力教育脱贫攻坚。省内高校及职业院校充分发挥智库作用和科技优势，在贫困地区教师培训培养、推进特色优势产业、农牧业转型升级及技术革新、旅游扶贫等方面取得一系列成果，为农牧民脱贫致富提供智力和技术支撑。

语言，是打开贫困群体与外界交流连通的窗户，也是影响脱贫的根本性问题。在脱贫攻坚的伟大实践中，"扶贫先通语"的普通话推广行动让语言不再成为阻碍脱贫的"绊脚石"。全省普通话普及率由2018年45.1%提高到2020年的76.31%。教育对促进贫困地区社会经济发展和提升农牧民脱贫致富能力起到积极作用。

2018年以来，累计投入2255.5万元，开展7421名学前教育阶段和义务教育阶段普通话不达标教师专项培训，运用《幼儿普通话365句》读本组织3.6万名农牧区儿童学说普通话。落实"三区三州"教育脱贫攻坚推普资金803.2万元，以"普通话＋职业技能"的方式，在15个深度贫困县开展新增劳动力、青壮年劳动力、基层干部普通话专项培训。对全省 15 个深度贫困县建档立卡贫困人口中不通普通话的青壮年劳动力实施免费"语言扶贫"APP 项目，进一步提升农牧民国家通用语言文字水平，增强致富内生动力。

科技扶贫勇担当　富了"脑袋"富"钱袋"

　　科技扶贫是加快贫困群众脱贫致富步伐的重大举措。近年来，青海省牢记习近平总书记嘱托，结合科技扶贫特点，主动扛起扶贫政治责任。回望青海大地，依靠科技创新助力精准扶贫的局面正在全省形成。

　　这是一份科技资源助力脱贫攻坚的优异"成绩单"：统计显示，五年来，省科学技术厅累计整合资金 3.4 亿元，组织全省 5376 名科技工作者投身扶贫一线，在全省 1105 个企业、合作社开展服务，领办创办实体 93 个，累计推广新技术 417 项，建立示范基地 155 个，为受援地引进项目 230 个，引进资金 5214 万元。培训基层科技人员 923 人（次），培训基层技术骨干 6887 人，培训农牧民近 11000 人（次）。

　　体制机制创新　加强科技扶贫顶层设计

　　近年来，青海省坚持和加强党对科技扶贫工作的全面领导，深入开展习近平总书记扶贫战略重要论述专题学习研讨，把责任担当体现在扶贫实践中。根据省委省政府《关于打赢脱贫攻坚战　提前实现整体脱贫的实施意见》精神及其主要目标任务责任分工，省科技厅结合科技工作的实际，担起脱贫攻坚的科技重任，制订了《青海省科技扶贫专项方案》，紧紧围绕"四年集中攻坚，一年巩固提升"的总体部署，精心组织实施科技信息支撑、科技人才支撑、产业技术支撑、科技扶贫示范等四大行动，建立青海省精准扶贫信息化服务平台，每年选派千名科技人员深入贫困地区生产一线开展科技扶贫技术服务。重点实施 50 个产业扶贫示范项目，建立 50 个农牧业产业化科技示范基地。

　　积极将科技扶贫纳入全省扶贫"1+8+10"政策体系，组织动员全省科技工作者积极投身科技扶贫事业，充分调动全社会科技资源助力精准脱贫，深入推进产业扶贫和定点扶贫工作。

过去五年，我省制定了科技特色鲜明的科技扶贫工作方案。行业扶贫以科技信息支撑、科技人才支撑、产业技术支撑、科技扶贫示范等四大行动为核心，以信息支撑、人才支撑、产业技术支撑为抓手，以创建民和科技扶贫示范县为样板，科学设置了扶贫村科技信息服务、人才服务全覆盖，实施 50 个产业扶贫示范项目、建立 50 个农牧业产业化科技示范基地等目标任务，推动形成地区特色明显的组合式、菜单式科技扶贫模式。定点扶贫方案以科技助力村集体产业"破零提升"为切入点，形成党建引领、因村制宜、要素支撑的发展新格局。

科技信息化服务　扶贫"聚能"得实效

2015 年 11 月初，精准扶贫信息化服务管理平台在我省海东市民和回族土族自治县上线运行，当年即实现了对民和县 125 个贫困村、10646 户贫困户42262 名贫困人口的动态精准识别。

扶贫第一步，"摸底"最关键，这其中，如何发挥"数"的作用，青海在创新中探索答案——建立基于我省的精准扶贫信息化服务平台。

几年间，这一实现个性化、智能化、精准化主动推送服务和技术培训服务的"聚能"平台，在河湟谷地全面铺开。

除了信息的精准识别，依托青海省国家农村信息化示范省建立"基于地理信息的农业生产主动服务系统""基于物联网技术的特色农牧产品质量追溯服务系统""特优农产品电子商务服务系统"等，我省搭建"1+3"精准扶贫信息化服务模式，完成农村信息服务主动推送覆盖 1873 个村，累计推送信息246320 条，服务 23437734 人（次），服务信息涵盖了先进适用技术、春耕备播、就业劳务、政策培训、村级事务管理、疫情防控等。

通过信息综合服务平台主动推送服务，专家、科技特派员全流程的信息化主动服务，不仅指导农户掌握先进的种养殖技术，而且指导农户科学合理使用化肥、农药等投入品，大大降低农民的劳动强度，有效提高农户生产效率的同时，减少了农业生产的不合理投入，节约农户生产成本，提高农户种植的积极性和种植、养殖的生产效益。

青海省还利用"互联网+"技术，依托农村信息化综合服务平台，建立"基于地理信息的农业生产主动服务系统""基于物联网技术的特色农牧产品质量追溯服务系统""特优农产品电子商务服务系统"等,搭建"1+3"精准扶贫信息化服务模式,按照"1+3"精准扶贫信息化服务模式,建设了具有基础数据管理、动态监测、数据统计、监督管理、在线指挥等5大功能的青海省精准扶贫工作大数据平台。

这一平台,实现了海东市1587个行政村、634个贫困村、48400户贫困户、175766人贫困人口的全覆盖动态精准识别。通过该平台,可直观实时查看到驻村干部工作情况、贫困人口基本情况、扶贫措施落实情况等。

不仅如此,依托青海省精准扶贫工作大数据平台,我省开发了"互联网+纪检监督+精准扶贫"的纪检监督信息化平台,强化扶贫领域监督执纪问责,让有限的资金用在"刀刃"上,为坚决打赢脱贫攻坚战提供坚强纪律保障。通过平台采集、整合、比对精准扶贫政策和项目落实情况数据信息,实现对贫困村脱贫进度进行实时督查,累计采集数据信息400多万条。比对出异常信息1.4万条,梳理出问题线索2016条,整改落实工作465条,平台收到信访信息759条,已问责处理案件15件。

为此,2017年青海省科学技术信息研究所平台服务中心被全国科技助力精准扶贫工程领导小组办公室评选为2017年度全国科技助力精准扶贫先进团队。

人才下沉 为脱贫攻坚提供智力支持

科技创新,关键在人。

脱贫攻坚领域的"渔"是什么?科技无疑是答案之一。科技扶贫作为国家扶贫开发战略的重要组成部分,30多年来已然硕果累累。广大科技工作者深入贫困地区,围绕解决贫困群众温饱问题,瞄准地方特色主导产业,有针对性地开展科技成果转移转化,加强农民技能培训,成功创造了不少科技扶贫经验,涌现出一大批先进典型。

我省"三区人才"胡小朋常年坚持在田间地头开展培训、指导技术,以补齐贫困村农业生产的科技"短板"为方向,通过良种良法和主推技术的示范应用,帮助各贫困村更好地理清了种植业结构调整思路,引入优良品种、高效栽培技术和病虫害防控措施,帮助解决农民在生产中遇到的实际问题,先后推广新品种、新技术40余项,主导或参与省市重点科研项目19项,获得科技成果22项,被称为农民的"及时雨",荣获2017年度全国科技助力精准扶贫先进个人称号。

以"三区人才"马玉寿为负责人的青海省畜牧兽医科学院草原所草地生态恢复与管理研究室团队，长期致力于青南牧区草场治理与恢复工作，近年来，已累计完成黑土滩治理与人工饲草建植面积约 30 万亩，为青南牧区脱贫工作做出了重要贡献，研究团队荣获 2018 年度全国科技助力精准扶贫先进团队。

这仅是我省特级特派员、"三区"人才献智于基层、服务于基层、普惠于基层的缩影之一。

回望过去五年，青海利用科技资源，加快实施各类人才计划，加大科技人才的引进培养力度，努力营造科技人才创新创业社会环境，为青海经济社会发展和科技事业进步提供强有力的人才支撑。

五年来，我省累计选派 4645 名"三区"人才，围绕农村科技创新创业、精准扶贫、农牧业产业化发展、新农村和新牧区建设提供科技支撑，一大批农村科技人才在田间地头发挥出"智脑"作用。

2020 年全省受培基层科技人员 923 人（次），服务 5576 个村庄，1105 个企业、合作社、农民协会等机构，创办领办企业、合作社、农民协会等机构 93 个，累计推广新技术 417 项，建立示范基地 155 个，为受援地引进项目 230 个，引进资金 5214 万元，培训基层技术骨干 6887 人，培训农牧民 11000 人（次）。

人才下沉，才能结出科学技术因地制宜惠民增产的硕果。2018 年以来，我省引进熊掌菇、红顶侧耳、姬菇、灵芝等食用菌新品种 11 个，在青海省乐都、平安、民和、互助、门源，甘肃省天祝等地的林场采集驯化云芝、刺参菇等食用菌品种 4 个，使 700 余户农户和 5 家企业推广示范房前屋后、仿野生种植等模式种植食用菌面积达 800 余亩，亩产 3000—5000 千克，对海东市乃至青海省食用菌产业技术提升极大推动。如今，田间地头的"小蘑菇"已成为青海农民脱贫致富的"金疙瘩"。

新冠疫情发生后，省科技厅还联合电信、移动、联通三大运营商累计向 3864 万用户推送科普宣传防控信息，通过省农村信息化服务平台向广大农牧民群众推送疫情防控信息，累计接收用户数量达到 202173 户，同时通过省科技厅网站、青海省农村信息化综合服务平台发布防控科普知识，指导公众正确认识新型冠状病毒以及防护知识，加强自身防范。

"造血"扶贫　为贫困户增收提供新路径

民和回族土族自治县新民乡若多村建档立卡贫困户 35 户 122 人，总耕地面积 2107 亩，地处脑山，干旱缺水、种植结构单一。长期无法"摘帽脱贫"，成为困扰当地经济发展重要因素，怎么办？——将种植青薯 9 号马铃薯与电商结合，成为增加当地农民收入的"法宝"。

借助电商平台优势，若多村马铃薯产业逐年扩大，销售渠道宽了，同时卖上了好价格，马铃薯种植户户均增收 4000 元以上，有的马铃薯种植户收入突破万元,若多村老百姓眼里的"土蛋蛋"已变成了村民增收致富的"金豆豆"。

扶贫先扶志、扶贫必扶智、"造血式扶贫"，成为党中央对扶贫工作的重要要求和人们的共识。

扶贫产业是稳定脱贫的试金石，有产业带动，脱贫人口才能获得持续性的财产收益，才能有保障、稳得住。针对贫困地区的资源禀赋和要素条件，青海省加强贫困地区信息基础设施建设，利用互联网搭建脱贫大市场，支持农村电子商务发展，大力培育"互联网＋现代农业"新业态新模式。

为发挥科技示范引领的作用，近年来，青海省依托全国电子商务进农村综合示范项目，谋划发展农村电商产业，着力构架"工业品下乡"与"农产品进城"双向流通的电商通道。2017 年实现了贫困村电商全覆盖，全县"工业品下乡"和"农产品进城"电商双向流通渠道全面打通。

数据显示，截至 2020 年 10 月，"工业品下乡"完成 58 万单、8200 万元，"农产品进城"完成 31 万单、4300 万元，马铃薯、蜂蜜、马营陈醋、苹果、藏式牦牛肉干等 20 余种农特产品逐步在电商渠道上销售，消费扶贫稳步推进，250 余户建档立卡贫困户 1100 余人累计增收 100 万元。民和电商扶贫（消费扶贫）入选全国电商精准扶贫典型案例 50 佳，成为我省唯一入选案例。

如何围绕各地扶贫特色农牧业产业发展需求，优化科技供给链，不断提升科技创新对扶贫产业的支撑能力？因地制宜、因材施策是关键。

"从来不敢想，如今自己竟然当起了小老板，住进了二层小洋楼。2016 年年底宾馆的收入还了债，还摘掉了贫困户的'帽子'。"

海西蒙古族藏族自治州乌兰县茶卡镇巴音村，贫困户姜发菊的丈夫因病去世，家中负债 7 万多元，两个女儿还在上大学，生活十分艰难。为了帮助姜发菊一家摆脱贫困，扶贫工作队争取省科技厅资助 1.11 万元，为姜发菊购买了床、被褥等家庭宾馆用品，全力支持她发展旅游服务业。经过一番努力，2015 年，姜发菊拥有 5 间客房的家庭宾馆开业了。如今，姜发菊申请了五万元贷款，扩建了家庭宾馆。

在巴音村，有很多像姜发菊一样经营家庭宾馆的村民。为满足游客需求，客房全部按照星级宾馆标准建设。截至目前，全村共开设 30 家家庭宾馆和农家乐，客房 328 间，共接待游客 11.2 万人，户均增收 8.5 万元以上。村民得到了实惠、尝到了甜头，发展旅游服务业的积极性空前高涨。

几年来，青海省在东部农业区加大马铃薯、油菜、蚕豆等重点农作物新品种示范，新技术引进推广工作力度；在环湖农牧交错区，重点支持青稞、藏羊高效养殖技术，两年三胎繁殖调控技术等；在青南牧区，重点支持牦牛高效养殖，精深加工技术等；在海西绿洲农牧业区，重点支持枸杞、藜麦优质栽培技术，柴达木肉牛高效养殖技术等；同时，在沿黄等自然条件相对优越地区，重点支持食用菌、中药材、百合、富硒黑蒜种植等扶贫新型产业发展。

统计显示，截至目前，青海省共投资 14975 万元实施 54 项产业化扶贫项目。推广示范新品种、新技术 87 项，带动贫困农户 4760 户。建立示范基地 50 个，推广示范新品种、新技术 109 项，带动贫困农户 1825 户。立足农牧业绿色发展，青海全力打造扶贫产业亮点，整合财政资金 1.54 亿元，企业资金 0.76 亿元，组织实施产业化扶贫项目 56 项，建立项目基地、示范基地 250 余个，推广示范新品种、新技术 196 项，带动贫困户 6585 户，全面完成科技扶贫方案确定的目标任务。

不仅如此，立足区域优势特色产业，发挥农业科技园区和科技示范基地对当地扶贫产业在农牧业新品种和新技术示范方面的引领作用势在必行。几年来，青海省依托西宁、海东、海西、海南和海北 5 个国家农业科技园区，38 个省级农业科技园区，立足区域优势特色产业，打造 50 个产业化科技扶贫示范基地，创新科技扶贫模式，实现科技支撑产业脱贫致富。依托产业化扶贫示范基地带动贫困户及边缘户 2356 户，推广示范新品种、新技术 87 项、培训农牧民 3522 人（次）。

科技信息支撑、科技人才支撑、产业技术支撑、科技扶贫示范……砥砺奋进的"十三五"，青海用科技的力量，为高原农牧业发展和贫困群众脱贫奔小康播撒出"金种子"，在高原"科技春天"中，小小种子源源不断孕育出科技创新的扶贫大动能。科技创新在打赢脱贫攻坚战中的支撑引领作用日益凸显,五年来,青海以"钉钉子"精神,靠一件件实事,扎实全面完成了科技扶贫目标任务,书写了贫困群众受益、基层人才给力、扶贫产业兴旺的科技扶贫新篇章。

充分发挥社会救助兜底脱贫作用
全面助力打赢脱贫攻坚战

贫困之冰，非一日之寒；破冰之功，非一春之暖。青海作为多民族聚居的西部贫困地区，社会经济水平不高、贫困面广、贫困程度深、救助压力大，因而，在打赢脱贫攻坚战中，民政部门承担着解决贫中之贫、困中之困、坚中之坚的重要职责。我省通过完善救助政策、加大资金投入、提升救助标准、统筹救助资源等措施，有效发挥了低保等社会救助在打赢脱贫攻坚战中兜底脱贫作用。凝眸回望，一串串饱含爱心与温暖的关键词跃然眼前，在全省脱贫攻坚工作中写下了浓墨重彩的一笔。

高度重视，强化组织领导

民政厅党组高度重视精准扶贫精准脱贫工作，深刻认识到要做好兜底脱贫工作，拿出踏石留印、抓铁有痕的劲头，发扬钉钉子精神，锲而不舍、驰而不息抓下去。5 年来，省民政厅以党组会、厅务会和专题会议等形式，先后近百次研究精准扶贫工作，对出台的有关脱贫攻坚的政策措施专门研讨，专题部署，力争使政策措施接民意、符实情、落实处。因此，我省出台了一系列制度文件，构建形成"1+3+N"的社会救助兜底保障工作格局。厅主要领导和分管领导也多次深入结对扶贫村、贫困户家庭进行调研，看望慰问驻村工作队成员，听取驻村工作队和厅指导协调驻村扶贫工作领导小组办公室工作汇报，了解贫困家庭的实际情况。

青海省各市州民政部门为做好社会救助工作，对救助模式进行了创新，纷纷组织试点。各级民政部门始终将兜底保障等工作列为重中之重，将责任扛在肩上，将政策落到实处。近年来，人民群众的幸福感、满足感、获得感在省委省政府及各级民政部门的努力下大幅提高，从获得救助的贫困户的双眸中看到了希望，从脸庞洋溢的笑容中看到了幸福。一张张面孔，一双双眼睛仿佛是一盏盏指路的明灯，不断指引着我们将社会救助工作踏踏实实地做下去，不断提醒我们时刻站在人民群众的角度帮助他们解决困难。

提高标准，造福于民

社会救助是社会保障的最后一道安全网，是保障和改善民生、维护社会公平、增进人民福祉的基本制度保障，是促进经济社会发展、实现广大人民群众共享改革发展成果的重要制度安排，是治国安邦的大问题。

祁建梅，是大通回族土族县朔北乡阿家堡村村民，家庭条件虽然算不上太富裕，但凭着夫妻两人的努力，日子过得倒也红火。可是天有不测风云，2018 年在家干活的祁建梅突感眩晕、四肢无力，家人及时将她送到医院。经过检查，祁建梅被确诊患有病毒性主动脉炎，住院期间共花费 17 万余元，经新型农村合作医疗和人寿保险公司报销后还剩 7 万多元。正当祁建梅一家为巨大的医疗支出一筹莫展时，朔北乡民政办工作人员及时为祁建梅申请了大病医疗救助，经过民政部门录入核查，为祁建梅家报销了 43880 元，及时减轻了家庭经济压力。

海北藏族自治州祁连县八宝镇冰沟村低保户、精准扶贫对象丁永贵，2020 年因在红崖湾盖牛棚时，不慎从高处跌落，导致头部严重损伤，送至张掖河西学院附属医院重症监护室进行抢救，初步诊断为急性重型脑颅损伤，脑挫裂伤，蛛网膜下腔出血，胸部闭合性损伤，多发肋骨骨折等多重病症。事故发生后，祁连县民政局在第一时间掌握其家庭情况后，立即采取行动，与八宝镇积极沟通，开辟绿色通道，鉴于其家庭目前看病花费数额大，无力再继续支付医疗费用，经局务会议研究批准，按照"救急难"先救后补的程序，给予最高救助 37980 元，有效解决了丁永贵家庭"燃眉之急"。

2016 年以来，我省临时救助上限由原先的 2 万元提高到城市低保标准的 5 倍。乡镇（街道）临时救助审批权限由 2000 元提高到 5000 元。特别是 2020 年新冠疫情发生以来，我省以更大的决心、更强的力度，做好"加试题"、打好收官战，聚焦做好"六稳"工作、落实"六保"任务，坚持疫情防控和脱贫攻坚两条战线作战，认真排查疫情对脱贫攻坚的影响，精准落实应对疫情影响关键措施，积极创新救助模式、优化救助程序、加大救助力度，全力防止发生因疫因灾致贫返贫问题，全年累计救助 29.3 万人，发放资金 3.05 亿元，困难群众急难问题得到有效解决，切实保障好了困难群众的基本生活。同时，连续 5 年提高了农村低保标准和特困供养标准，农村低保标准由 2016 年的 2970 元 / 年提高到 4800 元 / 年，农村低保分类施保金由定额救助改为动态调整，达到 720 元 / 年；特困供养对象基本生活标准由 600 元 / 月提高到 960 元 / 月，轻度、中度、重度失能人员照料护理费分别达到 340 元 / 月、510 元 / 月和 850 元 / 月；建立了农村低保和农村特困供养对象取暖救助机制，按 800 元 / 户标准农村困难发放救助，三年来累计为 31.02 万户困难群众发放取暖金 3.53 亿元；落实全省重度残疾人护理补贴和贫困家庭残疾人生活补贴制度，累计为 14.5 万名残疾人发放残疾人"两项补贴"资金 2.4 亿元。

改革扶贫新举措

省民政厅坚持把"为人民谋幸福、为民族谋复兴"作为初心使命，坚决扛起民政兜底保障政治责任，扎实推进脱贫攻坚工作。在坚持规范有序、保持政策连续性的基础上，加强低保制度和扶贫政策的有效衔接。严格落实低保、特困救助审核审批程序，避免将脱贫难度大的扶贫对象用低保政策"一兜了之"，有效规避政策交叉重复或出现空白点、盲区。针对有劳动能力的低保对象，县级民政部门积极衔接扶贫部门以扶贫帮扶和产业扶持为主，鼓励其通过发展产业、自主就业或扶持就业脱贫致富，防止"养懒汉"。

自脱贫攻坚战全面打响以来，玉树州重点聚焦产业、生态、教育等领域，实施到户产业帮扶、易地扶贫搬迁、教育扶贫、生态扶贫、技能培训等，先后实现了深度贫困乡镇摘帽、深度贫困村退出，12.9 万贫困人口脱贫，走上与全国同步全面建成小康社会的康庄大道。

扎西仁嘉是玉树藏族自治州治多县扎河乡人，过去家里只有三四头牛，偶尔挖挖虫草挣点钱。三江源国家公园体制试点建设以来，这名建档立卡户被选聘为生态管护员，每年能有 2 万元的稳定收入。

加强核对机制建设，加大监督检查力度

精准不精准，对象认定是关键。我省将加强核对工作纳入打赢脱贫攻坚战整体战略布局，进一步加强核对机制建设，提升核对能力，已实现与国土等 16 家单位对接，17 项数据信息的比对交换，充分发挥好核对工作在打赢脱贫攻坚战中的重要作用。进一步明确规定核对的内容方式、核对流程、办理时限、认定标准、认定程序、监督管理，完善了救助对象认定标准体系；搭建了青海省居民家庭经济状况核对信息系统平台横向通过软件、网络定期收集、交换省直各部门与相关社会机构的核对信息，通过申请、审核、流转、比对、核实、审批等一整套特定的流程实现对申请对象的经济状况评估，为建档立卡对象的认定提供客观依据。5 年来，已累计开展核对 106 万余人（次），出具核对报告 44.1 万份，新申请救助家庭和建档立卡对象实现 100% 核对，建档立卡对象认定更加精准，人民群众满意度大幅提高。

积极推进政府购买服务，聚焦特殊困难群体

为切实增加社会救助服务有效供给，提高服务质量和效率，进一步激发社会力量活力，推动政府转变职能和政务服务效能提升。省民政厅明确了购买社会救助经办服务的内容，界定了社会救助经办服务的购买和承接主体，完善了购买社会救助经办服务的方式和程序，落实了购买服务的资金来源。目前，我省通过政府购买服务派遣乡镇（街道）、县（区）社会救助工作人员 1658 人，县乡两级工作力量得到极大加强。

洒满阳光的青海省治多县幸福敬老院，在悦耳的音乐声中，老人们精气神儿十足，围成一圈在室外广场上跳着"锅庄"，宛如一幅温暖又欢乐的画卷。敬老院于 2016 年 10 月建成投入使用，已入住低保户、五保户老人 168 位。院内设有医务室、餐厅、活动室、聊天室、棋牌室和室外广场，老人居室统一配备家电和家具。有 45 名工作人员，来自建档立卡贫困家庭，每人每月工资 2000 元。脱贫攻坚号角吹响后，该县相继规划建设了幸福、和谐、感恩、长寿、立新 5 所敬老院，让低保兜底的老人享受到了"阳光政策"。

各市州民政部门与政府购买服务机构的默契合作不仅进一步完善了社会救助体系，而且在扩大救助面的同时做到了精准扶贫，将真正需要救助的人民群众纳入救助政策中。各级民政部门也一直将应救尽救、应养尽养作为救助工作的救助原则。2016—2020 年，共为农村贫困人口发放低保、特困、临时救助资金 76.44 亿元。其中，全省共纳入农村低保对象 30.58 万人，累计下达农村低保资金 55 亿元；累计开展临时救助 66.03 万人次，发放临时救助资金 13.35 亿元；共纳入特困供养对象 1.27 万人，累计发放供养资金 8.09 亿元，实现了"应退尽退，应保尽保，应救尽救，应养尽养"，有力推动了省委省政府脱贫目标的顺利完成。

此外，我省实施的居家和养老机构老年人意外伤害保险，累计下达省级补助资金 3669 万元，给全省农村五保老人、城镇"三无"老人、重点优抚对象老人以及城乡低保户老人每人 30 元的意外伤害保险补贴；其他社会老人每人给予 10 元的意外伤害保险补贴。截至目前，已累计为我省 198 万 60 岁以上老年人提供了意外风险保障，共计赔付金额达 3153 万元，有效化解了养老机构和居家老年人意外风险。全省有各类困境儿童 11 万名（全省共约儿童 142 万名），纳入城乡低保范围的儿童 10.27 万人（城市低保 1.23 万人，农村低保 9.04 万人），纳入特困供养范围的儿童 265 人。自 2016 年以来，为具有本省户籍持有残疾人证的困难残疾人及重度残疾人累计发放生活补贴和重度残疾和重度护理补贴 11.38 亿元，平均每年惠及残疾人 12 万余人次。持续开展"福彩助残、助老健康行"项目，2016—2020 年，累计从省本级彩票公益金列支 1100 万元，为 7089 名符合条件受助对象适配假肢、矫形器、助听器、轮椅、助行器、护理床、助残餐具等各类康复辅助器具 9067 件。民政部"福康工程"有序推进，为我省低保、特困和建档立卡人员中的残疾人配置假肢 227 具、配发各类康复辅助器具 1873 件，从中筛选具有手术适应证的肢体畸形患者进行手术矫治并进行康复训练 105 人。

引导社会力量参与，积极拓宽脱贫攻坚助力渠道

2018 年，制定了《青海省广泛引导和动员社会组织参与脱贫攻坚的实施方案（2018—2020 年）》，有序引导贫困村成立扶贫互助协会 1800 余家，多方筹措建立专项资金，为贫困户提供低息或免息贷款，缓解农牧民生产发展资金紧缺的问题。省民政厅先后赴北京、天津、上海、江苏、浙江、山东 6 个对口援青省市民政厅（局），对接外省市社会组织参与我省脱贫攻坚工作，提供项目需求 163 个，并与上海、山东、天津、江苏 4 个省市签订了社会组织参与脱贫攻坚协议。上海市民政局动员 43 家社会组织主动参与青海果洛州 6 个深度贫困县脱贫攻坚工作，签署帮扶项目 35 个，涉及帮扶资金 908.5 万元、物资 5 万余元；山东省民政厅向海北州民政局提供项目前期启动资金 30 万元；天津市民政局为黄南藏族自治州社会福利服务中心提供对口帮扶资金 180 万元，用于维修建设以及肢体恢复康养设备采购项目；江苏省 2 家社会组织主动参与海东市贫困县脱贫攻坚工作，共计投入资金 60 万元。

聚力定点帮扶工作，精准发力巩固脱贫攻坚成效

制定出台《省民政厅联点村脱贫攻坚全面巩固提升三年行动方案（2018—2020）》，3 个联点村 162 户 735 名建档立卡贫困户在实现"村摘帽、户脱贫"阶段目标的基础上，进一步巩固提升脱贫成果。按照"厅级领导联村、处级领导包社、党员干部帮户"要求，厅系统 198 名干部职工与 4 个联点村 162 户建档立卡贫困户建立结对认亲联系机制，累计安排 120 余批次 1000 余人次前往联点村开展"结对双帮"活动，帮扶款物折价 200 余万元，并逐户填写认亲结对情况表，建立"双帮"工作台账，做到把党的好政策、好声音传递给群众，把发展创业好思路、好想法转化为具体举措。

习近平总书记强调："事实充分证明，做好党和国家各项工作，必须把实现好、维护好、发展好最广大人民的根本利益作为一切工作的出发点和落脚点，更加自觉地使改革发展成果更多、更公平地惠及全体人民。只要我们始终坚持以人民为中心的发展思想，一件事情接着一件事情办，一年接着一年干，就一定能够不断推动全体人民共同富裕取得更为明显的实质性进展。"打赢脱贫攻坚战不是终点，是新生活、新奋斗的起点，全省各级民政部门将更加紧密地团结在党中央周围，按照党中央的省委的决策部署，深入贯彻新发展理念，认清新格局的新形势，落实新阶段的新要求，围绕乡村振兴实现中华民族伟大复兴的重大任务，以更加坚定的信心和决心，以永不懈怠的精神状态、一往无前的奋斗姿态，按照党中央的决策部署，以更明确的思路、更精准的举措、超常规的力度，切实做好巩固拓展脱贫攻坚成果同乡村振兴有效衔接各项工作，向着实现第二个百年奋斗目标奋勇前进！

强化责任担当　凝聚财政力量
高质量完成脱贫攻坚战"青海答卷"

　　大通回族土族自治县向化藏族乡将军沟村属于深山地区，全村耕地仅有1300多亩，但有林地6780亩、草原2万多亩。几年前，这里交通不便，经济落后，村民们坐拥美景却只能靠天吃饭，人均年收入才2000元左右，是个名副其实的贫困村，类似这样的村全省共有1622个，脱贫任务十分艰巨。

　　青海省财政厅党组书记、厅长侯碧波说："青海省集中了西部地区、民族地区、高原地区、贫困地区所有特征，虽然全省人口基数不大，贫困人口绝对数量并不算多，但贫困发生率为13.2%，高于全国7.5个百分点。全省除西宁市下辖的4区外，其余42个县（市、区、行委）全部为贫困县。另一方面，青海是黄河、长江、澜沧江——三江发源地，具有非常重要的生态地位。2016年习近平总书记视察青海时曾明确指出，青海最大的价值在生态、最大的责任在生态、最大的潜力也在生态。实际情况决定了青海的脱贫攻坚战是硬仗中的硬仗，硬仗硬打，资金保障是关键。如何让财政资金发挥出最大效用，在五年内使青海实现脱贫发展又能牢牢守住国家生态屏障，这是我们必须破解的难题，也是我们必须要交上的让党和人民满意的答卷。人一我十，人十我百，从一开始我们就对这项工作的难度有清醒的认识——必须多渠道加大扶贫投入，加快解决贫困地区基础设施和公共服务瓶颈制约，为贫困群众就业创业、脱贫致富创造有利条件。"

　　硬仗硬打　坚持加大投入增强保障

　　将军沟村村民李国锋家的院子里铺着水泥地面，新盖的两层小楼收拾得干净整洁，客厅和厢房摆着三四张待客吃饭的大圆桌。"这两年到我们村旅游的人越来越多了，农家乐生意特别好。虽然今年受到疫情影响，但一到周末还是有不少游客。"李国锋的妻子介绍说，"七八月份是旅游旺季，每月收入能达到 8000 元左右。"

打赢脱贫攻坚战，资金投入是保障。脱贫攻坚战打响以来，省财政全面贯彻落实党中央、国务院和省委省政府关于"打赢脱贫攻坚战"的各项决策部署，紧紧围绕打赢脱贫攻坚战的整体目标，切实履行财政扶贫职责使命，牢牢把责任扛在肩上，持续加大投入，一笔笔宝贵的资金，犹如久旱的土地上洒遍的甘霖，贫瘠的山乡呈现出勃勃生机。

切实发挥财政在脱贫攻坚中的主渠道作用。在中央财政投入的基础上，积极构建并完善了省财政支持打赢脱贫攻坚战的政策体系，确定了省级专项扶贫资金每年增长 20% 以上的投入保障机制。2016—2020 年，中央和省级财政累计安排财政专项扶贫资金 226.6 亿元，其中省级财政专项扶贫资金 72.8 亿元，年均增长 23% 以上。这期间，大力推进财政涉农资金统筹整合使用，5 年间贫困县实际统筹整合使用各类涉农资金 705.3 亿元，扶贫资金不仅来源广了，使用效率也得以提升。与此同时，充分发挥财政资金的引领撬动作用，通过地方债、专项建设基金、金融贷款、担保贴息、社会帮扶、东西部扶贫协作和对口援青帮扶方式，构建了"财政专项、行业扶贫、金融信贷、社会帮扶、东西部协作、对口援青帮扶"的"六位一体"投入保障机制，为打赢脱贫攻坚战提供了必要的"粮草军需"。

把补齐民生短板作为"拔穷根"的基本前提。持续加大对"三保障"及饮水安全的投入力度，全面加强基础设施和公共服务建设。在教育保障上，坚持把扶贫与扶智相结合，全面落实西宁、海东两市贫困家庭和涉藏六州义务教育阶段学生免费教育政策；支持贫困户中的初、高中毕业生就读职业学校和考上大学的给予资助政策；深入推进"控辍保学"工作，切实杜绝因贫辍学现象发生，义务教育巩固率达到 96.9%。在医疗保障方面，坚持把开展医疗保险和救助作为防止因病致贫返贫的有效手段，支持推进贫困地区基本公共卫生均等化，实施健康扶贫工程，对贫困人口实行基本医疗和大病保险制度全覆盖，贫困群众医疗保险参保率达到 100%，住院自费比例控制在 10% 以内；支持新改建村级卫生室 700 所，全省所有行政村卫生室全部实现达标，切实增强贫困群众"看得了病、看得起病"的保障能力。住房保障方面，大力支持实施易地搬迁，全面完成全省 5.2 万户 20 万人易地搬迁任务。同时，对 20 万农牧户危房进行全面改造，农牧民群众住房安全问题得到有效解决。

一项项政策的落实、一笔笔资金的落地，贫困地区生产生活条件明显改善，区域性整体贫困得到历史性解决。"以前真是做梦都想不到能住上这样的好房子、过上这样的好日子。"将军沟村村民邓玲玲站在自家的砖瓦房前高兴地说。墙上贴着的《大通县脱贫攻坚"一线作战"自查表》显示：邓玲玲家 2019 年户纯收入 49176 元，人均纯收入 9835.2 元。

把产业扶贫作为脱贫攻坚的主攻方向，大力支持产业扶贫，按照农区 5400 元 / 人、牧区 6400 元 / 人的标准，投入资金 28.7 亿元，实现了全省 48.45 万有劳动能力贫困人口发展到户扶贫产业全覆盖，创新了以贫困户为主体的家庭经营性产业发展新模式。立足贫困村自然人文资源，投入资金 5.73 亿元，对具有旅游资源的 208 个村，按 300 万元 / 村补助标准，支持实施乡村旅游扶贫项目。

"2016 年以来，我们在全县 116 个贫困村和 173 个有贫困户的非贫困村累计整合涉农资金 39.22 亿元。"大通县财政局副局长祁万星告诉记者，"资金主要投向产业扶贫、贫困村基础设施建设、技能培训等方面，使贫困群众走上了脱贫致富路。"

靠山吃山。依托 6000 多亩山林，大通县将军沟村实施了林下特色种植养殖产业。采用"合作社 + 基地 + 农户"的模式，大力发展林下土鸡养殖，三年来共养殖土鸡 3.2 万只，户均增收一万元以上；流转土地 1700 多亩种植中藏药材，带动农户务工收入达 208 万元，户均增收 2.6 万元。如今，随着基础设施条件改善，将军沟依托便利的交通和优美的风光发展乡村生态旅游产业也走上了"快车道"，仅此一项就实现村集体经济收入 22.1 万元。2019 年 5 月 15 日，大通县正式退出贫困县序列。摘下了贫困帽的村民们，对未来更好的日子充满了期待和斗志。

坚持精准　扶贫扶根提高脱贫实效

"脱贫攻坚一定要扭住精准，做到精准扶贫、精准脱贫，精准到户、精准到人，找对'穷根'，明确靶向。"在 2016 年"两会"期间，习近平总书记参加青海代表团审议时这样讲。

青海省地域辽阔，地形复杂，藏、回、土、撒拉、蒙古族等多民族聚居，十里不同风、百里不同俗，各县、各村甚至各户的贫困原因、脱贫需求不尽相同。如何提升资金的配置效率，更大发挥好资金使用效益，"绝不能因财政工作不到位、政策不落实影响脱贫成效，我们坚持把改革创新作为财政扶贫工作的主旋律，在资金管理机制上大力推进'放管服'改革，将工作重心'向完善政策、强化服务、加强监管和指导'转变。"青海省财政厅副厅长张善明说。

有了力度，更要有精准度。财政专项扶贫资金按"因素法"全部切块到县，将项目安排权、审批权和资金使用权也下放到县级，由县级根据脱贫规划和年度实施计划统筹安排资金，切实增强贫困县的自主配置权，使项目安排更加贴近贫困地区实际，资金使用更加满足贫困地区需求，进一步提高项目资金安排的针对性和精准性。

走进海东市平安区三合镇新条岭村，粉墙黛瓦，屋舍俨然。镇长王生忠说，原条岭村位于三合镇东山，属于全镇最偏远的贫困山村之一，2016 年实施易地搬迁后，切实改善了农民群众的生产生活环境，成了全镇新农村建设的示范点。

在黄南藏族自治州尖扎县德吉新村，通过易地扶贫搬迁搬到这里的藏族牧民官却诺日告诉记者："从前住在山上，一家人仅能吃饱饭，村子里没有一条像样的路，吃水要到很远的地方去背。现在政府帮我们搬下山，住进这么好的房子，还做起旅游生意，生活真是太好了！"

尖扎县是深度贫困县，县城西部山高地贫，气候寒冷，2016 年，尖扎县共投入 7771.42 万元，对县域内"一方水土养活不了一方人"的 7 个乡镇 20 个村 251 户 946 名农牧民实施了易地扶贫搬迁。搬迁的集中安置点——德吉村，坐落在青山碧水的黄河岸边，这里风光灵秀，民族风情浓厚。尖扎县副县长海洋介绍说，按照"统归自建"模式，德吉村内共规划修建了 251 套独具民族风格的藏式搬迁住宅，户均建设 80 平方米，水、电、路、医院、学校等基础设施一应俱全。

贫困群众短期脱贫容易，长期稳定致富难度大。为了让百姓搬得出、稳得住、有事做、能致富，德吉村在建设过程中统筹整合财政涉农资金，依托优美的生态环境建设实施了花海、小吃广场、码头、农耕体验等旅游后续产业项目，并通过招商引资的方式对德吉村景区进行市场化运营，结合生态管护、旅游开发、产业扶持等方面积极开发就业岗位,直接解决就业人数352人。同时,开设农家乐30家,对60名搬迁群众进行厨艺培训,引导38户贫困户在小吃广场经营酸奶、糌粑、酿皮等特色餐饮业,实现了"开门是店、关门是家"的经营模式,为搬迁贫困群众"背靠山水美景吃上旅游饭"打下了坚实的基础。"德吉"在藏语中是幸福快乐之意,也正是新村村民们今日生活的写照。官却诺日家的院子是两栋藏式风格的连体平房,三个房间内铺设着干净环保的电暖炕,可同时接待10名游客住宿。这个曾经年收入不到2000元的牧民家庭,如今在旅游旺季一个月农家乐经营收入就超过了1万元。

"我们有真金白银的投入,更有真刀真枪的考核。"张善明说。资金使用坚持放权与管理并重,不断健全完善财政扶贫资金使用管理。为强化扶贫资金绩效管理和考核,将扶贫资金绩效管理情况纳入扶贫工作考核内容,使脱贫成效作为衡量资金使用效率的主要标准,并强化绩效结果运用,将考核结果作为下一年度财政资金分配的重要依据,有力促进和推动了资金效益的发挥。同时,强化对扶贫资金的监督管理,将中央42项、省级28项资金全面实施动态监控,实现对扶贫资金监管动态化、精细化、高效化。

久久为功　全面决战决胜脱贫攻坚

深度贫困地区是脱贫攻坚战中最难啃的"硬骨头"。属于"三区三州"深度贫困区范围的青海省共有15个深度贫困县、129个深度困难乡镇、24.1万深度贫困人口和6.4万特殊困难群体。这部分地区和群众能不能按时脱贫,是能否打赢脱贫攻坚战的关键。青海财政将每年新增财政扶贫资金的70%、对口支援和东西部扶贫协作资金的80%统筹用于深度贫困地区脱贫攻坚,各行业惠民项目向深度贫困地区倾斜。截至2019年底,累计投入各类扶贫资金286.7亿元。

玉树藏族自治州位于青海省西南部青藏高原腹地的三江源头,东接川西高山峡谷,西连藏北高原,属典型高寒性气候。下辖的一市五县全部是深度贫困县,46个乡镇中有40个是深度贫困乡镇,占全省129个深度贫困乡镇的31%。

2010年,玉树发生了强烈地震,一个美丽家园顷刻遭到严重破坏。震后第一时刻,全国各地纷纷向玉树伸出了援手。青海与全国各方支援力量以"重建3年　跨越20年"的决心,创造了高寒地区的重建奇迹。2016年脱贫攻坚战打响后，这片土地上的人们带着当年灾后重建时的决心和勇气，积极投身于探索高原脱贫之路。

"日吸格易地扶贫搬迁集中安置点于2018年10月建成，项目总投资2.19亿元，用于安置玉树市辖的8个乡镇、47个村的540户建档立卡贫困户和128户棚户区改造安置户，户均80平方米。"玉树市财政局副局长桑丁求达告诉记者，"搬迁下来以后，把孩子们交给幼儿园，大人可以安心去就业。"

第八幼儿园是玉树市2017年易地扶贫搬迁配套项目，坐落在日吸格易地扶贫搬迁集中安置点内，总投入890多万元，教室、活动室、操场、玩具区等配备齐全，可容纳6个班180名幼儿。走进幼儿园，一群五六岁的藏族儿童正像快乐的小鸟一样在阳光明媚的操场上跑来跑去。在被命名为"知恩班"的中班教室里，5岁的才仁索南向记者展示了他的画作："这是我和阿爸、阿妈一起画的幼儿园，有国旗，有草地，还有老师，我喜欢我的幼儿园。"

扶贫先扶智，教育是阻断贫困代际传递的治本之策。2016年至今，玉树州共投入教育扶贫资金2.74亿元，资助贫困家庭学生3.7万人次6060万元，发放生源地大学生助学贷款2200人次1275万元，落实省外就读的贫困高中生生活和学费补助1835.4万元，建档立卡贫困户子女全部享受了十五年免费教育。

"2015年以来，我们扎实开展四年集中攻坚和一年巩固提升，整合投入各类扶贫资金179.86亿元，精准开展专项扶贫、行业扶贫、社会扶贫和金融扶贫，先后实现了6个深度贫困市县摘帽、104个深度贫困村退出、12.9万贫困人口脱贫，贫困人口'两不愁、三保障+安全饮水'得到有效解决。贫困户有产业能致富，贫困村集体经济发展势头强劲，县级产业园区辐射带动就业增收明显，农牧区基础设施和公共服务设施建设基本达标，牧区发展的后劲持续增强。"玉树州扶贫局副局长文青诺布说。

至2020年4月，全省42个贫困县（市、区、行委）、1622个贫困村、53.9万贫困人口全部脱贫，"两不愁三保障"及饮水安全突出问题得到彻底解决，贫困地区生活生活条件明显改善，贫困人口收入大幅度提高，幸福小康路上的变化处处得绽放和体现。

昆仑巍巍，三江奔涌。在这场伟大而艰辛的脱贫攻坚战中，青海财政写下了这样的答卷：安全住房方面，"十三五"期间，累计投入95.44亿元全面完成 38 个县 1234 个村的 5.2 万户 20 万人的易地扶贫搬迁任务；累计安排实施农牧区危旧房改造任务 20 万户，建档立卡贫困户 5.5 万户。义务教育方面，截至 2019 年底，深度贫困地区十五年教育资助政策全面落实，全省九年义务教育巩固率达到 96.87%。基本医疗方面，全面完成"十三五"期间 1971 所村级标准化卫生室改建任务，贫困群众住院医疗费用，经基本医保、大病保险、医疗救助后，实际报销比例达到 90%。饮水安全方面，截至 2019 年底，累计投入资金 22.1 亿元，对全省 211.9 万农牧民群众实施安全饮水巩固提升工程，30.14 万贫困群众从中受益。基础设施建设方面，截至 2019 年底，全省贫困地区具备条件的行政村通硬化路率、客车通达率均达到 100%；县域大电网覆盖率达到 100%，贫困地区乡镇大电网覆盖率达到 97%，剩余 12 个乡镇通过离网光伏供电，能够满足农牧民群众生产生活需求；贫困地区具备条件的行政村光纤宽带率达到 100%，无线覆盖率达到 98%，广播电视综合人口覆盖率达到 98.8%……

胜非其难也，持之者其难也，脱贫摘帽不是终点，而是新生活、新奋斗的起点，新下来我们要在巩固拓展脱贫攻坚成果的基础上，做好乡村振兴这篇大文章，持筹握算筑就致富小康路，助力大美青海更美。

攻坚克难　守正创新
挑起精准扶贫的人社担当

2016 年以来，全省人社系统认真贯彻习近平总书记关于脱贫攻坚的重要论述，全面落实中央和省委省政府打赢脱贫攻坚战的决策部署，聚焦深度贫困地区脱贫攻坚，统筹实施各项人社扶贫政策。截至 2020 年底，全省人社部门转移就业贫困劳动力 17.8 万人、组织贫困劳动力技能培训 2.97 万人次、扶持贫困劳动力创业 486 人、调剂扶贫公益性岗位 2000 个，超额完成各项目标任务，为全省绝对贫困"清零"行动和减贫事业提供了人社方案、贡献了人社力量。5 年来，省委省政府 3 次授予省人社厅"脱贫攻坚奖"——省级行业扶贫先进单位。2021 年 2 月，党中央、国务院授予省人社厅转移就业扶贫工作办公室"全国脱贫攻坚先进集体"荣誉称号。

落实政治责任，加强组织领导

从省厅到县区级人社部门，均成立了以主要负责同志为组长的扶贫工作领导小组，及时传达学习习近平总书记关于脱贫攻坚重要论述，党中央、国务院和省委省政府脱贫攻坚工作部署，研究人社扶贫领域重要政策，构建了一整套责任明晰、各负其责、齐抓共管的人社扶贫责任体系。2018 年以来，结合我省实际，提出了"就业扶贫精细化、社保扶贫人本化、人才人事扶贫特色化"等工作思路，先后制定印发全省"人社扶贫＋就业扶贫、社保扶贫、人才人事扶贫"三年扶贫行动方案和就业、技能、社保、人才人事、定点扶贫 5 个后续巩固提升工作方案，为人社系统助力全省绝对贫困"清零"行动提供了坚强政治保证。

聚焦"脱贫增收"，量质并重推进就业扶贫

深入贯彻习近平总书记"一人就业、全家脱贫"的重要论述，坚持促进充分就业与提升就业质量并重，出台若干就业扶贫政策，想方设法扩大贫困劳动力转移就业规模，千方百计增加贫困劳动力就业收入。一是健全多层次就业扶贫政策体系。会同扶贫、发改、农业农村等多部门，研究印发技能培训、劳务经纪人激励服务、拉面产业发展、支持高校毕业生创办领办农牧业新型经营主体等若干政策措施，从拓宽就业渠道、强化技能培训、提升就业服务、兑现各类补贴等方面打造了全方位、多层次的就业扶贫政策体系。二是开展多形式的就业帮扶活动。以"就业援助月""春风行动""就业扶贫行动日"等大型公共就业活动为牵引，每年组织各类专场招聘会超过 300 场，贫困劳动力专场招聘会实现县域全覆盖。各地就业部门每年坚持开展具有我省特色的"海西枸杞采摘"季节性就业增收专项行动，人均劳务收入达到 6000 元，对全省农牧民特别是贫困劳动力形成了较强的辐射带动作用。三是深化易地搬迁就业帮扶和东西部劳务扶贫协作。会同发改、财政、扶贫等部门出台易地扶贫搬迁就业帮扶若干政策，从精准定位、拓宽渠道、加强培训、提升服务、兑现补贴等方面细化政策措施，全省大中型集中安置区公共就业服务站实现全覆盖，安置区搬迁群众就业能力、就业意愿和培训需求调查实现全覆盖，搬迁群众技能培训、就业服务、失业监测、劳动权益维护实现全覆盖。同时，与江苏省人社厅签订《劳务协作协议》，召开苏青人社部门劳务协作座谈会，两省四地定期开展劳务协作回访活动，超过千名贫困劳动力赴江苏企业实现就业，"舌尖上的拉面""指尖上的青绣"等劳务品牌，也成为青海就业创业新"名片"。四是多措并举提升贫困群众就业技能。坚持就业导向，秉持"培训一人、就业一人、脱贫一户"思路，对接培训需求，灵活培训方式，努力提高培训针对性和实效性。将贫困地区未就业劳动力技能提升、创业致富带头人等多部门组织的培训纳入《青海省职业技能提升行动实施方案》，强化资金和项目管理，完善工种目录，填补了"消除无技能就业"的政策空白。积极打造适应涉藏地区发展，满足少数民族贫困劳动力的个性化、差异化培训需求的精品培训项目，开发市场需求量大、岗位匹配度高的技能培训项目，力促贫困群众技能与就业衔接。坚持服务下沉，开展全省贫困劳动力培训需求调查，各级人社部门采取集中培训、弹性培训、上门培训等方式，进乡镇、

进村组、进家庭"一对一"精准培训,让参培人员看得懂、学得会、用得上,各县区全部建立"一户一策"的贫困劳动力就业意愿和培训需求档案,全省有培训和就业意愿的贫困劳动力实现技能培训全覆盖。

案例一:群增是一名长期在海西州从事枸杞种植销售的"90后"青年。2015年以前打工期间,群增认识到只靠打工挣钱只能维持家庭温饱,不能提升生活品质。在海西州诺木洪农场,当他看到枸杞成熟无人采摘时,联想到家乡村民在庄稼收割完后无处工作的现状,在心里悄悄描绘出了一幅美好的愿景图。2015年,他在都兰县就业局等部门协调下,不断学习枸杞养殖、加工技术,成为枸杞基地一名合格的技术员,并承包了几十亩耕地进行枸杞种植。同时,他动员亲戚和村民来诺木洪打工,刚开始大家都不想去也不敢去,群增大胆地鼓励大家:"枸杞加工没有什么难度,我负责技术,你们负责出力,如果赔了钱我承担你们的所有损失。"有了群增这番话,亲戚及村民们才开始决定去诺木洪。2015年,他带去了第一批打工群众100余人,三个月下来人均收入达5000余元,让村民们尝到了务工赚钱的甜头;2016年,全村掀起了劳务输出工作热潮,村民们争相报名要去进行枸杞采摘加工工作。2015年至今,群增先后带动了500余人,年人均收入达6000多元。2020年初疫情期间,群增在传统销售渠道尚未完全恢复的情况下,借助"直播带货"打开了新路子,也为枸杞的销售提供了新渠道,将枸杞交易由"线下"搬到了"线上",通过短视频平台、微信朋友圈发布无害化枸杞种植及加工过程,在"线上"开展促销活动,并在本地各大超市铺货。通过"直播带货"、"线上"销售和"线下"铺货,2020年的枸杞销量额达到40万元,帮助群众们走上了致富路。

坚持应保尽保,"一个不少"地推进社保扶贫

深入贯彻习近平总书记"要把社会保障兜底扶贫作为基本防线,加大重点人群救助力度,用社会保障兜住失去劳动能力人口的基本生活"的重要论述,健全完善社会保险政策,推动贫困人员应保尽保,逐步提高待遇水平,确保贫困人员老有所养,工伤、失业有保障。一是强化养老保障。建立了城乡居民基本养老保险待遇确定和基础养老金正常调整机制,落实以贫困人口和残疾人为重点的困难群体政府代缴养老保险费、缴纳养老保险费政府缴费补贴等政策,完成全省54.23万建档立卡贫困人员信息核查,将36.55万名符合条件的贫困人口全部纳入基本养老保险范围,为45.44万人次贫困人员和低保、特困人员代缴养老保险费 4911.36 万元，为 6.77 万名 60 岁以上贫困老人发放养老金 2.89 亿元。人社部扶贫信息管理平台显示，青海省核查率、参保率、代缴率、发放率均达到 100%，极大地减轻了贫困人口养老负担。二是强化失业保障。逐年提高失业保险金标准，出台失业保险基金支持涉藏地区脱贫攻坚政策，提高深度贫困地区参保企业稳岗补贴标准，鼓励企业吸纳贫困人员，扩大失业保险保障范围，"十三五"以来，为六州 13182 名符合条件的失业贫困人员发放失业保险金 6559 万元，并确保了临时价格补贴、一次性生活补助等其他失业保险待遇的按时足额发放。三是强化工伤保障。逐年提高工伤保险标准，伤残津贴、抚恤金、生活护理费等标准达到新高，工伤保险从制度上实现从业人员全覆盖，保障了工伤人员及其供养亲属的基本生活，避免他们重返贫困。同时，深入落实国家减税降费政策，大力推进社保降费率、调费基工作，政策实施以来，减轻企业负担 52.88 亿元，维护了贫困地区企业发展，稳定了就业岗位。

案例二：因患有肺心病不能从事体力劳动，60 岁的卢迎山老人家的院子里长满了荒草。由于长期生活在高海拔地区，心肺功能负荷较大，肺心病是一种在高原生活的老人中很常见的疾病。湟源县社保局李小凤当时被安排到寺寨乡入户调查，他和乡上经办人张海栋一起到烽火村建档立卡贫困户卢迎山家里，"卢迎山老人说，他的儿子和儿媳都在新疆打工，女儿出嫁，偶尔也会回家照顾他，帮他干一些农活。2010 年他缴过 100 元保费，但后来就没缴过了，当我们向他说明省上出台了政策要给像他这样的贫困老人直接发养老金时，老人流下了幸福的眼泪。"

围绕开放灵活，引培并举地推进人才人事扶贫

深入贯彻习近平总书记"打好脱贫攻坚战，关键在人；发展特色产业、长期稳定致富，都需要人才"的重要论述，紧盯涉藏地区、艰苦边远地区人才缺口，稳妥实施人才人事倾斜政策，力促贫困地区人才招得来、留得住、用得好。一是实行基层职称评聘"地方粮票"。2019 年，我省六州基层启动农牧、水利、林草行业职称评聘"定向评价、定向使用"工作，下放评审权限，放宽专业和科研成果、论文限制，单独划定部分职业资格考试分数线，参照高海拔工龄折算政策计算服务年限，为广大基层专业技术人员开通了第二条职称晋升之路，2020 年，又将实施领域延伸到乡村教师。截至 2020 年底，569

名（县级及县以下 509 名）基层专业技术人员首次取得"双定向"职称，专业技术人才"到基层、留基层、为基层"的积极性空前高涨。同时，鼓励基层高层次人才脱颖而出，"十三五"以来，11 名涉藏地区基层一线（县乡级）人员和非公经济组织人员入选"百千万人才工程"和"青海省优秀专业技术人才"。二是大力开展专家帮扶活动。以人社部"万名专家服务基层行动计划"、海外赤子为国服务行动计划、博士后科技服务等为主要平台，邀请 230 名国内外专家分批次深入涉藏地区开展生态农牧业、新能源、医疗卫生领域智力帮扶活动，与基层共商发展思路、共解技术难题、帮带骨干队伍，共建对口支援长效机制，有力促进了六州基层的科技发展。三是营造拴心留人的人才成长环境。持续加大"三区三州"事业单位招聘"三允许、一放宽"政策支持力度，提高涉藏地区专业技术中、高级岗位比例，首次开展事业单位脱贫攻坚专项奖励，777 名个人、183 个集体获得嘉奖，深度贫困地区事业单位及其工作人员的集体荣誉感、个人归属感也空前加强。同时，各级人社部门认真落实艰苦边远地区乡村教师生活补助、乡镇工作补贴、高海拔折算工龄补贴等政策，有力保障了贫困地区工作人员的待遇，为基层决战决胜脱贫攻坚提供了坚强的人力资源支撑。

案例三：2019 年博士后科技服务基层活动，让牧区群众在家门口就能享受到来自国内一流专家的优质医疗卫生服务，让患者深切感受到了党和政府的关爱温情。在格尔木人民医院，70 岁的乌云其木格老人接受博士后科技服务团的特别诊疗后说："这次这么多高级专家来到格尔木医院，专门来到我的病房给我看病，我老了身体也不好，家里穷，身体不舒服舍不得花钱看病，就吃点止痛药。前几天实在难受被老伴硬拉着来到医院住了院，发现有高血压和胃炎。这两天，国家的大专家来了，专门来给我看病。吃了他们重新开的药后，这两天头也不晕，胃也舒服了，整个人都精神起来了，感谢每位专家，感谢党，感谢政府！"

对标全面脱贫，不漏一户地推进定点扶贫

深入贯彻习近平总书记"党政军机关、企事业单位开展定点扶贫，是中国特色扶贫开发事业的重要组成部分，也是我国政治优势和制度优势的重要体现"重要指示精神，以农民增收为重点，以全面脱贫为目标，在突出重点、突破难点、创新亮点下功夫，坚持精准扶贫、真情扶贫、项目扶贫，进一步加快了脱贫攻坚工作步伐。一是精准施策确保帮扶到点到位。省人社厅建立单位党组织结对共建帮村、党员干部结对认亲帮户"双帮"工作机制，5年来，共计840余人次参与帮扶，捐赠慰问金、慰问品折算金额50万余元。定点扶贫村第一书记和驻村干部主动上门，重点走访，切实掌握每个贫困户困难状况，细化精准帮扶措施，做到"一户一策"。同时，用好政策性扶贫措施，通过协调就业务工岗位、参与项目收益分配增加收入，落实好兜底保障措施，实现了全部建档立卡贫困户人均收入达到6000元以上的脱贫目标。二是加大资金投入推进扶贫项目开发。2016年，人社厅积极争取有关厅局支持，将6个定点扶贫村全部列入高原美丽乡村建设项目。2018年机构改革后，定点扶贫村调整为5个，面对扶贫任务加重、资金压力增大的情况，厅领导全力协调，继续加大扶贫资金投入，有效解决扶贫项目资金难题，先后组织实施了农户砖墙、村卫生室建设、新建排水渠、家庭畜牧养殖棚建设、道路硬化、危旧房改造、新竖路灯、重建围墙等基础设施建设，每个村分别落实了"规模化奶牛养殖"等产业扶贫项目，并在门源回族自治县阴田乡大沟口村建成植株2500余棵的"人社结对帮扶林"，协助化隆县初麻乡初一村完成24户易地搬迁。5年来，争取产业发展资金、基础设施资金近6300万元，为贫困户捐助现金和物资120余万元。三是发挥党建优势强化基层组织建设。坚持党建引领脱贫攻坚，把加强扶贫村党支部建设作为首要政治任务，从源头抓起，从基础建起，扎实推进党支部建设标准化，积极探索推进党建扶贫新模式，按照"建强一个支部，致富一个村庄"的思路，坚持"一村一策"，将扶贫村党支部打造成坚强的政治堡垒，推动扶贫村党支部有进步、过得硬。2019年，5个定点扶贫村顺利通过省级、国家级"精准脱贫第三方评估"，全部实现"脱贫摘帽"。

2021年，国家将正式迈入"十四五"的开局之年，也是全面脱贫与乡村振兴接棒之年。全省人社部门将继续以习近平新时代中国特色社会主义思想为指导，贯彻"以人民为中心"的发展思想，深入贯彻落实中央和省委省政府决策部署，乘势而上，持续巩固脱贫成果，努力构建解决相对贫困问题的人社扶贫长效机制，为逐步实现共同富裕作出新的更大的贡献。

住建力量战脱贫　雪域高原展新颜

　　"安得广厦千万间，大庇天下寒士俱欢颜。"自古以来，住房都承载着人们的憧憬和期望。人人都希望住有所居，有一个遮风挡雨的地方，住房安全有保障是老百姓对生活美满、安居乐业的向往，是打赢脱贫攻坚战的重要内容，是党中央为解决农村贫困人口住房困难实施的一项重大惠民政策。

　　脱贫攻坚启动以来，青海省住房和城乡建设厅牢记习近平总书记"以人民为中心"的发展理念，坚持把贯彻落实党的十九大及十九届二中、三中、四中、五中全会精神和习近平总书记关于扶贫论述的重要指示批示精神融入农牧民危旧房改造工作中，紧紧围绕脱贫攻坚"两不愁三保障"总体目标任务中"住房安全有保障"的目标，优先安排建档立卡贫困户、低保户、农村分散供养特困人员和贫困残疾人家庭等4类对象危房改造，同步将一般户危房改造纳入省级财政补助范围，累计安排农牧民危旧房改造20万户，4.5万户建档立卡贫困户通过危房改造实现现行标准下"住房安全有保障"目标，全省农牧区群众安全住房问题得到历史性解决。

　　坚守初心勇担责

　　习近平总书记强调，要把实现"人民对美好生活的向往"和"实现好、维护好、发展好最广大人民根本利益"作为脱贫攻坚工作的出发点和落脚点。作为脱贫攻坚行业扶贫部门，省住房和城乡建设厅党组认真履行脱贫攻坚主体责任，始终从讲政治的高度谋划部署行业扶贫工作，把农牧民危旧房改造作为全厅中心工作，坚决扛起住房安全政治责任。强化"党政同责、一岗双责"，厅党政主要领导聚焦住房安全有保障，亲自安排部署，亲自督促，凡涉及行业扶贫工作的重大问题均提交厅党组会及厅务会研究审议决定。2016年以来多次召开厅党组会、厅务会、专题会议、现场观摩会等集中研究解决贫困户住房安全有保障方面的焦点和难点问题，总结有益经验，分析研判形势，拧紧思想螺丝，以实际行动和务实举措推动工作落实。

为切实推动工作落细落实，厅领导每年都采取分片包干方式，对八个市（州）农牧民危旧房改造工作全覆盖指导调研，把省委省政府脱贫攻坚的具体安排部署和农牧民危旧房改造政策传递到基层一线。厅主要领导和分管领导多次赴工作推进缓慢、问题较多的地区重点督导、亲自调研，帮助基层分析查找原因，帮助提出解决建议，切实推动工作开展。加强顶层设计、完善技术标准和制度措施，强化人力、物力、财力保障等措施，分别指导各地做好危房改造对象精准识别、危房精准鉴定、技术指导、质量安全和资金筹措等工作。

2020年，根据省委省政府"四年集中攻坚、一年巩固提升"的总体部署，紧紧围绕全面"完成任务"和"资料交账"查漏补缺，持续开展了农牧民危旧房改造"回头看"大排查，扎实落实问题整改。全厅8名厅级干部和41名处级干部连续三个月深入各县（乡）进村入户开展分片包抓督办帮扶，举全厅之力推动农牧民危旧房改造查漏补缺和巩固提升工作落实落细，"补针点睛"专项行动取得实质性成效，为打赢脱贫攻坚战奠定了坚实基础。

精准锁定不漏户

在海拔4400多米的果洛藏族自治州达日县，有一支被当地牧民称为"大山里的共产党员"的危房改造工作队，他们用心、用力、用情将党的声音传到基层，将党的好政策落到实处。这是一支由主管副县长昂秀带领县住建局、监理单位专业人员和各乡（镇）长及村干部组成的危房等级鉴定队伍，这支队伍牢记习近平总书记"精准扶贫"的要求，克服工作人员少、经费紧张、服务半径大、高寒缺氧等困难，以"艰苦不怕吃苦、缺氧不缺精神"的高原精神，对全县9乡1镇农牧民住房逐村逐户全覆盖开展了安全等级鉴定工作，通过全球卫星导航系统详细掌握了解全县农牧民房屋及安全等级情况，及时对住房安全不达标的牧民实施危房改造项目。从漫天飞雪到花开花谢，从春到秋，历时近半年时间工作队终于完成了全县农牧民房屋普查和房屋安全等级鉴定工作，确保了脱贫攻坚行业"清零"任务的精准实施。

"全面建成小康社会，一个也不能少"，习近平总书记在多个场合强调指出。青海省地域辽阔，总面积 72.23 万平方公里，占全国总面积的十三分之一，为精准锁定改造对象，各地根据客观实际采取多种方式推进住房安全鉴定，有技术力量的组建自己的团队、有资金保证的聘请第三方机构、无技术无资金的借助当地施工监理队伍，一些地区还借助全球卫星导航系统做到危房鉴定精准认定。

各级住建部门坚持精准扶贫精准脱贫精准实施的要求，把住房安全各项措施精准落实到村、到户、到人。从河湟谷地到三江源区，从农区到牧区，逐镇、逐村、逐户精准识别，全省确保房屋现状清、对象底子明，危房改造不漏一户、不落一人。

分档实施减负担

实施危房改造建设资金从哪里来，会不会出现因建房返贫情况，这是农牧民群众最关注和担心的问题。大通回族土族自治县向化藏族乡达隆村贫困户李生军在建房时心存困惑，"一开始说要危旧房改造的时候，自己还担心呢，本来家里经济就紧张，这要是盖了房不光是钱难借，而且有了外债日子就更难了。后来听说县里根据实际情况把农民分为三档，像我这种建档立卡且无自筹能力建房的农户，每户一次性补助资金 4.5 万元，自己不用花钱就能重建新房，国家的好政策真是惠及至我们每个人身上。"通过分档实施享受危旧房改造政策住进新房的李生军已于 2018 年底脱贫，在各项扶贫政策的帮助下，他们家的生活越过越红火。同样，同村的靳成良也通过分档实施享受到 4.5 万元的建房补助资金，乡政府和村"两委"考虑到本人无能力修建，便帮忙联系了建筑工匠，由靳成良与其协商后签订合同承包修建，建设了 45 平方米的 3 间大瓦房，阳光透过玻璃照进瓷砖铺设的走廊，屋里亮堂又干净，这跟一年前还属于 D 级的破旧危房相比，简直翻天覆地。

为细化政策实施，省住房和城乡建设厅提出依据改造对象贫困程度、房屋危险程度和改造方式对建档立卡贫困户、低保户、分散供养特困群体、贫困残疾人家庭和一般户执行不同资金补助政策，并通过整合援建资金、扶贫资金、地方配套资金等方式，将建档立卡贫困户建房补助标准普遍提高到了 3.5 万元以上。

同时，积极协调省扶贫局在原有 2.5 万元 / 户补助标准的基础上，从省级层面对全省 9006 户确属无法易地搬迁、仅靠危房改造补助资金难以实现改造的建档立卡贫困户提高补助标准，农业区户均补助达到 4.5 万元，牧业区户均补助达到 5.5 万元。2018—2019 年，再次协调省扶贫局和省财政厅落实深度贫困地区危房改造"补短板"资金，全省深度贫困地区建档立卡贫困户标准提高到农业区 5 万元 / 户、牧业区 6 万元 / 户，有效减轻了农牧民群众建房负担。

统筹资金兜底线

"不能因建房返贫"是危房改造的基本要求。为拓宽资金渠道，减轻农户负担，省住房和城乡建设厅在积极争取中央专项补助资金的基础上，加大与财政部门对接，全面落实省级和地方配套资金，全省农牧民危旧房改造各级财政补助标准达到户均 2.5 万元。各级住建部门也按照政策要求统筹安排项目和资金，对贫困户建房因户施策。2017 年湟中县对全县 265 户没有建房能力的特困户由村"两委"组织施工队伍完成建房任务，对无建房能力的特困户由各地政府兜底解决其住房安全问题；贵南县通过扶贫融资贷款县级配套资金，落实建档立卡贫困户各级财政补助资金达到每户 5.5 万元，群众"零自筹"解决了住房安全问题。

被本地人称为"黄果树"的青南地区是"三区三州"脱贫攻坚在青海的主战场，人口数量虽不多，但脱贫任务却十分艰巨。这里海拔高、气候差、路途远、施工期短，不仅项目实施难度大，牧民建房缺少自筹资金也是一个大难题。果洛藏族自治州达日县特合土乡夏曲村 62 岁的孤寡老人加加，因原住房破旧不堪无法居住，便到达日县藏文中学从事门卫一职，在解决居住问题的同时能够赚取一些生活费。得知可以通过危房改造政策重新建房后，加加老人向县住建部门表达了自己年事已高迫切希望回村居住的意愿。在充分考虑老人的实际情况后，2019 年县政府统筹危改资金为他新建 30 平方米的住房，零自筹搬进新居的加加老人老泪纵横，内心的激动无法言表，只是竖着大拇指一个劲地说："谢谢、谢谢，感谢党，谢谢你们。"加加老人虽然无法用流畅的汉语诉说感恩的心声，但他心里清楚，是党和政府出资帮助他解决了最迫切、最现实的住房困难，给了他一个可以安稳养老的地方。

点多面广、运距长、施工成本高且施工力量和建筑工匠短缺，是青南牧区实施农牧民危旧房改造的特点也是实际困难。在这样的地方要做好难度和强度一样大的危改工作，不仅需要投入更多的财力、物力、人力和精力，更需要领导干部有深厚的为民情怀和吃苦奉献精神，只有这样，老百姓的安居梦想才会变成看得见、摸得着的现实。

生命至上保安全

实现住房安全有保障，是贫困人口最关心、最直接、最现实的利益问题，是脱贫攻坚"两不愁、三保障"目标的重要指标之一，也是住建部门的重要职责所在。

作为全部县市都是7度以上地震高烈度设防地区的青海省，十年前那场山崩地裂的玉树地震，给了参与救援和恢复重建的住建人惨痛的教训，也坚定了把增设抗震构造措施作为危房改造约束性内容的决心。青海省认真总结经验教训，加强抗震宣传和技术指导，加大质量安全监管，要求农牧民在建房时必须增设上下圈梁和构造柱等基本抗震措施，确保改造一户安全一户。农牧民群众的安全意识逐步增强，在新建住房时自觉增设抗震措施，房屋抗震性能不断提高，住房质量显著提升。2016年以来，门源县、杂多县、囊谦县先后发生的3次较大地震，均未发生农房房屋倒塌和人员伤亡的事件，实现了较大地震中农牧民住房零倒塌和人员零死亡的抗震设防目标，农牧区危旧房改造实施效果和工程建设质量成果得到了全面检验。

2020年，全省上下坚持"五级书记抓脱贫"工作机制，按照"鉴定安全、改造安全、保障安全"三种类型再次对建档立卡贫困户住房安全状况逐村逐户进行了现场核验，做到核验一户，登记一户，全省14.54万户建档立卡贫困户全部实现了现行标准下住房安全有保障目标。

多措并举解难题

加强业务培训，是提高危房改造工作效率的有效方法。青海省坚持将省上集中培训和基层实地培训相结合，每年围绕农牧民危旧房改造政策规定和档案信息录入等重要内容对全省从事村镇建设的各级工作人员统一进行业务培训。2018年起注重工作实效，改进工作方法，将业务培训延伸到乡镇一线，通过政策集中宣讲、现场技术指导、面对面沟通、现场互动答疑等方式增强农牧民危旧房改造相关政策的掌握和理解。

针对涉藏地区在彩钢板房建设和房屋鉴定标准不健全的问题，委托科研单位研究制定了《青海省农村危房加固改造技术指南》和《青海省农牧区轻型钢结构彩钢夹芯板房屋危险性鉴定技术指南》，填补了农牧区彩钢房建设和鉴定标准的空白。组织省建筑建材科学研究院专家赴久治县举办彩钢房安全鉴定及维修加固培训，通过现场示范教学、现场技术指导，有效帮助基层解决因专业人员缺乏、技术力量薄弱导致彩钢房鉴定工作难度大的实际困难。

为确保脱贫攻坚路上不让任何一个地区掉队，2019 年，青海省创新工作方法，整合住建行业精兵强将，抽调全省已脱贫摘帽县住建系统业务骨干分为 9 个工作小组赴果洛、玉树各县开展工作帮扶和业务指导，针对存在的问题手把手教政策、教方法，帮助果洛、玉树有针对性地补齐农牧民危旧房改造工作"短板"，协同推动全省住建行业扶贫"清零"工作。这次协同作战的有益尝试，既增强了全省住建行业团结友爱的协作精神，达到了取长补短、共同进步的目的，也为今后全省住建系统再次开展内部协作奠定了基础、提供了经验。

提升品质促发展

在确保完成国家下达的农村"4 类重点对象"等困难群众危房改造任务的前提下，青海省通过省级财政对其他贫困户危房改造作出了统筹安排，使农村危房改造政策得到有效的延伸，政策发挥了更大的效益，惠及了更多的农村家庭，带来了更加广泛的社会影响，全省农牧民危房改造实现了全覆盖解决，农牧民人均居住面积由 2010 年底的 22.24 平方米提高到 2020 年的 39 平方米。

将农牧民住房安全保障与品质提升、美丽乡村建设等项目相结合，是青海省贯彻落实"一优两高"战略部署的具体实践。在保障住房安全的同时，农牧民住房由满足基本居住条件向完善给排水、供暖、供气设施和配套建设厨房、卫生间、洗澡间等多种功能配套方向发展，围护结构保温、被动式太阳能暖廊等节能措施逐步普及。2019 年启动实施的以外墙节能保温，屋面防水保温，太阳能暖廊，节能门窗和室内水冲式厕所改造等为重点项目的农牧民居住条件改善工程，有效提升了农牧民住房品质，农牧民居住的舒适度和满意度进一步提升。

农牧民住房安全了，村庄也要更加美丽宜居。村内道路硬化、村庄亮化、园林绿化、电网升级改造、人饮安全、文化广场及标准化卫生室、广播电视、数字网络宽带等项目的实施，逐步补齐了村庄基础设施和公共服务设施的"短板"。雪域高原展现出了"困者安其居、居者乐其业、业者兴其村"的新农村面貌，农牧民群众有了更多获得感、幸福感、安全感，村庄的宣传墙上写着"国策赐祯祥，党恩播福泽"的标语，这是老百姓对党和政府的感激之情的表达和对美好生活的向往。

脱贫摘帽不是终点，而是新生活、新奋斗的起点。中国人民必将在以习近平同志为核心的党中央领导下，坚定朝着全面建成社会主义现代化强国这个宏伟目标不断前进，实现中华民族伟大复兴的中国梦。我们每一个住建人，也都将在新的起点继续努力，将热情和汗水，继续挥洒在追梦的路上！

高质量推进"四好农村路"建设
奋力在脱贫攻坚与乡村振兴
有效接续中当好先行

"四好农村路"是习近平总书记亲自提出、亲自推动的一项重大民生工程、民心工程、德政工程。自"十三五"以来，全省各级交通运输主管部门认真学习领会、坚决贯彻落实总书记的系列重要指示精神，在省委省政府的坚强领导下，在全省各族人民群众积极参与和社会各界广泛支持下，持续推动"四好农村路"建设，健全完善高质量发展体系，推动农村公路发展取得了历史性成就。

农牧区"出行难"成为历史

"十三五"期，全省农村公路累计完成建设投资 136.23 亿元，完成新改建农村公路 3.04 万公里，农村公路通车总里程达到了 6.3 万公里，约占公路总里程的 75%。重点建设了建制村通畅工程 1.388 万余公里，新建便民桥梁 59 座，改造村道危桥 55 座，完成村道安防工程 1393 公里，实施县乡道升级改造 1398 公里，实施村道硬化 5902 公里，为全省 192 个易地扶贫搬迁集中安置点建设配套道路 829 公里，解决了全省 362 个乡镇、4144 个建制村通硬化路难题，实现全省所有具备条件的乡镇和建制村 100% 通硬化路目标。基本形成"外通内联、通村畅乡、客车到村、安全便捷"的交通运输网络，农牧区基本出行问题得到有效解决，交通运输总量供给不足的状况已发生根本性改变，农牧民群众"出门水泥路、抬脚上客车"的梦想基本实现。

案例一：果洛藏族自治州甘德县岗龙乡恰不将村是当地的贫困村，平均海拔 4200 米以上，全村牧民 338 户 1266 人，全部为藏族群众，受限于地理自然环境等影响，大部分牧民长期过着靠天养畜，日出而作、日落而息的生活。

为解决当地群众出行问题，改善交通基础设施，全面提高贫困地区对外通道的运输能，2016 年省交通运输厅、省公路局支持果洛州交通运输局投资 620 万元，为恰不将村建设了 30 余公里的通村硬化路，道路垂直落差近 500 米，海拔最高点近 4630 米，与周边多条公路连接，优化了当地路网结构，使沿线牧民去岗龙乡的路程缩短了 60 公里。当年国庆节，村里锣鼓喧天，恰不将村村民聚在一起，迎接村里第一条硬化路，他们穿上节日盛装，手捧哈达，跳着锅庄，以藏族民歌表达着热烈的喜悦。以前，牧民购买生产生活用品，需要几家的青壮年联合起来，翻山越岭到附近的乡镇或县城，一个来回要走好几天。如今，开着汽车出去采买，不到天黑就能回家，进城不再是件稀罕事，牧民的生活自此发生了翻天覆地的变化，黑色的硬化路被当地人喻为"幸福天路"。

案例二：海东市互助土族自治县位于六盘山集中连片特困地区，是全国唯一的土族自治县。土族自古崇尚彩虹，这里也被称为"彩虹之乡"。由于自然环境恶劣，发展条件受限，当地贫困率高达 56%，班彦村中的 129 户人家一直居住在一个叫沙沟山的山顶上，严重缺水、交通闭塞，一条 6 公里长的山路要走两个多小时，出行难、吃水难、看病难、上学难、务工难、娶亲难，曾经是班彦村的"六难"。

2016 年，村民全部搬迁到了山下的新村。为彻底改善当地群众的出行条件，省交通运输厅和省公路为班彦村易地搬迁村高质量修建了 1 条主线、1 条环线和 9 条支线组成的 3.5 公里配套道路，随着道路的建成，交通的改善方便了群众的出行，解决了沿线孩子的上学、就医等迫切现实问题，加强了与外界的经济往来，带动当地经济发展。班彦村四社村民吕志平笑着说："我现在开车要去工地干活，在以前是不敢想的。"通过易地扶贫搬迁、产业发展、村级基础设施和配套设施建设等脱贫措施，2019 年，人均可支配收入达 10574 元，班彦新村正在稳步迈向小康生活。

产业扶贫连锁效应不断显现

着力解决我省"三区三州""六盘山连片"等贫困地区出行的难中之难，

路通到了高原雪山深处，修到了乡亲们的家门口，为广大农牧民群众铺就了脱贫致富奔小康的美丽康庄大道。资源路、产业路、旅游路有效盘活了农牧地区资源，增强了贫困地区的"造血"功能，改善了农牧地区生产生活条件。全省各地因地制宜推动实施农村公路与产业、旅游等融合发展，创新"交通＋特色农业＋电商""交通＋文化＋旅游""交通＋产业＋改革"等发展模式，对超过 40 个农牧业产业园、养殖点，60 余处以上的乡村旅游点进行了支持。涌现出一批以农村公路为载体摆脱贫困、实现小康、走向富裕的先进典型。西宁市湟中区依托鲁云路、黑上路发展了云谷川现代设施农业产业带，形成了万亩蔬菜基地 2 个、千亩蔬菜基地 10 个，全县蔬菜总产量达到 33.82 万吨；大柴旦镇水上雅丹、雪山温泉在 2017 年旅游专用道路修通后全镇游客人数由原来 34 万人激增为 51 万人，旅游收入翻了一番。

案例三：4 年的时间，能做什么？海南藏族自治州用了 4 年时间，建成了中国最大的生态光伏产业园！成了青海省乃至全国的生态型新能源发展的典范。光伏发电，作为中国社会当今最清洁最环保的新兴能源，在西部具有得天独厚的发展优势。海南州，有大量戈壁滩等未利用地，土地资源丰富，光照充足，太阳辐射强，海南州结合地区实际，全力推动太阳能生态发电园区项目建设。

为助力海南州光伏能源产业发展，省交通运输厅、省公路局于 2018 年 9 月下达了总投资 4013.6249 万元的海南州绿色产业发展园区道路建设计划，为海南州光伏产业发展插上腾飞的翅膀。随着园区道路的建成，使基础设施面貌焕然一新，40 余家企业先后入驻海南州太阳能生态发电园区。目前，园区光伏发电总装机容量累超 3200 兆瓦，累计投资超 320 亿元，清洁能源发电量超 150 亿千瓦时。时任海南州发改委主任的杨海林说："如果新疆在向全中国输送着石油和天然气，内蒙古在向全国人民供应着煤炭，那么我们海南州这片蓝色的海洋正在给共和国的血管里输送着最清洁、最有未来的新能源。"

案例四：2018 年，在省交通运输厅和省公路局的大力关心支持下，西宁市湟源县坚持交通打头阵、产业强支撑、就业促增收，小高陵红色景区旅游公路建成通车，旅游公路全长共 3.269 公里，路面结构采用沥青混凝土。依托小高陵红色景区旅游公路，全省首个"敢为人先、实干善成"小高陵精神红色旅游基地已初具雏形，2018 年国庆节期间，小高陵红色旅游免费对外试营业，7 天时间游客达到了 1 万人次，同时通过季节性用工等方式带动周边群众参与景区项目开发建设，带动群众就近就业，近 2 个月内，就业群众收入总额达 140 余万元。"山上有红色旅游基地，山下我开自己的酒庄，边营业边建设，打造集餐饮、青稞酒酿造、河湟和孔家文化展示为一体的农家园。"孔家酒庄经理孔忠海，计划投入 1000 余万元，用 7 年时间建成全村最大的民俗住宿、采摘、酿酒为一体乡村旅游，可解决全村 50 余人就业。

小高陵红色景区旅游公路的建成为 504 户 2193 人脱贫致富打开了新的大门，助力小高陵旅游景区成为国家 AAA 级旅游景区、青海省红色文化与爱国主义教育基地、青海省文化创作与艺术写生基地、中国美丽乡村建设典范等知名品牌。

乡村振兴战略有效衔接

"四好农村路"建设疏通了交通"微循环"，加速了人流、物流在城乡间流动，"城货下乡、山货进城、电商进村、快递入户"，双向、多向运输服务进一步打通，交通运输服务均等化理念得到切实体现。越来越多的农牧民像城里人一样享受便捷的交通服务，同时也将更多的乡土文化、民俗文化带进城市，城市居民和农牧区群众在文化理念和生活方式上相互影响，促进了文化交流与融合。"十三五"期间，实现全省认定的 694 座藏传佛教寺院全部通公路，寺院通达率为 100%，寺院僧侣和农牧区群众同步走上硬化路，增进了各族群众、宗教之间的和谐共享。在海北藏族自治州实施的乡镇通等级油路、行政村通畅、自然村通达、旅游景区通等级油路等项目，助力其成功创建全国民族团结进步示范州。

案例五：玉树藏族自治州的杂多县昂赛乡年都村有得天独厚的生态禀赋和自然资源。过去因地处偏远、交通不便、信息闭塞，加之生产方式单一，年都村牧民生活水平普遍不高，属深度贫困村。为切实发挥好交通扶贫对脱贫攻坚的基础支撑作用，推动年都村早日脱贫致富奔小康。2016 年，省交通运输厅和省公路局帮扶当地建设了 55 公里的通村公路。

作为年都村发展的见证者，村党支部书记罗君颇有感触："我们年都村有着得天独厚的自然景观，可是以前由于交通闭塞，别说来旅游的，连我们好多自己人都搬出去了，之前出行都是骑马。自从路修好了，开车、骑摩托成了村民最便捷的选择，来我们这里旅游的人也越来越多。我们举办了国际自然观察节、国际河流音乐节、漂流活动、徒步比赛。我们年都村的牧民合作社也成立了，今年还成了三江源国家公园第一个'雪豹观察自然体验'特许经营试点，真正的同全国人民一道步入小康。"

如今在 55 公里的道路上践行着创新、协调、绿色、开放、共享的发展理念，打造高原特色深度旅游项目。这条路，正在让年都村牧民陆续"回家"，赋能地区奔小康。

案例六：德吉村所在的黄南藏族自治州尖扎县，位于黄南州北部，距离省会西宁 107 公里，当地有汉、藏、回、撒拉等民族。在全县脱贫摘帽之前，大多数农牧民群众生活在地质灾害频发、信息闭塞的浅脑山区，当地自然环境和贫困问题互为因果、相互制约，农牧民人均收入水平基本处于低收入水平线。2016 年，根据中央扶贫开发工作会议精神和省委省政府关于易地扶贫搬迁"山上问题山下解决"的安置思路，省交通运输厅和尖扎县委县政府决定在距尖扎县城 8 公里处的昂拉乡达拉卡地区，启动实施总投资 6730.83 万元的易地扶贫搬迁安置点项目，并先后统筹建设了"水、电、讯"以及污水处理厂、综合服务中心、学校、卫生、文化、体育等基础设施和公共服务设施。随着项目建成，浅脑山区 251 户 946 人农牧户得到集中安置，群众的基本生产和生活条件得到翻天覆地的变化，对维护民族团结和社会稳定起到了积极的推动作用。

人民群众获得感、幸福感不断增强

道路通，百业兴。随着交通出行条件的改善，基本公共运输服务逐步向农牧区纵深覆盖，农牧区特产、农村旅游资源得到开发利用，采摘园、乡土民俗旅游等如雨后春笋般涌现，西宁大通乡村旅游、海西都兰枸杞产业、玉树称多藏民俗产业喷涌而出，祁连县卓尔山、门源油菜花等景区成为省内外热门景点，带动沿线商户收入连年增长，山庄、农家乐和宾馆等订单如雪，农牧地区资源优势逐步转化为经济优势、发展优势，农牧区群众感受到实实在在的获得感、幸福感。"四好农村路"也成为促进农牧民就业、增收的重要渠道。同德县在农村公路养护队设立公益性岗位 12 个，贵德县试行农牧区"家庭养护工区"建设，在村一级建立"家庭养护工区"，吸纳建档立卡贫困户劳动力参与农村公路日常养护，开创了农村公路管养新模式。"十三五"期间，全省共设置农村公路就业岗位 679 个，年平均收入达 1.997 万元，吸收建档立卡贫困户 232 户。路通了、车行了，大家干劲更足了，党和群众的距离近了，党在基层的执政基础更加稳固。正如习近平总书记所强调的 "'四好农村路'建设取得了实实在在的成效，为农村特别是贫困地区带去了人气、财气，也为党在基层凝聚了民心。"

案例七：鸯沟片区位于西宁市大通回族土族自治县朔北藏族乡辖区，是大通县较为偏僻、闭塞的区域，片区内共有贫困村 3 个，贫困户 225 户 756 人，当地各项基础设施建设较为落后，成为乡村发展的绊脚石。

自 2013 年起，在省交通运输厅和省公路局的倾力支持下，大通县鸯沟乡旧油路升级改造项目得以立项实施，项目总投资为 914.9 万元。借助项目的实施，大通县依托朔北乡边麻沟 "花海农庄" 旅游品牌，以打响特色旅游品牌为主要路径，建设 "高原美丽乡村"，确定了 "花海秀谷" "藏乡田园" 等乡村旅游品牌，实现 "一核一带三组团" 的全域旅游发展途径，带动鸯沟片区群众多渠道、多方式增收致富的新思路，建成了集花卉基地、人文景观、餐饮住宿、娱乐游戏为一体的乡村旅游景区。

案例八：海西蒙古族藏族自治州都兰县宗加镇（诺木洪）地区位于柴达木盆地东南部。2015 年前，该地原有道路为自然形成的砂砾便道，雨雪季节车辆通行困难，坑洼难行，"晴天一身土、雨天一身泥" 是这里的真实写照。受制于相对恶劣的自然环境，老百姓长期种植青稞、春小麦和油菜 "老三样"，经济收入一直很低。

"十三五" 期间，在省交通运输厅和省公路局的倾力支持下，海西州交通运输局修建了总投资 2483.07 万元的都兰县交通扶贫枸杞特色产业园道路，全长 27.725 公里，由 5 条主线和 8 条支线组成，在园区内形成 "田" 字形。该道路的建成，有力提升了当地基础设施短板，改善了沿线农牧民群众出行和通行条件。同时，枸杞产业做大做强，全县枸杞种植面积达到 14.8 万亩，可采摘面积约 11.52 万亩，全县枸杞干果产量已达 0.7 万余吨，吸引外来枸杞采摘务工人员 2.2 万多人，劳务费达 4800 万元。有力促进了地区经济社会发展，为巩固提升脱贫攻坚成果，全面建成小康提供交通保障具有重要意义。

案例九：卓尔山位于青海省祁连县八宝镇，藏语称为 "宗穆玛釉玛"，意为美丽的。这里景色宜人，宛如仙境，每一帧都散发着大自然的美。但受困于交通基础设施的限制，很多人没能感受到它的美丽。为将这幅具有高原特色的大美画卷展现于世人，省交通运输厅、省公路局倾力支持海北州交通运输局高质量打造了祁连县卓尔山旅游公路，随着旅游公路的建成，卓尔山游客由 2014 年的 127.98 万人逐年增加至 2019 年底的 210 万，为沿线经济发展和村民致富创收提供了难得的机遇，沿线各类宾馆、餐饮等配套设施不断完善。近几年沿线村庄农家乐达 89 余家、各类宾馆 41 余家、各类摊点达 71 处，景区周边群众年人均收入达 2.1 万元。祁连县更以此为契机，以点带面推动发展全域旅游，引领八宝镇打造"飞行小镇"旅游品牌，丰富"伊卡洛斯国际飞行节"内涵。卓尔山旅游公路成为助力海北州脱贫致富的一张"靓丽名片"，充分展现了"一条大道、两路风景、四季皆美"的新时代农村公路风貌。

安全水　暖人心　促民生　助扶贫

实施饮水安全工程建设、完善工程管护模式、逐步提升农牧民群众饮水水平……近年来，青海省水利厅紧紧围绕"两不愁、三保障"加饮水安全这一硬性要求，以"贫困人口人人饮上安全水"为目标，深入推进农村牧区饮水安全巩固提升工作，持续攻克贫困地区饮水不安全堡垒，坚决打响水利脱贫攻坚战，为青海省决胜脱贫攻坚、与全国同步建成小康社会提供了坚实的水利支撑和保障。截至目前，全省累计巩固提升了260.6万人，涉及30.14万贫困人口的饮水安全水平，农牧区集中供水率、自来水普及率、供水保证率分别达到84.7%、78.1%和92%。全省农村牧区群众基本上全部用上了自来水，广大群众水利获得感、幸福感、安全感得到极大提升。

破瓶颈，贫困人口饮水得到解决

青海省地处青藏高原东北部，地形破碎、山大沟深，群众居住分散，加之高寒高海拔自然条件影响，全省贫困发生率、贫困程度、扶贫成本较全国平均水平高。虽负有"中华水塔"的美誉，但水资源开发利用难度大，工程性缺水一度是制约广大群众生活改善、生产发展的主要因素。广大贫困群众穷在水上，难在水上，脱贫的出路和希望也在水上。"牛奶可以给你，但水只能借你""守着河水没水喝"的说法曾经在农牧区广为流传，深刻反映了该地区群众饮水困境。

"治青理政，水为大政。"打赢脱贫攻坚这场硬仗，水利重任在肩，责无旁贷。青海省水利厅坚持精准扶贫精准脱贫方略，把保障和改善民生作为水利脱贫攻坚的出发点和落脚点，着重解决贫困人口饮水安全问题，开展农村牧区饮水安全巩固提升工程建设,破除基础设施瓶颈制约。聚焦省委省政府"四年集中攻坚,一年巩固提升"的目标,五年来,累计落实饮水安全巩固提升工程建设投资 30.75 亿元,实施项目 193 个,于 2019 年底实现现行标准下贫困人口饮水安全问题"清零"目标,因水致贫的突出问题得到了历史性解决。

"以前吃的水刚挑回来的时候是黄色的,我们挑回来澄清了才能吃,吃水太费事了,现在想起来还觉得难心。最害怕洗衣服或者家里来客人,因为挑一次水不容易。为了省水,家里都是隔好久才洗一次衣服,虽然不卫生,但也没办法。"说话的是海东市民和回族土族自治县川口镇东垣村村民孙长福。

1995 年,孙长福一家搬到了现在居住的院子里,那时候,他们不知道水还能通到自己家,也不知道自来水的概念。年复一年、日复一日地从 3 公里外的湟水河中挑水吃,家中的三口大缸,就是那时候留下来的。

"到 2005 年,我们村就通了自来水,家里人别提有多高兴了,因为再也不用挑水吃了。通了自来水后,有人还在家里放鞭炮庆祝,自来水到村到户后,我们再也不用吃河水了。"孙长福说。如今,他家中的三口大缸已经成了院子中的摆设。

青海省水利厅把水利脱贫攻坚工作提升到关系全省水利工作全局新高度,成立了厅党组书记、厅长为组长,分管副厅长为副组长,厅各部门主要负责人为成员的厅扶贫开发工作领导小组,明确水利脱贫攻坚战的"指挥部"。结合本省实际组织制定了《青海省"十三五"水利扶贫专项规划》和《水利扶贫攻坚三年行动(2018—2020 年)实施方案》,明确水利脱贫攻坚战的"作战图"。以厅农水处为主,厅属运行中心、水保中心抽调人员成立厅饮水安全保障扶贫工作办公室具体抓饮水安全脱贫攻坚工作,明确水利脱贫攻坚战的"主战场"。将水利脱贫攻坚工作纳入省委省政府年度目标考核体系,省扶贫开发工作领导小组脱贫攻坚目标任务,分年度与各市州签订了《青海省农村牧区饮水安全巩固提升工程建设管理责任书》,确定每位厅领导分片包干一个市(州)、全厅各部门包片一个县(市、区)的工作机制,明确水利脱贫攻坚战的"军令状"。

青海省人口密度小,平均每平方公里仅有 8 人。加上全省 8 市(州)中牧区占 6 个,广大牧民群众沿袭着逐水草而居、随着季节变化而转移草场放牧的生活习惯。农区群众"大分散、小聚居"、牧区群众居住不固定这一特殊省情使得"饮水安全不漏一户、不落一人"的目标更为艰巨。青海省水利厅根据不同地区类型提出分类施策、分类指导的思路,在东部农业区采取"建大、并中、减小"方式,综合实施新建、配套、改造、升级、联网等工程,重点发展集中连片规模化供水。在牧业区,鼓励各地因地制宜推广小口机井建设,因地制宜强化水源保护和水质保障。经过全省各级水利部门的不懈努力,截至目前,全省共建有集中式供水工程2326处,分散式供水工程3.89万处,基本实现饮水安全工程全覆盖。

"水打出来了!"海北藏族自治州刚察县伊克乌兰乡亚贡麻村牧民索乃加看着水从井里喷涌而出,激动地说着。

"伊克乌兰乡山大沟深,没有饮用水源,一直是制约全乡发展的重要因素,从2016年开始,我们积极争取项目资金,陆续打了300余口电机井,对于改善群众生产生活起到极大作用。"伊克乌兰乡党委副书记聂连琪介绍。

索乃加喝了一口奶茶说:"之前一直想扩大养殖规模,但是因为用水不方便,每天都得走十几公里去驮水,没时间就没有多养。现在好了,我新买了20只羊、12头黄牛(西门塔尔牛)。"索乃加显得异常高兴。

用水问题解决了,改善的不只是生活条件,更重要的是改善了农牧民群众的生产条件,激发了他们进一步发展的信心。把农牧民群众从拉水、驮水的繁重负担中解放出来,解决了他们的后顾之忧,也为发展畜牧业等特色扶贫产业提供了水利支撑。

强运维,保障工程效益长久发挥

经过近几年的持续攻坚,农村牧区饮水安全巩固提升工程建设取得了明显成效。如何管好用好这些饮水工程,使之正常运行、持久发挥效益,巩固好来之不易的水利脱贫攻坚成果是摆在水利工作者面前的一道难题。由于受农牧民群众居住分散、人饮工程点多线长管理成本高,基层专业人才匮乏等因素制约,饮水工程管理难度大,工程效益发挥受到一定影响。青海省水利厅认真梳理工程运行管理存在的不足和短板,对症下药,靶向滴灌,确保工程"有人管""有钱管""管得好"。

按照"谁受益、谁管理"的思路,2018年,报请省政府出台了《青海省农村牧区饮水安全工程运行管理办法》,同时积极推行包括农牧区饮水安全巩固提升工程在内的小型水利工程管理体制改革,为进一步明晰饮水安全工程的产权、管理主体、管护人员等重点工作奠定了坚实的基础。几年来,青海省以贯彻落实饮水安全工程运行管理办法为抓手，全面落实各级政府主体责任、水利行业监管责任和供水单位管理责任，逐级签订工程管护协议书和安全管理责任书，层层压实责任，农村牧区饮水安全工程管护主体、管护责任落实基本实现了全覆盖。同时，省水利厅饮水安全保障扶贫工作办公室和全省 8 个市（州）、45 个县（区、市、行委）水利部门设立饮水安全监督举报电话和邮箱，通过公示牌、明白卡加大宣传，建立人饮信访事项 7 天办结制度，确保工程"有人管"。

针对工程运行管理费用不足的现状，紧紧抓住水费收缴这个"牛鼻子"，全面推进水价核定和水费收缴工作。指导全省各地根据实际合理定制了水价办法，并通过村委广播、村务公告、入户宣讲等形式，进行水费收缴宣传，使广大农牧民群众形成"用水需缴费"的意识，全面开展收缴工作。同时，积极争取各类资金拓宽饮水工程维修养护经费渠道，"十三五"累计落实维修养护经费 1 亿元，专项补助 1392 处农牧区饮水安全工程维修养护工作，受益人口达到 176.89 万人，实现工程"有钱管"。

海北藏族自治州祁连县农牧水利和科技局副局长任建华说："群众对水管员的工作很满意，现在全县共 45 名水管员，负责 56 处水源地、56 条管道，同时还肩负县域内河道及黑河支流等巡护任务。"祁连县野牛沟乡边麻村水管员张拉玛笑着说："现在每个月水管员工资 500 元，巡河员工资 1000 元，都纳入财政预算，挺好。"

受地域、人员编制、招聘政策等多种因素影响制约，基层水利人才引进工作困难较大，难以吸引对口专业水利人才，引才、留才、育才工作进展难以适应地区水利改革发展需求。为了切实解决基层水利人才队伍建设的实际困难，切实增强人才"造血"功能，2016 年在水利部的关心支持下，青海省水利厅协调省教育厅、玉树藏族自治州政府、杨陵职业技术学院等部门，在玉树州开创水利人才"订单式"试点，创新了"本土化、民族化、专业化"培养模式。随后，玉树州水利人才"订单式"模式推广到果洛、黄南两州，为青南三州基层水利人才缺乏带来福音，累计培养了 118 名水利专业技术人才，其中首批玉树州"订单班"40 名学生已走上工作岗位，力争工程"管得好"。

2018 年 8 月，水利部在玉树州召开"订单式"水利人才培养工作座谈会，向中西部地区有少数民族自治州的 12 个省（区、市）进行推广，"订单式"培养模式成为中西部地区、民族地区和边远地区本土水利专业人才的"源头活水"和"青海经验"。2020年，玉树"订单式"水利人才培养入选全球最佳减贫案例。

多举措，统筹民生水利取得成效

省水利厅深入贯彻省委省政府"和全国同步建成小康社会"部署，充分发挥水利基础性、先导性、保障性作用，在重点开展饮水安全脱贫攻坚工作的同时，统筹推进其他水利工程建设，加快补齐全省水利短板，切实提升水利支撑保障能力。累计落实投资346亿元，其中中央投资174亿元，省级投资106亿元，地方投资66亿元。加快完善贫困地区防洪、供水、灌溉等水利基础设施，扎毛、马什格羊水库灌区等项目加快建设。建成和推进引大济湟调水总干渠等重大水利工程7项，发展高效节水灌溉面积64万亩，通过节水改造，改善灌溉面积133.36万亩，治理水土流失面积1903.78平方公里，新增绿化水利配套面积近10万亩。实施了湟水干流、格尔木河、巴音河等10条主要支流和62条中小河流及农村河道治理项目，共治理河长832公里，五级河湖长体系全面建立，新建（加固）堤防（护岸）1099公里。完成10条重点山洪沟治理，20座病险水库除险加固，在6县（区）实施了抗旱应急水源工程。西宁、海东等重点城镇防洪能力进一步提升，全省县城及以上城镇重点河段堤防（护岸）达标率达到81%，水利防灾减灾工程体系进一步完善。

积极争取水利部支持，2012年启动对口帮扶贵德现代水利示范县建设，累计落实各类水利投资31.77亿元，实施了黄河干流防洪、拉西瓦水库灌溉工程、马什格羊水库及灌区工程等重点骨干工程，以及"三河"供水水源工程等群众迫切期盼的民生水利工程，实施水利精准扶贫项目23项，彻底解决了40个建档立卡贫困村、3.16万亩耕地防洪安全，改善了32个建档立卡贫困村、2.36万亩耕地灌溉条件，受益贫困人口达1.09万人，水利基础设施支撑脱贫攻坚工作成效进一步凸显。

同时，先后选派22名第一书记，19名工作队员赴联点帮扶村开展精准扶贫工作，解决脱贫攻坚和党组织建设面临的突出问题，累计落实1.53亿扶贫资金，实施111项扶贫工程。全厅63个基层党组织和9个定点帮扶村党组织、1228名党员干部职工与365户、1403个建档立卡贫困群众结对认亲帮扶。还将全省16263名河湖管护员（其中贫困地区河湖管护员15318名）统筹纳入村级公益岗位，为建档立卡贫困劳动力增收、实现稳定脱贫提供政策帮扶。

"四年时间，通过国家政策推进，行业精准扶贫，2000多万'真金白银'的扶贫项目投到了山庄村。"省水利厅派驻民和县满坪镇山庄村第一书记范海峰说。山庄村是个脑山村，平均海拔2400米，是水利厅的驻村帮扶联点村，通过多种模式攻坚，全村36户127人建档立卡贫困户于2018年全部脱贫。

拓思路，供水保障助力乡村振兴

不断满足人民对美好生活的向往是水利工作的初心和使命。随着经济社会的发展和农牧民群众生活水平的提高，人畜用水、农业用水等需求量急剧增加，满足城乡一体化发展需求，进一步提高农村牧区用水保障是新形势下面临的新课题。

隆务镇向阳村位于黄南藏族自治州同仁市北部，多年来，脱贫致富让村民过上了好日子，由于当地畜牧业蓬勃发展，水供不应求让村民又添"新烦恼"。

据同仁市水利局副局长徐新波介绍，2017年，当地便实施饮水安全巩固提升工程，由于当地畜牧养殖业发展速度快，水量有时无法满足需求。为了从根本解决，2020年同仁市实施了城镇管网延伸工程，将向阳村并入了同仁市城镇供水管网，实现了城乡一体化供水，由市自来水公司进行日常管理，为村民提供专业化服务和管理。

贯彻新发展理念、构建新发展格局、促进高质量发展对水利工作提出了新要求，赋予了新使命。省水利厅深入贯彻党的十九届五中全会和省委十三届九次全会精神，围绕全面推进乡村振兴、巩固拓展脱贫攻坚成果同乡村振兴有效衔接的部署要求，积极推进农村饮水安全向农村供水保障转变，持续提升农村供水标准和质量，稳步推进城乡供水一体化和农村供水规模化发展。加快补齐水源工程短板，更新改造老旧供水工程和管网，推进实施小型供水工程标准化建设和改造。持续健全管护机制、强化水费收缴，加强水源保护和水质保障，确保人民群众用上干净水、放心水、安全水。

农业致富　小康路宽

当脱贫攻坚的号角吹响时，青海省农业从村厅安排 3 亿元资金支持牦牛青稞产业发展，高起点、全方位推进牦牛、青稞产业发展。牦牛、青稞产业基本覆盖青南地区，产业辐射带贫效果明显，成为贫困群众脱贫的支柱产业；全面推进村集体经济产权制度改革，完成了全省 8 个市州 43 个县（市、区）4172 个集体经济组织清产核资工作，201 万农牧民分享改革红利，基本实现了每个贫困村至少有一家带贫能力强的合作社目标；强化顶层设计，全力打造"生态青海、绿色农牧"品牌，发布了玉树牦牛、祁连藏羊等 16 个区域公用品牌，大通牦牛、兴海青稞等 7 个品牌入选 2019 中国农业区域公用品牌目录，"青"字号农牧品牌带动效应不断释放……

从山窝窝到盖新房，从易地搬迁到产业扶贫，从旅游扶贫到电商扶贫，从"输血式"扶贫到"造血式"扶贫……2015 年 10 月份，伴随着"脱贫攻坚"的嘹亮号角，青海省农业农村厅将脱贫攻坚作为"第一民生"工程，强力推进，在高原大地上奋力书写出让群众满意、让人民幸福的脱贫答卷。

五年来，省农业农村厅以党的十八大、十九大精神和习近平总书记关于扶贫工作的重要论述为指导，坚持精准扶贫精准脱贫基本方略，以产业扶贫为主线，围绕发展特色产业、培育新型经营主体、加大技术培训、完善利益联结机制和助力农畜产品产销对接等方面，狠抓产业扶贫、定点扶贫、中央巡视督查整改等重点工作落实，有力助推了全省脱贫攻坚工作，为打赢脱贫攻坚战奠定了坚实的基础。

春华秋实，绿浪起伏。从河湟乡村到草原牧区，从田间牧场到产业园区，五年时间高原大地发生了太多变化。更多贫困家庭有了"靠得住"的产业，更多百姓有了"搬得出"的底气，更多群众有了"能致富"的本领。伴随着贫困群众幸福感、获得感的不断提升，这片高天厚土也焕发出勃勃生机。

夯实农业基础，为决战脱贫攻坚提供保障

三江之源、中华水塔，高原净土、风光无限。然而，大自然慷慨馈赠的瑰丽风光背后也隐藏着数不尽的残酷与无情。青海省集西部地区、民族地区、高原地区和经济欠发达地区为一体，是典型的集中连片特殊困难地区之一，全省42个贫困县（市、区）、1622个贫困村、53.9万贫困人口，贫困人口占全省农牧民比重的13.56%。

2016年3月10日，中共中央总书记、国家主席、中央军委主席习近平在青海代表团参加审议时指出，"十三五"时期是脱贫攻坚啃硬骨头、攻城拔寨的时期，必须横下一条心，加大力度，加快速度，加紧进度，齐心协力打赢脱贫攻坚战，确保到2020年现行标准下农村牧区贫困人口全部脱贫，贫困县全部摘帽。

殷殷期盼，言犹在耳；谆谆嘱托，重如千钧

"青海很多地区，农牧业仍然是脱贫攻坚的重要产业。因此夯实农牧业基础，才能保持脱贫摘帽的步伐稳健，在实现全面小康的路上不让一个人掉队。"青海省农业农村厅相关负责人介绍，根据总书记的指示，在省委省政府的安排部署下，省农业农村厅审时度势，立足行业特点和工作实际，狠抓农业基础性工作，为全面夯实脱贫攻坚基础。

全面推进基本农田建设。编制完成《青海省高标准农田建设规划》（2016—2020年）。2016年以来累计建设高标准农田220万亩，截至年底达到447万亩。通过实施高标准农田项目，基本实现了干支斗三级渠道配套，解决了农田灌溉"最后一公里"问题，补齐了田间灌溉工程短板。

加大设施农业投入力度。2016年以来共落实补助资金4.1亿元完成日光节能温室建设8000栋，旧棚改10500栋，露地蔬菜补助138.3万亩。集成推广全膜覆盖栽培技术350余万亩、施用配方肥1350万亩，创建绿色粮油高产高效示范面积195万亩。巩固农作物种子村180个，建立各类作物种子基地50万亩以上，推荐主推品种30个，推广面积达到375万亩。

加快推进农业机械现代化建设。认真实施好农机购置补贴惠农政策，对补贴范围内的农机具做到应补尽补，5 年共完成农机补贴 111790 台套，落实购机补贴 4.36 亿元，受益群众 28352 万户，开展了植保无人机补贴试点，切实让老百姓享受到了改革开放红利。

加快推进人居环境整治。推进农村"厕所革命"专项行动，完成农村户厕改造近 20 万座。启动实施了农村牧区全域无垃圾省创建试点工作，推进农村生活垃圾治理专项行动。推进村庄清洁专项行动，抓好"三清一改治六乱"工作，在全省评选激励了 1000 个环境整治较好的村庄，每村给予 1 万元奖励，村庄环境脏乱差问题得到初步解决

试点推进乡村振兴战略。2018 年至 2020 年共确定试点示范村(场)77 个，安排财政支持资金 4.3 亿元，按照"两年见成效，三年出成果，四年立标杆"的要求，认真推进示范村建设，为全省实施乡村振兴战略树标立杆，探索可复制的经验办法，农业强、农村美、农民富的高原乡村美丽画卷初步呈现。

依托资源优势，全面推进农业产业扶贫

收获季节的青藏高原上，牦牛藏羊膘肥体壮，沿黄流域的冷水鱼逐年增加，河湟谷地数百亩马铃薯喜获丰收。一幅幅以产业为支撑的美丽乡村幸福画卷正在徐徐展开。

"高寒、边远、闭塞、草畜矛盾突出"曾经是青海省黄南藏族自治州泽库县宁秀镇拉格日村的标签。也正是这些问题制约着拉日村的发展，使这个纯畜牧业村成为远近闻名的贫困村。2010 年，全村人均纯收入只有 2512 元，贫困人口占全村的 70%。

"要改变牧民生活，必须抱起团来，走合作社的路子，带动大家共同发家致富。"2011 年，二社社长俄多一个大胆的设想，改变了这里的一切，也改变了牧民们的生产生活条件。

组建生态畜牧业合作、转变畜牧业生产方式、探索科学养畜。经过近 10 年的发展，目前该村已构建起设施养畜、科学养畜、草畜平衡、协调发展为主要内容的草地生态畜牧业发展模式。同时，拓展二三产增收空间，连续八年分红，全村牧民收入实现了快速增长。

"拉格日模式"仅仅是青海省畜牧业产业发展的一个缩影。产业是脱贫之基、富民之本、致富之源，自精准扶贫工作开展以来，青海省农业农村厅以习近平总书记关于扶贫工作的重要论述为指导，始终把脱贫攻坚作为首要政

治任务和第一民生工程，以产业扶贫为主线，变"输血"为"造血"，不断提升贫困人口的自我发展能力，开启了一条稳固长效的脱贫之路。

发挥产业扶贫基础性作用，推进特色产业发展。重点推进优势产业发展，支持牦牛青稞产业发展，高起点、全方位推进牦牛、青稞产业发展；加快推进草地生态畜牧业建设，截至 2020 年底，全省组建生态畜牧业合作社数量达到 961 个，实现了牧区和半农半牧区全覆盖；统筹推进特色产业发展，在全面发展牦牛、青稞产业的基础上，统筹推进藏羊、冷水鱼、油菜、马铃薯等特色产业发展。

发挥二产带动作用，加大经营主体培育力度。提高组织化程度，推进村集体经济"破零"；提升带动能力，加大新型经营主体培育力度；加大品牌建设力度，助力产业提档升级。

延长产业链条，推进一二三产融合发展。加快推进现代产业园建设，初步建立了"园区 + 龙头企业 + 合作社 + 贫困户"的联贫带贫帮扶机制；积极推广现代农业生产经营模式，促进农户向二三产业转移，促进农牧业产业提质升级；加快培育农业新业态，拓展增收渠道，休闲农业和乡村旅游的蓬勃发展，不仅拓展了农牧业文化传承，而且开辟了农牧民增收新途径。

落实联点帮扶责任，扎实推进定点扶贫工作

家家户户有安全住房，出门就有水泥路，太阳能路灯、休闲小广场、村卫生室样样齐全。如今，河南蒙古族自治县优干宁镇荷日恒村民们无不感慨："我们昔日的泥土村真的变成了今天的新农村。"

2020 年 7 月的一天，囊谦县吉曲乡改多村生态畜牧业专业合作社分红仪式在改多村党员活动室举行，当双手接过分红资金时，来自雪山深处的牧民群众笑得和花一样灿烂。

"这次产业扶贫项目分红资金达 74.2623 万元，受益群众 157 户 980 人，人均分红 757 元。"合作社负责人介绍，"畜牧业是我们村里的支柱产业，在省农业农村厅的帮扶下，我们村里的畜牧业合作社发展越来越好，村民每年的分红也逐渐增加，现在咱们的日子越过越红火了。"

得益于定点扶贫工作的扎实开展，河南县荷日恒村、赛尔龙乡赛尔龙村、囊谦县吉曲乡改多村、乐都区瞿昙镇祁家村邓村成了农业农村厅的联点帮扶村。为全面落实"一联双帮"和"五个一"工作机制，先后有 11 名厅领导以及厅机关各处室和厅属各事业单位 50 多个党组织与 12 个联点村党支部，663 名党员干部与和 436 户贫困户结对，建立了"一对一""多对一"帮扶关系，2016 年以来厅领导每年组织调研座谈、检查指导联点村定点扶贫工作 20 余次。

2016 年以来，青海省农业农村厅为联点村安排产业发展扶持资金累计达到 6400 余万元，每个联点村达到 550 余万元，各联点村依托资源禀赋，在联点支部党员的指导和帮助下，组建了各具特色的生态畜牧业合作社、农民专业合作社等新型经营主体，进一步转变了生产经营方式，构建和完善了联贫带贫机制，通过发展牦牛、藏羊、土鸡养殖和土豆、花椒种植等特色种养业，带动贫困群众实现了脱贫致富。

2017 年 8 月 21 日，在乐都区瞿昙镇祁家村党支部办公室里，父老乡亲们争相拉着一位年轻干部的手话别，依依不舍之情溢于言表。这位年轻干部就是青海省农牧厅派驻乐都区瞿昙镇祁家村的"第一书记"马国杰，他结束了两年的驻村工作，即将返回原单位。两年来，村里实施了整村易地搬迁，彻底改变贫困村民的生产生活条件；通过低保兜底、教育扶贫、医疗保险等政策，最大程度减轻贫困群众的负担；通过投入真金白银，发展壮大产业，增加农民收入。

第一书记是作为脱贫攻坚主战场上的"急先锋"，也是贫困群众的"知心人"。配好"精兵强将"，责任义不容辞。十八大以来，青海省农业农村厅先后从厅系统向定点扶贫的 12 个贫困村选派第一书记和驻村队员 49 名，各驻村工作队进一步规范村"两委"工作制度和办事程序，加强法治宣传，完善基层治理体系，提升基层治理能力。全面落实"三会一课"、"党员学习日"和"四议两公开"等学习议事制度，通过学习习近平新时代中国特色社会主义思想，切实增强了宗旨意识，提高了服务意识，村"两委"和党员干部凝聚力、战斗力和创新能力得到进一步增强，"领头羊"作用进一步突显，为联点村留下了一支带不走的扶贫工作队。

加大农牧民培育力度，提高致富带头人水平

"老师，你们看一亩地里放这么多专用肥可以吗？""每一个马铃薯之间的间距需要留多少？"……春日时节，大通回族土族自治县景阳镇甘树湾村的农田里，村民们正在抢抓农时种植马铃薯，大通县农业技术推广中心的老师们现场指导，科学种植。农民有啥问题，现场就能解决。"有了专家老师们的指导，我们就有底气了，不管是种植前的理论培训还是种植中的跟踪指导对我们都很有帮助。"大通丰谷良种繁育专业合作社负责人说。

在 2010 年到 2012 年定点扶贫工作中，各定点扶贫单位累计开办经营管理、种养技术、机械操作、维修技能等培训班 221 期，培训贫困村干部群众两万多人次。这其中成长起来的能人、土专家，在当地脱贫致富中发挥了不小的作用。

利用农民科技培训基地，每年举办基层农口干部、乡镇干部、产业带头人培训 8 期以上，2015 年以来，共培训基层农技人员 7500、青年农场主 1390 人，合作社理事长和农牧区实用人才带头人共计 3185 人次。2015 年以来按照农业农村部农牧民教育培训工作总体部署，将高素质农牧民培训向有劳动能力和意愿的贫困群众倾斜、因需施训、因人施教开展农牧业技术培训，5 年来共落实资金 17157 万元，完成各类农牧民培训共计 7.6 万人，年平均完成人员培训 1.5 万人次以上，其中贫困人口 1.39 万人，通过技术培训进一步提高了贫困人口农牧业生产技能，提升了贫困群众"造血"能力。

以省农业农村厅定点扶贫河南县赛尔龙乡赛尔龙村为例。定点帮扶三年来，省农业农村厅立足赛尔龙村的自然资源和产业优势，将提高牧民素质、推进科技扶贫作为切入点，在继续大力推广畜牧业生产先进实用技术的同时，积极开展劳动技能和实用技术培训，不断拓宽牧民群众的增收渠道。结合"雨露计划"的实施，开展了草地资源保护技术、牛羊舍饲半舍饲育肥养殖技术、节能温室蔬菜种植技术以及烹饪等培训，培训牧民 350 人（次），进一步提高了牧民群众科学养畜能力，深受广大村民好评。

确定产业技术专家 397 名，明确工作职责，落实工作责任，每个专家每年入村开展服务 2 次以上。遴选技术指导员 3100 余名，科技示范主体 1 万余户，推广各产业主导品种 99 个、主推技术 80 项，主推技术到位率达到 95% 以上。依托三级农牧业技术创新平台对贫困户广泛开展技术指导和服务，全省 10 个农牧业科技创新平台对先后研发了藏羊高效养殖技术，旱作农区全程机械化蚕豆覆膜栽培技术，粮草双高青稞新品种昆仑 14 号、15 号，培育了春油菜青杂 15 号、"阿什旦""雪多"牦牛新品种，示范和推广了《牦牛、藏羊高效养殖》《青薯 9 号》《蚕豆混播技术》等 10 项绿色高效技术。加大大学生服务农牧区产业发展项目实施力度，2018—2020 年财政投入 3453 万元，连续三年共选聘

600名大学生到乡村振兴试点村、农民合作社、村集体经济组织开展服务和创业试点。

启动信息进村入户整省推进工作试点工作，在互助县、湟源县、天峻县、泽库县开展县级信息进村入户推进试点，通过加大产销信息服务力度，帮助种养户线上推介宣传产品。完成了81个益农信息社建设，培训村级信息员600余人次。充分发挥市场信息优势，在青海农牧业信息网和12316农牧服务平台发布主要农产品生产规模、产量、价格变动情况和市场预测等市场信息，年发布市场价格信息200余条，供求信息150余条、播放农牧业相关政策250条，引导农牧民调整种养结构、发展特色产业。

电商扶贫路　浓浓商务情

电商产业是朝阳产业、绿色产业、富民产业。青海地域广袤、资源独特、文化多元，具有发展生态农牧业的资源禀赋，但同时山大沟深，城乡之间距离较远，物流成本居高不下，农产品标准化程度较低，工业品下乡、农产品进城双向流通渠道不畅，阻碍着农牧区经济社会发展。发展农村电商有利于促进供给侧结构性改革，发挥流通对农牧业生产的引导作用，打通和拓宽农产品销售渠道，既"输血"又"造血"，是打赢脱贫攻坚战的有效途径，是践行初心使命的具体实践，也是助力农牧民就业增收的希望所在、重点所在。

当脱贫攻坚的号角嘹亮吹响之时，省商务厅认真落实省委省政府决策部署，坚持以习近平新时代中国特色社会主义思想为指导，深刻领会"绿水青山就是金山银山"的重要思想，以"一优两高"战略部署为引领，紧紧抓住国家扶持农村电商发展的重大机遇，解放思想，拓展思路，强化举措，通过电子商务新业态着力健全县乡村电商服务、物流配送、人才培育、农产品供应链等体系，着力打破城乡二元结构束缚，促进农牧区现代市场发展，在助力全省决战决胜脱贫攻坚中发挥了加速器作用，为农牧区经济社会发展注入了新的活力。自 2017 年以来，连续三年超额完成省脱贫攻坚领导小组下达的电子商务综合服务网点建设、新改建农贸市场等考核目标任务；2017—2018 年，连续两年被评为省级脱贫攻坚先进单位；2019 年，被评为省级定点扶贫先进单位。

敢担当，扛稳抓牢新责任

近年来，省商务厅把脱贫攻坚工作作为最大政治任务、最大民生工程，认真学习习近平总书记关于扶贫开发重要论述和系列重要讲话精神，从讲政治、讲大局的高度，充分认识电子商务进农村工作的重大意义，切实把思想和行动统一到省委省政府的工作部署上来，紧紧围绕精准扶贫、精准脱贫的目标任务，高质量、高效率推进脱贫攻坚工作，提出到2019年，全省41个贫困县实现国家电子商务进农村综合示范项目全覆盖。

为实现这一目标，打赢这场特殊战役，省商务厅积极绘蓝图、建机制、定路径、聚合力，稳步推进电子商务进农村工作有序开展。自2017年开始，每年报请省政府召开全省电子商务进农村示范工作推进会，总结经验成效，厘清发展思路，部署相关工作，高位推动示范工作开展。同时，成立以厅主要领导任组长，分管副厅长任副组长，相关处室负责人为成员的电子商务进农村综合示范工作推进领导小组，与省财政厅、省扶贫局、各市州商务主管部门通力合作，坚持目标导向、问题导向、绩效导向，协调解决农村电商发展过程中存在的困难问题，确保农村电商规范有序发展。各示范县也加强了工作动员部署，均成立以县长或分管副县长为组长、相关部门为成员的领导小组，明确提出县域电商发展理念，形成了合力攻坚的良好局面。

定措施，多措并举强机制

决战脱贫攻坚，优化政策供给是关键。按照"三落实""三精准""四不摘"等工作要求，省商务厅以构建现代农村市场流通体系为重点，先后制定出台《关于大力发展电子商务加快培育经济新动力的实施意见》《青海省推进电子商务与快递物流协同发展实施方案》《2020年商务系统决胜脱贫攻坚战工作要点》等政策文件，不断完善顶层设计和政策支撑，从组织和制度层面为工作开展提供有力支撑，着力推动农牧区流通方式转型升级。积极争取中央财政专项资金7.9亿元，在全省41个县（市、区）相继开展电商进农村综合示范工作，实现了示范项目在贫困县域全覆盖，为商务领域打好打赢脱贫攻坚战、实现基础服务均等化创造了条件。各示范县结合实际细化工作措施，制定电商扶贫工作方案和帮扶机制，加强政策配套、资源整合、人员配置、绩效管理，驰而不息聚合脱贫攻坚力量，统筹推动电子商务在农牧区各领域应用，有效形成县乡村三级联动、分工明确、齐抓共管的电商扶贫工作格局。

建体系，用好扶贫"新杠杆"

按照全省脱贫攻坚总体部署，省商务厅坚持以人民为中心的发展思路，聚焦脱贫攻坚和乡村振兴，精准实施电商扶贫行动，扎实推进电子商务进农村综合示范，使各项政策落地落细，让贫困群众应享尽享。

建好一个"中心"，真正把电商助力脱贫攻坚作用发挥出来。为农业农村现代化赋新赋能，做好基础服务支撑是关键。省商务厅紧紧抓住这一根本，推动电商领域服务资源加快整合，为贫困群众稳定脱贫、持久脱贫奠定了坚实基础。指导各地建设县域一级电子商务服务中心，叠加网络运营、物流协同、人员培训、产品设计、助农扶贫等功能，鼓励实行"六免费"政策，即企业免费入驻、行业免费咨询、店铺免费运营、人员免费培训、产品免费认证、包装免费设计，积极推进农产品上行与网销渠道整合开发，全力打造区域内功能完备的电子商务公共服务平台。同时，加快乡镇和村一级电商服务站点建设，实现网购网销、充值缴费、票务预订、代收代发等便民利民服务功能，工业品下乡和农产品进城"路基"得以夯实。截至目前，全省共建成36个国家标准的县级电子商务服务中心、2376个乡村级电商服务站点，以县城为中心，辐射乡镇、村落的三级服务支撑体系初步形成，服务"三农"能力进一步加强，成为激活农牧区市场主体活力和内生动力的重要动力。

打造一个"平台"，为贫困地区特色产品"出山"插上翅膀。积极发挥电商物流降成本、补链条重要作用。"十三五"期间，省商务厅持续推进商贸物流、冷链物流等30多个项目建设。成功申报并实施全国冷链物流综合示范项目，争取中央财政专项资金2亿元，采取股权投资、贷款贴息、后补助等方式，在全省范围内扶持78个项目，带动社会投资4.8亿元。目前，全省具备物流功能的相关企业共计138家，冷库总规模达到40万吨，冷库总容量约102万立方米，冷藏车约224辆，冷藏车吨位约0.13万吨，标准托盘数量达到4.78万个，全省冷库及冷链运输车辆等基础配套逐步完善，冷链物流服务能力快速提升。推动电子商务与快递物流协同发展，合理规划和布局农村物流基础设施，迅速铺开覆盖县、乡、村三级的物流配送网络，各地区分别制定了物流解决方案，充分利用现有园区厂房、设施设备，建设县级物流仓储中心，整合电商、邮政、快递、商贸物流等资源，开通市州到县区的物流干线，合理规划县到乡（镇）村的物流支线，统一配送业务，形成符合市场需求的物流服务体系，实现快递包裹从县级物流仓储中心到村级网点3—7天内完成配送，有效降低物流成本，提高配送时效，较好解决了工业品下行"最后一公里"

和农产品上行"最初一公里"流通难题。

强产业，精准发力育新机

决战脱贫攻坚，振兴产业是根本。省商务厅抓住产业扶贫"牛鼻子"，发挥农村电商渠道作用，以青海天然有机绿色优质农产品为核心，以培育孵化市场主体为重点，全力做好电商服务产业转型升级这篇大文章。通过5年时间，指导全省41个示范县（市、区）对本地区农产品生产面积、产量、上市时间，以及质量、技术水平、传统销售渠道等信息进行全面摸底，并根据摸底情况制定农产品网络销售措施，完善农产品加工、流通标准，开展生产认证、品牌培育、质量追溯、产销地配送等服务体系建设，逐级打造公共品牌、类目品牌、网销渠道、大数据平台，加快农产品、乡村旅游及服务产品电商化进程，促进农业农村发展方式转变，推动农牧区一二三产业融合发展。黄南藏族自治州河南蒙古族自治县全面梳理全县合作社产业结构，确定农产品上行营销策略、方向及主打产品，注册"蒙旗草原""蒙旗雪多"等商标，对全县24个类别的畜产品进行包装设计，通过试销、强销、深耕三个阶段，实现产品在长三角、珠三角地区销售，获得内地消费者认可；西宁市湟中区为加快农产品上行，建设"公益住建"扶贫特色馆，与省内传统生产企业建立合作，面向国家住建部、南京市栖霞区定点网销特色产品，累计帮助传统企业线上销售农产品2170万元；海南藏族自治州贵南县推进旅游业线上线下融合发展，协同扬州旅游协会，以"电商+旅游"形式，在线推出贵南问泉澄心研学之旅徒步线路，支持消费者线上预约服务，有效带动县域旅游业发展。海西蒙古族藏族自治州乌兰县将电子商务与特色产品、精准扶贫相结合，将贫困户、合作社手中的茶卡羊通过京东生鲜、中粮"我买网"等平台销往全国，实现农牧民稳定增收，在全国首届电商精准扶贫论坛上被评为"2016年度电商精准扶贫十佳案例"。

稳增收，拓宽脱贫致富路

习近平总书记指出，要切实解决扶贫农畜牧产品滞销问题，组织好产销对接，开展消费扶贫行动，利用互联网拓展销售渠道，多渠道解决农产品卖难问题。省商务厅把稳定增收作为持续打好脱贫攻坚战的重要抓手，充分利用电子商务一端连着生产、一端连着消费的有利优势，大力开展电商精准扶贫。倡导通过"电商企业+合作社+农户""传统企业+电商中心+农户"等扶贫生态模式，完善企业与贫困户之间的利益联结机制，鼓励将建档立卡贫困户吸纳进入电商扶贫生态链条，优先安排从事电商服务工作，收购贫困家庭农产品、手工艺品，推动农村合作社、种养殖大户与新业态融合，帮助建档立卡贫困人口实现线上销售 2000 余万元，让困难群众切实享受到了电商发展带来的红利。

充分利用对口援青、东西部协作等帮扶机制，拓展农产品销售渠道。先后举办"青海享网购"系列促销、电商扶贫青海行等活动，积极开展特色农副产品进机关进食堂展销活动。多地在天猫、京东、拼多多、832 扶贫网等平台开设了特色农产品网上专卖店，牛羊肉、青稞制品、中药材、民族手工艺品等 9 大类千余款产品实现触网营销，网络交易额达 7.9 亿元。立下愚公移山志，打赢脱贫攻坚战。各地积极通过电商进农村示范项目不断探索扶贫新路径新模式，总结形成了一批典型经验和做法。如海东市互助土族自治县在 2020 年洋芋出现滞销问题时，县级电商服务中心积极与网络销售平台、视频直播团队合作，开展直播带货，取得积极成效；黄南州河南县政府主要领导亲自站台农村电商，为本地牦牛肉产品代言，视频浏览量超过 3000 万次，单日网络订单量超过 2.5 万单；果洛州甘德县为村集体经济开设网络店铺 14 个，实现"一村一店一码"，并提供专业带运营服务，销售所得利润全部归村集体所有，甘德历史文化、优质农畜产品得到广泛宣传，受到当地群众欢迎。

扶智志，引智引技转观念。

扶贫先扶志，治贫先治愚。脱贫攻坚战打响以来，省商务厅坚持以大众创业、万众创新和电商扶贫为切入点，注重根除"等、靠、要"思想，把电子商务培训与脱贫攻坚、乡村振兴相结合，积极探索引智引技有效途径，努力使贫困户的思想观念真正实现从"被动等"向"主动干"的转变，实现精准扶贫由"输血式"向"造血式"转变。将农村人员培训和人才培养作为电商进农村示范项目绩效评价考核重要指标，要求各示范县加大建档立卡贫困户培训力度，为农牧民、困难群众提供公开、免费的基础普及性培训。对有电商创业需求的农村青年、返乡农民工等群体提供增值培训，定期跟踪从业及创业人员发展情况。举办省级电子商务高级研修班，赴省外进行技能培训、观摩学习，与国内知名电商人才培训机构签订合作协议，邀请行业专家学者围绕电商理论、方针政策、行业动向、网上营销等内容进行授课，确保理论知识、实际操作同步更新。据不完全统计，5 年时间，累计为农牧区开展电商培训 9 万多人次，直接带动就业 5000 余人，间接通过生产加工、商贸流通、电子商务、物流快递等产业链上下游企业用工带动就业 2 万余人。如民和"阿牛哥"，从民和回族土族自治县考入武汉大学公共管理学院，毕业后从事传媒工作，2017 年在朋友圈卖起了自家养的牦牛肉，获得成功，坚定了他借助互联网回家乡创业的想法。2018 年入驻民和电商扶贫产业园，探索出了"公司＋合作社＋农户"的运营模式，与驻村书记合作，根据客户需求，将当地贫困户手中的牛羊肉以高于市场的价格进行收购，同时帮助销售鸡肉、土鸡蛋等特色农产品，带动贫困户年收入突破万元，客户群也从最初的江、浙、沪等扩展到了国内其他地区。紧紧抓住村支书掌握农业生产信息的优势，通过电商渠道将消费端需求与生产端供应紧密联结起来，让更多农产品"卖得掉，卖得好"，形成了一条"党建＋电商＋扶贫"的新路子。仅 2019 年，为 110 户建档立卡贫困户增加收入 63.26 万元，户均净增收 4245 元。

凝心聚力助脱贫，乡村振兴正进军！决胜小康重任在肩，乡村振兴任重道远。习近平总书记在陕西省考察时曾强调，"电商不仅可以帮助群众脱贫，而且还能助推乡村振兴，大有可为"。做好农村电商工作，任务重、责任大。下一步，省商务厅将以习近平新时代中国特色社会主义思想为指引，充分发挥行业指导优势，持续完善县域物流共同配送，健全网络营销体系，培育区域农产品品牌，加快创业创新人才孵化，逐步优化农村电商发展要素支持，为扎实做好巩固拓展脱贫攻坚成果同乡村振兴有效衔接贡献商务力量，不忘初心、牢记使命，全力以赴推动全省农牧区经济社会高质量发展。

创新脱贫机制　文旅助力攻坚

攻坚成就

自打响脱贫攻坚战以来，我省文化和旅游系统在省委省政府的正确领导下，坚决贯彻习近平总书记批示指示精神，坚持精准扶贫、精准脱贫的基本方略，坚持"四年集中攻坚，一年巩固提升"的总体思路，坚持发挥文化和旅游业扶贫优势，栉风沐雨，攻坚克难，文化和旅游业脱贫攻坚取得重大成果。

扶贫产业规模不断壮大。"十三五"时期，全省文化和旅游深度融合优势叠加，文化和旅游累计完成投资 870.76 亿元，累计接待游客 1.9 亿人次，旅游收入 2100 亿元，文化和旅游产业的健康发展，带动脱贫攻坚取得突破性进展。截至 2020 年底，全省有星级乡村旅游接待点 741 家，全国乡村旅游重点村 28 个，省级乡村旅游重点村 135 个；民族手工艺品加工生产扶贫基地 191 家；2020 年下达产业项目 55 个，资金总额 2.5 亿元；设立非遗扶贫就业工坊 46 家，其中，18 家国家和省级工坊 2020 年签订订单 25.8 万余件，产值 5960 余万元。产业扶贫优势不断显现，文化和旅游产业完成了脱贫攻坚"生力军"到"主力军"的转变。

就业带动效应明显增强。全省直接或间接从事文化和旅游业人员达 106 万，其中刺绣行业从业人员 30 万，"青绣"已经成为农牧民和城市社区群众家门口致富增收的重要渠道之一。全省 191 家民族手工艺品加工生产扶贫基地直接解决 9428 人就业，其中建档立卡户 2670 户，贫困户人数 4378 人，有效促进了贫困群众增收和脱贫。全省文化和旅游业累计带动 10.3 万贫困人口脱贫致富。

互助土族自治县威远镇卓扎滩村的颜章东，是远近闻名的大名人。之所以能得到乡亲们的认可，是因为在颜章东的带领下，过去"脏乱差"的卓扎滩村，变成了著名的卓扎滩原生态旅游景区。截至 2020 年元月，景区接待游客突破 60 万人次，实现门票收入 900 万元、旅游综合收入 1500 万元、吸纳村民岗位性就业 65 个、经营性就业 106 个，占全村劳动力的三分之一，建档立卡贫困户景区参与率达到 100%。在生态旅游致富思路的带领下，村民的环保意识强了，干事创业的劲头足了，村里的风气也更好了。

居民增收水平大幅提高。在涉及文化和旅游业的建档立卡贫困人口中，转移性收入占比逐年下降，产业收入稳步上升，自主脱贫能力稳步提高。18 家国家和省级工坊为 2880 人提供就业岗位，人均月收入 2360 元，传统手工技艺辐射带动贫困群众就业约 10 万人，呈现出了"培训一个、带动一片"的良好局面。民族手工艺品加工生产扶贫基地带动贫困人口年均收入达 1.23 万元。

湟中区马莲花民间工艺文化传承有限公司在 2019 年 10 月认定为首批"青绣"扶贫就业工坊，竟然在 2020 年成为全国闻名的"商品户"。2020 年春节前夕，国务院总理李克强来青海考察时到西宁市莫家街，走到青绣产品销售点时停下脚步，在观看精美的"青绣"荷包后和陈玉秀亲切交谈，在陈玉秀的详细介绍下，总理说："青绣和别处刺绣还是有很大的区别，很有自己的特色"，陈玉秀接着说："我代表青海 30 万绣娘送给总理 2 个青绣荷包，希望总理在北京多关注我们青海传统刺绣和绣娘。"总理立刻主动掏出 100 元钱，并说："青绣和青海的绣娘我都不会忘记，但这是生意，这是我给你们的货款，公平买卖。"在党和政府的支持下，工坊生意发展迅速，目前工坊带动就业 1000 余人，生产的马莲花"青绣"抱枕、披肩、围巾、台布、桌旗等系列产品销往全国各地（含港澳台地区），并远销日、韩、美等国，成为青绣新名片。今年上半年工坊共接价值 400 万元的订单 15 万件，刺绣艺人月均收入 2100 元。

乡村治理环境明显改善。坚持新发展理念，注重将文化和旅游业融入经济社会发展全局，引领带动贫困地区呈现出新的发展局面。民族手工业、乡村旅游等特色产业发展迅速，地区经济活力和发展后劲明显增强。同时，通过美丽乡村建设和乡村旅游发展，贫困地区生态环境明显改善，贫困户就业增收渠道明显增多，基层公共服务日益完善。

互助油嘴湾乡村旅游景区位于互助县东和乡麻吉村，在开发乡村旅游之前，麻吉村没有任何集体经济与村办企业，农户主要收入以传统耕种及劳务收入为主，靠天吃饭现象依然严重。2016年在乡党委、政府的积极推动下，在村"两委"的支持配合下，在村上创业带头人的带领下，创办了葱花香乡村旅游开发有限公司及特色农业观光专业合作社，通过村民自愿入股、土地租赁等方式加入其中，先后投入资金1500余万元，建设了"油嘴湾花海农庄"项目。经过短短几年的发展，已经成为互助乃至海东市乡村旅游的典范。2018年被评为青海省五星级乡村旅游接待点，"青海省乡村旅游示范点""青海省乡村振兴示范点""青海省休闲农业与乡村旅游示范点""青海省青年就业见习基地""青海省农村干部学院、中共互助县委党校现场教学基地"等荣誉称号。农庄建成至今，累计接待省内外游客38万人次，实现景区门票、农家乐餐饮收入、乡村特色小吃经营收入、农副产品销售收入等综合收入近1000余万元。直接和间接带动就业180余人，农户人均增收1万余元。其中贫困户增收8000余元。

公共文化服务明显提升。"十三五"期间，全省取得了"文化进村工程"全覆盖、村级综合性文化服务中心全覆盖、文艺演出设备村级全覆盖，文艺演出活动村庄全覆盖的优异成绩。为全省14个县（区）500个行政村综合性文化服务中心配备了管理员，组织活动2956场次，带动群众20余万人，服务群众115万人次。为44个县（市、区）配备了流动文化车和流动图书车。图书馆、文化馆、博物馆和文化站的建设覆盖率达到小康社会标准。全省各级行政区域公共文化基础设施日臻完善，公共文化服务水平不断提高，贫困群众公共文化服务获得感不断提升。

扶智扶志效果逐渐显现。近年来，持续加强扶贫题材艺术创作，艺术作品持续投入，创作逐步显现出成果。累计创作大小型剧目共20部，35个集体和个人获国家、地区、省级奖项。现代平弦戏《魂系金银滩》参加全国脱贫攻坚题材舞台艺术优秀剧目展演。广泛开展"戏曲进乡村"演出活动，累计开展下乡演出1万余场次。50支"大美青海"文艺轻骑兵赴全省各地开展下基层主题演出1690场次。举办重点群众文化活动8千余场，线上线下参与人数超过1000万。以优秀的剧（节）目鼓舞人，引导各族群众听党话、跟党走、感党恩，促进民族团结，努力脱贫致富，传承优秀传统文化，培育文明乡风。

2019年7月25日，海东市乐都区蒲台乡大麦沟村文化广场上，挤满了人，农户魏文连连农具也没有放，提着铁锨就赶来了，找一个靠近舞台的位置，边擦汗边和周围的人闲聊："今天中午听村干部广播通知有精准扶贫的文艺表演，你看，这从地里回来连家里都没回去，就赶紧来了，生怕错过表演了，听人说节目好得很。"

老魏说的文艺表演，就是蒲台乡河湟秦韵艺术团为进一步加大脱贫攻坚宣传力度，发挥文化扶贫的功能，精心安排的一台精准脱贫文艺汇演。《精准扶贫贴民心》《脱贫攻坚奔小康》《精准扶贫就是好》四人快板博得观众的阵阵掌声。六十多岁的杨发英笑得合不拢嘴："我最喜欢听快板了，过瘾得很！我们平时娱乐活动少，就爱听个快板、小曲啥的，这都是本乡本土演员唱的，又是我们熟悉的腔调，真的好得很。"

表演结束的时候，台下响起了阵阵掌声，"我最喜欢这个节目。脱贫不能光靠政府，主要还是要靠自己，自身不努力，别人鼓多大劲儿都没用。这台节目排的好，特别贴近现实，对我们来说都是一个启发，人自己首先要勤劳。"村民范建庭说道。乐都区蒲台乡河湟秦韵艺术团自成立以来，先后创作了《党恩浩荡》《满怀激情迎接十九大》《十九大精神暖人心》《懒汉脱贫》《精准扶贫贴民心》《精准扶贫就是好》《脱贫攻坚奔小康》《乡里村里四季忙》等多件讲述脱贫攻坚故事的剧节目，每年春节、三八、五一、七一、国庆等节庆假日和农闲季节，赴全乡各村开展丰富多彩的文化惠民演出，通过寓教于乐的形式，为群众脱贫攻坚提供精神养料。每年，乐都区蒲台乡河湟秦韵艺术团开展的演出场次达到百余场，惠及群众 40 余万人次。

精准扶贫成效显著提升。始终把精准扶贫、精准脱贫作为一项重要政治任务，高度重视，精心组织，统筹安排，有效落实帮扶计划和帮扶措施，精准扶贫工作取得重要进展和积极成效。2019 年以来，安排乡村旅游项目资金1220 万元，帮助 7 个精准扶贫村建设游客中心、游览体验线路等基础设施，村容村貌大幅改善。海东市乐都区朵巴营村、互助县磨尔沟村已经成为城市周边小有名气的乡村旅游名村。多哇村的温泉项目、班家湾村的"鲁冰花海"也成为托举区域经济的"金色名片"。互助县南门峡镇磨尔沟村是省文化和旅游厅的精准扶贫村，近年来累计安排文化旅游发展专项引导资金451 万元，争取省扶贫局旅游扶贫资金 300 万，用于磨尔沟村游客服务中心、自驾车营地厕所、旅游厕所等旅游基础设施建设。在文化和旅游资金的引导下，互助县委县政府将磨尔沟村作为乡村旅游示范村进行打造，修建雄伟壮阔的游客服务中心，逶迤曲通的游客栈道，精巧别致的露营基地，惊险刺激的高空滑索，惊人心悬的玻璃栈道、丰富多彩的农业体验场所。2020 年，磨尔沟村入选了第二批全国乡村旅游重点村名录。2020 年景区开业以来，接待游客 15 万人次。山上娱乐项目经营区和山下游客聚集区，最多时共有摆摊设点 49 处，吸收旅游从业人员 125 人，其中贫困群众占比达 60%，村集体经济收入从零达到 139 万元。2020 年端午节当日，贫困群众马正苍欣赏着由省文化和旅游厅带去的文化下乡演出节目，看着游人如织，体验热闹非凡的场景，开始思考着如何借助旅游业发展自己的产业，次日下午，色泽亮丽、诱人食欲的卤肉已经摆上自制的小推车上，仅一个下午时间，营业收入达到 600 元。贫困群众王宗辉，做酿皮生意，景区开业当天，营业收入达到 2000 元。在《魅力海东·小康密码 互助：从磨尔沟村的变迁管窥产业发展之路》提到，"昔日的磨尔沟村偏僻而不为人知，'穷'是村民时常挂在嘴边的一个字。然而，在大力发展乡村旅游的今天，村民做梦也没想到一碗酿皮、两碗酸奶、三四袋油炸洋芋片，竟然也能变成了钱。"

文化和旅游业脱贫攻坚战取得的令人瞩目的重大成果，这些离不开省委省政府的坚强领导，离不开全省文化和旅游系统的团结奋斗，离不开社会各界的大力支持。全省文化和旅游业立足实际、把握规律，出台系列创新举措，构建了一套行之有效的政策体系、工作机制，发挥了文旅优势，彰显了文旅特色，打赢了文旅行业的脱贫攻坚战。

脱贫摘帽不是终点，而是新生活、新奋斗的起点。下一步全省文化和旅游系统将坚决贯彻落实习近平总书记批示指示精神和省委省政府决策部署，大力弘扬"上下同心、尽锐出战、精准务实、开拓创新、攻坚克难、不负人民"的脱贫攻坚精神，乘势而上，再接再厉，接续奋斗。按照省委十三届九次全会对"十四五"时期和 2035 年远景目标系统谋划和战略部署，进一步总结脱贫攻坚经验，持续推进巩固拓展脱贫攻坚成果同乡村振兴有效衔接各项工作，让脱贫基础更加稳固，成效更可持续；持续加强文化和旅游价值引领，以社会主义核心价值观引领文化和旅游工作，主动承担更多社会主义核心价值观传播弘扬、教育普及职能；持续提升产业发展质量效益，推动文化旅游供给侧结构性改革，不断提高供给能力和供给水平；持续优化文旅发展布局结构，加快文旅产业集聚发展，推动多产业互相交融、互相支撑，催生新的文旅业态和消费模式；持续提高公共文化服务水平，完善基层公共文化设施，广泛开展群众性文化活动，推动公共文化服务标准化、均等化。我们认为，乡村振兴离不开发展乡村旅游；稳固脱贫成果，离不开发展文化和旅游产业。全省文化和旅游系统将通过实施乡村旅游提质升级工程，主动融入乡村振兴战略，在实现青海人民共同富裕的道路中始终彰显文旅特色，凸显文旅价值，贡献文旅力量。

多措并举促健康 精准施策战贫困

    没有全民健康，就没有全面小康，实现贫困人口基本医疗有保障是"两不愁、三保障"的重要内容。脱贫攻坚以来，青海省卫生健康委认真贯彻落实党中央、国务院和省委省政府坚决打赢脱贫攻坚战的战略部署，围绕人民群众"看得起病、看得上病、看得好病、少生病"总目标，加强领导，健全制度，完善政策，输血与造血并重，普惠与特惠兼施，举全系统之力，联合多部门，精准施策，有效推进，全面完成了健康扶贫工作任务，全省53.9万建档立卡贫困人口中7.8万因病致贫返贫人口已全部脱贫，群众的获得感和满意度不断提升。省卫生健康委连续4年被省委省政府评为全省脱贫攻坚先进单位。

加强顶层设计，完善扶贫政策措施聚合力

    欲破坚冰，政策先行。5年以来，省卫生健康委加强顶层设计，科学完备政策体系，积极协调省扶贫局、省医疗保障局等部门，先后研究制定了《青海省健康扶贫工程实施方案》《青海省健康扶贫工程"三个一批"行动实施方案》《青海省健康扶贫三年攻坚行动方案（2018—2020年）》《青海省健康扶贫"补针点睛"专项行动方案》等60多个政策文件，形成以健康扶贫工程实施方案为总纲，其他政策为配套的"1+N"政策体系。成立委扶贫开发与对口支援工作领导小组，建立"一把手"负总责、月报和双月通报、督导评价、宣传鼓励四项制度和委领导分区包片推进健康扶贫工作机制，集中全省卫生健康系统力量攻坚克难。每年开展健康扶贫专项督导，指导基层落实各项工作任务，实行最严格督导评估，确保做到工作任务、责任、人员、进度、时限"五落

实"。各级卫生健康部门切实履行主体责任，不断加大工作协调和政策衔接力度，部门协作、上下联动、合力攻坚，健康扶贫工作扎实有效。

聚焦重点环节，落实"三个一批"行动惠民生

围绕困难群众"看得起病"的目标，精准救治、有效保障、跟踪预警，因病致贫返贫户成功脱贫。通过实施大病集中救治一批、慢病签约服务管理一批、重病兜底保障一批的"三个一批"行动，有效解决了群众"看不起病"的问题。

全面开展大病分类集中救治。按照国家要求，结合全省居民疾病谱，先后四次将大病救治病种由 9 种扩大到 35 种（国家 30 种）。采取"四定两加强"措施，即确定定点医疗机构、确定诊疗方案和临床路径、确定单病种收费、确定报销比例，加强责任落实、加强质量安全。按照"分级分类、质量保证、方便患者、管理规范"要求，确定委属、行业、民营医院，各市（州）级医院、有条件的县级医院均为大病定点救治医院，确定省人民医院、青海大学附属医院等 6 家省级公立医院为大病急危重症定点医院。以县（区）为单位，建立台账，实行"一人一策"，开展大病集中救治，动态追踪管理，严格做到发现一例，救治一例，销号一例。

严格落实慢病签约服务管理。开展慢性病贫困患者"双签约"服务，家庭医生与贫困患者签订医疗服务协议，当好健康"守门人"，提供基本医疗、公共卫生和健康管理服务；村干部与贫困患者签订医疗报销服务协议，指导帮助患者足额足项享受医保政策，当好政策保障"引路人"。同步宣传健康知识、健康扶贫政策，对慢病患者每年进行 1 次履约服务，并对高血压、糖尿病、肺结核和严重精神障碍患者每季度进行 1 次履约服务。依托基本公共卫生服务均等化项目和 65 岁及以上老年人健康体检项目，以县（区）为单位，为符合条件的农牧区贫困人口每年开展 1 次健康体检，并建立健康档案。

建立健全重病兜底保障机制。实施重病兜底保障，将农牧区贫困人口全部纳入基本医保、大病保险、医疗救助范围，实现贫困人口医疗保障制度全覆盖。将贫困人口住院医疗费用政策范围内大病保险起付线由 5000 元降至 3000 元、报付比例由 80% 提高到 90%，各级医疗机构全面落实建档立卡贫困户"先住院后结算"服务模式，实行"一站式"即时结算、"六减免"、"十覆盖"政策。

通过实施"三个一批"行动,贫困群众医疗保障状况持续改善,"看得起病"的保障水平明显增强。截至 2020 年 12 月 31 日,全省 35 种大病贫困患者 22092 人,已救治 22092 人,救治率 100%,全省共有慢性病贫困患者 54484 人,已签约 54457 人,实现应签尽签,履约率达 99.86%。全省贫困患者住院医疗费用个人自付比例由 2017 年的 29.02%,下降到目前的 8.78%。海东市互助土族自治县威远镇大寺村村民张先生,因患急性髓系白血病被认定为建档立卡贫困对象。2018 年底,张先生参加城乡居民基本医疗保险费用 266 元全额由互助县政府支付。2019 年 2 月,张先生前往中国人民解放军第九〇四医院治疗,其间共计花费医疗费用 226448 元,其中,基本医保报付 74612.59 元,大病医保报付 68921.52 元,住院医疗救助 19280.98 元,兜底医疗救助 4312.44 元,重特大疾病医疗救助 35775.67 元,实际报付比例达 90%。2019 年 5 月,张先生又在省人民医院门诊接受化疗,共计花费医疗费用 1044 元,其中,基本医保报付 522 元,门诊医疗救助 469.8 元,个人自付仅 52.2 元,报付比例达 95%。张先生之前一直在为医疗费用发愁,当他看到结算单上医疗保险和医疗救助报销费用的数字,激动得说不出话来,没想到给他报销了这么多,压在自己身上的负担一下子就轻了,连连感谢党和政府的好政策。

补齐短板弱项,力促基层服务能力上台阶

围绕让贫困群众"看得上病,看得好病"的目标,聚焦基本医疗有保障目标标准,夯基础、补短板、兜底线,提高基层卫生服务能力。累计落实资金 2.01 亿元,支持 42 个贫困县推进医疗机构标准化建设,新建和改扩建 1472 个村卫生室。大力提升中藏医药服务能力,目前全省已建成基层中藏医馆 432 个、在建 5 个,项目覆盖率达到 100%,全省 100% 的社区卫生服务中心、97.1% 的乡镇卫生院能够提供中藏医药服务。在慢性病和重点人群健康管理中开展中藏医体质辨识和健康服务,全省老年人和儿童中藏医健康管理率分别达到 77.5% 和 79.45%。将中藏药制剂纳入医保报销范围,优化完善藏药制剂使用政策,允许中藏药制剂在医联体内或医共体内调剂使用,目前共有 485 个中藏药制剂品种调剂到省内 69 家医疗机构使用,不断满足各族群众用药需求。2018 年起,依托国家基层卫生人才能力提升培训项目,每年培训乡镇卫生院、社区卫生服务中心、村卫生室管理及技术人员 2544 名,累计培训基层卫生管理及技术人员达 4.5 万人次。

着力发挥省内外对口帮扶平台作用，建立健全多层次、多渠道、全覆盖的卫生对口帮扶机制，北京、上海、天津、浙江、江苏、山东6省市卫生健康部门与我省建立对口援青机制，江苏省南京市、无锡市与我省西宁市、海东市建立东西部扶贫协作机制，各支援省市累计投入资金14.14亿元，支持卫生健康基础设施建设，累计选派50名领军人才1500多名援青技术骨干驻点帮扶，通过技术输入、学科专科建设等多种方式，积极推广新业务新技术320多项，我省派出2440名各类医疗骨干人才赴支援省市进修学习，使各受援医院服务能力显著提升。统筹盘活编制资源，跨层级、跨地域调剂183个事业编制安排到省级公立医院，由省级公立医院选派业务骨干实行每年一轮换轮换支援青南地区各级公立医院，2019年受援医院门急诊人次、住院人次和手术人次较上年分别增加9%、10%、20%，使偏远地区群众就近享受到优质医疗服务，得到青南三州各级政府和广大人民群众的高度评价和交口称赞。实现了市（州）、县级公立医院远程诊疗全覆盖，337所基层医疗卫生机构开展远程会诊服务。省内外116家医院对口支援全省88家县级及以上医院，基层医疗诊治水平显著提高。截至2020年12月31日，全省贫困人口县域内就诊率达90.93%，较2019年提高11.61个百分点，偏远地区群众看病远的难题得到明显缓解，就医成本得到降低，群众"看得上病、看得好病"的可及性、可得性明显提升。县乡村医疗机构、人员和服务能力达到了青海省贫困人口基本医疗有保障工作标准。

家住西宁市湟源县东峡乡拉尔贯村的祁有花，提起村里的卫生室也是连连称赞，"过去的村卫生室设备简陋，有时看个头痛脑热要到几十里外的县医院。现在的村卫生室宽敞明亮，设施齐全，看病方便多了。乡卫生院医师和村医还为我制定个性化的诊疗方案，进行健康指导，按时发放免费药物，现在血压也降下来了，身体状况也好多了。"村里就医环境的改善，是青海省加快基层医疗卫生服务体系建设的一个缩影。

注重防治结合，强化重大疾病防控显成效

围绕贫困群众"少生病"的目标，坚持"重点疾病重点防控，重点区域重点预防，重点人群重点干预"策略，疾病监测系统不断完善，疫情报告制度逐步健全，重大地方病传染病综合防治措施全面落实，从源头上有效预防了因病致贫返贫的发生。截至2020年12月31日，我省累计开展包虫病筛查体检 500 万人次，确诊患者 1.77 万名，手术治疗 2796 人次，免费药物治疗 16022 人次，流行趋势得到基本遏制，全省 1581 名贫困包虫病患者全部得到救治并实现脱贫；建立疾控机构协调、医疗机构初筛转诊、定点医院确诊收治、乡镇和村级医疗机构患者管理的"三位一体"新型结核病防治工作模式，累计免费抗结核药品治疗结核病患者 2.2 万例，成功治疗率达 92%，全省结核病贫困患者 1741 名得到救治并实现脱贫；全面实施贫困地区妇女"两癌"免费筛查完成农牧区妇女宫颈癌筛查 9.12 万例，乳腺癌筛查 9.1 万例。农村妇女增补叶酸 4.4 万人，孕前优生健康检查 2.52 万对，农村妇女增补叶酸预防神经管缺陷目标人群覆盖率达 90% 以上，国家免费孕前优生健康检查项目年度目标人群覆盖率达 90% 以上，有效保障了我省妇女儿童健康安全。

海东市平安区古城乡牌楼沟村，有一户 2 口之家的贫困户，户主陈林中在 2017 年进行包虫病筛查中被确诊为肝包虫病。63 岁身体残疾的他原本就是村里的低保户，家中有一儿子长年在外打工，家中收入仅靠微薄的低保金和残疾补助金，治疗不仅花费了家里所有的积蓄，还欠下一万元债务，高昂的医疗费用让这个原本贫困的家庭更加负债累累。古城乡卫生院工作人员和牌楼沟村村委会了解情况后主动上门，结合陈林中家庭情况和人口健康状况，跟踪落实低保、养老保险、医疗救助等帮扶措施，保障基本生活和医疗所需，协调乡政府为他建档立卡，并纳入大病患者进行管理。2017 年 8 月做完包虫病手术，整个手术花费了 42395 元，在经过新农合、大病保险、医疗救助、商业保险报销后自付 8989 元，而后卫生院工作人员积极对接区疾控中心，手术费用除按新农合规定报销后，包虫病专项补助 8000 元，其他补助 2000 元。"现在国家政策太好了，这次住院费用原本是借的一万元，现在补助下来了，账还了，病好了，感觉自己也轻松了，党委、政府给我们建档立卡户真正的实惠，温暖百姓心！家庭负担一下子减轻了许多，生活又燃起新的希望。"陈林中露出了质朴的笑容。

加强健康促进，推进健康知识教育"知信行"

健康教育是疾病预防控制工作的先锋部队，只有加大宣传教育，让贫困群众接受正确的理念和健康知识，才能培养出良好生活行为习惯，养成健康的生活方式，从而提高自身的健康水平，降低因病致贫返贫风险。

依托青海省健康教育万里行工作平台，以省、州、县三级联动机制和"四进"

（进农牧区、进家庭、进学校、进宗教场所）模式，着力推进贫困地区"精神脱贫"工作，引导贫困地区群众树立科学健康理念，倡导健康行为。每年选择不同地区，确定不同主题，围绕合理膳食、科学就医、健康生活等内容开发健康教育传播材料，结合文艺演出、义诊咨询、教育讲座等形式普及健康科普知识，覆盖人群近110万人次。通过政务微信平台开设专栏、举办专题采访、开发公益广告等宣传形式和开展"健康教育走进宗教场所""花儿唱健康"等健康传播活动，分层级、分步骤深化健康扶贫宣传，贫困群众的健康素养和意识普遍得到提高，健康扶贫政策知晓率进一步提升。

"一年好景君须记，最是橙黄橘绿时"，决战决胜脱贫攻坚5载，精准扶贫惠民生，健康扶贫暖人心，情系贫困群众，服务基层百姓，汗水与澎湃血液交融，真情与昂扬激情碰撞，在三江源头绘制了一幅波澜壮阔的健康扶贫画卷。

"鞍马犹未歇，战鼓又催征"，省卫生健康委将以脱贫攻坚精神为引领，扎实做好脱贫攻坚成果与乡村振兴的有效衔接，以脱贫攻坚的丰硕成果助推乡村振兴，以乡村振兴战略的深入实施巩固脱贫攻坚成果。

青山绿水中的脱贫攻坚　我们见证同行

"脱贫攻坚伟大斗争，锻造形成了'上下同心、尽锐出战、精准务实、开拓创新、攻坚克难、不负人民'的脱贫攻坚精神。"在刚刚闭幕的全国脱贫攻坚总结表彰大会上，习近平总书记深刻总结脱贫攻坚光辉历程，深情回顾脱贫攻坚英模感人事迹……在这场声势浩大的脱贫攻坚人民战争中，青海省林业和草原局始终把生态扶贫作为重大政治任务和第一民生工程来抓，按照"保护生态环境也是扶贫"的理念要求，全面落实"八个一批"政策，为全省贫困地区改善生态环境、发展林草产业，设置管护岗位，一年接着一年干，一件事情接着一件事情办，以前所未有的力度、热度、速度和高度，攻城拔寨，奏响了"小康路上不落一人"的进军号，林草生态建设在脱贫攻坚和乡村振兴的交融互动中焕发出春天般的蓬勃生机。

明确目标任务，扛稳政治责任

脱贫攻坚工作开展以来，我省林草部门主动作为，始终把脱贫攻坚工作作为第一政治任务、最大的政治责任、最大的民生工程、最大的发展机遇，认真学习贯彻落实习近平总书记关于扶贫开发系列重要讲话精神，坚持以脱贫攻坚统揽经济社会发展全局，严格按照党中央和省委省政府决策部署，紧紧围绕精准扶贫、精准脱贫的目标任务，高质量、高效率推进脱贫攻坚工作，为全省脱贫攻坚发挥了稳定器作用。

为打赢这场特殊的战斗，青海省林业和草原局成立了以党组书记、局长任组长，局班子成员为副组长，相关处室、单位主要负责人为成员的扶贫工作领导小组，抽调1名处级干部和2名业务干部专职开展生态扶贫工作，建立了厅级领导包市（州）、处级干部包县（市、区）的"双包"生态扶贫工作督导机制，形成了"一把手"负总责，主管领导具体负责，班子成员分工负责，相关处室、单位人人有责的责任落实机制。定决策、绘蓝图、建机制、聚合力，高位推进脱贫攻坚工作。多次召开理论学习中心组会、脱贫攻坚推进会、调度会等专题会议，贯彻落实中央大政方针，狠抓落实省委省政府决策部署，探讨创新工作方式方法，研究部署政策、资金和重点工作落实措施，确保党中央、省委省政府于脱贫攻坚的决策部署在落实落细。

决战脱贫攻坚，精准决策是要义。林草系统始终坚持以加强生态保护建设促进贫困群众增收脱贫为根本出发点，深入调研了解生态空间贫困群众实际，及时汇报省委省政府制定出台全省生态脱贫政策意见，积极联系省扶贫局、发改委、财政厅、农业农村厅等部门认真研究制定生态脱贫具体政策措施，为广大贫困群众增收脱贫提供全方位政策支持。先后制定出台了《关于打赢脱贫攻坚战提前实现整体脱贫的实施意见》《关于打赢脱贫攻坚战提前实现整体脱贫的实施意见》《青海省林业厅生态扶贫实施方案》《关于加强林业扶贫工作的通知》《青海省建档立卡贫困人口生态管护员管理细则（试行）》《青海省林业和草原局脱贫攻坚"补针点睛"专项行动方案》《青海省2020年脱贫攻坚巩固提升重点工作督战方案》等具体生态脱贫政策措施文件30多个，形成了较为完善的生态脱贫政策措施体系，为指导推进全省生态脱贫工作提供了完善的政策支持。

多措并举促增收，凝心聚力惠民生

省林草局紧紧围绕总书记对青海工作提出"三个最大""四个扎扎实实"的重大要求，坚持"不折不扣、不突不破、不拖不欠、不虚不假"的基本原则，扎实开展生态扶贫，使扶贫政策落地落细，让贫困群众应享尽享。

为了全面加强一线脱贫攻坚力量，省林草局深入贯彻中央和全省扶贫开发工作会议精神，充分依托林草行业优势，坚持从贫困村实际出发，共选派了14名干部，分7个工作组，分别进驻西宁市湟中区共和镇西台村，湟源县申中乡前沟村、庙沟脑村，海东市乐都区李家乡山庄村、蒲台乡头庄村。

2018年，增加果洛藏族自治州进驻班玛县灯塔乡格日则村等4县（区）6个贫困村和乐都区碾伯镇城中村1个基层组织涣散的"后进村"开展定点帮扶工作。

第一批驻村工作队员于 2015 年 10 月进驻，2018 年 3 月，根据省委组织部统一安排，对驻村第一书记和工作队员进行了集中轮换。第二批次人员进驻后，原工作队继续留任 1 个月，对新到人员进行传帮带，各项工作无缝衔接。

2018 年乐都区碾伯镇城中村已实现"后进村"摘帽，驻村工作队于 2018 年 4 月撤出。

2020 年 4 月联点帮扶的 7 个村已全部脱贫摘帽。

书记挂帅、局长担纲、大员上阵、高位推进、刚性投入、整体联动，精准扶贫、不落一人成为全局上下的自觉行动。

突出重点任务，设立贫困人口生态管护员岗位

脱贫攻坚工作开展以来，省林草局率先推行生态管护员政策，将落实生态公益性管护岗位作为生态扶贫的重中之重，2016 年初，我省在财政资金十分紧张的情况下，统筹中央财政天保工程森林管护补助、森林生态效益补偿等资金积极设置建档立卡贫困人口管护岗位，在国家林草局出台生态护林员政策后，积极争取国家层面生态护林员岗位，结合林草资源和生态环境系统特征及脱贫攻坚工作要求，将全省符合条件的建档立卡贫困户应纳尽纳为生态管护员，同时以制度建设为抓手，加强生态管护员动态管理，完善绩效考核机制。制定印发了《青海省建档立卡贫困人口生态护林员上岗巡护和绩效考核管理办法（试行）》《青海省建档立卡贫困人口生态管护员管理细则（试行）》等制度。建立了生态管护员信息管理平台，加强动态调整与管理；会同财政、扶贫等部门建立协调会议制度，定期召开生态管护员专题协调会议，研究解决生态管护员在聘用管理、报酬发放等工作中存在的问题；全面开展上岗培训和日常业务技能培训，提升履职尽责能力和水平；加强监督检查。对各地区建档立卡贫困人口生态护林员选续聘上岗、培训、巡护管护、日常管理、绩效考核、管护报酬发放、档案管理等情况进行不定期监督检查，发现问题，限期整改，全面推进林草生态扶贫工作。逐步探索出了一条以生态保护助力脱贫攻坚、以脱贫攻坚促进生态保护的"生态脱贫"之路，实现了生态保护、脱贫攻坚和民生改善多赢。

42 岁的藏族牧民扎公，以前只靠放牧，一年收入也就 1 万元左右。2015 年他被村里识别为建档立卡贫困户。从 2019 年起，扎公成为当地的一名生态管护员。这个岗位每年可以给他带来 1.5 万元的工资收入，再加上每年能收到奖补资金，一年收入能达到 2 万多元。扎公说："夏天还能采蘑菇，再联系买家定期卖牛奶，日子会越来越好。"扎公所在的泉吉乡，2020 年全乡禁牧草场就有约 102.53 万亩，草畜平衡草场约 92.33 万亩，预计发放草原生态保护奖补资金超过 1100 万元；安排各类生态管护员超过 100 人，发放补助资金约 190 万元。

2015 年，洛巴一家被识别为建档立卡户。在此之前，洛巴一家 9 口仅仅依靠国家相关政策维持生活，除了自己干点农活外，家中再无其他劳动力，没有稳定收入，生活异常困难。自从洛巴成了一名生态管护员，端上生态碗，他每年通过生态管护工作获得管护报酬约 1 万元，基本实现了脱贫摘帽。洛巴自己常说："只要我们认真工作，保护好家乡的山山水水，守护好野生动植物，就能获得可观的工作报酬，实现增收致富，也不用再戴贫困户的帽子了。"

截至 2020 年，全省共计选聘了 4.99 万建档立卡贫困人口从事林草资源管护，五年累计发放劳务报酬 39.6 亿元，年人均增收近 2 万元，三江源地区达到 2.16 万元，带动了近 18 万贫困人口实现脱贫，实现"一人护林，全家脱贫"。另外，全省还有非建档立卡生态管护员近 10 万人，在带动农牧民群众脱贫增收中发挥了重要作用，被农牧民群众称为"暖心工程"。

发展林草产业，加速生态优势转化

省林草局在严格保护的基础上，科学合理发挥贫困地区林草资源丰富优势，大力支持发展经济林、生态旅游、森林康养、中藏药材、草种繁育、种苗花卉和林下经济等绿色产业。为打开中藏药材市场，成立了青海省中藏药产业发展协会，与北京同仁堂健康有机产业（海南）有限公司签订中藏药产业战略合作框架协议，促进了中藏药集约化、组织化程度，增强了我省中藏药材市场竞争力。为拓宽林草生态旅游资源，通过多种渠道，大力支持发展生态旅游业。支持和鼓励贫困群众参与旅游经营和服务，带动贫困群众脱贫致富。建成森林公园、湿地公园、森林康养基地等生态旅游基地 90 余处，湟中卡阳、大通边麻沟等 20 多处森林花海乡村旅游景区。

海西蒙古族藏族自治州都兰县宗加镇诺木洪村的村民张启发，2006 年开始种枸杞，到现在已经有十几年了，这些年靠种植枸杞，一家人搬进了楼房，也过上了小康生活。"现代农业产业园的建设，不仅让大家的收入越来越稳定了，也给这里带来了新机遇。"他说道。产业园在尊重农民意愿和企业自主权的基础上，吸纳全部农民加入合作社（占比达 100%），让当地农民真正参与枸杞全产业链开发；探索构建了"龙头企业 + 合作社 + 农户""党支部 + 合作社 + 农户"等带动农民增收模式，让当地农民真正分享产业发展红利。创新方式，实现产业园龙头加工企业和所有专业合作社签订了枸杞种植协议和收购订单，村党支部和所有农牧户签订了帮扶协议。每到枸杞采摘季节，都会有来自全国各地的数以万计的采摘工涌入产业园，为这里的餐饮住宿提供了增收机会。而产业园自身的发展，也创造出了电子商务、物流服务、旅游观光等新业态。由此，产业园鼓励并引导农民参与多种形态经济发展，让富余劳动力向二三产业转移。

近几年，全省中藏药材种植面积超过 16.6 万亩，枸杞种植面积 75 万亩；苗木培育面积 13.8 万亩，年均可提供造林绿化的各类苗木近 9.63 亿株。林草产业年产值达到 400 亿元左右，林草龙头企业达到 44 家，"企业 + 合作社 + 基地 + 贫困户"等模式的推广与贫困人口建立了利益联结机制，通过分红、劳务等方式，带动就业近 30 万人，带动农户近 12 万户、40 万人，支付各类劳动报酬近 15 亿元，户均增收 1.2 万元，人均增收近 4000 元至 6000 元左右。湟中卡阳、大通边麻沟等森林花海乡村旅游景区，已成为全省生态旅游、生态扶贫的"名片"和"精品"，全省生态旅游人数突破千万人次大关。实现了产业兴、百姓富、生态美。

坚持绿色发展，强化生态工程带动增收

省林草局牢固树立"绿水青山就是金山银山"理念和"做好贫困地区的生态环境保护也是扶贫"的意识，坚持生态优先、绿色发展，把国土绿化作为生态扶贫与乡村振兴的重要抓手，把不断增加林草资源总量、不断提升森林生态系统质量、不断增强草原生态功能、不断丰富生物多样性、不断改善贫困地区生态环境质量作为生态建设和脱贫攻坚的重要任务，着力打造绿水青山大美青海，加大贫困地区生态保护修复力度，持续推进大规模国土绿化，充分发挥生态建设在生态扶贫中的重要作用。出台创新造林机制激发国土绿化新动能的办法，实施国土绿化提速三年行动和国土绿化巩固提升三年行动计划，积极鼓励贫困人口参与国土绿化、培育造林合作社，同时在生态工程建设中，明确要求各工程实施单位要吸纳一定比例贫困人口以投工投劳等方式参与工程建设，为贫困群众提供了"门前打工"机会，既改善了生态环境，又促进了群众增收;为全面落实生态扶贫政策,切实让贫困人口在生态建设中获得增收,出台了营造林工程先建后补政策,倡导和支持集体或个人在周边荒山荒坡、房前屋后等宜林地开展造林绿化,获取劳务报酬。

玉树藏族自治州玉树市西杭街道办事处禅古村的村民旦周措毛是国土绿化项目收益的一名贫困户,丈夫因病去世后看病就医花去了她所有积蓄,并欠下了不少外债,加之家中5个小孩需要靠她一个人照顾,因而她不能外出务工,只能依靠政府的低保金维持生计。

群众增收好,工程是个宝。2019年,旦周措毛家门口的高速公路沿线实施百里绿色长廊绿化建设项目,并为周边群众提供劳务就业机会,听闻消息后,她觉得这既能照顾家里,也能增加收入,便第一个到村支书家里报名。一个多月的劳务工作后,她获得了劳务报酬4800元。"我们村有一半以上的劳动力都在绿色长廊中干活,我们的腰包鼓起来了。"她笑着说。

5年来生态工程带动176万人次参与,人均增收4557元,其中建档立卡贫困人口9万人次,人均增收3365元。全省各地已建立造林(种草)专业合作社387个,累计带动4768名贫困社员人均增收2852元。其中村集体成立专业合作社27个,共增收205万元,"先建后补",累计完成营造林70万亩,各类生态工程建设有效带动了当地群众通过苗木和劳务增收。

发挥政策性补偿效益,提升贫困人群收入

偏远的林区牧区,往往是贫困程度深、群众增收难的区域,但也是林草资源量大、国家补偿政策受益大的地区,省林草局通过积极落实森林生态效益补偿、退耕还林还草补助、湿地补偿等国家补偿补助资金,增加贫困地区群众收入,促进脱贫致富,5年累计补贴农牧民各类生态直补资金29.5亿元,为我省如期实现脱贫、巩固减贫成果、全面实现小康发挥了稳定器作用。

决胜小康重任在肩,乡村振兴任重道远,脱贫摘帽不是终点,而是新生活、新奋斗的起点。从山青到民富,"生态扶贫"织密绿锦,笑展新颜。一套套"补齐""创新"脱贫组合拳打出,林草生态扶贫已显现出强大的优势。

回望来路,生态扶贫既扶了贫,也改善了生态。今天的青海天蓝地绿、生态优美,拥有大面积的高原湿地、高寒草原、森林灌丛等生态系统,水面、湿地、林草的蓝绿空间占比超过70%。

前瞻未来,国家公园示范省建设为青海生态文明建设提出了新命题,也为脱贫攻坚工作提供了新机遇。生态扶贫培育出的生态旅游产业，已成为我省的绿色产业、开放支点和富民方向。

让绿水青山颜值更高，让金山银山价值更大。省林草局在以生态优先、绿色发展为导向的高质量发展之路上，正高奏着国家公园示范省建设的进行曲，不断彰显生态价值、迸发生态活力，山山水水、草草木木，随处张扬着生态文明的魅力。全省林草人相信，在省委省政府的坚强领导下，只要朝着正确方向，一年接着一年干，一代接着一代干，青海的山会更绿、水会更清、天会更蓝，一条人与自然和谐发展的兴林富民之路将越走越宽。

畅通金融血脉　助力精准脱贫

漫漫的历史长河中，总有一些年份注定在时间的坐标上镌刻下永恒的印记。

党的十九大报告强调："让贫困人口和贫困地区同全国一道进入全面小康社会是我们党的庄严承诺。"2021年2月25日，习近平总书记在全国脱贫攻坚总结表彰大会上庄严宣告："在迎来中国共产党成立一百周年的重要时刻，我国脱贫攻坚战取得了全面胜利，完成了消除绝对贫困的艰巨任务，创造了又一个彪炳史册的人间奇迹！"

助力打赢脱贫攻坚战是地方金融系统义不容辞的重大责任。自脱贫攻坚工作开展以来，青海省金融系统以习近平新时代中国特色社会主义思想为指导，深入贯彻落实党中央、国务院和省委省政府关于脱贫攻坚的重要决策部署，将金融扶贫作为落实"四个扎扎实实"重大要求的有力举措，将金融资源向贫困地区倾斜，从小额信贷，到产业扶贫，狠下"绣花"功夫，强化政策引导，优化服务方式，创新金融产品，强化驻村帮扶，构建起金融合力助贫的大格局，在脱贫攻坚的道路上演绎出一幅绚丽的"金融篇章"。

提高政治站位　强化责任意识

省地方金融监管局协同人行西宁中心支行、青海银保监局、青海证监局等部门把脱贫攻坚工作作为首要政治任务，并将其摆在突出位置，统一思想认识，坚持问题导向，全力推进脱贫攻坚各项工作。

强化组织领导。为促进金融精准扶贫深入开展，人行西宁中心支行牵头成立青海金融精准扶贫协调工作领导小组。各金融监管部门召开金融扶贫工作推进会，明确目标、细化措施、落实责任，多次联合赴各市（州）、县进行现场调研、宣讲政策，组成联合督查组赴市（州）检查金融支持精准扶贫政策落地情况，收集资料、分析问题、提出对策。为深入贯彻落实省委省政府关于推进普惠金融，打赢脱贫攻坚战的决策部署，推动支持实现全省贫困人口如期脱贫，省地方金融监管局组织省直相关部门及各市州召开全省金融精准扶贫与"双基联动"工作推进会，通过各种形式查找贫困原因，把脉扶贫难点，共谋致富路径，协调有关部门共同推进精准扶贫工作，为全省打赢脱贫攻坚战发挥了示范引领作用。

坚持问题导向。省地方金融监管局高度重视扶贫领域问题的整改工作，围绕省委巡视组专项巡视和中央巡视组对青海脱贫攻坚专项巡视反馈意见，及时召开整改工作会议，制定整改方案，对存在的问题清单，明确整改工作分工和整改时限，确保整改工作有人抓、有落实。针对中央巡视反馈的问题，省地方金融监管局主动认领责任，围绕"既检查帮扶工作成效，又监督帮扶干部精神状态"的工作要求，对标对表，举一反三，切实加以防范和整改到位。

健全制度保障。省地方金融监管局、人行西宁中心支行、青海银保监局、青海证监局等相关部门通力合作，出台一系列政策措施，创新和推动金融扶贫，确保金融精准扶贫工作稳步推进。先后印发《金融支持精准扶贫青海行动方案》《扶贫开发金融服务主办银行制度》《关于全面推进"双基联动"金融服务机制的实施意见》《关于金融支持扶贫产业带动精准脱贫的指导意见》等，不断规范流程，加大扶贫信贷资金投放、改进完善差别化信贷政策、推进深度贫困地区信用修复重建，为金融扶贫攻坚战提供有力的制度保障。

创新服务模式　助力精准脱贫

精准是金融扶贫的生命线。多年来，全省金融系统深入落实精准脱贫基本方略，充分发挥各级金融机构在资金、人才和技术方面的优势，扎实推进金融精准扶贫脱贫工作。

稳步推进"双基联动"合作贷款模式。"双基联动"模式不仅充分调动基层政府、各相关部门和基层金融机构的积极性、创造性，统筹考虑农牧区基层党组织建设和农牧区金融服务，建立基层金融机构和基层党组织"双挂"制度，发挥基层党组织的服务职能和基层金融机构的资金优势，建立村级信贷工作室，打通农牧区信贷服务"最后一公里"，不断努力将"双基联动"工作室升级成为集信用体系建设、金融精准扶贫、普及金融知识、宣传金融政策、推介金融产品、保护金融消费者权益、对接金融需求为一体的互动服务平台。截至 2020 年末，全省开展"双基联动"业务的银行基层网点达到 472 家，贷款余额 228.6 亿元，惠及 69.38 万户农牧民。

积极推广"530"扶贫小额信贷。自金融扶贫伊始，就创新推出"530"扶贫小额信贷产品，对被评定为信用户、有生产经营能力、有金融服务需求、有劳动能力的建档立卡贫困户提供 5 万元、3 年期、全额贴息、免抵押、免担保贷款，形成良好的辐射带动作用。

加大融资支持力度。以设立普惠金融事业部、"三农"金融部的方式，聚焦小微企业、"三农"、创业创新群体等领域，积极提供全方位金融服务，整体提升薄弱领域的金融服务水平。逐步完善金融精准扶贫档案，逐户对接贫困户融资需求，通过银企对接会等多种方式，主动支持扶贫产业发展。以能够带动脱贫的特色种养殖业、农畜产品加工业、乡村旅游业和民族传统手工业等为重点，因地制宜，丰富特色产品体系，创设"三农惠民贷""惠农虫草贷""拉面贷""枸杞贷"等多种兼具扶贫效用的涉农信贷产品，切实加强融资支持力度。

强农惠农富农　扶贫扶智扶志

"感谢政府的好政策，感谢农商银行为我们穷人在脱贫致富的道路上伸出援助之手。"家住大通县新庄镇李家山村村民祁生红，是金融助力精准扶贫脱贫的受益者。

昔日的祁生红是李家山村建档立卡贫困户，1998 年外出务工时因矿石坠落，致其腰椎以下半身瘫痪，丧失劳动能力，家中母亲年迈，妻子无业，儿子年幼，多年来因为治疗费用，家庭一贫如洗。祁生红并没有被眼前的困难压倒，一直没有停止过自己为家庭所肩负的责任，努力寻找各种创业致富途径，但苦于没有资金支持。

2015 年末，大通农商银行作为精准扶贫的主办银行之一，推出了多款信贷产品全力服务精准扶贫，让祁生红一家看到脱贫致富的曙光。"幸福贷"针对有经营发展能力，但还未评定信用户的贫困户，由乡镇、驻村干部、村两委和银行共同评定，给予贫困户 5 万元以内的授信，期限 3 年以内，全额贴息。"信用快捷贷"针对已评为文明信用户的贫困户，将授信额度提升为 10 万元，随用随贷，对贫困户 5 万元以内的贷款，全额贴息。"产业扶贫贷"针对能吸纳贫困户务工的家庭农场、专业合作社及龙头企业，每带动一户贫困户致富，给予增加 10 万元的信贷激励，三种类型企业贷款最高额度分别为 50 万元、200 万元和 500 万元。

2016 年 2 月，祁生红向大通农商银行递交了申请书，申请借款 2 万元，大通农商银行审核资料后，于当日向该贫困户发放了"幸福贷" 2 万元，执行基准利率，全额贴息。用 2 万元贷款，以及自己筹集的 1 万余元资金，祁生红在大通县宝库乡经营起了小吃店，小店生意越来越红火，年收入达 2—3 万元。到 2018 年，祁生红转让了小吃店后，向大通农商银行再次申请 5 万元贷款，在自己家中开起了"四叶草"手工编织作坊，不仅让自己增收致富，而且还带动村里其他闲散人员为其打工，将编织的各种手工艺品通过网络销往全国各地，月收入达 5000 余元，日子越过越红火，还多次被邀请到县残联，向广大残疾人朋友们讲课并传授手工编织技巧。

筑牢返贫防线　巩固脱贫成效

"起初，牛羊保险的销售工作开展的十分困难。一是群众普遍不了解保险，不信任保险，导致保费的征收没有达到预期的效果。二是村与村、社与社之间的距离较远，保险理赔线索的收集非常不便。"人保财险玉树分公司总经理吴强说。

2018 年末，连日的降雪，使得雪越积越厚，造成玉树州各市县大面积雪灾，导致牛羊采食困难，众多牲畜倒下，让生活在草原上的牧民群众和牛羊都经受着最严峻的考验。人保财险第一时间启动大灾应急预案，并派出先遣工作组前往灾区了解灾情，所有在西宁参加全省工作会议的人保财险玉树分公司同志紧急返回工作岗位，冰天雪地中走村入户，及时着手开展防灾救灾及保险理赔工作。

2019 年初，公司在玉树特大雪灾中秉持"特事特批、急事急办"的原则，放宽、简化理赔条件和程序，通过补征保费，对没有购买牛羊保险的牧民开通绿色通道，同时，协赔人员深入一线快速处置、积极理赔，确保受灾群众死亡牛羊及时查勘，各受灾点持续服务。共赔付因雪灾死亡藏系羊、牦牛 47374 头（只），赔款金额 1.23 亿元，使得农牧民群众的财产损失得到补偿，又有效地防止因灾返贫。

目前，每完成一次理赔服务，牧区的群众总会惊叹："国家还有这样的好政策！放在以前这是想都不敢想的事。"在全省金融系统的共同努力下，政策性农业保险不断提标、扩面、增品，在协同并进、创新产品、优质服务等方面出实招，"三农"日益增长的风险保障需求得以满足，农业保险成为高质量打赢脱贫攻坚战的"稳定器"。

主动担当作为　抓好责任落实

积极引导资金投入特色富民产业，充分激发帮扶村贫困群众脱贫源动力，经过几年的不懈努力，民和回族土族自治县中湾村于 2017 年整体退出贫困村，2020 年末全村常住人口人均收入达到了 7794 元。

该村地理位置偏僻（与甘肃省永靖县川城镇相邻），是民和县最偏远的村，距县城 85 公里，距乡镇 14 公里。全村户籍人口 1724 人，常住人口仅 875 人，长期外出人口多分布在青海海西、西藏拉萨等地定居生活。现存耕地面积 600 亩（均为旱地），坡陡山高，水土流失严重，不适宜耕种，农作物收益低。过去，当地以种养殖业、外出务工为主要经济来源。如何让脱贫攻坚联点帮扶工作落到实处，切实帮助精准扶贫村摘掉"贫困户"的帽子，成为省地方金融监管局的一件大事。

压实帮扶责任。局党组高度重视脱贫攻坚工作，联点扶贫开展以来，明确脱贫攻坚帮扶责任，举全局之力扎实推进，每年两次研究扶贫工作，年初作计划、年中抓落实、年底对总账。局主要领导多次带领班子成员深入联点扶贫村一线，向村"两委"干部和群众宣讲全省脱贫攻坚政策精神，实地走访听取扶贫工作情况和建议。机关干部深入帮扶点开展脱贫攻坚交流座谈，帮助村委会理清发展思路，巩固脱贫成果。落实工作经费，改善办公条件。督促机关干部职工认真开展结对帮扶工作。

发挥尖兵作用。"我是住在村里的第一书记，插着红旗的村委会就是我家，欢迎来串门。"这是省地方金融监管局选派的驻中湾村第一书记文通向群众说的一句话。初到中湾村时，文通觉得和群众面对面聊起脱贫话题，总是客套话多，主动参与的想法少。回想曾经的工作经验，他决定用"一句话、一张卡"打开局面。"一句话"就是"我是住在村里的第一书记，插着红旗的村委会就是我家，欢迎来串门"，而"一张卡"则是挨家挨户送上的自制党员联系服务卡。慢慢地，来村委会聊天说事的群众多了起来，小到丢卡开证明，大到修路盖房子，都能及时得到解答落实。有一次贫困户马克录家突然失火，火借着风势迅速引燃了木质老房子,威胁新房和周边群众。慌乱中,马克录找到"一张卡",给第一书记文通打了电话,文书记立刻带领在家的党员和群众开展救援,接电抽水灭火,保住了新房和新盖的养殖棚圈,这件事传开后打党员联系服务卡电话的群众多了。在这种不怕苦和累的实干中,第一书记发挥尖兵作用付之以心,群众报之以情,党群干群关系更加紧密,各项工作得以顺畅有力地推进。

细化帮扶措施。中湾村地处偏远,贫困群众久居大山深处,以往村子和村民的物质精神面貌都受到了很大局限。省地方金融监管局把"打基础、兴产业、振精神"作为整体思路。基础建设方面争取80万元资金,率先用于完成道路硬化、太阳能路灯照明和群众文化广场改造;争取35万元为群众配装太阳能热水器,方便生活的同时节省生活开支;探索种植养殖产业发展,尊重群众意愿,在稳定牛羊养殖的基础上,先后引导贫困户养殖大雁、种植黄芪,还进一步调研储备了山东乌骨羊养殖项目。教育是阻止贫困代际传播的最好办法,山里孩子条件有限,大部分连水彩笔都没见过,我们为当地200多名小学生捐赠防寒校服和全套书包文具,鼓励他们好好学习。五年来,中湾村的物质精神面貌得到极大改观,群众经常感叹"几十年的穷样子、老样子,几年就完全变了样",在享受政策实惠的同时,群众的获得感增强,感到生活和发展更有盼头了。

2021年是"十四五"规划开局之年,我国进入"两个一百年"奋斗目标的历史交汇期。全省金融系统将坚决贯彻党中央、国务院关于脱贫攻坚的决策部署,坚持目标引领和问题导向,扎实做好脱贫攻坚成果与乡村振兴的有效衔接,持续巩固金融精准扶贫成果,用金融力量点亮百姓的小康梦。

集聚广电行业力量　助力打赢脱贫攻坚战

2021 年 2 月 25 日党中央召开脱贫攻坚表彰大会，习近平总书记庄严宣告，经过全党全国各族人民共同努力，在迎来中国共产党成立一百周年的重要时刻，我国脱贫攻坚战取得了全面胜利，现行标准下 9899 万农村贫困人口全部脱贫，832 个贫困县全部摘帽，12.8 万个贫困村全部出列，区域性整体贫困得到解决，完成了消除绝对贫困的艰巨任务，创造了又一个彪炳史册的人间奇迹！这是中国人民的伟大光荣，是中国共产党的伟大光荣，是中华民族的伟大光荣！

党的十八大以来，青海省广播电视行业深入贯彻落实习近平总书记关于扶贫工作的重要论述，在省委省政府的坚强领导下，在省扶贫开发领导小组办公室的具体指导下，牢固树立"四个意识"，增强"四个自信"，做到"两个维护"，紧紧围绕"一优两高"战略部署，始终把服务脱贫攻坚作为重大政治任务和第一民生工程，充分发挥行业特点优势，统筹行业资源力量，多措并举、凝心聚力，全面助力决战决胜脱贫攻坚，取得了显著成效。

发挥广播电视舆论引导作用，推动习近平总书记扶贫重要论述入脑入心。全面贯彻落实党中央国务院关于脱贫攻坚的重大决策部署和省委省政府工作安排，坚持精准扶贫精准脱贫基本方略，深入实施舆论引导能力提升工程，统筹广播电视和网络视听，统筹线上线下和声频荧屏，把"决胜全面小康、决战脱贫攻坚"作为宣传工作主题主线，带领全行业唱响时代主旋律。一是指导协调全省各级广播电视播出机构加大脱贫攻坚工作的宣传力度和先进典型的策划深度，精准解读扶贫政策，推广扶贫经验，宣传扶贫典型。各级广播电视媒体深化头条建设，充分发挥主流媒体的传播力和影响力，深入宣传各地统筹推进疫情防控和脱贫攻坚工作的重大成就和典型经验，为决战决胜脱贫攻坚提供强大舆论支撑。全省各级广播电视播出机构推出了系列新闻报道和专题节目栏目，包括《背着锟锅进省城》《黄南州以"六大模式"推进精准脱贫》《海南州千名干部进村入户 政策举措深入人心》等扶贫工作新闻，《守望》《我的书记我的村》《扶贫攻坚同步小康》《第一书记》《万名干部在一线》等扶贫专题节目，《一讲两办三促进 拓宽思路促发展》等扶贫题材专题片。二是组织开展青海省"同步小康路"网络视听优秀节目征集活动，前后共征集到了100多部聚焦脱贫攻坚、宣传党和政府扶贫方针政策、讲述青海地区脱贫致富的作品，并推送至国家广播电视总局进行展播，有的作品一经播出，引起网民热烈关注，推出首日点击量均破千万，周点击量高达6000万。三是完成14部网络电影在总局规划备案，2部上线备案。近期已完成拍摄《山路弯弯》《绣太阳的女人》《金色家园》网络影片，正在进行上映前的内容审核。影片以小切口反映大主题，以小人物折射新时代的脱贫攻坚。《山路弯弯》讲述了扶贫干部带动山区百姓发展电商脱贫致富的感人故事。《绣太阳的女人》以"青绣"为主题，讲述青年人研究传承刺绣，助推绣娘增收致富的故事。《金色家园》展现了牧区贫困户在党的领导下，成立畜牧合作社，发展草原经济实现脱贫的故事。近年来我局所属民族语译制中心也译制了《十八洞村》《春风有雨》等一批扶贫题材故事片进行展播。通过新闻报道、新闻专题等多种形式解读扶贫政策、推广扶贫经验、宣传扶贫典型，为扶贫工作营造了良好舆论环境。四是按照省委省政府提出的"如何推出指尖上的青绣"这一指示要求，开展以宣传"青绣"品牌为主的精准扶贫公益直播活动，在总局支持下与上海东方卫视合作开展公益扶贫节目《我们在行动》直播，薇娅等网红名人推介非物质文化遗产——青绣，取得了712万元的成交额，公益扶贫订单取得了1312.1万元的成交金额，推动"指尖上的艺术"发展成"指尖上的经济"的同时，也成功打造了东西部广电同仁携手合作、互利共赢的典范。

提升广电公共服务，惠民措施落地见效。全省广电行业深入对接贫困地区群众精神文化生活需求，扎实推进重点惠民工程，推动资源向基层延伸、向农村牧区覆盖特别是深度贫困地区倾斜，切实促进广播电视公共服务提质增效。党的十八大以来，在中央和省委省政府的大力扶持下，制定出台《青海省智慧广电助力决胜脱贫攻坚专项扶贫行动方案》，将直播卫星户户通工程、深度贫困县应急广播体系建设工程、收音机进帐篷等广播电视惠民工程纳入全省脱贫攻坚战、乡村振兴战略中实施，先后投入 5.23 亿元，在全省贫困地区实施了广播电视无线发射台站基础设施改造项目、户户通工程、收音机进帐篷等一系列重大民生工程，很大程度上改变了农村牧区特别是贫困地区农牧民收听收看广播电视节目难的问题。一是实施广播电视无线发射台站基础设施改造项目。为进一步完善广播电视无线发射台站基础设施，确保广播电视安全播出，近五年共落实建设资金达 2.29 亿元，对全省 53 座广播电视高山无线发射台实施基础设施改造；对 25 座中波台进行了基础设施改造；为全省 37 县广播电视台购置采、编、录、播设备。目前除 2020 年下达的 10 座广播电视高山无线发射台站（建设年限为 2020—2021 年）正在施工以外，其他项目均已完工并投入使用。二是全面推进深度贫困县应急广播体系建设。2018 至 2020 年共投资 1.42 亿元为涉藏地区 32 个县及行委实施深度贫困县应急广播体系建设项目，目前 2018 年和 2019 年下达的 15 个县已全部完工，2020 年下达的 17 个县正在实施当中，预计年底前能全部完工。待项目完成后将基本完成涉藏地区应急广播体系建设布局。三是加强农牧区广播电视有效覆盖。为进一步提高农村牧区广播节目的有效覆盖，同时加强地方政府特别是乡镇一级政府声音在当地的覆盖，根据《青海贫困地区民族自治县村级综合文化服务中心覆盖工程实施方案》的安排，2016、2017 年两年，我们相继争取并投资 884 万元购置 44200 套户户通设备，争取并投资 274 万元为全省 137 个村购置广播器材。2017、2018 年我们相继实施了全省贫困地区民族自治县村级综合文化服务中心覆盖工程。两年共落实建设资金 3134 万元（其中 2017 年 1792 万元，2018 年 1342 万元），为 1567 个村购置广播器材，项目已于 2018 年底全部完工。2019 年申请落实到五明佛学院尼姑集中安置点后续配套广播电视设施项目建设资金 193 万元，购置直播卫星接收设施及液晶电视 774 套，目前项目已全部完工。四是大力实施数字音频广播工程。2017 年青海省发展和改革委员会下达青海省涉藏地区数字音频广播建设项目，建设资金 7450 万元，其中中央预算内投资 5960 万元，地方配套 1490 万元（资金已全部落实）。主要建设内容为在全省涉藏地区 6 州 33 个县及行委建设数字音频广播发射系统，每个点同时播出 2 套调频广播和 6 套数字广播。目前项目已全部完成竣工验收。五是持续开展收音机进帐篷。为切实保障广大农村牧区人民群众收听收看广播电视的基本文化权益，近几年我局先后投资 2800 余万元实施收音机和无线数字电视接收机进帐篷、进贫困户项目，累计发放收音机 9.6 万台、无线数字电视接收机 3.1 万台，切实把党和政府的声音传到千家万户，充分让广大群众享受广播影视改革的成果。六是为涉藏地区州、县级电视台配备高清数字电视设备。为进一步完善涉藏地区广播影视基础设施建设、加强藏语节目生产能力建设，提高涉藏地区广播影视综合人口覆盖率，提升青海涉藏地区广播电视传播力、影响力和公共文化服务能力，2016 年我们向省委宣传部申请资金 480 万元，为我省涉藏地区州县级电视台配备高清数字电视设备，其中州级电视台配置了 2 套便携式高清摄像机和 1 套肩扛式高清摄像机，县级电视台配置了 2 套便携式高清摄像机。

提升广播电视服务保障能力，满足贫困群众新需求新期待。近年来，共计投资 9300 万元实施政府购买广播电视直播卫星接收设施维护服务，在全省建成了 38 个县级户户通服务中心，135 个乡镇户户通专营点，为全省 108 万套直播卫星接收设施提供日常维护，确保了全省村村通、户户通工程长期通、有效通。持续推进农村公益电影放映工作，2016 年至 2018 年每年投资 389.28 万元为全省 1622 个贫困村实施农村公益电影放映，保证每村每月放映一场公益电影。2018、2019 两年（2020 年电影放映职能划转省委宣传部），每年放映农村公益电影 50028 场（次），其中贫困村放映 19000 场，针对安多地区放映藏语译制片 10374 场，观影人数达 390 万人。每年向 6 州及所属各县免费赠送安多藏语译制作品 1300 集，进一步推动广播电视公共服务向基层延伸。在全省开展"助力脱贫攻坚、优质节目下基层"公益捐播活动，为全省 2 市 6 州 13 个县捐赠汉语节目、32 个县捐赠安多藏语节目；在安多藏语卫视开设"周末影院"，精准对接贫困地区群众精神文化生活需求，助力打赢脱贫攻坚战，切实把公共服务提质增效落到实处。

扎实开展定点帮扶工作，脱贫路上一个都不能少。制定了《定点帮扶实施方案和工作计划》，结合驻村工作开展定点帮扶，将驻在村精准脱贫作为第一民生工程。省广电局科技与公共服务处处长杜国强是西宁市大通回族土族自治县极乐乡下和衷村第一书记，自 2018 年被局党组选派到村以来，一直扑下身子抓好下和衷村的脱贫攻坚工作，确保脱贫路上一个都不能少。2020 年

11 月 29 日是星期日，顾不得休息，杜国强又到村民家里去了解情况。

"杜书记，周末您都没休息，我心里真有些过意不去呀。"看到杜国强为自己的事不停奔波，村民黄国仓面露歉意。

"你纳入低保户的事我们正在办，你别着急。"杜国强顿了顿，又说道："另外，村里有个公益性岗位你愿不愿意干？"

"愿意，愿意，您这么帮我，我愿意去干。"说话间黄国仓直了直身子。

黄国仓是下和衷村的边缘户之一。之前因为家里的亲戚用他的名字注册了合作社，导致黄国仓无法被确定为建档立卡贫困户。但实际上，由于母亲常年因病卧床，黄国仓也一直没办法去远处打工，家里的生活条件一直很差。"家里基本没有什么固定收入，只能靠我一个人打点零工。现在好了，有了杜书记的帮忙，我们家的生活很快就能得到改善了。"黄国仓激动地说。

"我们正在多方协调，积极沟通，希望能够尽快把他纳入低保户，同时安排他到村里的公益性岗位上，解决生活上的困难，增加收入。"杜国强说："在脱贫攻坚的冲刺阶段，我们不能停顿、不能大意、不能放松，要把工作做细做实，抓早抓小及时解决影响群众生产生活的实际问题，加强困难群众兜底生活保障，落实低保与扶贫衔接政策，小康路上，一个村民也不能落下。"

除了黄国仓，村里还有另一位"边缘户"罗文清。"罗文清以前是跑运输的，前年的时候因为生病导致残疾，这两年看病花去了不少钱，属于因病返贫。我们也在积极争取把他纳入低保户里。"话音刚落，杜国强已经站在了罗文清家的门前。

"这两天病咋样？"一进罗文清家，杜国强先询问起他的病情。"我们正在办理你入低保户的事，你现在身体不好，可不能再去跑车了，等低保办下来了村里会给你想办法。现在全村人都铆着一股劲儿奔小康呢，你可不能掉队。"说着，杜国强用力拍了拍罗文清的肩膀。

"这个我也明白。以前村里穷，全村人就靠着种地过日子。现在大家外出打工的打工，搞养殖的搞养殖，生活都好了起来。"罗文清说。

"眼下正是决战脱贫攻坚的冲刺阶段，正因为如此，我们正在努力积极解决你的事情，你自己也要有信心。"杜国强说。

杜国强的一番话，让罗文清受到鼓舞，送别时，微笑挂在他的脸上。而杜国强则抖去身上的寒意，按照"苦干六十天"的日程表，在决战决胜脱贫攻坚最后阶段奋力冲刺！

近几年，下和衷村在省广电局党组的坚强领导下驻村工作队扎实工作下，逐步探索形成了青海首家农村数字影院、山坡土鸡散养项目、扶贫互助协会、农机承包项目的"四轮驱动"模式发展村集体经济，村民因此受益，全村顺利实现了脱贫。

全省广电行业扶贫为打赢脱贫攻坚战贡献了广电智慧和力量，彰显了全省广电行业的责任和担当，省广电局将进一步发挥广播电视和网络视听在打赢脱贫攻坚战中的重要作用，以"智慧广电"建设为抓手，传播先进发展理念、增强群众内生动力，为促进贫困人口稳定脱贫、贫困地区产业持续发展、乡村振兴战略贯彻实施作出积极贡献。

西宁市：勠力同心战贫困　共建高原幸福城

阳春三月，高原古城大地生机盎然，田间地头，扶贫车间，忙碌、欢声笑语成为最美的图景。

一条条脱贫攻坚路、乡村振兴路、全面小康路纵横交错、延展铺设，打通了贫瘠与富足、困顿与希望……

一个个温暖人心的脱贫故事，一项项精准滴灌的扶贫措施，让昔日穷乡"焕新颜""披金银""瓜果香"，让千千万万贫困群众的命运得到改写……

取得脱贫攻坚战全面胜利的西宁各族儿女正沉浸在巨大的喜庆之中！

全市6.3万贫困人口全部脱贫、330个贫困村高标准退出、三县顺利"摘帽"，西宁向绝对贫困堡垒发起总攻，啃下了最难啃的"硬骨头"，为接续推进乡村振兴、开启建设现代美丽幸福大西宁新征程奠定坚实基础。

如今，从田间牧场到学校家庭，从农家小院到产业作坊，古城大地的神奇巨变成为西宁脱贫攻坚的精彩华章！

勇担使命，压实责任，擘画好战场实施图

一年之计在于春。3月9日，浓浓的年味还未褪去，湟源县大华镇巴汉村早已忙碌起来，在扶贫干部宋朝辉的带领下，他们积极建立电商渠道，销售各种农产品，扩大现有养殖产业规模。

"现在大家充满了干劲，在宋干部的努力下，我们相信，村子未来的幸福日子还很长很长呢。"湟源县大华镇巴汉村党支部书记吴建明感慨道。

人民对美好生活的向往，就是我们的奋斗目标。对于西宁而言，如期完成脱贫攻坚目标，与全国同步建成全面小康社会，是每一级党政组织、每一名党员干部沉甸甸的重大政治责任。

脱贫攻坚战打响以来，西宁市委市政府始终把脱贫攻坚作为首要政治任务和第一民生工程，坚定不移地把党中央决策部署和省委部署安排落到实处。强化理论武装，凝聚思想共识。五年多来每次市委常委会议都先学习习近平总书记最新重要讲话指示批示精神和中央省委关于脱贫攻坚的部署要求并制定贯彻落实措施，全市各级党组织开展多种形式学习，推动领袖思想入脑入心入行，确保党中央脱贫攻坚方针政策在我市落地见效。加强组织领导，统筹谋划推进。市级层面成立了由市委主要负责同志任组长的扶贫开发工作领导小组，市委主要负责同志坚持亲力亲为、靠前指挥，全市 37 名市级领导联点 3 县区 44 个乡镇，市县两级 169 名县级干部联点 330 个贫困村，深入一线推动工作落实。健全指挥体系，合力脱贫攻坚。市扶贫开发工作领导小组与县区脱贫攻坚指挥部、市直相关行业部门签订年度脱贫攻坚目标责任书，督促各方履职尽责、合力攻坚，各级各部门立下"军令状"，全面扛起攻坚责任，确保了脱贫攻坚责任、政策、工作"三落实"。

坚持固根本、打基础、抓长远，深入推进脱贫攻坚机制建设。建立健全政策体系，紧紧围绕坚决打赢脱贫攻坚战的目标任务和精准扶贫精准脱贫方略，制定《西宁市脱贫攻坚行动方案》和发展产业、易地搬迁等八个脱贫攻坚行动计划以及交通、水利等十二个行业扶贫专项方案，形成全市"1+8+12"精准扶贫配套政策，构筑起脱贫攻坚"四梁八柱"政策体系，为全方位推进脱贫攻坚提供了政策保障。2018 年三县区全面脱贫"摘帽"后，制定了《西宁市巩固脱贫成果工作方案》《西宁市防贫监测预警救助帮扶工作方案》《西宁市精神脱贫工作实施方案》等政策文件，为巩固脱贫成果提供了政策保障。严格考核评价机制，把脱贫攻坚目标责任纳入市、县、乡镇目标考核体系，注重考核成果运用，充分发挥考核的"指挥棒"作用。实行"月调度"工作制度，坚持每月召开一次扶贫开发工作领导小组会议，听取各县区、各部门脱贫攻坚工作进展情况，按照任务要求、时间节点、工作进度，全面安排部署，强力推动落实。强化"市县抓落实"工作机制，组建市县乡村四级"作战单元"开展一线实战，补短板、强弱项，提升脱贫质量成色。发挥巡察"利剑"作用，市委对三县区、7 家行业部门开展脱贫攻坚专项巡察，进一步压实脱贫攻坚政治责任。市人大常委会组织开展脱贫攻坚专题询问，市政协开展防止返贫调研和专题协商，形成合力攻坚的工作局面。市委成立由三名市领导带队的扶贫工作督查组，强化日常督查、专项督导，进一步压实基层工作责任。强化行业部门监管职责，常态化开展工作督导检查；严格扶贫资金及项目审计，建立扶贫资金违规使用责任追究制度，保障扶贫资金规范使用。

同时，注重思想发动、强化作风建设、建强干部队伍，为高质量打赢脱贫攻坚战提供坚强的思想保障、作风保障和工作保障。加强政策宣传，各级领导干部深入乡村和联系点，广泛深入宣传党的扶贫政策；为每户配备用普通话、青海方言录制的惠民政策"小喇叭"，使贫困户懂政策、明措施、算清账。采取"百姓话廊""宣讲小分队"等形式，组织开展思想脱贫集中宣讲活动，讲清讲透党的扶贫政策。加强作风建设，成立扶贫领域作风问题专项治理领导小组和专项治理办公室，推动全市扶贫领域腐败和作风问题专项治理工作，各级纪检监察机关聚焦形式主义、官僚主义问题，集中开展扶贫领域作风问题专项整治，严肃查处群众身边的"微腐败""暗腐败"问题。加强干部队伍建设，配齐配强扶贫工作队伍，全市扶贫部门干部从2015年底的39名增加到现在的120名。三县区在贫困村配齐驻村工作队的基础上，抽调专人在非贫困村开展驻村工作，全市市县乡村扶贫干部达1600余人。强化驻村工作队管理，实行季度考评通报制度，促进履职尽责。

精准施策，勇于探索，啃下每一块"硬骨头"

西宁市聚焦贫困地区发展短板和贫困群众致贫原因，全面落实"六个精准"，构建"三位一体"大扶贫格局，凝聚脱贫攻坚强大合力。坚持"小财政大民生"，累计整合各类涉农资金104.2亿元。累计投入各类产业扶贫资金16亿元，实现3个县级扶贫产业园、330个贫困村光伏产业项目和互助发展资金、485个非贫困村村集体经济项目、16855户贫困户到户产业项目"五个全覆盖"。实施生态建设和修复工程项目34个，发展生态种养殖专业合作社500余个。27个旅游扶贫项目融入全市十条旅游示范带建设，打造大通东至沟休闲小屋、湟中千紫缘科技博览园、湟源树莓山庄等一批乡村生态旅游品牌，带动1345户贫困户吃上了"文化饭""旅游饭"。

依托雨露计划、新型职业农民培训等工程，实现转移就业脱贫。2万多名贫困劳动力通过技能培训掌握一技之长，2.5万贫困劳动力实现稳定就业增收。

加快搬迁后续发展，补足行业扶贫短板。累计投入行业扶贫资金93.95

亿元，实施补短板项目 3144 项，全面补齐贫困地区水电路讯网、标准化卫生室、综合服务中心、高原美丽乡村、4G 基站建设等基础及公益设施建设短板，330 个贫困村全面退出，贫困地区与其他地区的经济社会发展差距不断缩小。

凝聚社会扶贫合力，扶贫扶志更扶智。交通运输部、住房和城乡建设部等中央单位倾情帮扶，南京西宁扶贫协作扎实推进，着力提升联点帮扶实效。社会各界积极助力脱贫攻坚，从思路、资金、物资、技术和信息等方面提供全方位"开发式"帮扶。选树脱贫光荣户 930 户，通过身边人、身边事示范引领，激发贫困群众内生动力；坚持扶贫与扶智相结合，1033 名产业指导员、180 名科技特派员进村入户开展生产技术服务；坚持扶贫与扶勤相结合，全市建成"励志爱心超市"443 个，参与农户近 3 万户，极大增强群众的劳动获得感；坚持扶贫与精神文明建设相结合，各行政村建立健全"一约四会"，有效提升村级自治、法治、德治能力。

决战决胜，成色提升，日子越过越好

决胜脱贫、全面小康，西宁坚定必胜信心，下足绣花功夫，保持工作韧劲，强化攻坚举措，巩固脱贫成果，提升质量成色。市委市政府制定印发《西宁市脱贫攻坚"补针点睛"专项行动方案》，深入推进脱贫攻坚"九大后续巩固行动"和"补针点睛"专项行动，围绕"三保障"、基础设施、产业就业、成果巩固、基础工作和长效机制等方面工作内容，摸清短板弱项，列出问题清单，一条条推进、一件件解决，切实达到了补短板、促巩固的效果。2020 年，按照市委部署安排，全市组建 45 个乡镇、485 个村级"作战单元"深入乡村一线实战，慢性病证办理、动态危房排查改造等问题得到快速解决，脱贫攻坚基础工作进一步夯实，高质量完成脱贫攻坚普查工作。落实西宁市防贫监测预警救助帮扶工作方案，通过瞄准因病、因学、因灾等存在致贫和返贫风险的重点群体，强化跟踪识别、精准施策，形成"近贫预警、骤贫处置、脱贫保稳"精准防贫长效工作机制，累计帮扶救助 738 户、1506 人。推进扶贫、民政两项制度衔接，将有致贫返贫风险的人口及时纳入民政救助体系，实行低保渐退制度，实现长期稳定脱贫。

重整行装，接续奋斗，再踏光明新征程

脱贫攻坚这五年，是贫困群众受益最多的五年，是贫困乡村变化最大的五年，是贫困地区发展最快的五年。

"两不愁"问题全面解决——2015年至2019年，3个贫困县农民人均可支配收入由8438元增加到12100元，年均增长9.4%，高于全国增幅0.6个百分点。全市贫困户人均纯收入由2015年的2696元增加到2020年的11527元，年均增幅33.7%，贫困群众产业就业收入占到家庭收入的80%以上。贫困群众基本口粮有保证，主副食品营养合理搭配，四季都有换洗衣物，全面实现"不愁吃、不愁穿"。

"三保障"水平明显提升——建立了从学前到大学的教育资助体系，全面落实教育资助政策，惠及贫困学生8.5万人次，建档立卡学生无一人因贫辍学。率先出台《贫困家庭大学生资助实施办法》，累计资助贫困大学生5476人次，资助5768.16万元，城乡教育集团化办学模式入选全国教育扶贫典型案例。全面落实医疗扶贫系列政策措施，2016年以来，累计为8.9万人次贫困人口报销医疗费用21196万元，医疗报付比例达到90%；330个贫困村标准化卫生室覆盖率、家庭医生签约率均达到100%，解决了贫困群众看病难、看病贵的问题。实施易地搬迁4078户，完成危旧房改造23263户，农户住房安全得到全面保障。

贫困地区基础条件持续改善——实施学前教育、全面改薄等9大类291个项目，改善了农村学校办学条件，推进了教育均等化发展。饮水安全全面保障，建制村全部通硬化路，客车通达率达100%，农网供电可靠率达到99.9%，贫困村宽带、广播电视覆盖率均达到100%，贫困地区群众上学难、出行难、用电难、通信难等问题得到有效解决。新建和维修改造315所贫困村卫生室，为县、乡、村三级医疗机构配备59类7284台（套）医疗设备，基层医疗卫生服务水平进一步提升。贫困村综合服务中心建设全面达标，全市建设高原美丽乡村523个，其中贫困村198个。

贫困地区发展后劲不断增强——贫困地区牛羊养殖、饲草、蔬菜、中藏药材、民族手工艺品等特色产业不断发展壮大；75.4兆瓦光伏扶贫项目并网发电，330个贫困村村集体经济平均收益20万元以上，三县区485个非贫困村村集体经济不断发展壮大；建成县级电商服务中心3个、乡镇中心站点42个、村级服务站316个，电商带动消费扶贫，拓展了贫困地区农副产品销路；建设十条乡村旅游带，打造了边麻沟、乡趣卡阳、宗家沟等乡村旅游景区景点；统筹推进扶贫开发与生态保护，绿水青山生态效益不断显现，贫困地区经济活力和发展后劲得到加强。

贫困群众内生动力全面激发——坚持扶贫与扶志扶智相结合，推行文明乡风、深化移风易俗，弘扬主旋律、传播正能量，评选文明村镇（社区）122 个、五星级文明户 26.1 万户，评选表彰脱贫光荣户 930 户，通过先进典型示范带动引领，贫困群众精气神明显提振，内生动力有效激发，致富信心不断增强，贫困群众积极参与公益活动，家庭敬老爱幼、邻里和睦互助、社会安定和谐，依靠自身努力奋斗创造美好幸福新生活得到群众的广泛认同。

探索走出西宁扶贫特色路径——抓党建促脱贫，探索建立 85 个"联合型""产业型""功能型""枢纽型"党组织，涌现出大通"一环三线"党建示范带、湟中区卡阳乡村旅游中心党委、湟源县小高陵"红色引擎"等先进典型；组建全国首个市、县、乡、村四级紧密型一体化医联体，提升基层诊疗能力水平；率先实施"幸福西宁·健康药箱"和慢性病贫困患者免费用药项目，受益贫困群众分别达 60.44 万人次、24.08 万人次；持续关注鳏寡孤独等特殊困难群体，318 个村开办了老年人"幸福之家"，集中托养重度残疾人，实现老有所养、病有所医、残有所助，极大提升贫困群众的"获得感"和"幸福感"。

脱贫摘帽不是终点，而是新奋斗、新生活的起点。西宁将始终坚持以习近平新时代中国特色社会主义思想为指导，增强"四个意识"，坚定"四个自信"，做到"两个维护"，以习近平总书记在全国脱贫攻坚总结表彰大会上的重要讲话精神为指导，围绕立足新发展阶段、贯彻新发展理念、构建新发展格局带来的新形势、提出的新要求，持续发扬脱贫攻坚精神，接续奋斗，苦干实干，全面落实党中央、国务院决策部署和省委省政府部署安排，按照市委市政府工作要求，持续落实"四个不摘"，健全防止返贫监测帮扶机制，提升脱贫群众造血能力，进一步巩固拓展脱贫攻坚成果，加快推进与乡村振兴在政策体系、工作体系、制度体系等方面的有效衔接，为深入实施乡村振兴战略、推进"一优两高"、更高水平建设绿色发展样板城市、全面开启现代美丽幸福大西宁新征程奠定坚实基础。

海东市：扶贫济困筑同心　砥砺奋进奔小康

　　海东是青海的东部门户，地处青藏高原与黄土高原过渡地带，是古丝绸南路和内地进入青藏的咽喉之地。海东是国家六盘山片区区域发展和脱贫攻坚重点地区，土地贫瘠、气候干旱，一方土地难以养活一方人。除互助土族自治县是省定贫困县以外，其余 5 个县区都是国家扶贫开发工作重点县。2015 年全市精准识别贫困村 634 个，贫困户 4.8 万户，贫困人口 17.57 万人，分别占全省贫困村的 40%，建档立卡贫困户的 30%，建档立卡贫困人口的 34%，是全省贫困面积最大、贫困人口最多、贫困程度最深的地区，是全省脱贫攻坚的难中难、艰中艰。

　　久困于穷，冀以小康。这是人民群众对美好生活的向往，也是海东市各级党委、政府为之不断奋斗的目标。对于青海省而言，能否兑现习近平总书记代表全党对全国人民作出的庄严承诺，要看海东这个主战场的脱贫攻坚工作能不能取得全胜。精准扶贫以来，在省委省政府的坚强领导下，海东市委市政府坚持以习近平新时代中国特色社会主义思想为指导，深入推进省委省政府“五四战略”和“一优两高”战略部署，坚持精准扶贫、精准脱贫基本方略不动摇，以“不获全胜、决不收兵”的决心，从顶层设计到制度保障，从系统谋划到政策引导，把脱贫攻坚作为头等大事和第一民生工程，累计投资 206.53 亿元，举全市之力，高位推进，集中攻坚，全面实现脱贫攻坚任务，如期圆满实现了贫困县全部摘帽，贫困村全部退出，贫困人口全部脱贫的“清零”目标。在青海扶贫开发史上写下了浓墨重彩、前所未有的辉煌篇章。特别是全国唯一的循化撒拉族、互助土族两个民族自治县率先整体脱贫，成为单一民族实现区域性整体脱贫的典范。

如今，在海东大地上，乡村在变美、产业在变强、群众在变富……振奋人心的脱贫画卷在这里展开，乡村振兴的号角在这里吹响，海东各族儿女不懈奋斗，创造了一个又一个脱贫奇迹。

产业扶贫促进贫困人口多元增收

产业是脱贫攻坚的基础所在，海东市累计投资 8.28 亿元扶贫资金，落实 5.36 亿元小额信贷资金，对 3.98 万户 15.49 万名有劳动力的贫困户因户因人实施特色种植、养殖、加工、餐饮、运输等到户产业发展项目。先后投资 1.83 亿元，实施了 6 个贫困县区扶贫产业园项目，带动 2.26 万户 7.51 万名贫困人口增收。立足打造"青绣"品牌，着力打造了"互助盘绣""古驿平安绣""撒拉族刺绣"等知名品牌，不断提高了"青绣"产业的整体实力和竞争力。充分利用光照资源禀赋，抢抓扶贫政策机遇，投资建设的 190.8 兆瓦村级光伏扶贫电站拔地而起，深蓝色的光伏板熠熠生辉，年收益达 2.33 亿元，村年均分红 30 万元，收益期长达 25 年，开发公益性岗位 8377 个，让贫困户有了长期、稳定、可持续的收入。至此，打破了全市 634 个贫困村集体经济为零的困境。

在平安区白沈沟富硒果蔬种植示范基地里，人参果、西红柿、葡萄等果蔬挂满了枝头，一派生机勃勃的景象。初冬季节，基地里一排排大棚整齐划一，种植户王大爷的 3 个大棚，主要种植了西红柿、豇豆、菜瓜，目前已收入 3 万多元。"菜瓜一年可以生产两茬，菜瓜的收入就达 3 万多元，算上豇豆、西红柿，一年预计可以收入 6 万多元，不仅摘掉了贫困的'帽子'，钱袋子也鼓了起来。"

易地搬迁天地宽

海东市始终把易地扶贫搬迁，作为帮助贫困人口脱贫致富的治本之策，全面加快由就近搬迁向公路沿线和城镇搬迁的转变，由城乡隔离向城乡一体化的转变，由"拔穷根"向"换穷业"的转变。作为海东市脱贫攻坚十大工程中的"当头炮"，"十三五"期间，累计为易地扶贫搬迁投入各类资金 36.6 亿元，占脱贫攻坚总投资的 50%。海东市精准发力，重点实施深度困难地区易地扶贫搬迁工程，采取整乡搬迁、进城上楼安置、多村集中搬迁等灵活有效的搬迁模式，涉及 6 县（区）55 个乡（镇）451 个村的贫困群众和边缘户 18055 户 64665 人，搬迁人口占到全省易地扶贫搬迁总人口的 41%。

"挪穷窝"是第一步，"换穷业"才能保证有效脱贫。海东市通过产业扶持＋技能培训＋转移就业＋金融支持＋低保兜底等举措，促进搬迁群众稳定增收。低保兜底户393户668人，有劳动力5326户建档立卡贫困户，至少每户有一人实现稳定就业，户就业率达到100%。搬迁后，随着增收渠道的不断拓宽，群众自我发展思想观念的不断增强，劳动技能、文化素质得到较大提升，经营能力进一步提高，真正实现了"脱贫梦"。

当一方水土难养一方人时，易地搬迁便成了摆脱贫困的唯一途径。宽敞明亮的客厅、整洁干净的房间、温馨简约的装饰……樊立娟一家人在乐都区七里店易地扶贫搬迁安置区住了快一年了。直到现在，她看着眼前这一切，偶尔还会恍惚道："和做梦一样！"

乐都区七里店安置小区占地面积约13.33公顷，共集中安置马厂乡、马营乡、芦花乡、李家乡、中岭乡、共和乡、城台乡、蒲台乡、中坝乡、寿乐镇、高庙镇11个乡镇建档立卡贫困户和非建档立卡户共计1946户。搬迁农户大多生活在南北两山的浅脑山地区，处于封闭或半封闭状态，生存条件严酷。农民赖以为生的耕地大多数为25度以上坡地，基本靠天吃饭。小区项目总投资4.9亿元，其中住房建设投资3.46亿元，占总投资比例为70%，配套基础设施和公共服务设施建设资金0.75亿元，占比15%。

走进这个全省最大的易地扶贫搬迁集中安置点。你会因为社区服务中心、日间照料中心、社区卫生服务中心、幼儿园等基础设施配套齐全，管理服务功能完善而惊讶，你会因为这个易地扶贫安置点成为乐都区功能最为完善的新型小区欣喜。

拉面"书写"致富经

贫困长期困扰着循化撒拉族自治县白庄镇的下拉边村，全村人均耕地面积不足0.02公顷，是有名的贫困村。为改变贫困局面，村党支部提出了"党建＋拉面"模式，向循化县就业部门申请了免费培训项目。如今，拉面经济收入占全村总收入的70%以上，人均纯收入年年大幅度增加。往昔的贫困村，成了闻名遐迩的"拉面村"、富裕村。

下拉边村的转变是海东农村依靠产业脱贫致富的一个缩影。近年来，海东市把拉面产业作为促进贫困地区发展、增加群众收入的重要渠道精心组织实施，带动了十几万人脱贫致富奔小康。海东籍群众在国内279个大中城市开办拉面店 2.83 万家，在 20 多个境外国家开设拉面店 39 家，注册登记拉面自主品牌 81 个，品牌门店 1685 家，拉面从业人员 17.966 万人，实现经营收入 131 亿元，利润 46 亿元，拉面从业人员工资性收入 53 亿元。

加强和改进党的领导，加大政府政策扶持力度，充分激发贫困群众劳动致富的积极性，是拉面经济日益红火的根本原因。海东市结合实际，精准实策，设立拉面产业扶持资金，从建档立卡贫困劳动力首次创业和拉面店雇用建档立卡贫困劳动力带动就业两个层面给予补贴，极大地激发了群众自主脱贫和社会助力扶贫的积极性。

值得一提的是，海东市与阿里巴巴启动共建"青海拉面产业数字化平台"项目，着力打造拉面产业总部基地，增加吸纳贫困劳动力就业渠道。党政主要领导带领拉面企业远赴俄罗斯、阿联酋、埃及等国家推介产品和签约项目，让"青海拉面"的知名度和含金量不断提升。

2020 年，循化撒拉族自治县和互助土族自治县率先实现整体脱贫，为全国民族地区脱贫攻坚树立了榜样。

移风易俗醇民风

阳光照耀着互助县台子乡河东村，这是村民魏寿邦举办婚礼的好日子。这个婚礼很新鲜，在村"红白理事会"的监督下，打杂人数和烟酒档次、用量得到控制，整个婚事办得俭朴节约而又红火热闹，比预算节约开支 2 万余元。

海东市委市政府高度重视移风易俗建设工作，以减轻农民潜在负担、保持社会稳定为落脚点，在全市范围内广泛开展"推进移风易俗，树立乡风文明"专项行动，全面培育文明乡风、良好家风、淳朴民风。据不完全统计，移风易俗已为群众节约开支达 7.87 亿元。

把推动移风易俗的基本方式和途径，脱贫攻坚和乡村振兴的目标要求紧紧围绕起来，这是海东市目光长远、棋高一招之处。倡导文明新风既减轻了群众"人情账"的负担，又提升了社会治理能力和水平，更为全市提质转型，快速发展，提供了保障。

经过综合治理，海东市红白事盲目攀比、大操大办、天价彩礼、迷信活动等不良风气得到有效遏制，村民红白事操办支出大幅下降。仅婚丧嫁娶和人情费为化隆县贫困群众减轻负担 2.62 亿元。从全市看，农村集体婚礼、旅行结婚和丧期缩短、丧仪简办等红白事新风逐步成为一种好习俗、新风尚，有效防止了群众因婚丧嫁娶致贫返贫。

基础设施补短板

说起农村,泥泞的道路、破旧的房屋往往是人们难以抹去的印象。但现在,农村基础设施建设逐步完善,清新别致的新农村小庭院随处可见,农村既有现代文明,又具田园风光。

走进海东两区四县,水泥路延伸至每村每户,文化广场功能完善,新农村景观映入眼帘。"这样的场景放到几年前,想都不敢想。通过几年的发展,河湟大地上干净整洁的美丽庭院让人眼前一亮,弘扬社会主义核心价值观等的内容被图文并茂粉刷到巷道两旁,成为美丽乡村一道别样的风景。"提起这几年村里的变化,平安区巴藏沟回族乡下星家村党支部书记星显胜感慨万千。

星显胜说:"现在,村里议事有场所、学习有专栏、文化有阵地、运动有场地、休闲有游园、出行水泥路、环境洁亮美,村容村貌焕然一新。总之,一切都变了,变得美了,变得和以前不一样了。"

下星家村之变,是海东补齐脱贫攻坚发展短板的一个样本。近年来,围绕群众最关心、最直接、最现实的利益问题,海东市坚持把补齐基础设施短板作为改善贫困地区群众生产生活条件的重要途径,脱贫攻坚基础不断夯实,群众获得感、幸福感不断提升。

"以前家门口的路是土坯路,坑坑洼洼的车子十分难走。现在水泥路修到家门口了,我们出行方便多了。"互助县台子乡多士代村村民祁三宝说。水泥路修好后,客运班车开到了百姓家门口,坐车去县城只需 20 分钟,农作物也能卖上好价钱了。

一条条通村公路像一根根毛细血管,把偏远村落串联起来,为群众脱贫致富奔小康铺平了道路,而一盏盏路灯在村道小巷亮起,照亮了老百姓的心窝窝。民和回族土族自治县大庄乡魏家台村在第一书记郭顺祥的牵线搭桥下,装上了路灯。"这些全自动太阳能路灯是通过光伏板将太阳能转化成电能,白天太阳能电池板给蓄电池充电,晚上蓄电池给灯源供电,蓄电能力强,即使 10 天的阴雨天也能正常照明。"郭顺祥介绍说,村里在修建路灯过程中主要吸纳贫困户劳动力参与施工,为周边的贫困户实现了增收。

路修好了,路灯安装上了,环境也变美了。截至目前,海东累计整合各类涉农资金 61.28 亿元,全力补短板、强弱项,贫困村水、电、路、网、讯等基础设施全面达标。全市所有行政村公路畅通率、硬化率达到 100%；542 个建档立卡贫困村、11.33 万贫困人口的饮水安全问题得到彻底解决。完成投资 1.66 亿元，建设通讯站 2548 个，贫困村 4G 覆盖率达到 99%；医疗卫生方面实现了每个县区有一所达标的二级甲等综合医院，每个乡镇有一所达标的乡镇卫生院，每个行政村有一所村卫生室的目标。

"东城西就"乘快车

返乡创业的大学生张生荣越来越忙，他创立的农产品电商企业青海阿牛哥农牧开发有限公司的生意一天比一天火。由于走的是江苏省无锡市对口帮扶民和县的"消费扶贫"订单，卖家和买家都非常满意。

近年来，海东市抢抓东西部扶贫协作机遇，创新工作举措，全力推进"西货东输""东客西游""东城西就"，有效拓宽海东消费扶贫路径，东西部扶贫协作消费扶贫工作成功入选"全国十大典型案例"。

海东市利用江苏省统筹帮扶资金支持民和县电商产业园建设，帮助循化县引进西北地区首家"苏宁易购扶贫实训店"，协调无锡城市电商平台定期推送海东各县（区）特色农产品，实现销售额 400 余万元。

既要搭好电商平台，又要做好线下实体。海东市协调海东恩露公司在无锡市民中心等地定点开设实体店，累计完成高原富硒黑蒜销售 108 万元；在无锡市新吴区开设清之韵青海时尚餐厅暨海东高原特色农产品销售中心，将海东农产品直接引进餐厅。

东西部的合作深入，无锡市旅游企业设计 10 余条进出海东的青海旅游新线路，引来近 2 万名江苏市民赴海东"吃、住、行、商、游"，累计为海东增加旅游收入 1000 余万元。

海东市通过实施产业扶贫、易地搬迁等脱贫攻坚"十大工程"，实现了从"三最"（在全省贫困范围最广、贫困人口最多、贫困程度最深）到"三新"（建成了新农村、住上了新房子、展现了新面貌）的转变；从"三穷"（穷日子、穷产业、穷农民）到"三好"（好政策、好产业、好生活）的转变。

脱贫摘帽不是终点，而是新生活、新奋斗的起点

"党中央决定，脱贫攻坚目标任务完成后，对摆脱贫困的县，从脱贫之日起设立 5 年过渡期。过渡期内要保持主要帮扶政策总体稳定。对现有帮扶政策逐项分类优化调整，合理把握调整节奏、力度、时限，逐步实现由集中资

源支持脱贫攻坚向全面推进乡村振兴平稳过渡。"习近平总书记指出，全面实施乡村振兴战略的深度、广度、难度都不亚于脱贫攻坚，必须加强顶层设计，以更有力的举措、汇聚更强大的力量来推进。

团结奋进的海东人民将在伟大的新时代，勠力同心写就勒石铭金的辉煌诗篇！

海西州：凝心聚力　攻坚克难
谱写脱贫攻坚新篇章

　　海西蒙古族藏族自治州把脱贫攻坚作为最具有时代意义的民生改革实践，聚焦落实"六个精准"扶贫方略，深入推行"1+8+10+3"政策体系，秉承"不获全胜、决不收兵"的意志和决心，凝心聚力、攻坚克难，闯出了一条因地制宜、精准扶贫、创新发展、率先脱贫的海西州脱贫攻坚特色路子，交出了一份无愧于人民、无愧于时代的高质量答卷。

　　施好扶贫之策，书写"海西路径"

　　数据是对成果的最好见证，海西奏响脱贫攻坚巩固提升"进行曲"。2016年以来，海西州投入各类扶贫资金 202.25 亿元（其中：财政专项扶贫资金 15.59 亿元，行业扶贫资金 105.77 亿元，社会扶贫资金 1.83 亿元，金融扶贫贷款 4.41 亿元，县域发展贷款资金 74.65 亿元），打造了 5 个各具特色的县级扶贫产业园，建成项目总装机规模为 11.7 兆瓦的 5 个村级光伏扶贫电站，大力发展 12 个乡村旅游扶贫产业，对 295 个行政村实施了村集体经济"清零"工程，100 万元及以上的村级产业发展资金实现全覆盖，村集体经济收入均达到 10 万元以上。"户有增收项目、村有集体经济、县有扶贫产业园"的三位一体产业扶贫体系完成全面构建。海西州完成"十三五"易地扶贫搬迁工作任务，积极扶持培育扶贫产业，拓宽群众就业渠道，保证每个搬迁村至少有一项扶贫产业、每户有一项增收项目，群众生产生活水平大幅提升，城乡面貌发生翻天覆地的变化。

　　勤劳致富光荣、贫困落后可耻的思想在王守贵脑海猛然迸发，"我要脱贫""我要致富"的想法在他心底潜滋暗长。王守贵和妻子决定靠勤劳的双手奋斗，决心摘掉贫困户的帽子。他说："虽然我身体残疾了，但心气不能残，我要干力所能及的事情，如果我自己不努力，再好的政策也没用，政府能这样帮我们已经很不错了，接下来就要靠自己让日子越过越好。"2016年，妻子苟巴吉在乌兰县兰馨花园小区当保洁员，2017年王守贵利用闲暇时间自学了配钥匙的技术，他的小摊既可以打印照片，也可以为需要的人配钥匙，每天的收入又得到一定程度的提高……在海西，像这样的脱贫故事正在不断上演，汇成了一份决战决胜脱贫攻坚的"脱贫答卷"。

2017年底，海西州在全国"三区三州"提前三年率先实现了全域整体脱贫。先后制发《海西州扶贫资金扶持村级产业发展暂行规定》《海西州扶贫奖励资金管理暂行规定》《海西州扶贫资金项目公告公示制度实施细则》等，为扶贫项目资金规范实施和科学管理提供依据。同时，充分借助"青春创业扶贫行动""春风行动"等公共就业服务活动契机，开展短期技能、致富带头人、大学生就业创业等培训，为建档立卡脱贫人口设置草原生态护林员等岗位1401个，有效保障了群众就近就业，并向1726户授信脱贫户发放"530"贷款6361.38万元，调动群众自主创业、脱贫致富的积极性。

"530"贷款政策（针对贫困户实施的5万元贷款3年还清0利息政策）的实施，点燃了许多人心中的激情与梦想。从昔日的一名贫困户到今天的致富能手，德令哈市柯鲁柯镇莲湖村的李永志用自己的亲身经历生动阐释了致富要靠自身努力、幸福生活要靠双手的道理。

2016年初，时任莲湖村第一书记的向秀华在了解李永志脱贫致富的想法后，帮助他争取到"530"贷款，并借助镇政府的帮助搞起了养殖。当年他就摘掉了贫困的"帽子"。看到希望的李永志觉得日子越过越有劲，2017年，他靠着积累的资金又流转了4公顷的土地种起了藜麦。2019年偿还清家里外债的李永志雄心勃勃，决定大干一场，联合5个村民成立了志盛养殖专业合作社，进行规模化养猪。"通过'530'无息扶贫贷款、产业扶贫资金等各类资金40万元，入股筹建了养殖专业合作社，盖了三排结实干净的现代化猪舍，目前生猪存栏量已达到140多头。"看着眼前的猪从59头到如今的140多头，丰收的喜悦映红了李永志的笑脸。经过一年多的发展，养猪产业已颇见效益，李永志信心倍增，开始更加积极发展养猪致富路。"虽然这两年还贷款压力比较大，但是咬咬牙坚持下去，日子就会越来越好。"李永志闪亮的眼睛对未来的生活充满了期待。今年又将是忙碌的一年，也是幸福的一年。

固好脱贫之基，力写"海西模式"

脱贫摘帽不是终点，而是新生活新奋斗的起点。为了让梦想照进现实、愿景化为美景，海西州在率先脱贫后，继续把巩固脱贫攻坚成果提升到空前的战略高度。在专项扶贫、行业扶贫、社会扶贫、援青扶贫等方面持续用力、"补针点睛"，做到了"摘帽不摘责任、摘帽不摘帮扶、摘帽不摘政策、摘帽不摘监管"。

海西州牢固树立并切实践行"扶产业就是扶根本"的理念，把产业扶贫作为脱贫攻坚的重中之重来抓，全面构建"户有增收项目、村有集体经济、县有扶贫产业园"的三位一体产业扶贫体系。大力实施产业扶贫，依托产业基础、资源禀赋，对格尔木、德令哈、都兰、乌兰、天峻 5 个市县投入财政专项扶贫资金 7000 万元，打造各具特色的扶贫产业园，推动产业集聚发展。投入财政专项扶贫资金 3600 万元，依托各地丰富的旅游资源，大力发展 12 个乡村旅游扶贫产业。制发《海西州集体经济"空壳村"清零工程工作方案》，落实各类扶贫资金 4.4 亿元，对全州 295 个行政村实施了村集体经济"清零"工程，100 万元及以上的村级产业发展资金实现全覆盖，村集体经济收入均达到 10 万元以上。同时大力推进易地搬迁，对 1362 户农牧民实施易地扶贫搬迁（其中：建档立卡贫困户 546 户），全面完成"十三五"易地扶贫搬迁工作任务。为确保搬得出、稳得住、能致富，海西州切实把后续产业培育、职业技能培训、转移就业作为先决条件，充分利用迁出地和迁入地资源禀赋，积极扶持培育扶贫产业，拓宽就业渠道，保证每个搬迁村至少有一项扶贫产业、每户有一项增收项目。同时，大力实施光伏扶贫，投入财政专项扶贫资金 8033 万元，在格尔木、德令哈、都兰、乌兰、天峻建成项目总装机规模为 11.7 兆瓦的 5 个村级光伏扶贫电站，进一步壮大了村集体经济的规模。

海西州住建投入财政资金 1.09 亿元，实施 4355 户农牧民危旧房改造项目，进一步改善了群众住房条件。教育方面，全面落实学前 3 年、义务教育 9 年、普通高中及中职 3 年免费教育政策，落实资助资金 4.47 亿元，资助受益学生 371849 人次。全州九年义务教育巩固率达到 94% 以上。卫生累计投入资金 0.39

亿元，全面落实"三个一批"和"一免六减十覆盖"健康扶贫政策，开展五项检测项目，实施医疗机构药品零加成销售，累计减轻群众就医负担 4353 万元。水利累计投入资金 58.23 亿元，实施贫困地区水利基础设施建设项目 203项，解决和完善 23.74 万人饮水安全问题。电力投入资金 13.9 亿元，累计实施项目 184 个，解决了 66 个贫困村、66 个自然村、34 个中心村、8 个扶贫安置点、1457 户群众的用电问题，实现了村村通动力电。交通完成投资 25.63 亿元，新建和改建农村公路 5336.19 公里、桥梁 86 座。民政发放农村低保补助资金1.38 亿元、救助金 9368.39 万元，临时救助 13180 人次，支出农村医疗救助资金 2021.38 万元，累计救助 29992 人次。残联为 2120 人次重度残疾人发放特殊生活津贴 4087.92 万元。医疗全面落实社会保险惠民政策，城乡居民养老保险参保率和基本医疗保险分别达到 99%、100%。

实施社会扶贫工程，构建脱贫致富大格局。广泛凝聚社会力量参与脱贫攻坚，严格实行不脱贫不脱钩，统筹实施定点扶贫、社会帮扶、对口援青、企业帮扶、结对帮扶"五大社会扶贫"工程。强化定点扶贫，制发《关于做好新一轮精准扶贫党政军和有关单位定点扶贫工作的通知》，省州县 427 家定点扶贫单位帮扶 119 个贫困村，投入资金 9213.78 万元，实施帮扶项目 139 个，举办培训班 252 期，培训 7103 人次。同时，扎实开展"扶贫日"系列活动，全方位、多渠道、多层次凝聚社会帮扶力量。强化社会帮扶，制发《全面启动"中国社会网"上线工作实施方案》，依托"社会扶贫网"积极吸纳社会爱心人士参与到"互联网 + 社会扶贫"活动中，爱心人士注册用户达 17026 人，脱贫户注册率达到 100%。强化对口援建。成立了以州委书记为组长的对口支援领导小组，州委州政府主要领导多次赴浙江开展互动对接，研究确定了"一年打基础、两年上台阶、三年见成效"分步实施方案和"七一"行动计划，出台了《关于做好新形势下支援帮扶合作交流工作的推进方案》等文件。2016年以来投入援青专项扶贫资金 3600.93 万元，重点扶持村集体产业发展，带动 5 个市县 65 个村 5900 余户群众受益。强化企业帮扶，制发《海西驻州企业扶贫帮困联点方案》，组织动员全州 140 家民营企业对 119 个贫困村进行帮扶，投入产业帮扶资金 874 万元，提供较为稳定的就业岗位 287 个，物资帮扶616.11 万元。强化结对帮扶。成立了海西州帮扶青南三州深度贫困县工作领导小组，制发《海西州帮扶青南三州工作方案》，落实州级财政专项扶贫资金

1600 万元，先后抽调 33 名工作人员分设同仁、达日、曲麻莱、综合协调四个工作组，在教育、就业、医疗、智力帮扶等方面开展了四个阶段的脱贫攻坚帮扶，助力全省贫困"清零"。

发展集体经济是引领牧民实现共同富裕的重要途径。柔丹村党支部书记南先加说："按照国家的相关政策，两年下三次小羊羔，分开养殖，这样一来收入增加了。我们以'党员+扶贫'的形式，促使党员帮扶脱贫户。带动大家致富不是短时间的事，但是对于脱贫户来说，可是解决了很大的困难。"一直以来，柔丹村利用现有资源和特色优势，在传承和保护中发展手工业，促进畜牧业方式的转变，培育经济发展新动能，不断拓宽农民增收新渠道。脱贫户三木吉说："以前我常年生病，家庭条件也不好，只能靠补助维持生活，现在，我在合作社做缝织工作，每月有了一定的经济收入。"

夯实小康基础，续写"海西经验"

全心全意奔小康成了各族干部群众的共识和诉求。在巩固拓展脱贫攻坚成果与乡村振兴有效衔接的康庄大道上，海西自上而下目标不变、力度不减、脚步不停，拧成一股绳、铆足一股劲，感党恩、铭党情，坚定不移跟党走……

持续强化政策支撑。在持续落实我州"1+8+10+3"脱贫攻坚政策的基础上，制发《海西州巩固提升三年行动计划（2018 年—2020 年）》《海西州巩固提升脱贫成果实施办法》和年度脱贫攻坚巩固提升方案等一系列政策文件，强化工作举措，细化工作任务，提供政策依据。持续抓好工作落实。持续加大资金扶持，大力发展特色种养业、农畜产品加工业、现代服务业、生态文化旅游业、民族特色手工业等扶贫主导产业，建成 72 个村史馆，严格落实《村级光伏扶贫项目收益分配实施细则》，加大对 5 个村级光伏扶贫电站收益情况的跟踪问效，设置光伏公益性岗位 543 个，助力群众稳定脱贫。同时，设立 2000 万元海西州劲牌农牧业发展引导资金，截至目前撬动银行贷款 1.5 亿元，解决涉农企业、养殖大户发展扶贫产业中资金需求和困难，确保群众持续受益。持续推行商业保险。制发《海西州"脱贫保"工作推行方案》，投入州级财政专项扶贫资金 750 万元，连续四年为全州所有脱贫人口购买精准扶贫"脱贫保"商业扶贫保险，群众报付比例达到 90% 以上。在此基础上，制发《海西州"防贫保"工作推行方案》，投入州级财政专项扶贫资金 900 万元，连续三年深入推行精准扶贫"防贫保"商业扶贫保险，为贫困边缘群众防止致贫返贫织密扎牢了保障网。建立健全返贫机制。建立巩固脱贫成果跟踪监测体系，率先探索开展"十四五"时期建立健全反贫困长效机制问题研究，编制完成《海西州"十四五"时期建立健全反贫困长效机制意见》，为确保群众持续稳定增收、全面小康社会的高质量实现、经济社会可持续发展提供依据。持续落实消费扶贫。建立消费扶贫体验馆和扶贫产品目录，开展扶贫产品认定工作，全州45款扶贫产品、16家扶贫产品供应商经国扶办认定，4家企业上线国家"832网上农副产品销售平台"。

自2018年驻村以来，都兰县香日德镇幸福村第一书记祁之鹏积极筹措幸福村产业帮扶及脱贫帮扶资金共计1220.58万元，建成幸福村集体经济建设项目枸杞烘干厂1处、青稞粗加工厂1处，建成生猪养殖场、种植果树8.66公顷。同时，集体经济产业发展收入从2018年的5万元提升到2020年的17.96万元。此外，祁之鹏用心推进民生工程建设，成立了幸福村老年人日间照料中心，解决了全村年轻外出务工人员的后顾之忧，增进了党组织与群众间的凝聚力，让老百姓实实在在尝到了甜头。村"两委"的精神面貌有了质的改变，群众对村"两委"建立了信任，生活困难群众更加坚定了发展致富的信心，老百姓的日子一天天变好。

谈到未来的发展计划，祁之鹏信心满满："作为一名共产党员、一名基层干部，在今后的工作中，我将学习好、宣传好、贯彻好习近平总书记重要讲话精神，巩固脱贫攻坚成果，继续推进乡村振兴，以幸福村发展乡村旅游和乡村养殖业为起点，利用去年栽种的8.66公顷杏树建成旅游观光大道，打造生态旅游，并扩大村里生猪养殖规模，大力发展养殖业，让全村的老百姓过上更加美好富裕的生活。"

下一步，海西州将继续以习近平新时代中国特色社会主义思想为指导，坚持精准扶贫精准脱贫基本方略，把实施乡村振兴战略与脱贫攻坚巩固提升结合起来，与促进群众增收致富结合起来，把防止返贫摆在重要位置，建立返贫监测预警机制，健全稳定脱贫长效机制，既确保"打赢"的进度，也注重"打好"的质量，更注意"稳住"的要求，保持政策的稳定性、连续性，做到目标不变、靶心不散、频道不换，助推全州高质量全面建成小康社会。

海南州：雄关漫道真如铁　而今迈步从头越

在习近平总书记庄严宣告"我国脱贫攻坚战取得了全面胜利！"的那一刻，我们海南藏族自治州交上一份合格的答卷。远处的草山云雾缭绕，格桑花开得分外鲜艳；近处的草场绿波如毯，成群的牛羊在欢畅，草场田间里劳作的人们脸上挂满了笑容……

2012 年底，党的十八大召开后不久，党中央就突出强调，"小康不小康，关键看老乡，关键在贫困的老乡能不能脱贫"，承诺"决不能落下一个贫困地区、一个贫困群众"，拉开了新时代脱贫攻坚的序幕。

回顾走过的历程，我们可以自豪地说，在这场中华民族空前绝世的脱贫攻坚战役中，全州各级党员干部生动诠释了共产党人的初心和使命。他们以坚强的党性、坚定的信心、坚决的行动，遵循领袖号令，担当义无反顾，埋头苦干、攻坚克难，付出了不亚于前辈的艰苦努力，做到了无愧于后人的多重牺牲，为全州消除绝对贫困、如期建成小康社会打下了坚实的基础，把新时代人民公仆的使命担当，光荣镌刻于自治州历史的丰碑之上！

上下同心，尽锐出战攻堡垒

脱贫攻坚战打响以来，海南州各级党委和政府凝心聚力，锚定全面建成小康社会目标，聚力攻克深度贫困堡垒，全州上下同心，披荆斩棘、栉风沐雨，攻克了一个又一个贫中之贫、坚中之坚，取得了重大历史性成就。

5 年时间，全部脱贫，形势逼人。作为一个集高原地区、民族地区和特困地区于一身的地方，海南州的任务尤其艰巨，同时却也底气十足。自脱贫攻坚战的号角吹响后，海南州认真贯彻党中央及省委关于对脱贫攻坚的系列决策部署，按照"四年集中攻坚、一年巩固提升"的脱贫目标，精心研究制定脱贫攻坚实施意见、"九个一批"脱贫攻坚行动计划、"十个行业"扶贫专项方案和三年行动计划，构建"1+9+10"脱贫攻坚政策支撑体系，累计投入扶贫资金 130 亿元，建立财政专项、行业投入、地方配套、金融信贷、社会帮扶和援建资金"六位一体"投入保障机制，如期实现了同德、贵南、兴海、共和、贵德县五县"脱贫摘帽"和 173 个贫困村 5.3 万贫困人口退出任务，全州贫困发生率从 2015 年底的 14.8% 下降至 0，脱贫攻坚取得决定性胜利。

贵德县常牧镇，是全省 129 个深度贫困乡镇之一。如今，一条条蜿蜒整洁的水泥路蜿蜒穿行，一幢幢崭新的院落错落有致，每个人脸上都洋溢着灿烂的笑容。盖了新房，有了保障，曾经的深度贫困村、贫困户纷纷摘下了贫困帽，走上了充满希望的小康路。

时代造就英雄，伟大来自平凡。贫困村的变化还得从驻村工作队说起，在脱贫攻坚战打响以来，驻村工作队自带行李、沉到基层，吃住在村、工作在村，把脚印"印"到牧民家，真真切切听民声、拿办法。

在这场以摆脱贫困为目标的历史征程中，海南州各级党委政府认真贯彻落实习近平总书记"四个扎扎实实"重大要求，殚精竭虑，攻坚克难，在实现高质量脱贫攻坚的路上奋力奔跑，圆满实现了几代人梦寐以求的愿望。

产业就业，勇毅前行稳脱贫

以前，提起海南州，我们会想到荒凉、生态环境脆弱、传统畜牧业这些字眼；如今，再提及海南州，我们联想到的则是"风吹草低见牛羊"、泛共和盆地建设、生态畜牧业、"互联网 + 畜牧业"、四大产业联盟、再造一个畜牧业大州这些词语……

海南州因地制宜加快发展扶贫产业，大力推进牦牛、藏羊、青稞、油菜产业联盟，因地制宜、因户施策，实施"一村一业、一户一法"扶贫产业培育工程，全州建成牦牛产业科研基地 2 个，优质高效养殖技术示范点 10 个，千头牦牛繁育基地 5 个，百头牦牛繁殖基地 23 个，扶贫产业园 8 个、扶贫车间 33 个、扶贫产业基地 46 个、农牧业专业合作社 239 个，带动 4.39 万名贫困群众增收。

海南州以"党建 + 精准扶贫"为统领，结合再造一个畜牧业大州推动产业扶贫，实现了 426 个村集体经济"破零"，采取"飞地"模式，投资 3.44 亿元的 50.5 兆瓦村级光伏扶贫电站，总收益达 1.15 亿元，173 个贫困村平均每村收益 66 万元，8937 户贫困户年户均增收 3000 元。投资 2.45 亿元实施的 253 个非贫困村集体经济发展项目，通过发展生态农牧、旅游、物流等产业，年收益达 1200 万元。

9 月的贵南塔秀草原像是一块天然的绿色巨毯，微风吹过，碧波荡漾，幽幽草香扑鼻而来，夕阳下，塔秀乡贡哇村的公保杰正赶着牛群来到固定饮水点饮牛，看着牛羊一天天多起来，公保杰打心底里开心。走草场，串牧户，进帐篷，听民声，贵南县"一人一牛，一人十羊"模式带动全州逐渐大放异彩、高歌猛进、"畜"势勃发，逐渐形成了村村有主导产业、家家有项目增收、人人有致富门路的大好局面。

共和县塔拉滩，昔日是沙丘遍布的荒漠戈壁，也曾是三江源风沙危害严重的地区。近年来，通过建设光伏发电基地大力发展"阳光产业"，同时建设村级光伏电站实现并网发电，将受益发放建档立卡贫困户的公益岗位工资，推进贫困群众增收，昔日荒滩变身产业"银滩"。

一路走来，不论身处何处、环境如何艰苦，全州干部群众都在想方设法利用好优势资源来致富。哪怕只有一束光，也要用来照亮群众的日子。

深固根基，攻坚克难强支撑

农村基础设施提升是决胜脱贫攻坚的基础，也是改善民生的迫切需求。近年来，海南州聚焦民之所盼、民之所求、民之所需，深入实施教育深化改革"三大工程"和教育阻断贫困代际传递行动，九年义务教育巩固率达 96.5%。扎实推进健康扶贫"三个一批"行动，贫困群众慢病签约率达到 100%、履约率达到 92.2%，大病医疗保险起付线由 5000 元调整为 3000 元。进一步完善贫困人口兜底保障政策，贫困人口参合率达 100%。同时，大力实施住房安全和基础设施建设项目，累计投资 24.86 亿元，搬迁安置贫困群众 7665 户，建成农村公路 3000 公里，实施电力扶贫项目 126 项，14808 名贫困农牧民饮水安全问题得到有效解决。

从省会西宁驱车向西南方向行驶 5 个小时，景色也从高楼林立的都市变成了一望无际的高原草场。临近海南州兴海县城，一个坐落在碧绿草原中的村落映入眼帘，一排排色彩鲜亮的藏家民居错落有致，村中央建有一块标准足球场，正在踢球的孩子们追逐嬉戏……

作为海南州最大的易地扶贫搬迁安置点，这个名为"安多"的民俗文化村占地 1500 亩，安置有涉及 48 个村的 853 户、3421 名农牧民群众。休闲广场、商业作坊、电商基地和乡村旅游富民设施等配套，让搬迁群众有了"从未享受过的好日子"。

以基础设施项目支撑脱贫成果，带动地区发展，以发展惠及民生，一个个农村道路、水利工程、电网改造……贫困村的基础设施全面升级，改善了农牧区群众的生产生活条件，为贫困村脱贫摘帽、贫困户致富奔小康提供硬件支撑，增强贫困群众幸福感。老百姓的"钱袋子"逐渐鼓起来，群众的日子过得越来越好，雪域儿女们正在用自己的美好生活唱响全面建成小康社会的时代赞歌。

生态扶贫，凝心聚力稳脱贫

生态环境保护任重道远，把生态保护摆在优先位置，依然是海南州坚定不移的第一抉择。在"圣洁海南"，全州把生态文明建设摆在全局工作的突出地位，坚持生态优先、立足生态资源禀赋和生态环境优势，扎实推进农村人居环境整治，着力改善生态环境质量，稳步发展乡村生态经济，培育和弘扬乡村生态文化统筹谋划和推进环湖地区危旧房改造、产业发展，投资 1.09 亿元大力发展乡村旅游，建设石乃亥和黑马河镇美丽城镇，绿色发展的理念唤起全流域全社会对黄河流域生态保护的文化自觉。

通过"生态保护扶贫、生态建设扶贫、生态产业扶贫、生态补偿扶贫"四套组合拳，海南州将生态资源管护同生态公益性岗位开发紧密结合，在符合条件的建档立卡贫困户中选聘 5331 人从事生态管护，年人均增收近 2.16 万元，实现"一人管护、全家脱贫"。

夏末，站在贵南县治沙纪念馆的观景台上从高空俯瞰黄沙头，人的眼睛和心灵都会为之一颤，绿与黄两种颜色在这里较量、博弈，葱郁苍翠的生命之绿在天地间蔓延铺开，一点一点"吞噬"曾经肆虐绵延的黄沙，这里已然"绿肥黄瘦""绿进沙退"。随着防沙、治沙工程的不断推进，贵南县还将植树造林与脱贫攻坚紧密结合起来，求得生态效益与经济效益的双赢。多年的治沙历程激励着为之付出者的心，就像蚌将沙砾孕育成珍珠一般，贵南儿女用矢志不渝的奋斗与珍贵的心意，将黄沙头的粒粒黄沙孕育成了块块绿色珍宝。

各方合力，凝心聚力促脱贫

海南州紧紧抓住对口支援等政策机遇，使对口援建资金 85% 以上投入扶贫一线。推动党政军民合力攻坚，"民兵＋脱贫攻坚"同德模式在全国得到推广。激励各类社会组织参与扶贫，累计投入各类帮扶资金 3.09 亿元，解决劳务就业 8534 人。"只留清气满乾坤"的初心，"富泽百姓俱欢颜"的合力，让全州人民群众的好日子越过越红火。

党中央的亲切关怀如缕缕春风温暖了海南州各族儿女的心，自治州发展迎来了千载难逢的历史机遇。江苏省通过项目支援、企业支援和社会支援，推动两地优势产业与特色资源优势相结合。自治州以牦牛、藏羊、青稞、油菜为主的"四大产业联盟"现代生态农牧业发展不断转型升级，以光风发电和黄河水电为主的全省"千万千瓦级"可再生能源和"西电东送"主力基地基本建成，以黄河和青海湖为枢纽的生态文化旅游带和高端旅游新高地建设取得重大进展，以"大数据＋清洁能源""大数据＋云藏"等现代信息技术产业已成为可持续发展的新引擎。

名优特产只有走出去才能体现价值，海南州精准扶贫绿色产业发展园应时而生。园区入驻企业 53 家，700 余类特色农牧品牌、1800 余款产品插上了互联网的翅膀。

海南州所辖 5 县农产品、畜产品资源丰富，在把资源优势转换成经济优势和产业优势的过程中，海南州委州政府下了很大力气寻求突破，从贫困县情和资源禀赋的实际出发，深入挖掘产品资源，积极探索电商与精准扶贫深度融合的有效机制，以农产品电子商务为突破口，为精准扶贫插上"互联网＋"的翅膀。目前，海南州精准扶贫绿色产业发展园区平台公司有 3 个电商销售平台，通过扶贫 832 平台，以网红直播带货，园区企业销售为推手，推动了全州农牧业产业结构调整，农牧民创富思维转变，贫困群众自我造血能力提升，逐步探索出了一条电商扶贫的新路子。

电商扶贫＋消费扶贫＋产业扶贫＋就业扶贫正在园区形成体系，拉近了"圣洁海南"与世界的距离。

自我造血，砥砺前行固脱贫

用心、用情、用智助力贫困户全面脱贫，不仅扶贫困户"上马"，还会再送一程，精准输入"干细胞"助力贫困户自我"造血"，实现稳定脱贫。扶贫先扶志，扶贫必扶智。为扭转贫困群众"等靠要"思想，不断激发贫困群众我要脱贫的内生动力，全州各级党委政府，认真开展"扶志办"教育培训，建立长效机制，并以精准扶贫前和脱贫后的家庭生产生活发生的极大变化做新旧对比，引导群众树立感恩意识。

乡村治，则百姓安。农村牧区要成为安居乐业的家园，离不开科学有效的治理。一股破陈规、除陋习，将文明的新时代新风在贵南县塔秀村蔓延开来。贵南县始终坚持扶贫与扶志相结合，在塔秀乡塔秀村开展"破陈规除陋习"试点活动，通过完善村规民约、强化村民自治、推进乡风文明、破除陈规陋习等措施，激发广大群众脱贫致富奔小康内生动力，走出一条"精神扶贫"助力脱贫攻坚的新路子。

2019 年，李生莲的丈夫王友泉被查出患有胰腺肿瘤，噩耗传来，对这一家四口来说犹如晴天霹雳。幸运之至，海南州精准防贫政策的应时出台，让李生莲一家看到了希望。州县两级财政按照 2 ：8 的资金投入比例，统筹资金 656 万元，按每人每年 80 元保费标准将全州处在贫困边缘的农村牧区低收入户和人均可支配收入不高不稳的脱贫户纳入精准防贫范围，根据因病、因学、因灾等致贫返贫关键因素，分类设置精准防贫标准和程序，建成近贫预警、骤贫处置、脱贫保稳得精准防贫机制，从源头上筑起返贫的"截流闸"和"拦水坝"。

"胜非其难也，持之者其难也。"为切实做好巩固拓展脱贫攻坚成果同乡村振兴有效衔接工作，让脱贫基础更加稳固、成效更可持续，2020 年海南州开展巩固提升脱贫攻坚成果行动，加强对脱贫县、脱贫村、脱贫人口监测预警，对重点监测对象开展定期检查，持续跟踪收入变化和"两不愁三保障"及饮水安全巩固情况，做到及时发现，快速响应、动态清零。

从产业扶贫改变贫困群众的物质生活，到扶志扶智改变贫困群众的精神面貌，海南州决不让一个贫困户和边缘户在小康路上掉队，在雪域高原上播撒致富的种子、培育希望的原野，用溢满乡村的笑声打造全面建成小康社会的时代脉搏。"脱贫摘帽不是终点，而是新生活、新奋斗的起点。"我们将坚决贯彻执行习近平总书记重要指示精神，接续推进全面脱贫与乡村振兴，使精准扶贫脱贫、巩固决胜成果的善做善成实践，有力促进海南州全面发展进步、实现长治久安。开启"第二个百年奋斗目标"的准备，已然在路上了！

海北州：栉风沐雨扶贫路　乘风破浪新时代

巍巍祁连山，层峦叠嶂；碧波青海湖，风云变幻。位居青藏高原、寄于高山峡谷、沐浴风霜雪雨的海北藏族自治州，平均海拔 3000 多米，自然环境恶劣、生态环境脆弱、生产条件落后，贫困面较大，脱贫任务艰巨。

2015 年，精准脱贫攻坚战宛如春潮，吹到了河谷草原，温暖了高原儿女，产业发展、民生改善、生态宜居、社会进步、乡风文明、人民安居乐业，城乡面貌、群众精神焕然一新。2017 年末，刚察县实现整体脱贫摘帽，2018 年末门源县、祁连县、海晏县三县实现整体脱贫摘帽，至此，海北州在全国"三区三州"提前两年实现全域整体脱贫摘帽，86 个贫困村全部退出，22305 名贫困群众全部脱贫。2020 年，全州建档立卡脱贫群众年人均收入达到 13921 元。

潮头掌舵逐浪高

打好精准脱贫攻坚战，是党的十九大报告中提出的三大攻坚战之一，对如期全面建成小康社会、实现第一个百年奋斗目标具有十分重要的意义。精准脱贫、决战决胜，加强领导是根本，掌舵逐浪是核心。海北州成立党政主要负责人为"双组长"，4 名副州级领导干部为副组长的扶贫开发工作领导小组，构建层级清晰、条块结合、责任明确的指挥体系，超前谋篇布局、抽调精兵强将，绘出作战路线图，向全州发出脱贫摘帽的总攻号令，高质量打赢脱贫攻坚战，把"贫困"的帽子摘下去是州委州政府向全州人民作出的庄严承诺！

聚千钧于一击，毕其功于一役。5 年来，海北州尽锐出战，向贫困发起猛攻，先后召开 15 次扶贫开发工作领导小组会议、扶贫开发工作会议，召开 27 次州委常委会议、州政府常务会议，专题研究脱贫攻坚工作，开展 10 次脱贫攻坚督查,坚持精准扶贫精准脱贫基本方略,构建稳定脱贫长效机制,强力推进脱贫攻坚各项政策措施落实落地。州级领导联点 25 个重点乡镇、107 名县级干部联系 96 个重点村(其中 10 个为非贫困村),靠前指挥、传导压力。坚持"五级书记抓扶贫"责任体系,全面落实党政主体责任、"一把手"第一责任和分管领导直接责任,州县乡村逐级立下军令状、行业部门层层签订责任书,形成了责任倒逼、压茬推进、狠抓落实的强劲态势。99 名第一书记、223 名工作队员担大责,州县 35 名扶贫干部当骨干,村社"两委"做堡垒,全面落实"1+8+12"政策体系,拧紧责任链条、选派精兵强将、加大真金白银投入、凝聚全社会力量,构建起专项扶贫、行业扶贫和社会扶贫三位一体的"大扶贫"格局,汇聚成脱贫攻坚的强大力量。

海北儿女多壮志,敢教日月换新天。5 年来,海北州大力弘扬"缺氧不缺精神""人一之我十之"的青藏高原精神,不避风雨、不畏艰难,铆足干劲、拉足满弓,在精准上花气力,在绣花上下苦工,在落实上见真章,全州脱贫攻坚打出了声势,打出了气势,高质量、高标准推进国家脱贫攻坚基本方略在海北落地见效。

乘风破浪扬风帆

脱贫攻坚是一场必须打赢打好的硬仗,是我们党向全国人民做出的庄严承诺。

"2015 年,进入阿佳啦民族工艺品有限责任公司,从一开始的普通家庭妇女到现在年收入能达到 3 万至 4 万元。在家门口就能上班,务工、看家两不误。"说起近年来的生活变化,祁连县精准脱贫户赛日毛措的脸上充满了喜悦。

海北地处贫困偏远地区、深度贫困地区,缺土地、缺劳力、缺资金、缺技术,饮水困难、交通落后、自身发展动力不足,物质贫困与精神贫困并存,各类致贫因素相互交织。因而,开对"药方子",才能拔掉"穷根子"。

海北州坚持习近平总书记扶贫开发重要战略思想和中央及省州委决策部署,把脱贫攻坚作为头等大事和第一民生工程,牢固树立全州"一盘棋"思想,按照"三年集中攻坚、两年巩固提升"攻坚目标,2016 年以来,共投入各类扶贫资金 87.75 亿元,其中:省级以上专项财政扶贫资金 11.13 亿元、州县财政扶贫资金 2.7 亿元、统筹整合财政涉农资金 49.08 亿元、扶贫信贷风险防控资金 0.84 亿元、发放扶贫贷款 23.28 亿元、互助资金 0.72 亿元,全面落实产业扶贫、资产收益扶贫、转移就业扶贫、易地搬迁扶贫等"八个一批"脱贫攻坚行动计划和水利、电力、交通、文化等十二个行业扶贫专项方案，积极打造旅游、电商、金融"三个示范州"，积极发展传统农牧业、特色种养业、现代服务业等"六大优势扶贫产业"，围绕贫困人口脱贫、贫困村退出、贫困县摘帽"六项指标"，努力补齐贫困村基础设施和公共服务短板，全州贫困地区水、电、路、讯等基础设施条件明显改善，公共服务水平明显提升，贫困群众家庭安全住房、医疗、教育得到全面保障，书写了海北脱贫攻坚精彩华章。

聚焦特色产业扶贫。习近平总书记指出："发展产业是实现脱贫的根本之策。要因地制宜，把培育产业作为推动脱贫攻坚的根本出路。"5年来，海北州深入学习贯彻习近平新时代中国特色社会主义思想，按照省委省政府总体部署，紧紧围绕"三年集中攻坚、两年巩固提升"作战计划，把产业扶贫作为脱贫攻坚的主攻方向，深入分析全州资源禀赋和产业基础，探索创新、合理规划，不断加大产业扶贫工作力度，累计投入资金6.86亿元，建成了四个县级扶贫产业园，在全省率先实现了县级扶贫产业示范园全覆盖，153家经营组织参与园区发展，实施农牧业科技成果孵化与转化等15大类32个项目，累计带动3161户、10892名建档立卡贫困群众，年人均增收1100余元，扶贫产业到户资金实现贫困户全覆盖，年人均增收963元。注重村集体经济发展，落实专项资金1.46亿元，扶持全州214个村发展村集体经济，年均收入达10万元以上，最高达800万元，在全省率先实现村集体经济"破零"。大力发展以牛、羊、兔、草原鸡、中草药种植等为主的传统农牧产业和特色农牧产业，带动建档立卡贫困人口9263人，年人均增收2800余元。"贫困户的帽子总算摘掉了，现在我干活浑身都是劲！"正在忙活的占德由衷地感叹。刚察县泉吉乡宁夏村贫困户占德，在全村党员、群众的帮助下，通过"投羊留羔、滚动发展"的方式发展畜牧业，2017年底，他家已有牲畜208只，人均可支配收入达到了32140.42元，顺利达到脱贫目标。

聚焦旅游扶贫。海北州生态旅游资源富集，多样性的地理地貌，构成了湿地、沙漠、草原、雪山、林海、峡谷、野生动植物等独特的高原自然风光；悠久的历史、多样的民族宗教文化构成了多姿多彩的人文景观。脱贫攻坚以来，海北州以创建国家级全域旅游示范区为契机，牢固树立旅游和扶贫融合发展的理念，坚定不移将全域旅游发展战略作为脱贫攻坚重要途径，依托"绿色、红色、特色"旅游资源优势,着重在旅游扶贫景点、乡村旅游扶贫村、村级农牧家乐的发展和扶持带动上狠下功夫,积极推出"现代农牧业 + 旅游扶贫""旅游企业 + 旅游景点 + 贫困户"等旅游扶贫发展模式,全力加快旅游扶贫示范州创建步伐。2016 年以来累计投资 1.35 亿元打造了 15 个省级旅游扶贫村,州内 7 个景区参与脱贫攻坚,3175 名贫困群众吃上了"旅游饭",年人均增收 1300 余元。

"现在这种日子,放在以前想都不敢想",祁连县八宝镇建档立卡贫困户马成祥感慨道。5 年前,马成祥的妻子病重,巨额医疗费掏空了家中积蓄,让普通的家庭负债累累。"最艰难的时候,老房子住不了人,我们一家只能住在羊棚里,"马成祥说。2017 年 5 月,马成祥看着家门口得天独厚的自然风光,就想着应该自己开一家农家乐。他将自家房子改造成了集餐饮、住宿、特产销售为一体的农家乐,取名为"草帽哥山水农庄"。借着秀美的自然风光,"草帽哥山水农庄"的生意越来越好,当年就赚了 14 万元。

聚焦生态扶贫。海北是中国西部重要的生态安全屏障,是维系青藏高原东北部和河西走廊生态水系安全,以及控制西部荒漠化向东蔓延的天然屏障,其生态地位举足轻重。2016 年十二届全国人大四次会议期间,总书记来到青海代表团参加审议,针对青海工作提出"扎扎实实推进经济持续健康发展、扎扎实实推进生态环境保护、扎扎实实保障和改善民生、扎扎实实加强规范党内政治生活"的重大要求。为促进生态保护与脱贫攻坚共赢,海北州按照"四个扎扎实实"工作要求,坚持生态保护优先战略,积极实施生态扶贫举措,落实 490 万亩生态公益林管护和 455 万亩天然林管护任务,聘用建档立卡生态管护员 3133 名,年户均增收 1.56 万元。结合环湖卫生整治开发村级保洁岗位 415 个,年人均增收 0.96 万元,实现了生态保护与脱贫攻坚共赢。

聚焦就业扶贫。坚持把贫困劳动力技能培训和转移就业作为推动贫困地区发展的重要举措,通过开展贫困地区农民工返乡创业,鼓励劳务经纪人和能人带动贫困劳动力务工就业,支持家政服务、物流配送、养老服务等产业发展,强化贫困地区劳动力的省内外输出等多种渠道,积极创造贫困群众创业就业,累计开展建档立卡贫困劳动力职业技能培训 4557 人,通过各种渠道实现建档立卡贫困劳动力转移就业 14358 人次,有效推动了转移就业扶贫工作。

聚焦消费扶贫。坚持把消费扶贫作为提升脱贫攻坚成效的新引擎和贫困群众稳定增收的新举措，通过代售贫困户农畜产品、设立消费扶贫专营店、爱心超市、开设消费扶贫线上网店等多种方式，拓展贫困地区产品销售渠道，增加建档立卡群众经济收入。全州认定扶贫产品45种，涉及扶贫企业和专业合作社19家，完成扶贫产品消费额近5.5亿元。比如，山东省启动"千牛万羊活畜进鲁"工程，海北活体牛羊在山东销售突破57万头（只），直接增收突破5000万元。威海市围绕"搭建线上平台、拓展线下渠道"等5个方面与有关单位和企业开展深度合作，借助门源高原土特产品资源丰富的优势，对特色产品进行订单式采购。威海企业与门源县签署消费扶贫采购合同1000余万元。滨州引入山东餐饮企业，在祁连县注册成立青海鑫火经贸有限公司，把祁连牛羊肉销往山东济南、青岛、潍坊等地酒店，目前销量达到9吨，总额达90万元。

聚焦深度扶贫。2016年以来，全州累计投入行业资金13.85亿元，加快水、电、路、住房等基础设施和医疗等公共服务设施建设，通过5年集中攻坚，贫困村基础设施和公共服务水平持续提升，贫困县摘帽、贫困村退出、贫困人口脱贫"六项指标"全面达标。集中力量推进深度贫困地区脱贫攻坚工作，严格落实"新增脱贫攻坚资金主要用于深度贫困地区，新增脱贫攻坚项目主要布局于深度贫困地区，新增脱贫攻坚举措主要集中于深度贫困地区"的总体要求，编制《门源县深度贫困地区脱贫攻坚三年行动计划实施方案》，2016年以来，累计落实各类资金5.21亿元，实施易地搬迁、基础设施建设、教育扶贫等44个项目。

聚焦对口支援。2016年以来，山东省出台深化对口支援扶贫协作工作的意见和安排，规划援建资金11.26亿元，有力推进了脱贫攻坚和山东援建工作。山东省4个市35个县与海北州所有乡镇建立"一对一"帮扶机制，组织实施了人才培养活动，230名教师和医生支教支医，培养骨干教师、医疗人才310多名，3名学生考入清华和北大；组织开展"十万山东人游海北"等援建活动，赴海北旅游的山东游客累计达到17.6万余人次，不仅带动了海北州乡村民宿、农（牧）家乐等乡村旅游业的发展，而且增加了群众的经济收入；2016年以来，财政部、中国五矿、中粮集团、中国铝业、国家能源集团等国家部委和央企落实对口援建资金1.05亿元，累计实施基础设施、农牧区产业发展等援建项目37个。在深化对口支援扶贫协作工作的同时，积极引导州内经营实体助力脱贫攻坚,2016 年以来州内 50 家民营企业累计投入资金 7349 万元,开展"百企联百村"活动,提供就业岗位 520 个。

决战决胜创"海北经验"

2016 年以来,海北州举全州之力、集全州之智,通过实施产业、健康、教育旅游、易地搬迁、兜底保障等脱贫攻坚项目,贫困群众生活质量得到明显改善,老百姓日子越过越好。全州干部群众用超乎寻常的勇气和智慧,创造出了一个个精准脱贫的"海北经验"。

创新思路是扎实推进脱贫攻坚的重要驱动。海晏县针对贫困人口法制观念淡薄问题,创新提出法制教育脱贫一批,着力提高贫困群众法制意识,通过政府购买公共服务形式,自主开发乡、村和公路沿线保洁员岗位。门源县"脱贫脱单"、祁连县"旅游扶贫"、刚察县"母畜周转"等创新举措在实践中得到印证,为加快推进脱贫攻坚整体步伐提供了有效驱动。

廉政建设是扎实推进脱贫攻坚的首要保障。各级党组织认真落实"两个责任",扎实开展扶贫领域作风问题专项治理。扶贫部门在全省率先对所有扶贫产业项目资金、扶贫企业、专业合作社带贫益贫进行全方位、无死角拉网式督导检查,确保了扶贫项目阳光运行、扶贫资金阳光使用。

产业扶贫是扎实推进脱贫攻坚的有力支撑。科学合理整合使用扶贫资金,发展传统农牧业、特色种养业、乡村旅游业、现代服务业、文化产业、科技支撑产业等六大优势扶贫产业,积极培育扶贫龙头企业和示范专业合作社,推进扶贫产业特色化、区域化、规模化、产业化发展。

内生动力是扎实推进脱贫攻坚的关键环节。扶贫先扶志,让"自主脱贫"意识扎根在贫困群众心中。采取以工代账、生产奖补、劳务补助等方式,组织动员贫困群众参与项目实施,旗帜鲜明地释放出"扶贫不扶懒、扶贫不扶看"的工作导向,同时也锻造出了一支忠诚、担当、奉献的党员干部队伍。

五年的风雨历程,五年的脱贫攻坚,使全州 22305 名贫困群众经济收入达到 13921 元,每一名贫困群众摆脱了穷日子、过上了幸福的生活,日子越过越甜。脱贫只是起点,并非终点。海北州正以更大决心、更精准思路、更有力措施,健全完善防止返贫动态监测和帮扶机制,持续巩固拓展脱贫攻坚成果,积极推进脱贫攻坚与乡村振兴的有效衔接,以高昂的精神斗志,扎实的工作作风努力开创乡村振兴工作新局面!

玉树州：拨动富民弦　奏响扶贫音

2015 年以来，玉树藏族自治州紧扣新时代脉搏，发挥主体责任"指挥棒"、筑牢精准到人"奠基石"、把控整合投入"总开关"，按照扶持对象精准、项目安排精准、资金使用精准、措施到户精准、因村派人精准、脱贫成效精准的"六个精准"，一项项有针对性的举措瞄准贫困"病根"，实施"靶向治疗"。四年集中攻坚，累计实现 6 个深度贫困县摘帽、104 个深度贫困村退出、12.98 万贫困人口脱贫，贫困人口"两不愁、3+1 保障"得到有效解决，人均可支配收入从 2015 年的 2970 元增长到 2020 年底的 9260 元以上，脱贫攻坚取得了历史性、突破性成就，奏响了脱贫攻坚的最强音。

学门手艺奔向小康　生态旅游助力脱贫

2016 年以来，曲麻莱县按照"五个一"批和"六个精准"指示精神，统筹推进扶贫开发工作，做到发展生产脱贫一批、发展教育脱贫一批、易地搬迁脱贫一批、生态补偿脱贫一批、社会保障兜底一批，实现了由"大水漫灌"到"精准滴灌"的彻底转变，扶贫资源精确化配置、扶贫目标精细化管理，确保贫困群众得到有效帮扶，稳定增收，精准脱贫，有力推进脱贫攻坚进程。

图闹和巴加是曲麻莱县建档立卡贫困户。图闹家里有 6 口人，在家排行老大。巴加家里有 4 口人。为了摆脱贫困，让家人过上好日子，2015 年 8 月，他们在曲麻莱县技能培训中心学习理发，经过两年的刻苦学习，他俩顺利拿到了理发专业资格证书。随后，两人各自贷款 1 万余元，开了一家理发店，如今每月有 6000 多元的收入。

曲麻莱县扶贫开发局局长扎西巴旦告诉记者，设立曲麻莱县技能培训中心，初衷就是让曲麻莱县范围内贫困户的子女掌握一技之长。近年来，曲麻莱县技能培训中心在本地和异地共开设美容美发、汽修、唐卡、民族服装制作、民族厨艺培训、婚礼主持、藏医、折嘎、藏戏说唱、手工艺编制及挖掘机、装载机司机等实用技术培训。截至 2020 年 10 月，共计培训 1783 人，占计划总人数的 66.6%，已完成培训并结业 1640 人，现结业学员已就业 1115 人，创业 117 人。

同时，曲麻莱县着力拓展生态扶贫路径。坚持生态保护优先理念，充分把握曲麻莱县生态保护优势地位，结合"生态之省"工作计划，充分利用国家公园建设，联点帮扶和扶贫部门用于精准脱贫和生态管护员政策，巩固好现有的 2166 名生态管护员的指标，实现生态管护员政策全覆盖，全面提升脱贫质量。

产业扶贫稳定增收　易地搬迁开启幸福

基础产业薄弱单一，发展后劲不足；普遍缺少劳动力技能和发展资金；因灾因病因残致贫返贫率较高；贫困群众自力更生、艰苦创业、自我发展的内生动力不足等问题，阻碍着玉树州治多县农牧民群众走向富裕。

近年来，治多县积极探索建立"公司+合作社+市场"运营模式和后续产业保障机制，投资 3600 万元成立治多县阿米雪乳业有限公司，建成后可带动贫困户 1346 户 3966 人，预计实现就业 100 余人。

2016 年至 2019 年，治多县累计投入 4583 万元，组织实施精准扶贫商贸产业园区、产业园区综合大楼和基础设施配套项目建设。目前，土特产加工、非遗传承、民族服饰、特色餐饮、奇石加工等 5 家本土企业和 13 个村级集体经济入驻运营，实现就业 348 人，带动贫困人口 997 户 2600 人。

"订单其实很多，只是我们工人的技术还跟不上，下一步要继续让工人们出去培训，手底下干活快了，就能接更多的订单，收益多了，工作积极性上去了，我们的日子肯定越来越好。"治多县嘎嘉洛益民制衣股份有限公司负责人仁措说。2015 年，仁措通过"雨露计划"招收了治多县 100 名建档立卡贫困户，开展服装裁缝技能相关培训。她说，在传承和发扬本地民族传统手工艺文化的同时，她还鼓励贫困妇女在精神和物质上能够独立起来，相继带动几十名生活困难的家庭妇女走上了创业之路，实现了就业增收。

精准扶贫工作启动以来，治多县切实把扶贫工作作为彻底解决"一方水土难以养活一方人"地区贫困问题的一项根本举措。按照"两不愁三保障"的原则要求，竭尽全力做好易地扶贫搬迁工作。2016 年至 2019 年，治多县累计投资 2.63 亿元组织实施 1314 套易地扶贫搬迁项目，总建筑面积为 10.66 万平方米，涉及 20 个村（社）贫困人口收益 1314 户、5291 人。

"我们始终把发展生态畜牧业作为贫困群众稳定脱贫的依托和根本，紧紧围绕'搬得出、稳得住、能致富'目标，按照'背风临水、适宜居住、有益生产'的原则，相对小规模集中安置，配套跟进入户道路、畜用暖棚、储草棚等基础设施建设，实现人、畜、房等生产要素相对小规模集中。"治多县扶贫开发局副局长李建宏介绍。

改变传统理念 探索扶贫新模式

为做强做优传统畜牧业，着力打造产业扶贫的"玉树模式"，玉树市在畜产品精深加工和延伸产业链条上下功夫，探索出政府注入引导资金、部门搭建产业平台、专业协会组织管理、合作社入驻经营、贫困户从中受益的扶贫模式。2017 年 8 月，扶贫产业一条街正式投入运行，总占地面积约 6000 平方米，可利用商铺建筑面积 4875 平方米。

昂文加措是玉树市上拉秀乡的一名贫困户。他在玉树市扶贫产业一条街经营着一家店铺，店铺面积虽然不大，但装修风格富有民族特色。这家店铺属于玉树市隆宝镇畜牧业专业合作社，昂文加措是合作社的负责人。经营玉树本地牛羊肉、酥油、酸奶、曲拉等。

"我们的铺面两年内免房屋租赁费和物业费。每月还有 2500 元的补贴，这对于我们合作社来说，是个发展的好机会。"昂文加措说。

目前，玉树州 6 个市县的 100 余家生态畜牧业合作社以及畜产品加工企业、电商企业入驻，销售产品 900 余种，带动贫困户 6300 户 2.2 万人，人均增收 710 元。

打赢脱贫攻坚战 江河源头谱新篇

五年来，玉树州易地搬迁完成投资 15.94 亿元，搬迁 7020 户 2.8 万人，危房改造投资 9.2 亿元，改造建档立卡贫困户危房 3.68 万户。教育扶贫方面投资 2.74 亿元资助贫困家庭学生 3.7 万人次 6060 万元，发放生源地大学生助学贷款 2200 人次 1275 万元，落实省外就读的贫困高中生活生活费和学费补助 1835.4 万元，建档立卡贫困户子女全部享受了学前三年、义务教育九年、普通高中和中职三年免费教育，有效阻断了贫困的"代际传递"。健康扶贫投资 3.06 亿元，实施全民健康筛查、高原病诊疗能力建设、基层卫生院建设、包虫病诊疗中心建设及孕产妇住院分娩补助等，为乡村卫生院配备医护人员 355 人，全面推进综合医改，实现基本药物制度、大病医疗保险制度全额盖：产业扶贫完成投资 12.77 亿元，扶持贫困户 24 万户 9.1 万人，项目包含种养殖、生态畜牧业产品开发、商业租赁、民族手工业品等，产业园建设完成投资 2.2 亿元，开展订单式技能培训，带动 7162 户 2.3 万人贫困人口实现转产就业。

为坚决打赢玉树州脱贫攻坚战，玉树州针对部分贫困群众存在"等靠要"思想的实际情况，将"扶贫先扶志"确立为推进脱贫工作的核心，积极发挥驻村第一书记及扶贫工作队的作用，广泛、深入开展形式多样的宣传引导，促使贫困户主动转变观念。

五年来，玉树州不断加大教育扶贫投入力度，健全义务教育"控辍保学"责任机制，确保了贫困人口子女都能接受基础教育，使他们能够获得发展自身、奉献社会的能力。同时，注重扶"技"，以雨露计划短期技能培训为抓手，针对不同文化层次、不同年龄段、不同家庭条件的富余劳动力，实施贫困家庭技能培训工程，量身定制培训方案，瞄准市场需求，加大实用技术和职业技能培训，提升农牧民的生产经营、专业技能，确保具有劳动能力的贫困人口都有一门致富本领，就业能力得到提升，达到"培训一人，脱贫一户，带动一批"的效果。主动加强与北京对口援对接工作，坚持"扶贫 + 扶智、扶志、扶治"，落实对口援助资金 13.67 亿元，实施各类援助项目 90 余个，为持久脱贫奠定坚实基础。

五年来，玉树州强化生态保护体系，建立和完善生态效益补偿长效机制，将生态管护公益岗位设置与精准脱贫相结合，全面落实了园区生态管护"一户一岗"政策，构建了"五位一体"（基层党建 + 生态管护 + 精准脱贫 + 社会治理 + 民族团结）的网格管理模式，先后设立生态管护岗位 14666 名，全年享受公益岗位补助 2.5 亿元，户均增收 2.16 万元，配备生态管护员巡护摩托、发放巡护着装，集中开展管护员业务培训，完成了管护员持证上岗的任务，完成了从牧民到国家生态管护员的转变，让贫困群众走上就业岗位，实现"生态 + 扶贫"的脱贫模式，让贫困群众吃上了"生态饭"。

在推进脱贫攻坚工作中，玉树州不断探索总结玉树做法。全州各市县走出了富有地域特色的脱贫攻坚路子。

囊谦县调整脱贫攻坚工作机制，形成了"四大战区、十个作战单元、六十九个作战小组"的脱贫攻坚作战指挥体系，以金字塔式作战体系层层压实县级领导的联点责任、行业部门的扶贫责任、各乡镇党委政府的主体责任、第一书记和驻村工作队的具体责任。

杂多县瞄准薄弱环节，调度组建了 31 个脱贫攻坚驻村工作联络站，招聘 110 名政府临聘人员（每人每月 2500 元）分配到 110 个自然村，作为扶贫驻村专职人员，既加强了基层扶贫工作力量，提升了工作水平，又促进了高校毕业生就业。理顺扶贫产业发展思路，采取多条腿走路方式，谋划出适合本地条件、利益联结紧密、持续创收增效且有着发展前景的 8 大扶贫产业，为扶贫产业发展做了尝试。

称多县坚持社会认同、群众欢迎、符合实际的"生态 +"发展理念，即以"生态 + 畜牧业"为基本点，全面实现"三整合四解放"（草场、劳动力、牲畜三整合，生态、劳动力、生产力、思想四解放），统筹协调各部门单位"集团化"作战，引导鼓励支持合作社建设，扩大饲草料种植基地，优化牲畜结构，增加畜产品附加值。牲畜保险织牢扶贫"保障网"，开启"扶贫 + 保险"新模式，承保藏系羊牦牛 20.65 万头只，收取牧户参保资金 371.7 万元，合计保费 2478.33 万元，赔付金额 5474 万元，用小投入换来大保障。

果洛州：党建引领致富路　高原开遍格桑花

　　蓝天白云下的果洛草原，随处可见绽放的绿色扶贫之花。走进果洛藏族自治州所辖六县，到处都是忙碌和喜悦的景象。在易地扶贫搬迁集中安置点新建的道路平坦宽阔，新挖的排水渠哗啦啦流淌着雨水，房前屋后新修的宅间道干净规整，新装的路灯笔直挺立……不断完善的基础设施、焕然一新的村容村貌、正在崛起的生态畜牧业，一系列可喜的变化正在改变果洛州贫困村的容颜。

坚持党建引领，精神脱贫落地生根

　　果洛州是青海省自然环境最恶劣、贫困程度深的地区之一。对于贫困而言，经济的困窘只是一方面，内在的原因是缺乏斗志和必要的知识文化，怎么打好脱贫攻坚战，思想引领、政策宣讲显得尤为重要。果洛州通过注重宣传宣讲策划、注重宣传宣讲形式、注重宣传宣讲实效，采用领导干部带头讲、汉藏"双语"通俗讲、群团组织分头讲、组织骨干深入讲、文艺演出巡回讲、丰富载体创新讲，努力实现党的精神宣讲全覆盖，让党的脱贫攻坚政策家喻户晓、入脑入心、落地落实。通过"艰苦创业""脱贫争先""感恩奋进"等思想教育，引导贫困群众感党恩、听党话、跟党走，一条条党的好政策传到了群众耳边，犹如一盏盏明灯，照亮着贫困群众脱贫致富的希望之路。

　　"新形势下，我们要推动精准扶贫、精准脱贫各项政策措施落地生根，就要坚持基层党建和扶贫共同推进、有机结合……"2018年3月，风雪中，鲜艳的党旗在甘德草原上迎风飘扬，甘德"马背青年宣讲队"正在为牧民宣讲党的扶贫相关政策。老党员依宗深有感触地说，"马背上的宣讲队来得太及时了，他们告诉了我们好多惠民政策，如今，扶贫、教育、医保等各项惠民政策我都已深记于心。虽然我们住得偏远，但党的关怀始终在我们身边。我会更加珍惜现在的幸福生活，永远铭记党的恩情。"

找准定位，带领群众科学谋划脱贫路

果洛州是"三区三州"深度贫困地区，贫困面广、贫困程度深，脱贫任务重、难度大。破解住房难、行路难、饮水难、上学难、看病难、增收难等难题一直是州委州政府主要领导最牵挂的事。住有所居、学有所教、劳有所得、病有所医、老有所养，是广大贫困家庭最现实的梦想。建成全面小康社会，贫困是绕不开的"拦路虎"。2015 年底，通过民政和扶贫政策"两线合一"精准识别出贫困人口 33299 人，并根据省委省政府《关于打赢脱贫攻坚战提前实现整体脱贫的实施意见》，研究出台了《果洛州关于打赢脱贫攻坚战提前实现整体脱贫的实施意见》，提出了 1+8+12 脱贫政策新路径，确保 2019 年年底全州实现 6 个贫困县全部摘帽、74 个贫困村全部退出、4.85 万贫困人口全部脱贫目标任务。

"精准扶贫，不落一人。"贫困人口四年全部脱贫，再巩固提升一年全面建成小康社会，是州委州政府向省委省政府立下的军令状。州、县、乡三级都成立了由党政主要领导任组长的"双组长"扶贫开发工作领导小组，绘制作战图、列出时间表，举全州之力、集全民之智，动重锤、打大锣，全面打响脱贫攻坚战。

集结号吹响，扶贫攻坚全面展开。州"四大班子"领导分别来到联点的贫困村，深入联系点与干部群众交心谈心，做到不脱贫不脱钩；州、县直各部门、驻村第一书记、驻村干部按照一村一法、一户一策要求，帮助贫困村定规划、筹资金、惠民生；结对认亲帮扶干部进牧户、访民意、察实情、摸家底、谋发展，帮助农牧民发展特色产业、开展就业培训、完善基础设施，发展社会事业。

挪穷窝、搬新家，让贫困户过上好日子

果洛州平均海拔 4200 米，气候条件较恶劣、增收渠道单一，群众生活十分贫困。精准扶贫工作开展以来，果洛州各级党委政府结合村情民意，把扶贫产业培育的主攻方向锁定在易地搬迁和后续产业发展上。

与以往不同的是，玛多县玛查理新村的牧民格杰一家 4 口人，而今在白色外墙、红色房顶、庭院式房子里过着幸福的日子。"往年牧民住土房，烧牛粪，照明用的是油灯。是党和政府投资 6 万元，帮助我家修建了房子，还给每人每年发放草原补贴 7000 元，全家 4 人纳入低保。我们住上了大房子，村里 179 户乡亲都和我一样。"格杰高兴地说。

"摆脱贫困首要意义并不是物质上的脱贫，而是在于摆脱意识和思路的贫困。"通过一年多的新建后，玛查理新村现拥有 8 幢帮扶援建的温室大棚，填补了玛多县种不出蔬菜的空白，今年更是种出了 14 种蔬菜，完全可以满足村民的生活需要。更重要的是，许多妇女摆脱了以往足不出户的习惯，通过学习各种种植技术，可以收获新技术带来的成果。

在易地扶贫搬迁点可以看到，莘莘学子走进宽敞明亮的教室，牧民住上了配套完善的新居、喝上了清澈长流的甜水，县乡居民享受到了现代化的医疗……

传统产业、特色产业提质增效，带动贫困户增强发展后劲

畜牧业是果洛的主导产业。为做大做强生态畜牧业产业，精准助力脱贫攻坚。精准扶贫工作开展以来，果洛州各级党委政府和相关部门着力在破解人、草、畜越来越突出的矛盾上下功夫、出实招、求实效，实现生态保护与脱贫攻坚共赢的路子。

在玛沁县下大武乡年扎村生态畜牧业专业合作社白藏羊产业化养殖基地，今年 30 岁的贫困户热保，是合作社的放牧员。每天早上，热保 7 时起床，给羊喂完饲料后，将羊赶到牧场饮水、吃草，下午 3 时到 5 时再赶回点上补饲。热保家里 3 口人，没入社前家里没有牲畜，只有 100 公顷草山。"当时号召入社的时候我也不知道怎么办，但看到村里的党员和干部们都入社了，我就想入社肯定是没有错的，反正草山也是闲着。"热保说。热保现在放牧着 250 只母羊和 250 只羔羊，妻子也在合作社养羊。放牧工资收入一年 39000 元，加上奖励和分红，还有草山入股，一年有 5 万多元的收入。而在没加入合作社以前，他全家主要靠打工，一年的收入只有七八千元。贫困户热保靠着生态畜牧业吃上了"合作饭"，而这也只是果洛州发展畜牧业这个支柱产业带动贫困户脱贫的一个缩影。贫困户在合作社里或劳动入股，或靠着扶贫互助资金入股，或靠草山牛羊入股……

甘德县岗龙乡岗龙村，在岗龙草原的众多产业，正孕育着新的生机。"有了藏服加工厂、牦牛鲜奶加工厂、蔬菜大棚等很多特色产业，今后再也不会靠天吃饭了……"岗龙村一大队村民阔杰说。以前，如果当年雨水充足，草场丰茂，老百姓的日子能过得舒心一点，万一雨水不足，群众只能过"苦日子"。过度放牧草畜不平衡，群众的物质需求得不到满足，加上恶劣地理环境因素，贫困降临到了岗龙村。2009 年 8 月，岗龙村党支部召开了一次村民动员大会。大会讨论将省里给的 15 万元扶贫款作为启动资金，组建岗龙村扶贫互助社，吸引有能力的牧户加入互助社，实行代牧制，收益年底分红，带动贫困群众脱贫致富。想法虽好，但过惯了游牧生活的牧民群众并不买账，当年只有 22 户牧民怀着忐忑的心情加入了互助社。"都说万事开头难，但真没想到那么难。没有资金，群众不愿意入伙，可有了启动资金，让群众入社又变成了棘手事，真的一步一难题。"村党支部书记赞忠说。驱散"负能量"，鼓足"我要脱贫"精气神儿，把"扶贫 + 扶志 + 扶智"相结合，赞忠开始用实际行动告诉牧民群众脱贫致富是有希望的。这股子"精气神"大大提振了全村人的士气。首先，推动合作社股份制改造，让"资源变资产、资金变股金、牧民变股东"，推动全村畜牧业传统经营方式向现代化转型。紧接着，岗龙村酸奶加工厂、土特产商店、粮油门市部，石刻加工、藏族服饰加工等陆续开业，吸纳劳动力近 200 余人，占到了全村总劳动力的一半。2018 年，生态畜牧业合作社全村共分红 237 万元，户均分红 9997 元，人均 2314 元。

几年来，果洛州 175 个纯牧业村全部成立了生态畜牧业合作社，全州 18 个生态农牧业合作组织还被认定为实施全国草地生态畜牧业试验区试点单元合作社，达日县窝赛乡直却村生态畜牧业合作社被评为国家级农民合作社示范社、甘德县岗龙乡岗龙生态畜牧业合作社草地牛羊百分之百入社……以生态畜牧业为基础，打造的"昆仑牧歌""雪域珍宝""玛尔洛"等特色肉乳品牌还进入了上海等一线高端消费市场，贫困户分红也是"盆满钵满"。

剔除地方病"顽疾"，让贫困户走上幸福路

没有牧民群众的健康，就没有全面小康。2017 年，班玛县启动了围剿"虫癌"歼灭战，出台了《班玛县以包虫病为主的重大地方病传染病综合防治四年 (2017—2020 年) 攻坚实施方案》，制定了《班玛县犬只管理暂行办法》，对每户养犬做出规定，要求必须拴养，并定制家犬佩戴项圈，对项圈号码、身高体重、颜色、性别年龄等基本信息登记造册，并附有照片。至此，每一只狗都有了自己的"身份证"，可以精准识别、精准防治。仅 2017 年一年，班玛县收容流浪犬 500 只，登记在册有"身份证"的 2436 只家犬全部登记挂牌，建立了《班玛县犬只登记及驱虫档案》2436 本。

全县划分若干网格，对犬只进行网格化管理。班玛县兽医站站长王春庆说："县乡村社每一级都是一个网格，每个网格中又不断细分成若干小网格，落实到社一级，每个人都有对应管理的犬只，使犬只管理无缝隙。之所以选择每月 7 日为犬只投药驱虫，就是因为包虫病在犬只体内生长期是 45 天。"点保负责的 3 户牧民家中一只犬都没有，这正是包虫病防治工作取得的成效。如今，走在县城乡镇的街道，已经见不到流浪犬，偶尔能见一只，还是被拴在牧民家中的家犬，这是牧民群众深受包虫病之害后的觉悟。

班玛县整合医疗力量，组建了 2 支包虫病普查队伍，通过 B 超、血清检测、远程诊疗等技术手段，开展包虫病筛查工作，力争做到乡不漏村、村不漏户、户不漏人。到去年底，包虫病人群筛查 28413 人，筛查率 96.5%，确诊 1046 例包虫病患者，新发现包虫病患者 229 人，手术治疗 53 例，对 825 名符合药物治疗的患者给予免费药物治疗。

傲久一家 4 口人，3 人患有包虫病，傲久在 2012 年省上医疗队走基层的时候就做了手术，目前已经好转。妻子瓦萨占措在 2016 年包虫病普查时确诊，当年在青海大学附属医院做了手术，目前还在服药。外甥夏吧，包虫病已经做了 5 次手术，仅 2017 年就做了两次，目前还在青海大学附属医院准备第六次手术。一个普通的牧民家庭，怎么能经得起如此反复手术，但是，好在 2018 年 6 月份，夏吧获得援藏基金会救助的 2 万元钱。此外，还有手术产生的诸多费用都可以报销。这样的好政策，对于傲久一家人来说，是天大的福音。"家里几个包虫病患者花光了家中所有的积蓄，好在政府还有一些补贴，手术后期服用药物也是免费提供，还有专门的家庭签约医生不时上门督导我们服药，定时体检。"傲久说。

精准扶贫工作开展以来，班玛县抽调各级各类人员组成包虫病防治宣讲团，送教下基层，进村庄、进社区、进学校，并在集中办公场所、各乡镇政府等人员较为聚集场所摆放藏汉双语公益广告宣传栏、展板、标语，确保包虫病防治知识宣传覆盖无死角，形成全民共防共治的格局。

选派第一书记，切实带动贫困户奔小康

火车跑得快，全靠车头带。广大党员干部是打赢脱贫攻坚战的火车头。

如何推动干部人才资源向脱贫攻坚一线特别是深度贫困地区集结打攻坚战？果洛州在"第一书记"责任人上，下了一番"绣花功夫"。

"调干部、化矛盾、办实事"，果洛州把一批优秀的人才推到"第一书记"的岗位上。2020年，果洛州对全州187个村选派了552名第一书记和驻村干部，其中留任87名，新选派465名。同时，实行第一书记调整"召回"制度，召回以前11名不称职的第一书记，对派出单位主要负责人进行了约谈，激励第一书记下得去、融得进、干得好。

"不脱贫我就不回去了"，在久治县白玉乡白玉村"第一书记"马国兆看来，组织选派自己深入到扶贫一线，就要干些有意义的事情。自2015年10月到任后，马国兆从提高基层党组织的战斗力和凝聚力着手，通过"公推直选"，健全了村党支部班子，增强了班子成员间的凝聚力，加快了白玉村党支部发展的步伐。

为精准选好管好用好第一书记，果洛向所有贫困村配套落实联系领导、帮扶单位、驻村干部，充实帮扶力量。据不完全统计，2018年全州第一书记协调各类项目共151项，已经落实了78项；争取帮扶资金1.3亿余元，落实资金9100余万元；协调成立各类经济实体23个，解决贫困人口就业813人，创收3160余万元。

果洛州还不断完善"双帮"制度，全州37名副厅级以上领导干部、317名副县级以上领导干部建立联系点，314家州县乡机关企事业单位和省州驻县单位与188个村结成共建对子，5449名干部职工与10541户建档立卡户结成"亲戚"，截至目前，累计捐款捐物价值701.25余万元。

除此之外，还积极引导示范户贫困党员带头参加各种培训学习，学习牧区实用的新技术、新成果。并启动实施全州村（社区）"两委""综合能力提升工程"，以课堂理论学习教育为主，实地考察为辅开展现场观摩和实践教学活动，切实增强了村"两委"班子带头致富和带领群众致富的能力。州县乡三级联动，对第一书记和驻村干部进行任前培训和集中轮训，激发"弱鸟先飞"意识，提升群众脱贫致富的能力。

有了"领头雁"，就有了高质量脱贫的保障。如今，在果洛州，带头人队伍愈发强壮，贫困户依靠的臂膀愈发坚实，果洛州全面小康的梦想已经全面实现。

　　脱贫摘帽不是终点，而是新生活、新奋斗的起点。果洛州委州政府正在带领全州各族人民群众乘势而上、再接再厉、接续奋斗，以昂扬的斗志巩固拓展脱贫攻坚成果与乡村振兴有效衔接。

黄南州：脱贫不是终点　幸福才是目标

　　黄南藏族自治州属于集中连片特殊困难地区，青海省深度贫困脱贫攻坚主战场之一。全州所辖 4 个市县中，同仁市、尖扎县、泽库县均为全省深度贫困县。黄南州既有广袤的草原湿地，也有纵横交错的高山深谷，经济社会发展水平和群众生产生活水平较低，是典型的贫中之贫、坚中之坚。实现脱贫致富、过上富裕生活，是世代生活在这里的群众最现实、最强烈的愿望。

　　久困于穷，冀以小康。党的十八大以来，黄南州委州政府面对贫困面大、贫困人口多、贫困程度深的州情实际，将脱贫攻坚摆在突出位置，按照"四年集中攻坚、一年巩固提升"的脱贫计划，在高处"布局"、在新处"施工"、在实处"落子"，有效集中力量，决战决胜全面小康，实现连战连胜。经过五年攻坚拔寨，交出现行标准下 5.01 万贫困人口全部实现稳定脱贫、105 个贫困村全部退出、1 市 3 县全部"摘帽"，绝对贫困和区域性整体贫困得到历史性解决。黄南州连续三年在全省成效考核中取得"优秀"等次，为全省脱贫攻坚提供了"黄南模式"，贡献了"黄南智慧"。

　　紧扣精准要义，脱贫攻坚成色更足

　　黄南州始终坚持精准扶贫精准脱贫基本方略，紧紧围绕"扶持谁""谁来扶""怎么扶""如何退"等根本性问题，坚持从源头把关，坚持因村因户因人分类施策找准"穷根"，帮助贫困群众算好算细算准产业收入、务工收入、经营性收入、政策性收入"四笔账"，为 1.18 万贫困户制定"一户一策"脱贫计划，靶向聚焦精准，脱贫围"点"攻坚，"一对一""滴灌式"帮扶，啃下了一个又一个"硬骨头"，探索实施了一批符合州情、符合实际的特色做法和创新模式。

为扣准、扣牢精准识别的第一粒"纽扣"，2015年底，黄南州在全省率先开展"两线合一"精准识别"回头看"，采取"一标准、两个百、四查、五看、六不准"的工作方法，提高工作标准，细化识别措施，坚持把贫困人口识别的权力交给群众，把选好民主评议委员会、村务监督委员会作为开展工作的基础，通过入户调查、村民评议、逐户签订政策宣讲明白卡等形式，逐村逐户全面核实、核准贫困人口基数、底数，精准识别贫困人口11763户、43427人，贫困人口识别准确率和群众满意率均达到100%，为下一步精准管理、精准施策奠定了坚实的基础。

河南县优干宁镇荷日恒村是一个海拔3600米的牧区村落，也是河南县贫困村之一。2015年的数据显示，荷日恒村252户1162人中，贫困户达到61户、221人，贫困发生率高达19%，人均收入仅2515元。一个纯牧业村，到底是如何脱贫的？第一书记张立成的答案是"因人因户施策，让扶贫政策精准到户、精准到人"。

按照因人施策、因户施策的原则，充分考虑贫困户自身条件和脱贫意愿，荷日恒村对全村建档立卡的61户、221人贫困户，因人因户施策，确定特色产业脱贫35户、132人，劳务输出脱贫23人，易地搬迁脱贫61户，生态保护脱贫11人，资产保护收益脱贫8户、27人，发展教育脱贫26人，大病救助脱贫61户、221人，社会保障兜底脱贫18户、62人。

成立合作社、让全村人合作共赢、享受分红是荷日恒村精准脱贫的重要举措。自脱贫攻坚以来，该村抓住精准扶贫的大好机遇，以组建生态畜牧业合作社为基础，在政府及各相关行业部门的大力支持下，通过兴办实体产业，壮大集体经济的方式，初步形成了以畜牧业为主导，二、三产业融合发展的新格局。

目前已发展有5个集体经济，解决本村贫困人口就业48人，务工人员人均工资收入2万余元。"2016年，这个村贫困户的人均收入从2015年的2500元增至5600多元，顺利摘穷帽。全村建档立卡的61户贫困户全部实现脱贫。"张立成高兴地说。

力抓产业发展，造血能力显著增强

黄南州牢牢把握群众增收这一关键，坚持绿色打底、因地制宜、产业兴旺，将文化、生态优势转化为产业优势和经济优势，构建起了户有增收项目、村有集体经济、县有扶贫产业园的"三位一体"扶贫产业格局，成功创建泽库县牦牛、藏羊国家现代化农业产业园，河南县、尖扎县产业融合发展产业园3个"国字号"园区，建成5个县级扶贫产业园，打造热贡文化、草原风光、黄河廊道等5个乡村旅游示范村，建成唐卡、泥塑、雕塑、堆绣等4个省级文化扶贫产业创作基地，扶持建设78家扶贫车间发展民族手工业，推广发展"拉格日模式"生态有机畜牧业专业合作社77家，具有黄南特色的扶贫产业正在逐步成为贫困群众增收致富的产业基础，有力支撑实现脱贫攻坚目标任务，也为长治久安和高质量发展夯实了基础。截至2020年底，全州建档立卡贫困人口人均可支配收入达到8827.93元，年均增长25.3%。

针对贫困村产业结构单一，扶贫产业选择空间小，贫困人口收入增速缓慢的实际，黄南州依托热贡艺术文化、民族手工等优势资源，因地因村因人制宜，探索创新"企业+基地+贫困户"文化旅游扶贫模式，大力发展以唐卡、堆秀、泥塑制作等文化产业，带动贫困群众技艺创新、就近就业、打造品牌、增收致富，初步形成了以热贡艺术、石刻技艺、文创产品、特色手工艺品为主体的文旅产业集群。全州文化旅游经营主体达到572家，开发文化旅游创意产品400余种，文化旅游从业人员达到4.17万余人，文化产业收入达到11.4亿元。建成2家国家级文化产业示范基地、4家省级文化产业示范基地和6家文旅产业示范基地，14家省级民族手工艺品加工扶贫基地、19家"青海100"文化旅游体验点、8家非遗保护传承基地，有力地促进了地方经济发展和群众脱贫增收。

热贡艺术是同仁市脱贫攻坚重要的产业支撑。近年来，同仁市积极引导扶持民间艺人投资，先后创办了黄南州热贡画院、热贡龙树画苑、热贡布达拉文化艺术有限公司、金轮热贡艺术有限公司等规模较大的文化企业，在组织、引导热贡艺术品走向市场、扩大生产规模、带动贫困户脱贫致富方面发挥了积极作用。

"我们家是建档立卡贫困户，在政府部门的推荐下，我和姐姐来画苑学习，这几年我们在画苑免费吃住还免费学手艺，姐姐绘制的唐卡已经向外出售了，一年下来有四五万元的收入。如今，像我们这样学习唐卡艺术摆脱贫困的人越来越多。"同仁市隆务镇吴屯下庄村热贡龙树画苑的学生斗拉官却乎说。幅幅精美的唐卡是斗拉官却乎对艺术传承的追求，也使更多贫困群众叩开了通往幸福的大门。

泽库县宁秀乡拉格日村曾是一个典型的重点贫困村，为了从困境中走出来，泽库县进行了几年探索创新，以"能人带动，民主管理"为主，以"项目扶持，技能培训"为辅，通过组建生态畜牧业合作社，草地划区轮牧、牲畜分群饲养、人员合理分工，全面实现了股份制改造，形成了生态、生产、生活和谐发展良好局面，实现了生态保护与产业融合共赢发展，成功打造了生态畜牧业合作发展的"拉格日模式"，走出了一条属于当地牧民群众的脱贫路，得到国务院"三区三州"调研评估组这样高度评价。

先巴是泽库县宁秀乡拉格日村村民。一大早，他就赶着该村合作社的牛群去放牧了。"以前未建合作社之前，每人每年的收入只有 3000—4000 元，那时候自己也没有什么计划，马马虎虎过着日子，现在按照合作社的安排妻子为挤奶工，自己为放牧者，现在每人每年的收入在 10000 元以上。家里的草场和牛羊都入股到了合作社，分得 400 多股，现在每股的价值为 500 元。"先巴这样说时，黝黑的脸上洋溢着幸福的笑容。如今，在"拉格日模式"的带动下，全州诞生了 77 家生态畜牧业合作社，37 个标准化高效养殖基地，10344 名贫困群众从中受益，成为黄南州及整个青南地区脱贫奔小康的一个样板。

黄南州还坚持把转移就业作为贫困群众最直接、最有效的脱贫方式，累计实施贫困群众"雨露计划"、城乡劳动力职业技能提升培训 5.1 万人（次），累计实现贫困劳动力转移就业 16597 人，实现劳务收入 19788 万元，并通过灵活开发生态管护、服务保洁、道路维护等公益性岗位 1.5 万个，全部安置建档立卡贫困户及边缘户劳动力稳定就业，年人均最高增收 2.16 万元，实现了脱贫攻坚与生态保护共赢发展。

强化多重保障，幸福指数明显提升

黄南州紧盯群众需求，把教育、住房和医疗"三保障"作为贫困人口断穷根的关键，通过政策组合叠加，筑牢多重保障线，紧抓贫困的"痛点""难点"，持续提升农村牧区公共服务保障水平，不断提高群众的获得感和幸福指数，促进脱贫攻坚质量更高、成色更足。

狠抓易地搬迁。黄南州始终把易地扶贫搬迁作为"挪穷窝、换穷业、拔穷根"的重要工程来抓，率先在全省完成了全州 7374 户、28685 人"十三五"易地扶贫搬迁任务和 12819 户"四类重点对象"危旧房改造，坚持搬迁安置与产业结构调整、城镇化建设和乡村振兴统筹推进，做到搬迁与脱贫、安居与乐业"两个同步"。

2016 年，为解决"一方水土养不起一方人"的问题，尖扎县按照"山上问题山下解决"的思路，投资 8326.8 万元，将 251 户、946 名浅脑山地区的贫困群众搬迁安置至德吉村。为实现"搬得出，稳得住，能致富"的目标，德吉村充分利用黄河风景等优势资源，培育以特色农业、文化、旅游、光伏等一、二、三产业深度融合的"多业共生、多轮驱动"扶贫特色产业，搬迁群众收入从搬迁之前的年人均 3258 元增长至 12945 元，使贫困群众真正挪出了"穷窝"，背靠山水美景捧上了"金饭碗"。德吉村先后被评为"中国最美休闲乡村""全国生态文化村""中国少数民族特色村寨""国家森林乡村""全国乡村旅游重点村""全国'十三五'时期易地扶贫搬迁典型案例"等国家级荣誉称号。

狠抓教育扶贫。黄南州坚持教育扶贫一个都不能少，实施全州新一轮教育布局优化调整，稳步实施学前教育、义务教育"全面改薄"和高中建设项目 815 个。15 年免费教育政策惠及所有贫困家庭，学前教育毛入园率达到 87.69%，九年义务教育巩固率达到 96.03%%。提高助学补助标准，将接受中高等职业教育的贫困家庭子女补助标准从 3000 元提高到 5000 元，接受普通高等教育的补助标准从 6000 元提高到 10000 元。累计下达各类教育资助资金近 14.2 亿元，受益学生 24 万余人。严格实行"双线"目标责任制，严格落实"控辍保学""进得来、留得住、学得好"十八项措施，劝返率 99.8%，有效杜绝贫困家庭子女辍学现象发生。

狠抓健康扶贫。针对全州因病致贫问题，黄南州坚持保大病、治小病、管慢病相结合，实施贫困人口"三个一批"分类救治、建立"家庭医生服务团队"、对口支援、加强人才队伍建设及发展民族医等措施全面提升基层医疗服务能力，形成了从医疗服务、到住院、门诊全链条救助政策体系，使贫困人口看得起病、看得上病，做到"大病不出州、中病不出县、小病不出村"。全州动态调整 5.01 万建档立卡贫困人口实现医疗保险应保尽保和家庭签约医生全覆盖。全州累计核准为患病的贫困户 2526 人救治率达 100%，35 种大病患者 648 人救治率 100%。县域内救治占比达 93.81%，贫困群众住院医疗费用报销比例 92.36%。同时，黄南州人民医院在全面推进健康扶贫上动真格，主动将三级乙等医疗服务价格调整为二级医院医疗服务收费标准，医保起付线从 1500 元降至 600 元，使群众共享改革创新红利，方便更多贫困群众看病、看得起病、看得好病。

狠抓基础建设。黄南州率先在全省实现 262 个行政村道路通畅和通客车、4G 网络宽带全覆盖，解决农牧区 26.71 万人饮水安全，实施贫困地区电网改造项目 134 项、易地搬迁电网配套项目 42 项，建成高原美丽乡村 108 个，村级组织活动场所全面覆盖，群众文化生活日益丰富，科学技术深入田间地头，脱贫基础更加牢固，为深入推进乡村振兴战略、全面同步小康夯实了基础。

扶志扶智并重，内生动力充分激发

贫困群众是脱贫攻坚的主体，调动和激发群众的内生动力是打赢脱贫攻坚战的关键。州委州政府坚持扶贫同扶志、扶智、扶德相结合，全面开展脱贫政策宣讲、文明新风、习惯养成、自力更生、感恩奋进等主题活动，加强思想引导，帮助群众坚定脱贫信心，以精神脱贫带动物质脱贫，补足贫困群众精神之"钙"，推动形成了积极向上的社会风气。

自 2018 年试点推出精神扶贫方案以来，同仁市试点探索并协调推进精神扶贫，引导经师免费诵经，倡导经师参与"百僧联百户"行动，藏传佛教、伊斯兰教、汉传佛教共 38 座寺庙 471 名宗教教职人员与 511 户贫困户、单亲家庭、困难群众结成帮扶对子，多渠道开展精准帮扶，并与时俱进宣传党中央、国务院相关文件精神。推动修订《寺规僧约》《村规民约》《红白理事会章程》等制度章程，摈弃铺张浪费、厚葬薄养、人情攀比等陈规陋习。如实行县域内农牧民婚丧嫁娶费用限高管控制度，引导信教群众反对大操大办、减少宗教开支、移风易俗，宗教教职人员和村级监委会履行监督职能，有力推动了民族地区的移风易俗和文化融合。

宁木特镇夏拉村牧民桑德加说："家里最难的时候是党和政府的低保政策帮助了我们，现在家里条件好了，村里比我困难的人还有，所以就退出来，把党的好政策留给比我更需要的人。"现在的桑德加在县城做小生意，家里还修了新房，而对于在脱贫动员会上第一个举手表决主动退出低保的他来说，此举不仅表达了这些年来他对党的感恩之情，更表明了他对生活的信心和对人生的自强。

过去争相"吃低保",现在却主动退低保,这在河南县已经成为一股新风尚。继 2017 年全县 16 个贫困村的 1440 户、5400 人贫困群众成功脱贫后,河南县不断巩固拓展脱贫成果,持续强化精神脱贫,引导群众树立诚实守信、不等不靠不要、艰苦创业、勤劳致富的坚定决心。与桑德加一样,2018 年河南县共有 301 户 1177 人主动退出低保。

脱贫不是终点,幸福才是目标。在脱贫攻坚战场上,黄南州用实际成效向党和人民交上一份满意的答卷。面向"十四五",黄南州将全力做好巩固拓展攻坚成果同乡村振兴的有效衔接,向着高质量转型发展的目标继续前进。

凝聚供销力量　决胜脱贫攻坚

　　党的十八大以来，党中央对脱贫攻坚做出新的部署，吹响了打赢脱贫攻坚战的进军号。农村贫困人口如期脱贫、贫困县全面摘帽、解决区域性整体贫困，是全面建成小康社会的底线任务，是我党作出的庄严承诺。自开展扶贫工作以来，省供销社坚决贯彻落实党中央、省委省政府关于扶贫一系列重要指示，深入学习党的十八大、十九大精神，根据我省农村、牧区发展实情，不断强化为农为牧服务宗旨，以全省供销社综合改革为契机，增强扶贫思想意识，加快推进扶贫工作进度，扩大扶贫范围，充分利用供销社产业特色优势，为全省脱贫攻坚添砖加瓦。

　　把握大局提高认识，统一思想

　　供销社是为农为牧服务的前沿征地，是党和政府密切联系农牧民群众的桥梁和纽带。在"真扶贫、扶真贫，精准扶、扶精准，重点扶、扶重点，整体扶、扶整体，长远扶、扶长远"的工作方针指引下，省供销社结合自身行业特点，坚决贯彻落实习近平总书记扶贫开发战略思想和"四个扎扎实实"的重大要求，扎实推进"四个转变"，以农牧业供给侧结构性改革为主线，重点把握中央11号文件，省委省政府4号文件精神实质，树立"大扶贫"的战略思想，着眼于全省农村、牧区，加快基层社新建、改造、升级、做强做大步伐，密切与农牧民利益联结，夯实为农为牧服务基础；增强为农为牧服务实力；扩大服务覆盖面；着眼农村牧区不同服务需求，探索构建各具特色的为农服务体系，努力将供销合作社打造成为服务农牧民生产生活的生力军和综合平台，在我省脱贫攻坚战役中发挥更大作用。领导小组班子成员多次赴贫困村宣传党的扶贫政策。走访建档立卡贫困户，现场查看扶持产业发展项目进展情况，要求扶贫工作队和全体党员要经常到困难群众家走一走，解决实际问题，做好防洪工作，检查群众危房，绝对不能让群众生命安全受到损害。定期听取省社驻湟源县和平乡曲布滩村扶贫工作队关于工作进展情况的汇报，积极汲取省社赴农村、牧区调研收获，专题安排部署省供销社系统各项扶贫工作，统一全体干部职工扶贫思想认识，准确把握党中央、省委打赢扶贫攻坚战的决策部署，用习近平总书记扶贫战略思想武装头脑，精准把握实施脱贫攻坚工程的主要路径、重点任务、重大举措和保障措施，立足服务，合力做好扶贫开发工作，为打赢我省扶贫攻坚战，全面建成小康社会积极努力；把扶贫开发工作的重点在农牧区，供销合作社服务的主阵地在农牧区，进一步发挥供销合作服务"三农三牧"的传统优势，扎根农村牧区，服务各族农牧民。省社党组每年专题研究部署精准扶贫工作两次以上，社党组成员深入定点帮扶村调研不少于两次。各处室结合各自职责，集中资金，安排项目，形成合力，共同做好扶贫工作。人事纪检部门加强对扶贫干部的监督管理，落实工作责任，落实服务机制；结合供销社实际以及行业优势，按照精准扶贫、精准脱贫、差别化支持的要求，加大项目支持力度，优先安排对贫困地区项目资金。加强调研，高度重视特色产业扶贫，通过龙头企业带动、扶持农民专业社、办好农村综合服务社，切实增加农民群众收入；充分认识扶贫工作的重要性，进一步发扬供销社为农、务农、姓农的服务宗旨意识，总结好经验、好方法，加大宣传力度，为全省扶贫工作做出贡献。

把握重点环节，圆满完成定点扶贫任务

省社定点扶贫村为湟源县和平乡曲布滩村，该村自然条件差，农牧业发展基础条件差，是典型的"一方水土养活不了一方人"的贫困村。全村共有234户，810人，经县乡扶贫部门核准，确定建档立卡贫困户21户、55人。省社坚持党建促脱贫的基调，强化政治担当，坚持第一书记、村两委班子带头、以上率先、逐级示范，努力形成抓党建促脱贫的政治自觉和思想自觉。为切实做好精准扶贫工作，省社党组成立省供销联社精准扶贫工作领导小组，省社党组书记、理事会主任任组长，形成"一把手"亲自抓，亲自负责，对扶贫工作给予充分重视和支持。同时，选派处级干部一名，主任科员一名，作为驻村工作队成员，认真履行各项职责，坚持长期驻村，杜绝"走读现象"，帮助贫困村制定整村推进规划和年度实施计划，帮助贫困户找准发展项目，落实好帮扶措施。驻村工作队严格遵守《湟源县第一书记和扶贫（驻村）工作队干部管理办法（试行）》，严守党的政治纪律和政治规矩，坚决维护以习近平同志为核心的党中央权威，在思想上、政治上、行动上同党中央保持高度一致。坚持严于律己，坚持用党纪、党规来规范自己的言行，切实筑牢反腐倡廉防线。脱贫不能等靠要，省社充分发挥供销社行业优势。构建1+3+N产业发展格局，即供销社＋村两委、专业合作社、社属企业＋多个农户，把农户吸收到专业合作社里来，把社属企业带动基层专业合作社的作用发挥出来，把村两委的基石作用体现出来，由供销社统一带动发展。

案例一：

省社先后扶持资金 470 万元，用于该村产业脱贫，先后成立种植、养殖专业合作社。目前，种植合作社土地流转规模扩大达 2400 亩，实现年销售收入 210 万，销售利润 57 万。种植合作社累计为 21 户建档立卡户支付土地流转费 10.5 万元，分红 6.8 万元，为村民无偿提供了 20 吨价值 4 万元的蔬菜。牛羊养殖合作社 2018 年 10 月正式投入运行，流转草场 3000 亩，预计年销售收入 30 万元，销售利润 9 万元。

案例二：

积极调动省社属企业脱贫攻坚积极主动型，协助建档立卡户与省供销社企业青海恩泽农业技术有限公司签订资产收益项目资金使用协议书。将 12 户建档立卡户 37 人每人 5400 元共 19.98 万元的产业发展资金投入该企业，企业每年向 12 户贫困户按 10% 的资产收益发放红利，2018 年、2019 年分别向 12 户建档立卡户贫困户发放收益金共计 3.98 万元。

案例三：

积极拓展创业渠道，推进金融扶贫，为村民和合作社提供融资服务。按照《青海省互助资金管理办法》要求，积极协调金融部门，以财政扶贫资金专门安排用于农牧民互助发展的 50 万元资金为本金，成立了湟源县和平乡曲布滩村互助资金协会。目前成员 64 人，按照 3—5 倍的比例向资金互助协会成员发放贷款，2018 年累计发放贷款 147 万元，2019 年截至目前已发放贷款 270 万元，有效解决了村民的生产生活之需。

找准思路，树立"大扶贫"的理念

省社始终坚持发挥自身行业优势，以"四个一批"为牵引，努力打牢扶贫基石。树立"大扶贫"的战略思想，着眼于全省农村、牧区，加快基层组织建设，密切与农牧民利益联结，夯实为农为牧服务基础；增强为农为牧服务实力；扩大服务覆盖面；着眼农村牧区不同服务需求，探索构建各具特色的为农服务体系，自开展扶贫工作来，省社先后将申请的中央财政资金及省财政扶持资金的80%用于农村、牧区基层组织建设及相关配套产业支撑，按照强化合作、农民参与、为农服务的要求，大力推进"基层社建设工程"，切实完善供销合作社基层服务体系，打造"三农三牧"前沿阵地。逐步新建、改造提升基层供销社250个，新建村级综合服务社1150个，创办领班农牧民专业合作社130个。建成农牧业生产资料物流配送中心14个，农副产品产地批发交易市场19个，农副产品冷链配送中心63个，土地托管项目25个，农村电子商务中心20个。围绕农业社会化服务、产销对接、专业合作社创办等重点，注重学教结合，注重联系实际，突出实效性和针对性，共培训新型职业农牧民和农牧民经纪人2200余人。积极参与高原美丽乡村建设，通过项目帮扶分别在湟源县、天峻县、尖扎县扶持专业合作社4个,村级综合服务社2个。

案例一：海东市民和回族土族县光林种植专业合作社位于隆治乡桥头村，地处半川水地区，桥头村是国定的贫困村，全村424户、1605人，建档立卡贫困户26户、81人。光林种植专业合作社是精准扶贫工作中发展起来的第一个效益良好的扶贫产业。产业带头人铁令梅是本村村民。2016年在驻村扶贫干部的引导下回村发展。2019年流转撂荒地1500亩，其中种植葵花800亩、红花50亩、玉米650亩，基地道路两旁种植观赏性葵花近2000米。1500亩农作物都实现了订单农业，合作社从播种到收割全部实现了机械化耕作。脱贫攻坚期间，合作社带动周边农户近1000余户发展产业，带动本村160户加入了合作社。带动本村贫困户26户，81人，有劳动能力的贫困户10人在本合作社务工，2018年最高工资拿到16000元。合作社理事长铁令梅常说："我富不算富，全村人富起来才是我的愿望，首先我要带领我们村的贫困户富起来，给有劳动意愿的贫困户提供就业岗位。"每逢节假日，她都组织贫困户到自己的合作社聚餐，给他们发放大米、食用油，组织大家唱红歌，邀请村里的第一书记给大家讲发展产业的好处，讲脱贫政策，鼓励大家从思想上彻底摆脱贫困。

案例二：

湟中禾田种养殖专业合作社位于青海省湟中县塔尔寺附近的西堡镇西堡村，成立于2015年8月，自2016年开始带动湟中县西堡镇西堡村、东堡村、新平村，东、西两旗等13个村的建档立卡贫困户共计20余人，人均年收入达到16000元。资产收益45户144人，每年按照10%分红，人均资产收益540元。发动周边农户种植野菜、没有条件种植的贫困农户可以从山野挑拣山野菜拿到合作社变卖。本合作社以每斤2元的价格收购，使贫困农户有了基本的保障。2018年合作社加工车间被评为"扶贫车间"。

创新服务方式，推动扶贫走新路。

开拓扶贫帮困思路，坚持走农村牧区社会化服务化等新型发展道路。初步形成了供销社（基层社）+农民专业合作社+村级综合服务社"三位一体"的组织服务体系。推进供销社流通网络与农民合作社的对接，通过培育龙头、建设市场、搭建平台，发展农民专业合作社，强化农产品流通服务。

案例一：

西宁市大通县回族土族自治县按照"质量并举"的要求，依托基层社和涉农企业、经营大户以项目投资入股等方式，创办领办专业合作社累计达35个，并组织11家制度健全、运行规范、效益良好的专业社成立了大通供销农集力农畜产品营销专业合作社联合社，入社收益农户达到1510户，带动辐射农户5310户，户均收入达51200元，比普通农户增收12400元。

积极引导专业合作社新型营销理念，秉持"合作社+基地+农户"和"种产销"一体化经营模式，全程实行"六统一"即：统一供种、统一育苗、统一农资供应、统一田间管理、统一收购、统一销售，以实现专业合作社产品绿色、环保、质优。通过创新扶持机制、加大建设项目扶持力度，带动和支持农民专业合作社不断发展壮大。

案例二：

海东市互助土族自治县绿鲜佳蔬菜种植营销专业合作社成为供销社扶持带动的特色农民专业合作社，该社吸收入社成员3000多户，辐射带动周边农户10000多户，建设蔬菜大棚1200多个，种植面积9500多亩，年销售额3000万元以上，突显了供销社服务"三农"积极作用；加强联合合作，强化服务能力。积极探索"合作社＋农户＋基地＋电子商务"的生产模式，紧紧围绕农业耕地"谁来种、怎么种"的思路，积极参与土地经营，为农民提供多元化服务，以土地托管、农机服务、农资直供、烘干仓储、统防统治等为主要内容，提供的"一站式"为农服务，达到了合作社受益、农民得利的目的。

决胜小康重任在肩，乡村振兴任重道远。打赢脱贫攻坚这场硬仗不是终点，而是新的起点。下一步，省社坚决执行党中央，省委省政府决策部署，充分展现供销社根系农村，服务"三农"的为农情怀，在巩固拓展脱贫攻坚成果的基础上，做好乡村振兴这篇大文章。继续做好相关帮扶和支援工作，严格落实"四个不摘"要求，保持帮扶政策总体稳定；充分利用好东西部协作机制，积极对接长三角地区供销社及所属企业，帮助脱贫地区供销合作社发展基层经营服务网络和特色产业，不断巩固拓展脱贫攻坚成果，增强服务乡村振兴能力；深入推进供销社综合改革及培育壮大工程，促进脱贫地区农户与现代农业发展有机衔接，提高农户生产收益；进一步做好村集体经济帮扶工作。研究供销社发展村集体经济的有效办法，加大扶持力度，为贫困村发展村集体经济，实现精准扶贫，促进可持续发展奠定基础。青海省供销联社将以更加昂扬的斗志，扎实的作风，不忘初心、继续前进，全力推动青海经济社会发展走向更加绚丽的明天！

雪域高原上脱贫攻坚的税务力量

扶贫工作开展之初，税务部门承担起青海省涉及 31 个县、106 个行政村、8182 户贫困户的艰巨扶贫任务。大部分联点帮扶村分布在东部浅山、脑山干旱山区和高寒牧区，自然条件严酷，灾害频繁，生态脆弱，交通不畅，基础设施差，贫困程度深，增收空间窄，脱贫难度大。村党组织软弱涣散，一些党员干部发展集体经济意识不强、状态不佳，不会干、不想干等问题严重。

为了把习近平总书记关心的这件国之大事办好、办实，在青海省委省政府和国家税务总局的坚强领导下，全省税务系统以强烈的政治担当，高度的政治自觉，务实的工作作风，助力"五四战略"，服务"一优两高"，在打赢脱贫攻坚战的伟大实践中积极贡献税务力量。

国家税务总局亲自挂帅定点帮扶青海扶贫工作

"羊肚菌营养价值极高，大家一定要体验一下；富硒千味河湟土豆，只要9.9 元；八宝盖碗茶，好喝又解腻……"直播镜头前，崔恩彬卖力地推销着"家乡特产"。

崔恩彬既不是商家，也不是职业主播，而是国家税务总局挂职干部、青海省海东市平安区副区长。在 120 分钟的直播时间里，他的直播吸引观众 10万人次，销售产品超 13 万元，其中富硒土豆两分钟销售 1 万余公斤。

挂职干部缘何当起了"推销员"？崔恩彬的回答是："要让'家乡特产'走出去，让当地产业兴起来，让老百姓富起来。"

按照国务院扶贫开发领导小组安排，海东市下辖的民和回族土族自治县与平安区在 1997 年和 2002 年先后成为国家税务总局定点帮扶地区，国家税务总局先后选派 25 名干部赴平安区、民和县挂职，接力做好总局定点扶贫工作。

国家税务总局党委书记、局长王军同志亲自挂帅税务总局定点扶贫和对口支援协作帮扶工作领导小组组长，多次前往海东市平安区、民和县调研定点扶贫工作，亲自推动定点帮扶工作。税务总局累计投入和引进帮扶资金 8000 余万元，帮助两地完善扶贫长效机制，巩固脱贫攻坚成果。2020 年 9 月，国家税务总局挂职干部崔恩彬、王明科分别获得"青海省脱贫攻坚先进个人"称号。

党建引领形成青海税务脱贫攻坚强大合力

脱贫攻坚以来，青海省税务局将"抓党建就是抓人心"作为工作核心，强化党建引领，把党建工作与精准扶贫工作深度融合，不断把党的组织优势转化为扶贫攻坚优势，以赵念农、谷剑锋、范扎根为代表的青海省税务局历届领导班子以"功成不必在我，功成必定有我"的人民情怀，全力以赴做好习近平总书记亲自部署的这件大事，一路攻城拔寨，可谓决胜千里。

全系统持续开展"五级书记遍访贫困对象"行动，把觉悟高、能力强的党员先锋、业务骨干选派到扶贫工作第一线，先后选派了 238 名干部驻村开展工作。经过多年的艰辛实践，"党建扶贫、教育扶贫、政策扶贫、医疗扶贫、产业扶贫、消费扶贫"的"六位一体"青海税务扶贫模式，为全省税务系统脱贫攻坚工作积累了宝贵的经验。

按照习近平总书记"六个精准"的指示要求，青海省税务局看户、看人、看实际找致贫原因，更看山、看水、看特色找脱贫出路，切实解决扶持谁、谁来扶、怎么扶、如何退的问题，建立"公司 + 村党支部 + 村经济组织 + 农户"的"四位一体"模式，扎实开展党组织结对共建帮村、党员干部结对认亲帮户"双帮"工作，按照"一户一人、一户一法"原则，实现结对帮扶全覆盖。全系统 184 个党支部 3200 余名党员干部与贫困群众结对认亲，捐款捐物累计 460 余万元，做到了认门、问情、解困、脱贫。同时，注重加强对帮扶村党组织书记、大学生村官的教育培训，努力培养党员后备干部和致富能手，发挥好基层"领头羊"带动作用。

"产业 + 消费"推动集体经济发展形成长效机制

在充分尊重群众发展愿望和自主选择项目的基础上，青海省税务局有效利用土地、草场、山林、闲置资产等可利用的资源和项目资金，以"资源变股权、资金变股金、农牧民变股民"改革为抓手、以发展产业为支撑、以群众增收为核心，积极探索"党支部＋三变改革＋集体经济＋贫困户"的扶贫思路，大力发展村集体产业带动群众增收致富。

在互助土族自治县拉庄村、转咀村，湟源县星泉村分别建成 1130 亩当归、羌活中药材和百亩有机萝卜种植基地。在化隆回族自治县塘沙一村、贵南县斯肉村、湟中区鸽堂村发展肉牛、奶牛育肥、梅花鹿养殖等项目。在尖扎县幸福村建立羔羊繁育暖棚，带动 1353 户贫困人口实现增收，贫困户年均增收 8000 元。在互助县转嘴村，联合青海通达油脂加工有限责任公司，拓宽"格桑花"牌菜籽油深加工渠道，实现销售收入 298 万元，村集体经济增收 90 余万元……

党的十八大以来，全系统累计直接投入帮扶资金 1895.95 万元，协调整合社会各类帮扶资金 4369.52 万元，累计协调实施帮扶项目 280 余项，农副产品深加工、特色种植养殖等产业带动贫困户年均增收 9100 余元，形成了带动群众增收致富的长效机制，形成了独具特色的青海税务产业扶贫模式。

消费扶贫增收富民为乡村发展注入新活力

谋民生之利，解民生之忧。青海省税务局组织召开全省税务系统脱贫攻坚工作座谈会、推进会，全省税务系统各级党委领导班子共同为贫困村农副产品寻出路、找对策，提建议。组织全系统广大税务干部为扶贫献爱心，营造了消费扶贫"人人可为，人人能为，人人愿为"的良好氛围。与全省税务系统各单位工会和食堂签订价值 1500 万余元的购销协议，通过"省内省外＋线上线下"销售模式，利用扶贫"832"平台、京东商城税务总局"穗来邦"扶贫旗舰店等电商平台，帮助销售价值 2000 余万元的农副产品，进一步扩大"青海税务扶贫产品"的市场知名度。

目前，菜籽油、精品藏羊肉、牦牛肉、"延守"牌土豆粉条等青海税务扶贫产品已经走向省内外广阔市场，有效破解了帮扶村合作社农副产品销售难的问题，有力带动了贫困乡村农牧业产业发展。青海税务消费扶贫工作案例被国家发改委评为 2020 年全国消费扶贫优秀典型案例。

发挥税收职能作用扩大脱贫攻坚受益面

青海中控太阳能发电有限公司坐落于海西州德令哈市西出口的光伏产业园，属于国家首批光热发电示范项目之一。该公司 50 兆瓦塔式熔盐储能光热发电具有低成本、大容量、长寿命且安全环保的特点，对于电网稳定安全运行、提高可再生能源占比意义重大。

为让这家刚起步不久的民生企业在未来的市场发展中乘风破浪，省税务局以企业需求为导向，做好精准服务工作。

"公司的前期投资比较大，企业的资金也比较困难，通过国家实施的减税政策，缓和了企业资金压力，对后期的研发和企业的发展提供了一定资金的帮助。工伤保险、社保这一块大概减免 100 多万元，还有耕地使用税、植被恢复费，这一块暂缓征收了，大概有 200 多万元，还有留抵退税这一块，退税有 2000 多万元。"青海中控太阳能发电有限公司总工程师樊玉华说。

政策落实有力度，纳税服务有温度。脱贫攻坚工作中，各级税务部门积极创新纳税服务方式，开展点对点、滴灌式精准辅导，确保政策红利直达贫困地区、贫困群众和扶持脱贫的产业、企业。"十三五"期间，累计组织各项税费收入 2705 亿元，其中：税收收入 1847 亿元，社保费收入 764 亿元，非税收入 94 亿元，助力打好三大攻坚战，为促进经济社会发展提供财力支撑。同时，对标对表逐项落实六个方面 110 项支持脱贫攻坚税收政策，切实将政策优势转化为脱贫攻坚实效，将全省 13 万户定期定额个体工商业户全年的核定营业额调减 90%，全省 99.82% 的个体工商业户不再缴纳各类税费。

全省各级税务机关落实便民办税办实事活动，在全国率先推行"涉税事，网上办，非必要，不窗口"服务模式，185 个涉税业务实现网上办理；全省纳税人通过"非接触式"方式领用发票占比达 90% 左右，实现了 236 项常用业务文书电子送达功能；出口退税办理时间较 2019 年全国平均时长缩短 50%，让纳税人缴费人在少跑"马路"、让税收大数据多跑"网路"中持续增强了获得感和幸福感。

强化基础设施建设帮助打造高原美丽乡村

"感谢党的好政策，感谢开发区税务局，感谢第一书记，帮我们家解决了危房改造问题，马上就可以住上新房了，再也不担心刮风漏雨了！""没有国家的帮扶政策，我和老伴这辈子都难以住上新房子了！"……新年到来之际，家住大山根村的贫困户郭英梅、张元录、何宗明、郭显良 4 户贫困户望着拔地而起的新房，脸上洋溢着幸福的笑容，逢人便说扶贫政策给自己生活带来的新变化。

多年来，青海省税务局完成了湟源县五岭村、民和县罗家湾村、尖扎县幸福村、杂多县达英村等贫困村 553 户易地搬迁任务和全部联点帮扶村 958 户农牧民危旧房改造任务，农牧区群众安全住房问题得到彻底解决。累计投入 635 万余元完成了联点帮扶村村级公路改造和消防通道建设，对 170 公里的农村入户通道实施全面整修；新建桥涵一座，维修改造危桥五座；投资 90 余万元在海拔 4000 米以上的果洛地区累计打井 34 口，修建牧户饮水管道 30 公里，解决了 400 余户、2000 余人近万只牲畜饮水困难问题；争取村庄河道治理项目资金 40 余万元，治理河道 300 米，争取资金 60 万元用于后期河道治理和河道栏杆建设及桥梁建设；在 106 个帮扶村完成了开通光纤网络、广播电视村村通工程。投入 30 余万元援建了多家村级卫生所，帮助建设村级卫生所诊疗室、病房，配备医疗器械、常用药品等，有效改善了贫困村的医疗卫生条件。2020 年，为联点帮扶的 16 个贫困村 143 名残疾人发放轮椅 65 辆、拐杖 70 副、助听器 45 套，合计金额 50.9 万元。为澜沧江源头的杂多县达英村投资 912 万元，修建了查曲河、巴曲河、尕曲河三座桥梁，打通了贫困村脱贫致富的通道，当地群众亲切地称这三座桥为"连心桥""致富桥""幸福桥"。

扶贫先扶智增强贫困群众内生动力

尕桑家居住在海拔 4000 多米的果洛藏族自治州达日县窝赛乡康巴村，世代以放牧为生，家庭收入主要靠担任管护员和低保户保障，年均约 4 万元。2020 年 8 月，继姐姐考入大学后，尕桑被山西艺术职业学院录取，10 月 5 日尕桑通过国家助学绿色通道按时入校。然而，脱贫不久的家庭，同时供两个孩子上大学，经济负担不轻，尕桑曾一度萌生弃学打工的念头。

当税务干部夸先卓玛了解到脱贫青年尕桑一家的喜与忧后，及时将情况汇报局党委。达日县税务局举办爱心助捐活动，税务干部职工纷纷自发慷慨解囊，你 100 元，我 200 元，积极奉献爱心。当天，这笔 5000 多元的爱心捐款送到尕桑父亲手里，老人热泪盈眶地说："你们帮我家脱贫，还帮助孩子上大学！共产党好，党的干部好啊。我家祖祖辈辈生活在这里，从来没有过得像现在这样好，这是赶上了好时代啊！"。

家有良田千顷，不如一技在身。青海省税务局把脱贫攻坚与转移就业和教育培训结合起来，持续加大对贫困劳动力的技能培训力度，帮助他们掌握一技之长，达到"就业一户、脱贫一户"的目标。累计投入 50 余万元对 500

余名贫困学生进行帮扶资助，组织各类培训 20000 余人次，劳务输出累计达 1000 余人，切实增强了贫困群众脱贫致富的能力。

扶贫先扶志，致富先治心。青海省税务局通过加强思想、文化、道德、法律、感恩教育，强化社会主义核心价值观等宣传教育，开展移风易俗活动，激发自力更生、脱贫致富的内生动力，群众生产生活和精神面貌发生了翻天覆地的变化。

圆满完成脱贫攻坚任务提升人民群众满意度

青海的冬天格外寒冷，平均海拔超过 3400 米的海南藏族自治州贵南县森多镇斯肉村隆冬 12 月室外平均气温接近零下 20℃。

走进牧民尕日么的家，宽敞的屋子里阳光明媚，温暖而殷实，室内用水、用电设施一应俱全。"这是政府危房改造项目给我们贫困户盖的房子，全村 147 户都有了安全住房，也很暖和。现在住得这么好，要感谢党，感谢政府，感谢税务局的项智书记，我们也要多学点知识和手艺，多赚点钱。"尕日么笑呵呵地说，来年他准备存点钱，开一家牛羊肉铺子。

"好日子是干出来的，扶贫既输血，还要造血。把扶贫与扶志、扶智相结合，加上转变思想，自立自强，群众的日子就会越来越好。"驻村第一书记项智才让说。

冬日的斯肉村依然寒冷，但已经整体脱贫，看到新生活新希望的群众，心头有一轮暖阳，生活更有盼头，一定会越来越好。

经过全省税务系统和广大税务干部职工的艰苦奋斗，全省税务系统承接的 31 个县、106 个联点帮扶村、8182 户贫困群众如期全部实现"两不愁三保障"目标，全部通过考核验收，50776 名各民族贫困群众在转变思想、改变观念、致富奔小康过程中，进一步增强了对伟大祖国、中华民族、中华文化、中国共产党、中国特色社会主义的认同。全省税务系统扶贫领域中没有发现一起违规、违纪、违法行为。

"却顾所来径，苍苍横翠微。"2013 年以来，青海税务系统在扶贫工作战线上屡获殊荣，在全省脱贫奔小康的道路上印上了鲜活的税务印记。共有 17 个单位获得省、市、县级先进集体荣誉称号，其中省部级（含）以上 8 个，省税务局荣获 2018 年度、2019 年度全省脱贫攻坚先进单位；共有 29 名干部被各级党委政府授予优秀第一书记、扶贫工作先进个人荣誉称号。拍摄的脱贫攻坚微视频《牵挂》从全国 10 万余件作品中脱颖而出，成为全国税务系统唯一一件视频类获奖作品，面向全国推介。"六位一体"帮扶工作经验在全省脱贫攻坚表彰大会上交流，脱贫攻坚工作多次受到国家税务总局王军局长和青海省委王建军书记的批示肯定。

人民对美好生活的向往就是我们的奋斗目标。对乡村振兴工作，国家税务总局青海省税务局党委书记、局长范扎根强调，全省税务系统要按照党中央的统一部署和地方党委的工作要求，把推动巩固拓展脱贫攻坚成果同乡村振兴有效衔接作为重大政治任务，充分发挥税收职能作用，办实事、求实效。不折不扣完成好乡村振兴具体工作事项，在当地、在全省乃至在全国创先争优，为建设产业强、环境优、家园美的高原美丽新乡村继续贡献坚实的税务力量。

架起信息网　铺好致富路

"贫困之冰，非一日之寒；破冰之功，非一春之暖。"心中有光，就不怕路长。要致富先修路，随着信息化浪潮的奔涌而至，"路"的含义也变得更为多元，不仅需要实体的交通道路，还需要数字化"高速公路"的强劲支撑。青海省通信管理局高度重视脱贫攻坚工作，始终将脱贫攻坚作为新时代赋予行业的一项重大政治任务和历史使命全面推进，力争为边远地区尤其是农牧地区用户提供"用得上""用得起"和"用得好"的电信服务，努力为全省打赢脱贫攻坚战输入源源不断的数字化动能。近三年来，部省领导对青海管局所呈报的各类工作报告批示达 40 余次，给予了充分肯定，获得了全行业及社会各界的高度认可。

付诸实际看行动，网络扶贫一直在路上

受地理条件、经济发展水平等因素的影响，农牧区是信息化发展相对滞后的区域。在信息化蓬勃发展的时代背景之下，电信普遍服务是加快建设农牧区宽带基础设施的重要途径，有利于促进城乡基本公共服务均等化、农业现代化和农村信息消费，是落实网络强国战略、实施"互联网 +"扶贫和农村电商扶贫、增强农村经济发展的有力抓手。在中央和地方政府的支持下，省通信管理局与省财政厅、省工信厅、省扶贫开发局密切配合，联合印发《关于印发推进电信普遍服务工作实施意见的通知》。省级层面成立以王黎明副省长为组长的青海省电信普遍服务推进工作领导小组，在领导小组及办公室基础上成立"项目统筹组""资金管理组""配套政策落实组"三个专项工作组，各负其责、协调有序推进，同时各市（州）也成立对应的组织机构，形成省、市（州）协调联动、监督指导的组织保障体系。省通信管理局在履行领导小组办公室职责的基础上，建立"层层抓落实"的工作制度，形成"党组书记抓具体、分管领导具体抓、党组成员协力抓、业务部门专心抓"的长效工作机制，组织全行业积极投入到全省深度贫困村通信网络扶贫工作之中。青海通信人继承了先辈的凌云之志，在守好蓝天碧水净土的前提下，紧紧围绕青海省情，坚持"人与自然和谐共生"理念，提出通信基础设施建设与环境保护工作并重的工作基本要求，加强通信设施建设与保护。自 2015 年以来，将脱贫攻坚与电信普遍服务试点项目建设深度融合，截至目前，累计获得中央补助资金 10.88 亿元，完成 3174 个行政村的光纤宽带建设，在偏远区域新增 2511 个 4G 基站。

玉树藏族自治州囊谦县白扎乡巴麦村的师生们，感受到了普遍服务带给教育的巨大变化，据老师介绍，"学校网络开通后，可以通过在线课堂平台远程听取名师授课，下载优秀教学课件，还可以在线与名师互动，孩子们学习积极性更高了。"

"通过现代信息技术，课堂进行了优化，内容也丰富了，学生可以了解祖国的变化。"循化撒拉族自治县积石小学校长黎莉中说。

在循化县文都乡抽子村，村主任说："村民们玩起了微信，做起了微商，学起了互联网知识，现在装了宽带，有了手机，不仅可以看很多频道的高清电视，可以经常跟在乡镇开铺子的亲朋好友打电话，还可以和远在外地上大学的儿女视频通话。"

在西宁市第一医疗集团远程会诊中心里，医疗专家们忙碌着，正在对大通回族土族自治县城关镇塔哇村患者进行远程会诊，"生病不出村"正在成为现实。

在果洛藏族自治州的甘德县青珍乡直合麻村，普遍服务站点开通当日，村民非常高兴，庆祝光纤宽带开通，并向电信工程技术人员表示谢意。"这是给我们的最好礼物！宽带通了，山里的虫草、草药可通过网络销售，销量会更好。"村民高兴地说。

这些朴素而动人的话语，这一幕幕信息化便利生活场景，只是青海乡村信息扶贫的一个缩影。

按照国家建设"宽带中国"和"网络强国"战略规划，遵照习近平总书记"决不能落下一个贫困地区、一个贫困群众"的扶贫工作总要求，提高政治站位，我局提出"内强素质、外树形象、发展行业、服务地方"的总体工作思路，以电信普遍服务试点项目建设为切入点，全面统筹规划全省通信行业助力脱贫攻坚工作，增强整体素质，提升行业形象，以推动"网络强省"和"网络扶贫"建设为主线，全力推进"宽带青海·数字青海"，有效改善了农牧区通信环境，架设起连接大山内外的信息之桥。

跑出建设加速度，助力民生初显成效

电信普遍服务的推进加快了农村网络建设速度，越来越多的地区尤其是偏远地区和建档立卡贫困村信息高速公路快速建成，一方面加强了上级党组织与基层党组织的紧密联系，通过信息高速公路及时将党的惠民政策第一时间传递到基层一线，广大农牧区群众足不出户就可以知晓党的好政策，加大了党和国家惠民政策的宣传力度。同时，各级基层党组织通过互联网络开展形式多样的党员教育，增加了基层党组织的凝聚力和吸引力。试点项目建设工作对"平安城市"以及"智慧城市"建设等作用初现。

海东市乐都区羊起台村，位于平均海拔2300米的乐都区农村腹地，建设光纤宽带网络需要走山路约20公里，不仅施工难度极大，而且施工精度稍有差错就会因距离过长光路衰耗大无法正常开通。2018年4月，山区春天的温度依然很低，借助普遍服务的契机，电信运营企业工程技术人员经过多次现场勘查与方案论证，攻克技术难题；工程施工人员为尽快实现宽带网络的通达，不畏艰苦，攻坚克难，全力以赴，加快进度，施工进场不到一个月就建成开通羊起台村的光纤宽带。开通当日，村民在村委会拉起横幅，庆祝光纤宽带开通，并向所有工程人员表示谢意。"这是今年春天最好的礼物！宽带通了，山里的特产就有销路了！"村民高兴地说。

果洛州玛多县玛查理镇野牛沟村站点海拔4636米、果洛州久治县索乎日麻乡章达村站点海拔4648米……在这一个个高海拔的数字站点，人不拿任何东西走路都很吃力，更别说负重爬山，而这却是我们一线通信建设施工人的日常。传输侧的油木杆1根就有近200斤重，拉线桅杆塔更是每节300多斤，包括太阳能板等材料都要搬运到高海拔陡峭的山顶站点，通信行业的一线"通信神兵"想办法克服困难，为了能保证工程质量及进度，找来当地的牦牛驮运上山，有些牦牛驮不动的就一米一米地人工搬运挪上山顶，从山脚下到山顶一两公里的路程，一走就要大半天，缺氧了就赶快吸一点氧，休息一下继续前行，在如此艰苦的条件下，仍然如期保质保量完成施工任务，确保站点开通，给当地牧民带去了 4G 信号。

玉树州土地总面积 26.7 万平方公里，平均海拔 4200 米，是人均占有国土面积最大、生态位置最重要的一个自治州；是全国第二个、青海省第一个成立的少数民族自治州。人口聚集区大多地处山区腹地，沟壑纵横，网络信号覆盖难度很大，原来通过传统宽带接入方式，难以达到百兆的宽带速率，因此承建企业采购最新的 OLT 设备，在努力提升传输能力的同时也为用户提供优质的网络服务。玉树州工程建设施工人员克服了光缆跨山施工难度大等困难，经过几年的奋战，顺利完成了 258 个行政村的光纤宽带建设任务，实现了玉树地区光纤宽带网络全覆盖。

通过电信普遍服务试点建设，青海省不仅解决了全省包括 1622 个建档立卡贫困村通光纤问题，支撑和服务了全省脱贫攻坚工作，而且有效提升了全省光纤网络覆盖率，提高了通信服务质量和能力。2018 年底，青海省 99% 的行政村实现通光纤，提前并超额完成了《青海省信息通信业"十三五"规划》提出的目标和省政府《青海省行业扶贫专项方案》提出的通信行业脱贫攻坚任务。同时，通过连续举办试点项目建设和验收辅导班、培训班等形式提高市（州）试点项目推进工作领导小组办公室人员的专业能力和素质，为项目的高质量完成打下基础。省领导小组办公室通过建立周通报、月分析制度、现场随机抽查试点项目建设、参加基础电信企业季度总经理联席会议讨论等多种方式有力推进全省普遍服务试点项目建设工作。2019 年 3 月组织召开全省电信普遍服务试点建设总结推进工作会议，青海省副省长王黎明、工信部信息通信发展司刘郁林副司长到会讲话，省通信管理局分别与中国电信青海分公司、中国移动青海公司、中国联通青海省分公司签订了《2019 年通信行业脱贫责任书》，并制定印发"清零"行动方案，截至 2019 年底全面完成"清零"目标任务。

在试点项目建设全过程中，注重加强中央财政专项资金规范管理，严格按照《电信普遍服务补助资金管理试点办法》的规定，会同省财政厅严格按照招标合同约定比例和期限进行拨付。为使用好结余资金，相继印发《关于调整使用电信普遍服务试点行政村结余资金的请示》《关于统筹使用青海省电信普遍服务试点中央财政补助招标结余资金的函》等文件,统筹安排结余资金,确保中央专项补助资金发挥最大效益。

再接再厉固成效,数字应用赋能新发展

青海省固定宽带用户加快向 100M 及以上高速率用户迁移,截至 2020 年底,100M 及以上宽带用户占比达到 97.77%,同时,4G 用户渗透率达到 83.86%。移动数据流量平均单价同比下降 13.4%,固网互联网宽带接入资费水平同比下降 16.26%,青海省移动数据流量资费 2.66 元 /G,全国排名(由高到低排名)第 26 位,互联网宽带接入资费为 33.27 元 / 户 / 月,低于全国平均水平。2015 年全省行政村光纤宽带覆盖率仅有 11.7%。经过近年来电信普遍服务试点项目建设对全省 3174 个行政村新建光纤宽带或改造提升,全省光纤宽带通达实现质的飞跃,贫困行政村实现光纤宽带覆盖从无到有的质的变化,有力推动全省脱贫攻坚工作。电子商务、智慧旅游、远程教育等一批项目的实施,助力乡村脱贫致富。光纤宽带 IPTV 可以接收 130 多套直播电视节目,丰富了农牧民群众的文化生活。

农村电商火了。有了光纤网络,海西蒙古族藏族自治州很多地方农村电商风生水起。以前海西地区农产品销路单一,因为信息手段较少,经常出现滞销。自从开通宽带后,广大农牧民借助微信、网站、微博等网络平台,推广自己的农产品,并注册了商标,年收入提升了一倍。村支书感慨地说:"以前农村比较封闭,我们只能靠客户带客户的方式进行销售。如今移动手机和宽带网络覆盖到农村,我们也要借助网络力量进一步打开销售市场。把农业种植的信息和技术带给我们。自从我们在网络上销售、宣传后,整体效益明显提升,真是要感谢农村宽带网络让我们致富。"

"互联网 + 乡村旅游"热了。海北藏族自治州是一块美丽神奇的土地,那些或古朴、或秀丽的乡村,犹如一颗颗钻石镶缀在海北大地的各个角落,它们见证了这片高原净土千百年来的历史变迁,他们以秀美的自然风光,淳朴的乡风民风,浓郁的民族风情,展现出自然之美、淳朴之美、和谐之美,为海北增添了丰厚的历史和文化底色。电信普遍服务项目为海北地区光纤入户进行设计、安排专项工程,将宽带网络送到村里。网络通了以后,村里利用宽带网络在互联网平台上建起了网站,宣传和介绍土特产品,全国各地的游客慕名纷至沓来,村里的民宿和农家乐办得红红火火,真切感受到了网络给他们带来的实实在在的福利。

　　网络是基础，应用是抓手。积极投身信息化扶贫，赋能农牧区发展，让更多贫困地区踏上信息化脱贫致富路，是我省通信行业持续奋进的方向。我省地广人稀，许多偏远行政村、牧委会都山高路远。通过近年来电信普遍服务试点项目建设，通信网络有效覆盖村委会和农牧民群众主要的生产生活区域，大幅度提升各级基层政府组织的工作效率，减少广大农牧民群众不必要的费用支出，广大农牧区通过互联网开展知识和技能的培训，有效提升村干部、农牧民宽带网络和电子商务应用能力，最大限度地发挥通信网络效能。

　　深入推进电信普遍服务、加快贫困地区网络建设、降低资费让利于民、优化农牧区客户感知、因地制宜推广数字应用……众人拾柴火焰高，在信息化扶贫的道路上，青海省通信管理局众志成城、全面出击，围绕"网络强国"战略部署，进一步增强"四个意识"，坚定"四个自信"，奋力推进"一优两高"，谱写了数字化助力脱贫攻坚的诗篇。目标不达，努力不止。脱贫攻坚既是政治责任又是使命担当，青海省通信管理局将整合资源，发挥自身优势，打出信息扶贫组合拳，为我省与全国同步全面建成小康社会贡献更多的力量。

用光明托起人民的幸福

消除贫困，改善民生，实现共同富裕，是社会主义的本质要求，是我们党的重要使命。党的十八大以来，以习近平同志为核心的党中央把脱贫攻坚作为全面建成小康社会的标志性工程，组织推进人类历史上规模空前、力度最大、惠及人口最多的脱贫攻坚战，经过 8 年持续奋斗，如期完成了消除绝对贫困的艰巨任务，创造了又一个彪炳史册的人间奇迹。

在这场攻坚战中，国网青海省电力公司始终牢记央企姓党根本属性，坚决贯彻习近平总书记关于扶贫工作重要论述和批示指示精神，全面落实青海省委省政府和国家电网公司脱贫攻坚工作部署，主动发挥国有企业"六个力量"和电网基础保障作用，举全公司之力精准打好行业扶贫、定点扶贫、驻村扶贫、产业扶贫、生态扶贫等"组合拳"，在助力全省打赢脱贫攻坚战、与全国同步全面建成小康社会中彰显了"大国重器"和"顶梁柱"作用，开创了一条富有电网企业特色的扶贫开发之路。

在这片离天很近的土地上，国网青海省电力公司用行动点亮和温暖了万千群众脱贫致富奔小康的希望。

电足产业兴，脱贫致富的劲头足了

2 月 20 日一大早，青海省海北藏族自治州祁连县央隆乡曲库村牧民伊斯马乃家院落中便传出了饲草粉碎加工的声音。伊斯马乃和儿子马聪，一边忙着手头的活儿，一边商量着递交动力电申请、扩大养殖规模的事儿。

今年春节，凭借着"祁连山下好牧场"的口碑，伊斯马乃所在的村合作社养殖场饲养的牛羊卖出了好价格，而且还供不应求。这让伊斯马乃一家人发展产业干劲更足。很难想象,2019 年以前,伊斯马乃全家还只是租住在县城,仅靠草场租金维持一家人的生计,生活拮据。

变化开始于 2019 年底,国家电网"三区三州"电网建设项目 35 千伏央隆大电网延伸工程竣工投运,结束了央隆乡主要靠独立光伏电站供电、看天用电日子,迎来了现代化新生活。伊斯马乃一家从县城回到了自家草场,与当地几家牧民合作办起了养殖场,走上了产业扶贫路。2020 年合作社年收入达到了 20 万元,大家腰包鼓了,日子越过越滋润。

2020 年 3 月,央隆乡 2886 名牧民群众满怀感激之情给国家电网公司写了一封感谢信:"我们是脱贫攻坚的真正受益者,感谢党中央的好政策,感谢国家电网公司这么快为我们拉上了大电网的稳定电,为我们脱贫奔小康提供了强大动力!"字里行间洋溢着央隆乡群众心怀感恩、奋进创业的激情。

聚力攻坚,把加强电网基础设施建设作为服务脱贫攻坚的主战场,国网青海省电力公司高标准、高质量推进贫困地区电网改造。"十三五"以来,投资 35.1 亿元,建成投运果洛联网工程,全面接收玉树藏族自治州六县电网和果洛藏族自治州玛多、班玛、久治三县电网,实现了国家电网标准服务在青海县域全覆盖;投资 86.3 亿元,圆满完成"三区三州"电网攻坚三年行动计划,让深度贫困地区 148 万群众实现了由"用上电"向"用好电"的转变。

同时,全面推进贫困县贫困村配套电网建设,对 938 个贫困村和 555 个中心村实施了电网改造,同步建成 823 个易地扶贫搬迁村配套电网工程并实现了 326 个村通动力电,青海农村牧区用电质量和用电安全水平直线上升。截至目前,全省农网供电可靠率达到 99.8%,电压合格率达到 99.5%,户均配电容量达到 2.48 千伏安。

电,能够开启心的希望,"输送"幸福生活,照亮致富之路。正是带着贫困群众的期盼,国网青海省电力公司的工程建设者们克服海拔高、施工现场条件恶劣、气候多变等不利因素影响,翻越高山大岭,横跨长江、黄河、澜沧江天险,爬冰卧雪、手拉肩扛,用洋镐、电镐开挖 2 米多深的冻土层基础,在平均海拔 4000 米以上的工程沿线,用马帮驮运塔材……

如今,一条条铁塔银线翻山越岭,穿越峡谷,点亮了偏远山村的一盏盏明灯,更点亮了贫困群众心中久远的希望。

阳光变"金子"，脱贫致富的底气硬了

盛夏的青海阳光格外明朗，在青海省海东市乐都区寿乐镇杨家山村的一块空地上，十几排光伏电站板整齐排列，上千块蓝色多晶硅组件闪闪发光，不断积蓄自然馈赠的能量，让千万贫困户用阳光圆梦，过上脱贫致富的新生活。

"以前我们只用电，没想到现在还靠电吃饭了，自从村里建了光伏电站，我们用电不愁，还有工资领，现在我们不仅脱了贫，生活一天比一天好。"2020年8月，青海省海东市乐都区寿乐镇杨家山村70岁的村民申有义第一次领到了在电站担任维护员的工资，连夸赞党的好政策。

2017年，国网青海省电力公司在联点扶贫的杨家山村建成了300千瓦的光伏扶贫电站，发电收益全部用于该村扶贫工作。申有义通过公益性岗位当上了电站看护员，成为光伏扶贫电站"阳光存折"的"受益大户"，每年除了光伏收益，还能领到3000元的电站维护工资，双份"工资"让他过上了盼望已久的好日子。

和申有义一样幸运的还有远在500多公里以外的青海省果洛州玛多县23岁的藏族女孩卓尕拉毛。拉毛至今还清晰地记得，2018年的金秋，在县里的11座村级光伏扶贫电站落成并网的这一天，农牧民们身穿节日的盛装，跳起欢快的锅庄，用盛大的仪式欢庆生活的重大改变。

2018年10月12日，由国家电网公司捐建、总投资3200万元的玛多县4.4兆瓦村级联建光伏扶贫电站并网发电。电站年发电收入540万元，惠及玛多县11个贫困村的621户、1774名贫困人口，实现户均年增收5200元以上。而早在2016年，国家电网就已投资9282万元，在青海省海西州格尔木市易地建设定点扶贫玛多县10兆瓦光伏电站，为玛多县1144户贫困户每年户均增收3300元。

在光伏扶贫产业的迅速壮大中，国网青海省电力公司主动对接光伏扶贫项目，加强与政府规划、业主单位对接沟通，建立工作协调推进机制，及时解决建设中出现的电站选址、并网服务等问题。开辟"绿色通道"，优化服务流程，主动实施业务受理"一站式"、工程建设"跟踪式"、技术支持"保姆式"、并网检验"贴心式"服务，定期开展技术帮扶、上门服务、专项检查等活动，宣传讲解光伏设备后期维护及电费结算方式等知识，提供全过程、全方位的供电服务，为光伏扶贫产业的壮大发展提供了坚强支撑。

青海省域面积位居全国第 4 位，人口密度仅稍高于西藏，是全国最为地广人稀的区域之一。光伏扶贫电站遍布全省 39 个县市区，有的在海拔 4000 米以上的高寒山区，有的在连绵的戈壁荒滩。电站管理面临着自然环境恶劣、电站分布点多面广、运营成本高等诸多难题。

为推进光伏扶贫高效发展，国网青海省电力公司联合青海省扶贫局，依托青海省能源大数据中心新能源大数据平台优势，建成了全国首套省级光伏扶贫运营管理系统和全国首家省级光伏扶贫大数据中心，为扶贫电站建设和运行提供全流程技术支撑，不仅破解了扶贫电站选址难、接入难、运维管理难三大难题，而且让青海光伏"领先一步"，在扶贫电站管理上实现了实现智能化、专业化集中运行管理，每年降低电站运维成本 40% 以上。

如今，青海 733.6 兆瓦光伏扶贫电站实现了电量全额消纳、电费及时结算、补贴按时转付，带动 7.7 万户 28.3 万贫困人口增收，占到全省贫困人口的 52.5%。扶贫光伏已成为青海投资规模最大、扶贫效果最好、收益长期稳定和群众获得感强的产业扶贫项目——名副其实的"阳光存折"。

远方有"亲人"，脱贫致富的信心强了

2020 年 7 月 18 日，南吉和其他 30 个村的建档立卡户又一次在玛多县扶贫项目收益资金分红大会上，领到了沉甸甸的分红金。

"感谢党和政府，感谢国家电网，现在家里不仅有光伏分红，我也有了稳定工作，年收入都能达到 6 万元。"说起国家电网定点扶贫带来的新生活，南吉心里充满了感激。

南吉的家乡——玛多县位于青海省南部，平均海拔 4200 米，受自然环境及历史因素等影响，全县产业基础薄弱，经济发展缓慢，是国家级贫困县。

10 年前，南吉一家和当地其他牧民一样，日子过得紧紧巴巴。如今，南吉全家不仅搬迁到了玛多县玛查理镇江多村新居，家里新买了电视机，还添置了冰箱。通过"阳光存折"补贴的公益性岗位，成为一名草原管护员，仅这一项就能每年收入 21600 元。两个儿子和一个女儿，都在县城上中学和小学，生活水平蒸蒸日上。

"现在家家户户都过上了城里人一样的生活，我打算用积攒的扶贫款，开一家家用电器商店，让周围的人都能享受到党和政府好政策带来的好生活。"说起未来的生活，南吉充满了信心。

国家电网公司自 2011 年定点扶贫玛多县以来，结合当地资源禀赋，探索定点扶贫工作新机制、新模式，在这片离天很近的土地上，走出了一条"项目扶贫、特色扶贫、智力扶贫"三位一体的定点扶贫之路。2.29 亿元的定点扶贫捐资，52 个项目的精准落地，助推当地贫困发生率由 37.5% 降至 0.15%，实现了 5121 人稳定减贫。

玛多风大雪硬、高寒缺氧都不足以形容它的困苦。这里每年的供暖期长达 11 个月，全年只有"冬季"和"大约在冬季"两个季节，取暖是当地百姓生活中的头等大事。

初冬时节，青海省果洛州玛多县室外气温已经降至零下 15 摄氏度。走进玛多县民族寄宿中学教学楼内，一阵阵暖流扑面而来，7 年级 3 班教室墙壁上的温度计指向 21 摄氏度。学生仁青卓玛惊喜地发现，今年冬天和往年不一样了，教室和宿舍里暖和多了，校园里也干净了。"老师说这都得益于国家电网煤改电项目的实施，清洁供暖让玛多的天更蓝水更清。"仁青卓玛说。

2017 年，国家电网公司党组与青海省委省政府在北京会谈，确定在助力青海脱贫攻坚的同时，助力青海全国生态文明示范省建设，加快推进玛多县全县域清洁供暖，并将该项目确定为国家电网公司推进北方地区清洁供暖西北区域示范项目。

2017 年 5 月，投资 709 万元，我国高寒高海拔地区大范围清洁供暖的首个示范项目，玛多县民族寄宿中学清洁供暖项目开工建设，11 月建成投运。工程建成取得了良好的生态、经济效益。以此工程为引领，国网青海省电力公司 2019 至 2020 年继续捐资 2300 万元，支持玛多县清洁供暖示范县建设，保护"三江源"生态环境，改善玛多县群众生活条件。

与此同时，国网青海省电力公司 2017 年至 2020 年投资 4.58 亿元，改造升级玛多县电网，彻底解决了玛多孤网运行和长期存在的缺电问题。玛多县电网由"电力孤岛"一步迈入了 330 千伏现代化电网时代，实现了大电网延伸下的户户通电，为玛多县域经济社会发展提供了强劲的发展动力。

先后捐建 2 座总容量 14.4 兆瓦的光伏扶贫电站，让玛多县 1721 个建档立卡贫困户吃上了"阳光饭"，户均增收 5200 元以上。突出"智志"双扶，设立助学金，帮助 795 名贫困学生完成学业。建立"农户 + 合作社 + 加工企业 + 电商"的消费扶贫模式，帮助玛多县销售特色农牧产品 1081 万元。

"国网阳光扶贫行动光伏电站、清洁供暖、'救急难'行动等一大批改善玛多基础设施建设水平，提升社会公共服务能力的扶贫项目相继建设，为玛多经济社会持续发展，民生事业显著改善注入了新的活力和动力，为加快玛多经济社会发展奠定了坚实的基础"，玛多县县长利加表示。

在黄河的源头，比刀锋更锐利的是风，比风更锐利的是国家电网人服务脱贫攻坚的决心和行动。2019年5月，玛多这个曾经的"国家级贫困县"，终于挣脱了贫困的桎梏，奔向了幸福的小康生活。

不仅是玛多。近年来，国网青海省电力公司严格落实"一联双帮"要求，面向省内的12个联点贫困村选派驻村干部14人，以"驻村就要注入活力，帮扶就要帮出成效"的信心和决心，在互助土族自治县班彦新村实施了"光伏 + 储能 + 污水处理"综合能源利用示范项目以及电热炕、"柴改电"电能替代等示范项目，打造了电力服务乡村振兴"高原新样板"，为海东市乐都区杨家山村捐建300千瓦光伏扶贫电站1座，为化隆县关巴村建档立卡贫困户修建家庭牧场1处，在脱贫攻坚第一线发挥了"领头雁"作用。

就业有新机，脱贫致富的道路宽了

"快看，我又找出了这道题的另一种解法，这种求解方法步骤更少，用时更短。"2020年秋季开学季，西安电力专科学院的一间教室内，来自青海玉树的藏族姑娘扎西拉毛和同桌交流着一道电工基础题的解题方法，她的言语和笑容恬淡而又自信。

扎西拉毛的家乡在玉树州玉树市一个叫结拉的小村庄，这里山清、水秀、天蓝，但扎西拉毛的心里却一直笼罩着一层阴霾，她自小就失去了双亲，由奶奶一人抚养长大，懂事的扎西拉毛性格乖巧、品学兼优，但由于家境困窘，她差点无缘大学梦。

命运的改变源自国网青海省电力公司"教育 + 就业"的扶贫新模式。为加大深度贫困地区就业扶贫力度，给予青海涉藏州县特别是贫困家庭学生更多的就业机会，有效阻断贫困代际传递，实现"一人就业、全家脱贫"，国网青海省电力公司积极争取政策支持，与西安电力专科学院等高校合作，聚焦省内五类及以上15个县域，采取定向招生、定向培养、定向就业的"三定"培养模式，有效解决贫困地区生源入学及就业问题。

不仅是贫困家庭学生，农民工就业也是助力脱贫的有效举措之一，特别是在脱贫攻坚的关键时期又遇新冠肺炎疫情影响，农民工就业问题一头连着复工复产，一头连着脱贫攻坚。国网青海省电力公司积极落实中央稳岗扩就业工作部署，发挥央企对国民经济的"稳定器""压舱石"作用，在青豫特高压工程、"三区三州"电网工程等项目实施过程中，以工代赈带动1.3万名务工人员端稳就业"饭碗"。同时，在该单位市场化用工、物业服务等辅助性业务岗位上优先录用贫困劳动力660人，带动贫困家庭就业脱贫。

国家电网的事业是党和人民的事业，坚持以人民为中心的发展思想，满足人民美好生活的需要，是国家电网人初心和使命。在服务青海脱贫攻坚这条路上，他们用心培育，让幸福的种子在雪域落地生根；他们用情守护，让幸福笑容像花儿一样灿烂；他们用力打造，让幸福的道路越走越宽敞。

牢记金融为民初心　践行金融扶贫使命

荷香飘荡，莺歌欢唱，脱贫摘帽奔小康

2019 年末，青海高原大地与全国一同迎来了决战决胜脱贫攻坚的历史性时刻！全省 42 个贫困县（市、区、行委）、1622 个贫困村、53.9 万贫困人口全部脱贫退出，绝对贫困和区域性整体贫困问题在青海得到历史性解决，提前一年打赢脱贫攻坚战，全面建成小康社会的宏伟蓝图在青海大地上变成现实。

金融先行、排兵布阵，助力脱贫攻坚义不容辞

党的十八大以来，青海省金融系统以习近平总书记扶贫思想为指导和根本遵循，坚决贯彻落实党中央、国务院关于打赢脱贫攻坚的战略部署，全力以赴投入这场特殊战役中，积极履行金融使命，为脱贫攻坚实现圆满收官积极作为、贡献力量，为精准扶贫提供了有力的金融支持。

自 2015 年全省启动金融精准扶贫工作以来，中国人民银行西宁中心支行（以下简称"西宁中支"）引领全省金融系统精诚团结、尽锐出征，结合青海贫困程度深、致贫原因复杂的特点，深入调研，密切联系群众，多方沟通协调，重点在机制建设上谋创新，探索出一条有青海特色的金融精准扶贫之路。经过五年连续的艰苦奋战，截至 2020 年末，全省金融精准扶贫贷款余额 697.7 亿元，累计发放各类金融精准扶贫贷款 1666 亿元。设立惠农金融服务点 7427 个，覆盖到全省每一个村、每一个角落；12 家金融机构定点帮扶贫困村 54 个，累计派出驻村干部 153 人，直接投入定点帮扶贫困村各类捐赠资金 1952 万元。青海金融扶贫的模式和经验得到时任国务院汪洋副总理的充分肯定，并在国务院减贫论坛分会场、国务院扶贫办专题培训班及现场推进会上交流和推广，发挥了良好的实践作用和社会效应。

"我心为民向扶贫，情注雪域系普惠"，这是中国人民银行果洛州中心支行一名普通干部李有全的扶贫座右铭。2016年，年纪轻轻的李有全刚踏入单位就被分配到扶贫一线，带着一腔热血奔向扶贫战场，却吃了不少"闭门羹"。"你们金融部门怎么扶贫？""银行不都是嫌贫爱富吗？""银行都是赚钱的，怎么会给贫困户放贷款？"一句句来在群众的质疑，都是对他灵魂深处的冲击。然而，目睹了牧民为办一笔贷款业务在寒风暴雪中骑行近百公里的场景；看到他们因为缺少抵押担保物无法申请贷款后那种无助和无奈的表情；思索着他们为了尽快获得贷款在平均海拔4200米的雪域高原、零下二十几摄氏度的严寒中早早前来排队的情景……一个问题萦绕在他的心头：金融扶贫"谁来扶、扶持谁、怎么扶"？此时，西宁中支出台的《青海省金融精准扶贫工作方案》全面解决了他的问题，指明了工作方向。带着在展业中讲政治、在机制上谋创新、在履职中讲奉献的思路，他走遍果洛藏族自治州的每一寸土地，为百姓做调查、讲政策、摆事实、谈思路、促履职，用实际行动彰显共产党员的初心和使命,用工作成效诠释金融扶贫工作方案的执行与落地。2019年底，果洛州六县如期实现摘帽,74个贫困村如期退出，贫困人口累计减少4.71万人，贫困发生率从2015年底的16.63%到2019年底全部"清零"，农牧民人均可支配收入从2015年底的5465元提高到2019年底的9143元，果洛州金融系统为全州脱贫攻坚工作作出了重要贡献。

党建引领、淬炼队伍，打造脱贫攻坚战斗堡垒

面对青海省贫困面广、贫困度深的状况，西宁中支始终把金融扶贫工作作为一项重要政治任务，坚持党建引领，充分发挥党委核心领导作用、支部战斗堡垒作用、党员先锋模范作用，"一把手"靠前指挥，落实各项金融扶贫政策，做到真扶贫、扶真贫。五年来，贫困地区基础金融服务更加健全，惠农服务点覆盖到了每一个贫困村；金融资源更加向深度贫困地区倾斜，深贫地区贷款增速始终高于全省平均增速。

一个支部就是一个堡垒，一名党员就是一面旗帜。西宁中支将脱贫攻坚一线作为锤炼培养干部的主阵地，择优选派共产党员投身扶贫事业，分别担任驻村第一书记或驻村工作队员，在脱贫攻坚的具体工作中锻炼和打造了一支忠诚、担当、干净的工作队伍，充分发挥基层党组织的战斗堡垒作用，形成了精准融合的"党建＋支部＋队伍"的扶贫之路。在这支队伍中，有从业30多年的老党员，有80后的中坚力量，也有刚刚入职的90后新员工，更有身患重疾的第一书记。五年来，西宁中支扶贫工作队伍走遍了全省每一个贫困县，并带领全辖金融机构服务到每一个贫困村，用初心和使命激励工作履职更加高效、更加优质。

民和土族自治县峡门镇甲子山村，位于海拔3000米的大山腹地，是典型的"一方水土养活不了一方人"的浅山地区，住房破败、道路不畅、饮水困难……这里是西宁中支的定点帮扶贫困村之一。2017年3月，西宁中支马小瑜被选派到甲子山村驻村书记，年过五十的他不仅要克服环境困难，还立志带领群众脱贫致富。身边很多人都问他，"都50多岁了，还那么拼命，图啥？"他回答："习近平总书记发出了全面打赢脱贫攻坚战的号召，我是青海人，来自农村，扶贫工作应当冲在前；我在人民银行工作了20多年，应当运用金融知识帮助群众致富。"

2017年7月，甲子山村启动易地扶贫搬迁项目，搬迁建设期间，马小瑜不分昼夜奔波在施工现场，挨家挨户细致讲解扶贫政策，消除百姓对政策的疑虑。2018年10月，96户群众全部入住新村。为确保甲子山村搬得出、稳得住、能致富，他深谋后续产业发展思路，多方协调推动成立养殖、种植专业合作社6个，带动发展养殖业贫困户19户、农村运输业12户、小规模经营7户，实现了常住人口"户户有产业、人人有收入"。2019年，甲子山村集体经济收益30万元，贫困户人均产业收入超过6000元。

就在脱贫攻坚进入决胜阶段，一个晴天霹雳的消息突然传来，乡亲们口中的马书记因患白血病入院治疗，不得不离开扶贫岗位。驻村1000多个昼夜，他不畏困难、锐意进取，带领甲子山村群众搬出大山，建立后续产业，成功脱贫摘帽，用行动践行了新时代人民银行扶贫干部金融为民的初心和使命。

政策引导、创新机制，增强基层金融服务能力

西宁中支认真执行稳健的货币政策，强化央行资金支持，通过扶贫再贷款政策引导金融机构加大对建档立卡贫困户及脱贫户、贫困地区基础设施、扶贫龙头企业等信贷支持力度。自全省金融精准扶贫工作启动以来，西宁中支累计发放扶贫再贷款312亿元，累计支持建档立卡贫困人口22万人次。

作为青海省扶贫开发工作领导小组成员单位，西宁中支牵头青海银保监局、青海证监局，建立辖内各银行业金融机构、省级保险公司为成员的金融精准扶贫协调工作机制，充分发挥金融扶贫牵头抓总作用，持续创新机制建设，集中信贷资源支持深贫地区发展。按照"分工明确、责任清晰、任务到人"的要求，西宁中支建立了"省会中支联系市州，市州中支联系县，县支行联系乡镇"的包片联系工作机制，形成以贫困户为点、贫困村为面、贫困县为片的"点、面、片"相结合的三级联动机制。统筹扶贫部门、村委会、第一书记、金融机构等在全省推动建立了"六个一"服务机制，即在为每户贫困户建立一份金融服务档案、为符合条件的贫困户颁发一份特殊信用证的基础上，分别由人民银行或县级扶贫部门、主办银行、村（牧）委会、驻村第一书记工作人员担任联络员、服务员、协管员、指导员，为贫困户提供到村到户的动态精准金融服务，确保每个县的精准扶贫金融服务工作都有专人推动，每个有资金需求的贫困户都有金融机构负责落实贷款。

在这里不得不说的是金融精准扶贫的"卡阳模式"。地处大山深处的西宁市湟中区推隆口镇卡阳村由于自然条件较差、交通不便、农作物种植单一等诸多因素，致使很多村民处于贫困线以下。西宁中支通过对卡阳村村民走访调查、建档立卡等前期工作，急贫困户所需，首先对 44 户贫困户发放了"530"扶贫贷款，实现了贷款全覆盖。

有了贷款，在第一书记的带领下，贫困户迅速将贷款用在了"刀刃"上，运用卡阳村附近独有的天然景观与自然资源，开始启动乡村旅游。27 户农家乐及驴友俱乐部、登山、攀岩、徒步、驿站、花海摄影等发展起来了，知名度也越来越高了。

看着身边人的生活都发生的变化，42 岁的邓学莲着急了。"贷款也要创业，先把房子盖起来。"有了这样的念头，通过银行贷款开了一家农家院。"经营了三个月，生意很好。我们是家庭妇女，做饭做菜不成问题，去年我还学了烹饪、摆盘，我有能力创业。"说起三个月的收益，邓学莲笑了，有些不好意思地说，我还没有具体算账，大约挣了一万元。

"我还想学学成本、利润核算的课程。"银行的贷款成了她的第一桶金，邓学莲已经开始学习财务等的课程，创业这条路，她想走得更远！

金融造血、产业牵引，百姓致富路子越走越宽

家住海东市平安区沙沟乡桑昂村村民马积卿一家，几年前的经济来源主要靠外出打工，经济收入时多时少。自去年 2.7 万元到户产业资金下达后，马积卿发展起了汽车修理产业，当年底家庭人均收入就达到了 8100 元。随着金融精准扶贫落地生根，马积卿又向农商银行申请小额贷款 5 万元发展生猪和野猪规模养殖，通过自己的勤奋好学，他逐步找到了野猪养殖和贩运相结合的产业发展新路子，成了全村养猪业方面的带头人。去年，马积卿养猪家庭纯收入达到 5 万多元，与此同时，他还成立了野猪养殖专业合作社，吸纳本村和周边村庄的部分村民作为合作社的成员，一起发展特色养殖业。

五年来，西宁中支引导全省金融系统累计发放产业精准扶贫贷款 520 亿元，累计带动近 50 万人增收致富。对贫困地区各类农业经营主体、扶贫产业化龙头企业、特色优势企业按带动贫困人口数确定贷款额度，财政予以贴息，降低扶贫企业融资成本。加大产业扶贫信贷产品创新力度，围绕"三区三州"特色产业，创新推出"枸杞贷""惠农虫草贷""牦牛贷"等特色信贷产品，推动形成"金融支持 + 产业发展 + 稳定脱贫"的金融扶贫模式，在贫困地区实现扶贫产业健康发展、贫困户长效脱贫、金融服务能力提升的有序良性循环。

扶贫扶智、信用修复，全心全意为人民排忧解难

教育是阻断贫困代际传递的治本之策。"扶贫既要富口袋，也要富脑袋。"如何把金融知识的宣传教育纳入扶贫工作中，让更多的贫困群众提高运用金融的能力，是金融扶贫的一项重要课题。

授人以鱼，不如授人以渔。按着这个思路，西宁中支联合中国金融教育发展基金会，在全省实施为期三年的"金惠工程"项目，培养"金惠工程"（注册）志愿者 424 名，并在全省 39 个县、市、区开展面向学校、基层党政干部的金融知识培训和政策宣传工作，青海贫困地区农牧民金融意识不断增强贫，贫困农户对金融工具的运用能力不断提高，基本实现金融志愿者资源不断整合、金融生态环境不断优化、金融教育长效机制初步形成的预定目标。

只要守信用，脱贫不差钱。西宁中支开创"谅解 + 救济"的信用修复重建机制，逐步增强贫困户信用意识，优化贫困地区信用环境、扩大信用受益的覆盖面。五年来，累计对 3430 户贫困信用户开展信用修复重建，其中 1802 户信用得到修复重建的贫困户获得贷款 6125.8 万元，有效解决有不良信用记录贫困户因数量微小的欠贷欠息而导致不能贷款的问题。

西宁中支始终遵循人民至上的理念，主动下沉服务重心，把倾听群众呼声作为履职的一项主要内容。五年来，通过在 12363 金融服务电话上搭载扶贫热线功能，累计接听群众来电 2000 余次，帮助群众解决实际问题 872 项；开展督导督查累计 150 余次，完成问题整改 32 项。在金融精准扶贫的实践中，涌现出一大批典型的案例。海北藏族自治州门源回族自治县因残疾致贫的"马娃"（天生残疾，孤儿），通过扶贫小额信贷开展牛羊贩运，盖上了小洋楼，还开上了专为残疾人改装的小汽车；黄南州泽库县羊玛日村利用易地搬迁贷款实现了整村生态迁移；海东市互助土族自治县卓扎滩村通过产业扶贫贷款，开发乡村旅游，走上了共同致富的道路。回首这些工作，我们听到的乡亲们最多的一句话就是"感谢共产党"，这让我们感到深深的自豪。

金融扶贫、乡村振兴，有效衔接创造美好生活

"我们脱贫了，是不是再也得不到银行贷款的支持了？"已脱贫村民的口中有了这样的担忧。不！西宁中支将加大金融扶贫与乡村振兴金融有效衔接。

银政协同推进，促进金融扶贫可持续。西宁中支聚焦"源头把关"和"事后补偿"，构建金融扶贫风险防范机制，推动金融扶贫可持续。"源头把关"精准识别有效信贷需求的"三有一无"（有致富意愿和项目、有劳动技能、有资金需求、无欠贷欠息）建档立卡贫困户，支持有自我发展能力的贫困户持续脱贫。与省财政厅、扶贫局进一步优化扶贫贷款风险防控机制，制定扶贫小额信贷风险防控预案，完善扶贫小额贷款"事后"补偿机制，充分调动金融机构持续聚焦扶贫事业的积极性、主动性和创造性，推动金融扶贫工作可持续发展。目前，全省扶贫贷款风险防控资金达到 5.8 亿元。

青海金融扶贫是习近平总书记扶贫思想的具体实践，也是中国特色社会主义经济金融制度在后发地区的缩影，青海金融扶贫取得的成效体现了总书记扶贫思想的科学性、系统性和强大的适应性，体现了中国特色社会主义经济金融制度的优越性。脱贫摘帽不是终点，而是新生活、新奋斗的起点。征途漫漫，唯有奋斗，全省金融人将更加紧密地团结在党中央周围，坚定信心决心、以永不懈怠的精神状态、一往无前的奋斗姿态，在乡村振兴的新起点上，以更有力的举措、更扎实的作风把乡村振兴的画卷描绘好、实践好，以更优质的金融服务切实提升广大人民群众的获得感、幸福感！

金融活水润高原　脱贫攻坚谱新篇

天地有大美而不言。李白的诗句"登高壮观天地间,大江茫茫去不还。黄云万里动风色,白波九道流雪山"正是青海山河的生动写照。当脱贫攻坚战的号角嘹亮吹响,青海这片广袤大地便焕发出春天般的蓬勃生机,4 万高原金融儿女发扬"五个特别"青藏高原精神,奏响了金融助力打赢脱贫攻坚战的主旋律。

作为银行保险行业监管部门,青海银保监局坚决贯彻落实青海省委省政府、银保监会关于打赢脱贫攻坚战的决策部署,聚焦青海贫困地区和贫困群体,加强监管引领,完善政策措施,带领银行业和保险业走出了一条具有高原特色的"金融扶贫"之路,有力助推全省实现了绝对贫困全面"清零"目标。

提高政治站位,布好金融扶贫"一盘棋"

高位谋划抓引领。青海银保监局把金融助力脱贫攻坚作为重大政治任务,定期召开专题会议研究部署,提出"统筹推进监管引领和监管督导、统筹推进内部联动和外部协调、统筹推进银行业扶贫与保险业扶贫、统筹推进金融精准扶贫与金融精准防贫、统筹推进金融支持与风险防控"的总体思路,制定印发了《青海银保监局关于决战决胜脱贫攻坚加大银行业保险业支持力度的实施意见》等一系列指导性文件,推动属地监管职责、服务主体责任落实落细,加大脱贫攻坚支持力度。

监管督导促落实。青海银保监局加强金融助力脱贫攻坚政策落实情况的常态化督促指导,按年明确目标任务、按季统计分析、按月监测推进,综合运用监管约谈、监管走访、监管通报、调研督导等措施,推动金融精准扶贫责任落实、工作落细、政策落地。2020 年，对全省银行业和保险业脱贫攻坚金融服务情况开展专项督查和督战，了解政策实施情况，总结经验和成效，分析问题和不足，进一步补短板、强弱项、堵漏洞，切实巩固脱贫攻坚的质量和成色。

协调联动增合力。对内，青海银保监局建立普惠金融监管部门牵头抓总、其他监管部门跟进监管、纪委办公室监督检查的金融助力脱贫攻坚工作机制。对外，联合省财政厅等部门出台普惠金融发展专项资金、信贷风险补偿资金管理办法，推动落实扶贫领域各类补贴、补偿、贴息政策，引导金融资源向贫困地区和贫困人口倾斜。2020 年以来，银保监会等部门联合出台扶贫小额信贷有关政策措施后，青海银保监局牵头会同有关部门研究提出了具体落实措施，推进政策对接、信息共享、政策落地。

聚焦重点领域，打好金融扶贫"组合拳"

找准抓手扶群众。青海银保监局把扶贫小额信贷作为精准扶贫的关键抓手，以县为单位确定 39 家主责任银行，督促银行机构将其纳入内部考核，按照能贷尽贷、应贷尽贷原则发放扶贫小额信贷；建立分片包干责任制，对贫困户实行名单制管理，开展逐户走访和授信评级；加强金融扶贫政策宣传，优化贷款流程，提高服务水平。2015 年以来，全省累计发放扶贫小额信贷 44.74 亿元，助力 13.15 万户次建档立卡贫困户脱贫致富。新冠肺炎疫情发生以来，指导银行机构对扶贫小额信贷开展全面排查，开辟贷款办理"绿色通道"，建立容缺办理制度，对受疫情影响的贫困户办理延期、展期、续贷业务，有效支持贫困户恢复生产、渡过难关。

黄南藏族自治州尖扎县康杨镇沙力木村杏树湾农家乐农在旅游高峰期，最多时一天可以接待三四百人。谈起收益，老板马二布都自豪地说："一年可以赚五六万块钱，比过去好多了，以前到处打工，这里挣一点儿，那里挣一点儿，生活也没啥保障。"

2017 年尖扎农商行多次到村里宣传扶贫小额信贷，讲解金融扶贫政策和脱贫致富案例。马二布都把这些鲜活的故事听进心里去了，"原来想做生意改善生活没有本钱，现在既然国家这么支持我们，我就想努力试一试。"受贵德果园采摘旅游模式的启发，马二布都瞄准了村里交通便利、风光宜人的优势，申请了 5 万元扶贫小额贷款，又和亲朋好友借了 2 万元启动资金，承包了 17

亩杏林，搞起了农家乐旅游。如今，马二布都不仅走上了脱贫致富路，还为村里贫困家庭的年轻人提供了就业岗位。"我就想带着这几个娃娃好好干，今年把贷款还了，再在这里增加儿童游乐区，以后还要学好林下鸡养殖技术，把生态旅游做得更好，把日子过得更红火。"

精准"输血"扶产业。青海银保监局按照"扶持一个企业、带动一个产业、辐射一片贫困户"的思路，引导辖内银行机构综合运用"龙头企业＋专业合作社＋农牧户"等模式，加大对龙头企业、创业致富带头人、特色农业基地、农民专业合作社的信贷支持力度，助推牦牛、脱毒马铃薯、杂交油菜、特色果蔬、枸杞、沙棘、藜麦、冷水鱼等高原特色扶贫产业发展，增强对休闲农牧业、循环农牧业、创意农牧业、会展农牧业、定制农牧业等新业态项目和乡村旅游精品工程、现代农牧业产业园、农村"双创"示范园、农业科技示范园的融资支持，带动贫困人口稳定脱贫。截至2020年末，全省银行机构产业扶贫贷款余额186.21亿元。

贫困户吕官布达吉原本住在互助土族自治县五十镇沙沟山，自然环境恶劣，收入难以保障。2016年，吕官布达吉一家搬迁至五十镇班彦新村，居住条件和周边环境得到了很大改善，还在互助农商行的政策宣传和引导下，申请了3万元扶贫小额信贷，在沙沟山种植燕麦草和马铃薯，不仅解决了牛羊饲料问题，也增加了收入，成功脱贫摘帽。

2017年，互助农商行又为其发放10万元"惠农贷"，支持吕官布达吉修建200平方米储藏室，办起了农家乐。2019年，互助农商行根据其信用记录和资产状况，将吕官布达吉的贷款额度增加至30万元，支持其在沙沟山修建标准化养殖场。随着养殖规模的进一步扩大，2020年5月互助农商行向其发放50万元"能人产业贷"，用于购买牛羊和饲料，帮助吕官布达吉的年收入达到20万元。在扶贫信贷的大力支持下，吕官布达吉一家从贫困户到脱贫户再到迈向小康的致富户，真正实现了脱贫致富的梦想。

发挥优势扶项目。青海银保监局引导银行机构精准对接贫困地区重点项目资金需求，支持贫困地区基础设施建设、基本公共服务体系建设、新农村建设、农村危房改造、生态环境建设等项目，改善贫困地区生产生活条件。指导辖内银行机构探索"政府引导＋企业管理＋银行支持＋贫困户受益"的易地扶贫搬迁后续扶持模式，加大对安置点扶贫车间、扶贫产业的支持力度；

支持承载生态移民的特色小城镇建设，扶持藏医、藏药、藏毯、昆仑玉、堆绣、唐卡等特色旅游文化产业和高原生态旅游业发展，带动搬迁农牧民创业就业，确保贫困人口搬得出、稳得住、能致富。截至 2020 年末，全省银行机构项目扶贫贷款余额 465.52 亿元。

创新服务模式，打造金融扶贫"新样板"

"双基联动"模式为脱贫攻坚注入新活力。青海幅员辽阔、地广人稀，广大牧区每平方公里平均人口密度 3.25 人，布设物理网点成本高、难持续。解决偏远农牧区信贷进村入户问题，是必须研究解决的一项课题。青海银保监局按照银保监会部署，研究金融服务与基层党建的结合点，探索推出"双基联动"模式，即依托乡村基层党组织建立信贷工作室，搭建为农牧户提供金融服务的新平台，将基层党组织的信息、组织、政治资源优势与基层银行的资金、技术和风险管理等优势对接，实施"双向挂职、双签协议、双办业务、双评信用、双控风险"的"五双"机制，共同完成对农牧户贷款的发放、管理与收回等工作，走出了一条可复制、可推广的金融扶贫新路子。截至 2020 年末，全省建立"双基联动"信贷工作室 3792 个，覆盖 91.46% 的行政村；累计发放"双基联动"贷款 583.73 亿元，惠及 69.38 万户农牧民。

邮储银行果洛州支行采用"双基联动 + 驻村第一书记"模式，在玛沁县下大武乡年扎村、清水村、尼青村整村推进扶贫小额信贷，逐户宣传扶贫政策、开展调查分析，结合实际设计"一户一策"授信方案，提高扶贫贷款审批和发放效率，为农牧民提供了优质便捷高效信贷服务，得到了农牧民群众的高度赞誉，探索出了一条高原金融扶贫有效之路。此模式在邮储银行系统广泛推广，被评为 2018 年度"中国银行业好新闻"，在央视农业农村频道"攻坚日记"栏目专题报道。

"县域信贷补短工程"为脱贫攻坚增添新动力。青海省贫困县域金融资源极其有限，大部分贫困县驻地银行吸收的各类资金多数通过系统上存或异地贷款等方式流向城市和非农产业，形成"马太效应"，对落后的县域经济雪上加霜。针对这种情况，青海银保监局每年选择存贷比最低的县域，督促当地银行机构制订信贷补短计划，实施重点监测和定向考核，督促其逐年加大信贷投放力度。2020 年，实施该工程的县已由 2015 年初的 5 个扩大到 28 个。2020 年末，这 28 个县的 59 家基层银行信贷补短计划完成率为 150.68%，存贷比 46.54%，较年初提升 4.8 个百分点，有效促进了县域经济发展。

完善基础金融服务，打通脱贫攻坚"最后一公里"。青海省广大牧区的牧民群众居住分散，这种状况决定了金融机构物理网点难以在广大牧区实现全覆盖。针对这一实际，青海银保监局积极探索"金融机构网点＋电子机具＋流动金融服务＋辐射"四位一体的农牧区基础金融服务体系，引导辖内银行保险机构在不具备网点设立条件的乡村，综合运用电子机具、流动金融服务车、"三农"服务站、惠农服务点等多种方式，因地制宜提供基础金融服务，提高了贫困地区基础金融服务的可获得性，实现了全省 4146 个行政村银行业基础金融服务和 369 个乡镇保险服务全覆盖。特别是在偏远农牧区布设流动金融服务车，为农牧民群众提供追随式金融服务，有效满足了农牧民群众的服务需求。

发挥保险保障功能，织好金融扶贫"保障网"

青海银保监局引导辖内保险机构实施"1+1+N"保险扶贫工程，建立"农业保险＋大病保险＋多元化保险"三位一体的保险扶贫体系，为脱贫攻坚构筑起风险保障网络。

农业保险稳脱贫。青海银保监局指导辖内保险机构针对高原地区自然环境恶劣、自然灾害频繁的情况，开展藏系羊、牦牛保险，覆盖了全省 8 个市州 34 个县。推动省内政策性农险承保的农作物品种从试点之初的 7 个增加至 22 个，推动提高能繁母猪保险、公益林保险、奶牛保险以及政策性农房保险的保额并降低保费。推动将雪灾纳入种植业大田作物保险赔偿责任、将熊害纳入农房保险责任，指导辖内保险机构推出藏系羊、牦牛降雪量气象指数保险、草原干旱指数保险等新型农业保险品种。在全国率先试点开展化肥农药减量增效保险，为贫困群众兜住了生产成本的底线。2015 年以来，全省政策性农业保险累计提供风险保障 2027 亿元，支付赔款 21.56 亿元，受益农户 186.72 万户次。

2019 年初，人保财险青海省分公司在玉树特大雪灾中坚持"特事特批、急事急办"原则，简化理赔条件和理赔程序，赔付藏系羊、牦牛 6.97 万头（只），赔款 1.04 亿元，受益农牧户 4.8 万户次，向玉树灾区提供防灾减损资金 60 万元。在湟中县试点开办了肉牛、肉羊地方特色农险产品，为 507 户建档立卡贫困户提供 1200 万元风险保障。

大病保险防致贫。青海银保监局积极与人社、财政、医保等相关部门沟通协调，推动大病保险政策向贫困人口倾斜，起付标准由 5000 元调整为 3000 元，政策范围内住院医疗费用报付比例由 80% 提高到 90%，减轻了贫困群众医疗负担。采取动态监测、考核评估等方式，引导大病保险经办机构优化报付流程、设立报付通道，提高服务质效。2017 年以来，大病保险累计为全省建档立卡贫困人口报付医疗费用 1.96 亿元，惠及 4.81 万人次。

多种保险助脱贫。青海银保监局稳步推进保险资金支农融资试点，引导辖内保险机构为省内 3 个县特色畜牧业发展提供资金支持。在 5 个市州 13 个县大力推广"防贫保"，为临贫易贫人群提供防贫托底保障。截至 2020 年末，"防贫保"累计救助 2126 户边缘贫困家庭，赔付防贫保险金 2058 万元，惠及"两非户"35.6 万人。广泛开展"安贷保"业务，为建档立卡贫困户贷款人提供人身意外伤害险。例如：民和回族土族自治县马场垣乡金星村孔维成，家中 5 口人，母亲常年患病，两个孩子上学。2018 年孔维成患主动脉夹层动脉瘤，花费 30.8 万元，面临返贫风险。太保财险青海分公司通过大数据监测、防贫预警员入户调查、部门协查、乡镇评议等程序，第一时间赔付 7.1 万元防贫保险金，使这个原本处于贫困边缘的家庭得到了及时救助。

2018 年以来，人保财险青海省分公司创新区域社保防贫方式，促进了保障人群由建档立卡贫困人口向临贫易贫人群延伸，累计赔付 79 万元、507 人次，报付金额、报付比例进一步提高。例如：为重度烧伤的玉树藏族自治州曲麻莱县麻多乡贫困户格某及其儿子报付医疗费 91.78 万元，报付比例达 90%。为海西蒙古族藏族自治州急性淋巴细胞白血病患儿小祥报付 84.2% 的医疗费，切实减轻了贫困户医疗压力，解决了因病致贫返贫问题。

采得百花成蜜后，为谁辛苦为谁甜？脱贫攻坚的奋进历程，激荡着风雨无阻的精神伟力，脱贫攻坚的辉煌成就，彰显了斗志昂扬的精神面貌。长风破浪会有时，直挂云帆济沧海！决胜小康重任在肩，乡村振兴任重道远。再次站在新的历史关口，青海银保监局将带领青海银行业和保险业砥砺奋进，为全省乡村振兴战略和农业农村现代化贡献新的金融力量。